财政金融
理论与实务

CAIZHENG JINRONG LILUN YU SHIWU

主　编　牛艳莉

副主编　卜庆国　王变霞

重庆大学出版社

内容提要

"财政金融理论与实务"是经济管理类、财务会计类专业的专业基础课程之一。编者根据我国近年来财政金融改革与发展的实际情况,依照加强基础知识和基本方法及应用技能教学的要求,立足教育部人才培养目标和规格以及基础课程教学基本要求,秉承应用性本科的人才培养目标和原则编写本书。

在市场经济条件下,本着既充分反映我国财政、金融改革发展的成果,又兼顾我国当前财政金融的实际现状及发展趋势的指导思想,本书共分为两篇、16个项目,上篇为财政部分,主要内容有财政概论、政府与市场、财政收入、税收理论、政府公债、财政支出、国家预算、财政政策。下篇为金融部分,主要内容有金融概述、货币与货币制度、信用与利率、金融市场、商业银行、中央银行、货币理论、金融创新。

本书适用于高等院校经济类、管理类、财政学等课程,也可作为从事经济管理工作人员的参考读物,同时还适用于需要了解财政金融基础知识和基本业务的一般读者。

图书在版编目(CIP)数据

财政金融理论与实务 / 牛艳莉主编. -- 重庆 : 重庆大学出版社,2023.5(2025.8 重印)

高等院校经济管理类专业本科系列教材

ISBN 978-7-5689-3643-9

Ⅰ. ①财… Ⅱ. ①牛… Ⅲ. ①财政金融—高等学校—教材 Ⅳ. ①F8

中国国家版本馆 CIP 数据核字(2023)第 068048 号

高等院校经济管理类专业本科系列教材

财政金融理论与实务

主　编　牛艳莉
副主编　卜庆国　王变霞
责任编辑:顾丽萍　　版式设计:顾丽萍
责任校对:刘志刚　　责任印制:张　策

*

重庆大学出版社出版发行
社址:重庆市沙坪坝区大学城西路 21 号
邮编:401331
电话:(023) 88617190　88617185(中小学)
传真:(023) 88617186　88617166
网址:http://www.cqup.com.cn
邮箱:fxk@ cqup.com.cn(营销中心)
全国新华书店经销
重庆市远大印务有限公司印刷

*

开本:787mm×1092mm　1/16　印张:18　字数:463 千
2023 年 5 月第 1 版　　2025 年 8 月第 2 次印刷
ISBN 978-7-5689-3643-9　定价:49.00 元

本书如有印刷、装订等质量问题,本社负责调换
版权所有,请勿擅自翻印和用本书
制作各类出版物及配套用书,违者必究

前　言

　　高等院校经济类、管理类专业,甚至部分理工科专业为什么要设置"财政金融理论与实务"这门课程呢? 我们认为主要是由于它的实用性。在现代市场经济生活中,处处都存在财政金融现象,时时都会遇到财政业务、税收、国债、信用银行、货币金融等问题。财政学与金融学是经济管理类专业的基础课程,同时也是教育部所确定的经管类专业必修课程。

　　财政金融系统,是一国经济活动的中枢,是货币资金进出的总闸门,是国家宏观调控的两个工具。无论是成功的企业家,或是政府工作人员,还是普通员工以及普通的居民,都需要熟悉财政与金融知识,掌握财政金融活动的发展规律。同时,财政金融理论是经济理论体系的一个重要组成部分。学经济,若不学财政与金融,将是不完整的,也是一个很大的缺憾,因为财政金融是经济学中最精粹核心的内容之一。在日益重视思政教育的今天,高等院校的学生和从事社会经济管理类行业的人员,都应当学习财政金融知识并充分掌握运用。

　　对于在校学生来讲,学习这门课程的主要目的:一方面是认识财政金融在国民经济中的重要地位,同时清楚财政金融的基本范畴和基本理论,提高自己的基础理论素养,完善知识结构;另一方面是了解并熟悉有关财政税收、货币金融的一些最基本的业务知识,以及相关的方法和技能,为更好地融入市场经济社会,更好地理解从而认真地贯彻国家的经济政策打下坚实的基础。

　　本书由郑州经贸学院的一线教师联合编写完成,其中牛艳莉担任主编并负责全书统稿,卜庆国和王变霞担任副主编。具体参加编写的人员分工如下:卜庆国负责编写项目一、项目二、项目三、项目四和项目五;王变霞负责编写项目六、项目七、项目八和项目十二;熊晓娟负责编写项目九、项目十三和项目十四;段玉负责编写项目十、项目十一和项目十五;牛艳莉负责编写项目十六。在本书编写过程中,我们参阅和借鉴了大量公开出版的教材、期刊和文献资料,吸取了许多有益的内容,在此向有关作者致以诚挚的谢意。

　　由于本书内容涉及面较广,编者知识水平有限,尽管我们尽了最大努力,但疏漏和不妥之处仍在所难免,敬请广大读者批评指正,我们将不胜感激。

编　者

2023 年 1 月

Contents

目 录

上篇 财政篇

项目六 财政支出

项目七 国家预算

项目八 财政政策

下篇 金融篇

项目九 金融概述

项目十 货币与货币制度

项目十一 信用与利率

财政金融理论与实务实训

参考文献

上篇
财政篇

项目一

财政概论

案例导入

"财政"的渊源

"财政"一词最早可追溯到13—15世纪出现的拉丁语词汇Finis,意为结算支付期限、支付款项、确定罚款支付等。16世纪,"财政"一词传入法国,意为公共收入。17世纪,演变为专门指国家理财。19世纪,进一步阐明是指国家及一切公共团体的理财,并相继传入欧洲其他国家,形成英语单词Finance。19世纪末,日本引进Finance的词义,同时借用中国的两个汉字"财"与"政",确定为"财政"一语。Finance释义较广,可译为金融、融资、财务等。专指国家理财时,西方国家一般用public Finance,可直译为公共财政。

中国古代称财政为"国用""国计""度支""理财"等,还有"治粟内史""大农令""大司农"一类词。在清政府时期,维新派在引进西洋文化思想指导下,从日本引进"财政"一词。据考证,清光绪二十四年(1898年)在戊戌变法"明定国是"诏书中有"改革财政,实行国家预算"的条文,这是在政府文件中最初使用"财政"一词。光绪二十九年(1903年),清政府设财政处,整顿财政,为官方用财政名称之始。

(资料来源:21世纪经济报道)

任务一　财政概述

一、财政现象

从人类发展史来看,财政是伴随着国家的产生而产生的,各种财政现象在人类社会中无处不在,所以财政活动是一种历史悠久的经济现象。例如,对于个人及家庭而言,财政与其生老病死等方面息息相关,表现在义务教育、医疗补贴及国家公费医疗、养老保险、物价补贴等方面。对国家而言,在经济发展瓶颈期,对企业进行减负,以广东省为例,免征2020年2—6月的养老保险、失业保险、工伤保险单位缴费,共惠及约55万家企业,免征金额160多亿元。

二、财政的产生与发展

(一)财政的产生

财政是伴随着经济发展而出现的,是人类社会发展到一定历史阶段的产物。财政的产生必须满足两个基本条件:一是经济条件;二是政治条件。

1. 经济条件

经济条件是产生财政的基础条件。随着社会生产力的进步,大量社会剩余产品出现,才有可能产生剩余产品的社会分配现象。因此,在生产力极低的原始公社时期,没有剩余产品、社会公共需要,也没有私有制和阶级基础,更没有国家,也就不会出现依靠国家政治权力而参加社会产品的财政分配活动。

原始社会末期,随着社会分工的出现,社会生产力有了很大发展,剩余产品也出现了,相应产生了必须由剩余产品予以满足的社会共同需要。所以,社会生产力的发展和剩余产品的出现是财政产生的首要条件。

2. 政治条件

政治条件是财政产生的必要条件。随着生产力的发展,私有制的出现,人类社会分为了奴隶和奴隶主两个根本对立的阶级。由于两个阶级之间经济利益不可调和,客观上需要一种同社会脱离,又凌驾于社会之上的政治力量,把阶级冲突保持在"秩序"许可的范围以内,这个力量就是国家。国家权力一经产生,便不仅行使阶级统治的职能,还行使有关的社会职能,满足某些社会公共需要,如文化教育、公共工程及社会公共设施等。

国家是一种产生于社会,但却日益与社会分离,并凌驾于社会之上的力量。如果这个庞然大物想要行使它的权力,实现它的功能,它需要消耗大量的物料。国家机器本身不是创造社会财富的生产组织,不能为自己提供任何物质资料。它所需要消耗的物质资料只能依靠国家的力量,采取强制的手段,将物质领域生产的一些物质产品转化为国家所有,以满足国家实现其功能的需要;与此同时,社会生产力的发展也提供了满足这种需要的剩余产品。这样,在社会产品的分配中,就出现了一种以国家为主体、以权力为基础的分配现象,即财政分配。

综上所述,财政出现的条件可以概括为:生产力的发展和剩余产品的出现为财政的出现提供了物质条件,使财政的出现成为可能;当社会生产力发展到一定水平,剩余产品规模达到一定水平时,公共权力——国家的出现,为财政的出现奠定了政治基础。

(二)财政的发展

随着社会生产力的变化和国家形态的更替,财政也在不断地发展和变化。

1. 奴隶国家的财政特征

(1)直接占有

奴隶主主要通过直接占有奴隶和劳动果实而获得财政收入,包括皇家土地收入、战败国进贡收入和税收收入。

（2）收支混合

在财政收支和王室收支之间并没有固定的界限。国王管辖范围内的土地和臣民就像国王的个人财产，国家的公共支出不能与国王的个人收入和支出明显分开。

（3）财政形式

财政主要采取物资和徭役的形式。这主要是由当时生产力发展水平低、商品经济不发达的条件所决定的。

2. 封建国家的财政特征

封建国家的财政是以封建社会的生产关系为基础的。

（1）税收形式

在封建经济发展的过程中，以土地或人口为基础的税收形式逐渐形成。特别是在封建社会后期，税收成为封建国家财政收入的主要形式。

（2）衍生变化

随着商品货币经济的发展，在原有的财政范畴之外又出现了许多新的财政收入方式和形式。如垄断收入、国债、国家预算等。

（3）收支分离

国家财政收支逐渐与国王的个人收支分开，形成独立的收支渠道，并设立独立的管理机构进行管理。

（4）形式的改变

财政收入和支出的形式逐渐由实物形式转向货币形式。

3. 资本主义国家的财政特征

资本主义国家的财政以资本主义社会的生产关系为基础，服务于资产阶级的利益。此时，财政的特征如下：

（1）形成完整的体系

税收收入是国家财政收入的主要形式。经过多年的调整，形成了较为完善的税收体系。

（2）货币形式

由于商品货币经济的发展，国家财政全面货币化。

（3）多样性

国家财政不仅依靠税收的形式来获得财政收入，而且还通过大量借入国内外债务、财政发行、通货膨胀等手段来获得财政收入。

（4）宏观调控手段

财政职能不断扩大，财政收支范围相应扩大，不仅资助政府来管理国家，为日益增长的社会福利需求提供资金，还直接介入经济领域，成为国民经济宏观调控的重要手段。

4. 社会主义国家的财政特征

社会主义国家是以生产资料公有制为主体，多种经济成分共同发展的所有制结构为基础的国家。社会主义公有制决定了社会主义国家财政的性质和特点。

（1）兼顾各方利益

社会主义财政以国家为主体，凭借国家的政府权力和生产资料所有者的代表地位，参与一些社会产品的分配。社会主义财政不同于一切剥削阶级的财政，它以全体人民的利益为基础，兼顾国家、集体和个人的利益，以合理分配公共产品为原则。

（2）社会再生产的重要环节

社会主义财政收入除了依靠国家权力以税收的形式参与社会产品的分配外，还有相当一部分来自国有企业作为资产所有者参与社会产品分配而获得的经营利润。因此，社会主义财政本身就是社会再生产过程中的一个重要环节。社会主义财政关系的物质内容应按照再生产的客观要求在全社会分配剩余产品，以保证整个社会再生产的顺利进行。

（3）具有两重性

社会主义国家的双重职能决定了国家财政由公共财政和国有资产财政两部分组成，它们各自具有不同的职能和任务。相应地，国家预算又可分为经常性预算和建设性预算。

三、财政概述

（一）财政的概念

随着财政实践的发展，中国财政理论界形成了国家分配理论、社会再生产理论、剩余产品理论、价值分配理论等不同的具有中国特色的理论。这些理论从不同的角度对财政做出了深刻而全面的定义，其中，国家分配理论的影响较大。结合上述观点，从社会主义市场经济的制度环境出发，将财政这一经济范畴的定义归纳为：财政是以国家为主体，通过政府收支活动集中部分社会资源，用以履行政府职能、满足社会公共需求的一种经济活动。

（二）财政的特点

1. 财政分配的主体

财政分配的主体是国家。这句话有以下两个含义：

（1）财政分配必须依靠国家的公共权力

财政是一种非市场活动，是收入的再分配。首先，国家是社会公共事务的行政机关。它通过法律、秩序和公共服务向社会提供公共产品，因此有权力获得社会总产品的份额。但它并不直接参与物质产品的生产，所以国家无法从国民收入的初次分配中获得收入，只能依靠它的公共权力通过再分配来获得收入。其次，公共事务在本质上是全体居民共同利益的体现。最后，国家提供如国防、安全、秩序等公共服务时，不能像市场一样，对提供给个人的服务收费。因此，它必须依靠公共权力，通过税收和行政收费来获取收入。综上所述，财政活动必须以国家为基础。

（2）一个国家的生存和发展必须依靠财政

财政是国家政府机器正常运行的物质基础和重要保障。因此，国家对财政有很强的依赖性。

2. 财政分配的对象

财政分配的对象是社会产品的一部分。根据我们对社会产品的分析，所有的社会产品都是由生产资料消费补偿（C）、劳动者个人收入（V）和剩余产品价值（M）组成的。从财政的实际运行来看，财政收入既包括剩余产品价值（M），也包括劳动者个人收入（V）。就总收入而言，我国财政分配的对象主要是剩余产品价值（M）。然而，从社会经济发展的角度来看，劳动者个人收入（V）在财政分配中的作用越来越重要。

3. 财政分配的目的

一般经济分配用来满足单位和个人的需要，财政分配的目的是保证国家实现其职能，满足社会公众的需要。没有一个国家只需要履行政治职能，财政拨款除满足权力机关的需要外，还应为文化、教育、科学、卫生事业的发展和经济建设提供财政保障，使国家得以履行其经济和社会职能。

社会公共需求是相对于个人需求和微观主体需求而言的。所谓社会公共需求，是指为经济发展提供安全、秩序、公民基本权利和社会条件的需求。社会公共需求具有以下基本特征：

（1）总体性

社会公共需求是指整个社会为了维持一定的政治、经济生活，维持社会再生产的正常运行所形成的共同需求。

（2）共同性

提供的产品和服务用来满足社会的公共需求，其效用是"不可分割的"，也就是说，提供的产品和服务是提供给公众，由公众共享的，而不是由一个人或群体独占的。

（3）强制性

社会公共需求是通过强制手段实现的，依赖于政治权力，而不是通过市场交换。

综上所述，国家主体性是财政最本质的内涵和特征，财政的其他内涵和特征都源于国家主体性。因此，财政也可以称为以国家为主体的分配活动和分配关系。

（三）财政属性

财政的属性是指财政的性质和特征。一般来说，财政具有以下属性：

1. 阶级性与公共性

政府是实现统治阶级意志的权力机构，财政是以国家政府为主体进行的经济行为，因此财政具有明显的阶级性是不言而喻的。

同时，财政具有明显的公共性。这是因为统治阶级的政治统治是以履行一定的社会职能为前提的。

2. 强制性与无直接偿还性

财政强制性是指财政的经济行为及其运行是通过国家政权的法令来实现的。当国家产生时，在占有社会产品的过程中存在着两种不同的权力：所有者权力和国家政治权力。前者建立在生产资料和劳动资料所有权的基础上，后者拥有政治权力。

财务上的无直接偿还性和它的强制性是一致的。例如，当国家收税时，钱就归国家所有，对纳税人不需要付出任何代价，也不需要偿还。当然，从财政收支的整体过程来看，我国的税收收入是"取之于民，用之于民"，从这个意义上讲，税收收入有间接回报。

3. 收入与支出的平衡性

财政的运行过程是"收入—支出，支出—收入"，因此，收入和支出的平衡性是财务运行的重要特征。收支平衡从表面上看是收入与支出之间的关系，背后反映的本质是政府、企业与个人之间的关系，反映了各阶层之间的利益关系，以及中央政府与地方政府、地方政府和政府部门之间的利益关系。因此，保证收支平衡也成为制定财政政策的轴心。

任务二 财政职能

一、财政职能概述

财政职能是指财政本身所具有的内在的、固有的、客观的经济功能。财政职能是由财政的性质决定的,不以人们的意志为转移。财政职能是财政责任与财政职能的统一。财政责任解决了"应该做什么"的问题,而财政职能解释了"可以做什么"的问题。财政服务于政府职能的实现。财政职能是国家职能的重要组成部分,是政府职能的重要手段和经济体现。政府活动对经济社会方面的影响体现在财政职能上。

1959 年,美国财政学家马斯格雷夫在《财政学原理:公共经济研究》中首次引用了公共经济学的概念,并首次提出了市场经济条件下财政的"三大职能"(资源配置职能、收入分配职能和经济稳定与发展职能)理论,这三大职能与国家宏观经济政策目标密切相关。其中,资源配置职能有利于实现经济结构协调的目标;收入分配职能有利于顺利实现居民收入分配公平的目标;经济稳定与发展的职能对应于社会总供求平衡目标和经济稳定增长目标。党的十八届三中全会公报指出,财政是国家治理的基础和重要支柱,科学的财税体制是优化资源配置、维护市场统一、促进社会公平、实现国家长治久安的保障。

二、市场经济下的财政职能

(一)资源配置职能

1. 资源配置职能的含义

资源配置职能是指通过制定、调整和实施财政收支活动以及相应的财政政策和税收政策,对现有物资、设备、资本、劳动力等社会资源的结构和流动进行调整和选择。资源配置可以概括为资源的使用方式和使用结构,广义上是指社会总产品的分配,狭义上是指生产要素的分配。其核心是效率,使社会总资源得到最有效的利用。资源是否充分利用和优化配置是衡量资源使用是否有效率的重要因素。政府运用财政资源配置功能,通过调整区域结构、调整产业结构、调整政府部门与民间部门之间的资源配置等,可以弥补市场配置的不足,实现社会资源的合理配置,提高资源利用效率,优化资源结构,实现经济效益和社会效益最大化等目标。

党的十八届三中全会做出的《中共中央关于全面深化改革若干重大问题的决定》指出,市场应在资源配置中起决定性作用,政府应发挥更好的作用。市场配置资源是市场经济的一般规律,要使市场在资源配置、风险、竞争、供求等方面起决定性作用,就应充分发挥价格在经济运行中的重要作用。市场配置资源的决定性作用,主要通过市场价格的"指挥棒"来实现:作为市场竞争促进经济发展的"催化剂",它具有其他方式无法比拟的优越性。市场供求的"杠杆"作用是通过商品和劳务的供求矛盾来引导和促进资源配置和经济发展。风险作为市场的"预警指标",通过显示未来市场价格(利率、汇率、股票价格、商品价格)的不确定性,给企业的生存、发展和收益带来机遇和挑战,从而对既定目标的实现产生重大影响。

2. 执行资源配置职能的主要工具和手段

政府主要通过实施税收、利润上缴、公共债务、投资、补贴、政府预算、财政转移支付等制度和政策来实现社会资源的合理配置。

3. 资源配置职能的主要内容

(1)通过调整财政收入占 GDP 的比重来调整政府和民间部门之间的分配

一定时期内的经济总量是固定的,政府部门分配较多,非政府部门分配就较少,两者此消彼长。这个比例的具体数据必须满足优化资源配置的要求,是否调整两个资源部门之间的配置比例,取决于政府资源配置的社会边际效率高低。

(2)政府部门可以依靠调整财政支出结构合理配置资源

财政支出项目的安排是资源配置的过程,在政府内部分配资源也是为了确定财政支出项目的优先次序。在各项支出中,要全面平衡和重视财政资金的使用效率,按照厉行节约的原则,保证政府活动的必要支出,同时增加资金用于发展经济、满足人民物质文化生活和精神文化需要。

(3)在各个产业部门之间进行分配,并通过改革中央和地方财政在金融体系中的关系调整资源分配

市场中有不同的行业,每个行业由不同的部门组成。每个部门的效率不同,市场会自动将资源转移到效率较高的行业和部门,长久而言不利于国民经济的健康发展。部门间资源分配直接关系到产业结构的合理性及其合理化程度。财政对部门间资源的配置,主要依靠调整投资结构、调整存量资产结构和资源使用结构来实现。部门间财政配置和调整,一方面,通过调整国家预算支出的投资结构,如增加对优势产业和基础设施的投资,减少对加工工业部门的投资,以达到资源合理配置的目的;另一方面,通过制定财税、投资等政策,引导和协调社会资源的流动和配置,以达到调整现有资源配置结构的目的。

(4)区域间配置,可以通过调整资金配置和相关政策实现

国家和地区之间经济发展不平衡是客观现实。究其原因,不仅在于历史、地理、自然条件的差异,还在于市场机制造成的资源单向流向经济发达地区,进一步拉大了落后地区与发达地区的差距。促进经济长期平衡稳定发展是一国宏观经济政策的主要目标。政府主要通过财政补贴、税收、财政政策和财政制度,特别是实施财政转移支付制度等财政分配方式实现区域间资源的合理配置。

无论是市场配置资源还是政府通过财政手段配置资源,我们都应该关注资源配置的有效性。因为检验资源配置合理性的基本标准就是资源配置的效率和资源配置是否优化。一般来说,通过市场配置资源的重点是解决私人物品的供给问题,而通过财政配置资源的重点是解决公共物品的供给问题。但是,政府的财政资源配置活动不应违背市场在资源配置中起决定性作用的基本原则。

（二）收入分配职能

1.收入分配职能的含义

收入分配职能是指通过财政收支活动,对每个社会成员的收入在社会财富中所占的份额施加影响,从而实现收入分配公平的目标。政府运用财政政策工具,可以参与一定时期国民收入的初次分配和再分配,实现全社会各部门、地区和单位的收入分配,以及社会成员之间的公平分配,使收入差距保持在社会能够接受的范围内,从而促进社会的正义和公平,维护社会的稳定。分配有两个层次的含义:一是社会产品和国民收入的初始分配;二是对社会经济活动中已经进行或完成的财富和收入分配结果的偏差进行纠正、调整或再分配。在市场经济下,财政收入分配的作用主要是指后者。分配的公平性和合理性应从流量和存量两个方面对资源进行调整。

收入分配的目标是实现公平分配。公平包括两层含义:一是初始分配领域的机会公平,一般来说就是所谓的第一层次公平,它指向了效率目标;二是收入公平,即所谓的第二层次公平,强调财政分配的公平原则。经济公平是市场经济的内在要求,它强调要素投入和要素收入是对称的,是在公平竞争的环境下通过等价交换实现的。个人消费品在分配上实行按劳分配,既是效率原则,又是公平原则。然而,在市场经济条件下,由于不同的生产要素由个人提供,不同程度的资源稀缺和各种非竞争性因素的干扰,经济主体之间会出现很大的收入差距,甚至和要素投入不相称,而过大的贫富差距又会涉及社会公平问题。社会公平是指将收入差距保持在当前社会各阶层居民都能接受的合理范围内。

社会分配不公是市场失灵的一大表现,仅依靠市场经济自身无法实现收入和财富的公平合理分配。中国经济体制改革是在"让一部分人先富起来"的效率导向下进行的。改革开放40多年来,中国经济实现了快速发展,从一个低收入国家成功转型为中上收入国家。然而,在国民收入"蛋糕"越来越大的同时,居民收入分配的差距也呈现出持续扩大的趋势。

我国对收入分配政策进行了多次调整。党的十四届三中全会首次提出了"效率优先、兼顾公平"的思想。随着两极分化的日益突出,党的十六大提出了"更加注重社会公平"的理念。第十届全国代表大会首次指出,初次分配和再分配都要处理好效率和公平的关系,再分配更加注重公平。党的十八大报告继承了党的十七大报告的理念,不但再次强调了这一观点,而且"公平"一词更是出现了20多次。"调整国民收入分配格局、加强再分配调节力度""着力解决收入分配差距过大问题""更加注重再分配公平"等在各章各段反复出现,并提出了一系列政策措施来显示国家调整居民收入分配的决心。

2.执行收入分配职能的主要工具和手段

（1）税收

"加强税收调节"是政府为解决收入分配问题提出的主要政策和措施之一。首先,通过所得税调整。通过企业所得税,企业的收入水平可以进行调节,但对于企业所得税来说,公平竞争是指调整企业之间的收入差距,保证市场机制的有效发挥,也突出了财政手段的效率原则和中性原则,所以它仍然属于经济领域的公平。而我国个人所得税所讲的是再分配领域的收入公平。其次,个人所得税对居民公平收入分配的调节作用主要体现在国民收入的再分配和第三次分配上,主要通过税基、税率的相互作用进行调节。我国1994年的分税制改革就是以调节居民收入分配为主,提高财政收入的作用位居次位。再次,通过资源税调整部门、地区因资源条件和地理环境的不同而形成的收入差异。最后,房产税和遗产税也是调整财富再分配的有效手段。未来改革的重点应转向财富再分配,根据财富存量进行调整。

（2）转移支付

转移支付也称无偿支出,是一种平衡经济发展水平,解决贫富差距的财政手段。它是通过不同所有者之间的资源转移来实现的,一般是指以政府为中介的资源转移和支付活动,主要包括政府对个人和企业的转移支付以及政府之间的转移支付。政府对个人和企业的转移支付大多具有福利性支出的性质,如社会保险福利补贴、低保补贴、养老金、救济金、农产品价格补贴和其他补贴。通过这些支出,实现了整个社会范围内收入的转移分配,使社会的每一个成员都能维持基本的生活水平和福利水平。政府间转移支付进一步分为两部分:中央政府对地方政府的转移支付和上级政府对下级政府的转移支付。政府间转移支付也是平衡政府间财政收入水平的重要手段。

（3）政府采购支出

政府采购支出主要是指政府支出中用于支付产品、服务和资本货物的支出,以及用于雇用人员的工资和津贴支出。前者间接影响个人收入水平,后者直接影响个人收入水平。

（4）其他有关收入政策

其他有关收入政策主要是指工资和福利政策,具体包括与政府工作人员和其他机构工作人员工资有关的工资制度,以及税法中有关工资收入扣除的规定。

3. 收入分配职能的主要内容

财政分配职能主要是通过调整企业的利润水平和居民的收入水平来实现的。调整企业利润水平的主要任务是使企业利润水平反映企业生产经营管理水平和主观努力水平。在调整居民收入水平方面,既要合理扩大收入差距,又要防止贫富悬殊,逐步实现共同富裕。

（1）调整企业利润水平

企业的利润水平应该反映企业的生产经营管理水平和主观努力,政府要为企业的利润水平创造一个公平的外部环境,使企业在大致相同的条件下获得大致相同的利润。除了价格改革,还有一个重要的方法是通过税收消除客观原因对企业利润的影响。

（2）调节居民个人收入水平

调节居民个人收入水平要贯彻国家的分配政策,采取有效措施进行调节,主要通过个人所得税和各项转移性支出来实现。社会主义初级阶段的分配方式不可能是单一的,必须坚持以按劳分配为主体,其他分配方式为补充的原则。在收入水平上,既要合理扩大收入差距,又要防止贫富差距,坚持共同富裕。对于过高的个人收入,要充分发挥税收的再分配功能。因此,要培养税收意识,规范非税收入,加强直接税的征管,及时开征房产税和继承赠与税,完善流转税体系的收入分配功能,加快资源税的综合改革,加大对劳动密集型企业的税收支持。

（三）经济稳定与发展职能

1. 经济稳定与发展职能的含义

经济稳定与发展职能是指通过财经活动对生产、消费、投资和储蓄等产生影响,使国民经济的总供给和总需求达到平衡,从而达到经济稳定与发展的目的。财政和经济稳定的职能主要包括实现充分就业、稳定物价水平和国际收支平衡。经济意义上的稳定通常有许多含义。物价稳定是指社会在一段时间内能够容忍的价格波动水平,一般认为每年价格上涨3%~5%。国际收支平衡是指一国在国际经济交易中经常项目或资本项目的收支情况。在现代社会,经济的稳定与政府的财政活动密切相关。供需相对平衡,经济相对稳定,反之亦然。

经济发展质量是经济可持续发展的重要保障。发展比增长含义更广泛,它不仅意味着产出的增加,还包括产出和收入结构的优化,以及经济条件、政治条件和文化条件的优化。其中,经济增长是其核心,有发展必有增长,但有增长并不一定有发展。

财政和经济政策最重要的目标之一是经济稳定和增长。市场经济也不会自动实现充分就业和价格稳定。因为就业和价格的总体水平是由总需求水平决定的,并与当时的生产能力有关。社会总需求水平是所有社会成员和单位支出决策的函数。同时,上述支出取决于过去和现在的收入、财富、地位、信用程度、前景的估计等许多难以预测的因素,是不可控制的。所以,客观上需要政府运用财政手段,通过财政政策的制定、实施与调整来调节社会需求水平,以实现经济稳定和发展的目标。

2. 执行经济稳定与发展职能的主要工具和手段

(1)财政政策与货币政策的协调

促进社会总供求基本平衡,稳定物价,促进经济发展,实现充分就业和国际收支平衡。

(2)重点投资项目

通过财政直接投资,调整社会经济结构,调整社会有效供给能力,加快发展基础产业、公共设施等薄弱环节,消除经济增长的"瓶颈";或通过加大对节约资源、能源、环境、科教文化、卫生事业的投入,促进经济社会协调健康发展。

(3)财政收支活动

政府的收入和支出形式多种多样。在收入方面,有税收、资产收入和公共债务。在支出方面,有采购支出和转移支出。政府采购支出是总需求的组成部分,其数量自然会直接影响到总需求、政府转移支出、税收、公共债务和价格政策等。

(4)财务制度安排

财政系统被称为"内在稳定器",可以通过累进所得税制度和失业救济金制度自动调整经济总需求的变化。例如,当经济活动萧条或衰退时,国民生产就会减少,税收就会自动减少。同时,政府也将增加对居民个人收入水平下降导致生活水平下降的财政补贴。

3. 经济稳定与发展职能的主要内容

经济稳定与发展职能是通过调整社会供需平衡和结构来实现的。财政收支规模的变化、财政收支结构的调整、税种和税率的变化都会不同程度地影响社会总需求的规模和结构。

(1)通过国家预算影响财政收支总量,调整社会总需求,实现供需总体平衡

预算收入代表政府可支配的社会总需求。如果总需求大于总供给,那么总财政收入可以大于总财政支出("紧缩"财政政策),即相对减少财政支出,增加财政收入;相反,可以采取"扩张性"的财政政策。如果总需求和总供给大致平衡,就应该实施平衡的预算,并实施"中性"的财政政策。

(2)利用财政收支调节供需平衡

客观上,社会总供求结构包括区域间的供需结构、部门间的供需结构和产业间的供需结

构。通过投资、税收和补贴来调整总供给和总需求的结构,是财政稳定的重要组成部分。

总之,在理论上承认市场经济有效性的同时,也必须承认市场失灵的普遍存在,因此政府的经济职能应被视为市场失灵的逻辑延伸。在资源配置方面,政府须从私营部门转移部分资源来提供公共产品,使用税收或补贴来纠正外部效应;在收入分配方面,政府需要通过税收和支出来重新调整市场的初始分配;在经济稳定和发展方面,政府可以采取财政和货币政策控制宏观经济的周期性波动。

项目总结

财政的产生与国家的产生密切相关,因此它既属于分配的范畴,也属于历史的范畴。与工资分配、财务分配等分配形式相比,财政分配除了具有分配的一般特征外,还在分配主体、分配对象和分配目的等方面有其自身特点,国家主体性在判断一种分配是否属于财政分配时起着关键作用。满足社会公共需求的产品是社会公共产品,其非排他性和非竞争性的特征决定了公共财政在市场经济体制下存在的必要性。政府可以通过一系列的财政手段来调节市场运行,最终达到资源合理配置、收入公平分配、经济稳定增长的目的。

项目二

政府与市场

案例导入

2021 年上半年国家新能源汽车部分政策盘点

近年来,国家陆续出台了一系列扶持培育政策,新能源汽车发展迅猛。特别是在"碳达峰、碳中和"大背景下,2021 年上半年国家相关部门先后出台诸多政策,有力促进了上半年新能源汽车的发展。现将 2021 年上半年国家层面的主要新能源汽车政策进行盘点。

一、2020 年 12 月 31 日,《财政部 工业和信息化部 科技部 发展改革委关于进一步完善新能源汽车推广应用财政补贴政策的通知》(财建〔2020〕593 号)

《通知》明确,2021 年新能源汽车补贴标准在 2020 年基础上退坡 20% ,对公共交通等领域车辆电动化、城市公交、道路客运、出租(含网约车)、环卫、城市物流配送、邮政快递、民航机场以及党政机关公务领域符合要求的车辆,补贴标准在 2020 年基础上退坡 10% ;从 2021年 1 月 1 日起执行;补贴的技术门槛不变。

二、2021 年 2 月 2 日,国务院发布《关于加快建立健全绿色低碳循环发展经济体系的指导意见》

《意见》指出,推广绿色低碳运输工具,淘汰更新或改造老旧车船,港口和机场服务大巴、城市物流配送、邮政快递等领域要优先使用新能源或清洁能源汽车,要加强新能源汽车充换电等配套基础设施建设。

三、2021 年 3 月 12 日,十三届人大会议通过发布《中华人民共和国国民经济和社会发展第十四个五年规划和 2035 年远景目标纲要》

《纲要》指出,展望 2035 年,我国将基本实现社会主义现代化,广泛形成绿色生产生活方式,碳排放达峰后稳中有降,减少碳排放。

四、2021 年 4 月 22 日,国家能源局印发《2021 年能源工作指导意见》

《指导意见》指出,按照"源网荷储一体化"工作思路,持续推进城镇智能电网建设,推动城镇电动汽车充换电基础设施高质量发展,加快推广供需互动用电系统,适应高比例可再生能源、电动汽车等多元化接入需求。

五、2021 年 5 月 10 日,科技部发布了《国家重点研发计划"信息光子技术"等"十四五"重点专项 2021 年度项目申报指南的通知》

《通知》在"新能源汽车"重点专项 2021 年度项目申报指南中提到,坚持纯电驱动发展战略,夯实产业基础研发能力,解决新能源汽车产业卡脖子关键技术问题,突破产业链核心瓶颈技术,实现关键环节自主可控,形成一批国际前瞻和领先的科技成果,巩固我国新能源汽车先发优势和规模领先优势,并逐步建立技术优势。专项实施周期为 5 年。

（资料来源:商用汽车总站）

任务一　市场失灵

一、市场与政府

市场经济作为资源配置的一种经济形态,始终处于不断发展和变化的过程中。同样,人们对市场经济的认识也在不断发展和深化。社会主义市场经济体制的建立是我国改革开放实践的必然结果,也是党的十一届三中全会以来理论探索的重要成果。我国经济是社会主义市场经济,金融应该为市场经济服务。在市场经济条件下,市场是一种资源配置体系,政府也是一种资源配置体系,共同构成了社会的资源配置体系。因此,市场和政府成为满足人们需求和保证社会正常运行的两大系统。市场的有效运转不能没有政府,而政府盲目干预也可能导致市场本身的毁灭。那么,如何在有效控制政府对市场的破坏的同时发挥政府的积极作用,是每一个市场经济国家,每一届政府所面临的难题。过度迷信政府不行,过度迷信市场也不行。

二、市场失灵与政府干预

市场是一种有效的运行机制,但市场经济也有其固有的缺陷。当市场不能充分有效地配置资源时,我们称为市场失灵。市场失灵又称市场失败、市场失效、市场缺陷等。在中国,市场在资源配置中起决定性作用,但市场不是万能的,并不是所有的资源都可以通过市场配置。市场这只“看不见的手”只能在完全竞争的市场中充分发挥作用。

在西方经济学中,市场失灵主要包括两层含义:一是单纯依靠市场机制无法达到社会资源优化配置的目的;二是市场往往无力控制以社会目标为主的经济活动。市场失灵需要政府干预和监管。需要强调的是,充分发挥政府和财政作用,并不是要取代和改变市场在资源配置中的基础性作用和功能,而是弥补市场缺陷,使市场机制发挥更好的作用,使经济整体效率得到提高。这意味着政府干预并不总是有效的,如果干预正常的市场规则,它将是无效的。在市场与政府的博弈中,市场总是弱的,政府总是强的。市场失灵主要表现在自然垄断、信息不充分、外部性、公共产品、社会分配不公、经济周期性波动等方面。

（一）自然垄断

自然垄断,又称自然独占,是经济学中的一个传统概念。自然垄断是竞争失败的重要表现形式之一。在规模经济效益较大的行业,很容易形成垄断,即自然垄断。市场效率是建立在完全自由竞争的前提下的,而真正的市场却不具备这样的充分条件,即市场竞争失败。

垄断造成的效率损失表现在以下三方面:

①对于消费者来说,由于产品的产出有限,消费者的福利遭受了额外的损失。

②对于垄断者和垄断行业而言,由于存在垄断利润,缺乏保持成本尽可能低的竞争压力,不利于技术进步。

③对整个社会而言,垄断者追求超额收入的"寻租"活动本身就会造成资源的浪费。在电话、水、电等自然垄断行业,存在规模经济要求与保持合理价格、利润水平的矛盾。市场解决不了这个问题,政府干预是必要的。政府可以实施公共管制或在垄断部门建立公共生产,并从效率和社会福利的角度限定价格。

(二)信息不充分

信息不充分也称为信息不完全、不完全信息。完全竞争的市场要求消费者和制造商享有充分的信息,但现实生活中的信息是不对称的。在现实生活中,大多数市场是接近垄断竞争的,虽然市场中仍然有几个卖家或买家,但市场竞争是不充分的,即市场不是完全竞争。在信息稀缺的情况下,市场参与者无法做出收益最大化决策,资源不能得到最有效的利用,信息问题成为阻碍资源优化配置的根本原因之一。

私人市场所提供的信息往往不够充分,特别是随着市场规模的扩大,信息越来越分散、越来越复杂的时候,生产者和消费者都不能充分掌握必要信息,从而不可避免地出现很多非理性决策,影响到竞争的充分性,因此也会影响到市场机制的效率,这需要政府来提供信息。

(三)外部性

外部性,也称为外部效应、溢出效应或外部影响,指一个人或一群人的生产或消费行为对无关的第三方产生有益或有害影响的情况。

从外部性的结果来看,外部性可以分为负外部性和正外部性。从外部性产生的领域来看,外部性可以分为生产的外部性和消费的外部性。我们可以将社会的边际成本与人的边际成本进行比较,以表明生产或消费行为是受正外部性还是负外部性影响,这也是庇古在《福利经济学》一书中使用的研究方法。当社会边际成本大于私人边际成本时,它会产生外部不经济性,导致供过于求,如生产与环境污染有关的产品;相反,如果社会的边际成本低于私人边际成本,则外部经济会产生供应不足的情况,如公园、桥梁和道路的建设。

当存在正外部性时,供应商的成本大于收益,供应商不能得到应有的利益补偿,因此相应的商品不能充分提供,导致供应不足,效率降低。当存在负外部性时,供应商的成本小于收益,不完全承担收益成本,就会导致相应的商品供过于求,造成资源的浪费,损害他人的利益。经济理论尝试了三种方法来纠正外部性问题,但它们都有政府干预的影子。根据科斯定理,外部性问题可以通过产权再分配的私人交易来解决:合并与外部性效应相关的企业,并将外部性效应内部化;对外部效应为负的企业进行征税,将私人成本优先于社会成本,或者对外部效应为正的企业进行补贴,以弥补经济主体的外溢收入。

(四)公共产品

公共产品,或称为公共品、公共物品。相对于私人产品而言,公共产品是指商品和服务在消费或使用上是非竞争性的,在受益上是非排他性的,最典型的例子是国防。由于公共产品具有非排他性和非竞争性,其需求或消费是公共的或集体的,如果它们是由市场提供的,每个消费者都不会用自己的钱购买它们,而是等待别人购买它们并享受它们带来的好处,即不付费而受益,这就是经济学所说的"搭便车"现象。因此,在某种意义上,由于"搭便车"现象的存在,提供公共产品和服务成为政府的首要责任。政府提供和维护公共产品的主要收入来源是税收。

(五)社会分配不公

社会分配指的是物质生产部门劳动者所创造的国民收入的分配,它是社会再生产过程中的一个重要环节。市场机制的缺陷往往是造成分配不公的原因。在完全竞争的市场中,实现资源的最优配置时,要素收入是由处于最优状态的要素价格决定的。因此,个人收入分配取决于初始要素禀赋的分配,即以人的生产能力和贡献为标准。然而,这种初始禀赋的分配是不公平的,累积的结果更不公平。市场并不照顾无生产力的人,按劳分配不能保证收入和财富的公平分配。此外,在实体经济中,由于不完全竞争和垄断的存在,以及各种社会因素,如社会上惯用的薪资结构以及家庭关系、社会地位、性别种族差异等因素,利润、工资等收入并不完全取决于完全竞争条件下的要素价格,最终带来"马太效应"。

效率是人们在实际活动中的产出与投入之比,或效益与成本之比。经济效率涉及生产、分配、交换和消费的各个领域,涉及生产力、经济关系和经济制度的各个方面。公平与效率是一致的,公平促进效率,不公平导致低效。最高效率是指资源的最优配置,即最大限度地满足一定范围内的需求,最大限度地增加福利和财富。市场机制的这一缺陷本身是无法克服的,因此,政府必须承担起对收入再分配的责任,在一定合理的社会公平标准下,通过大规模的收入和支出来实施再分配政策。

(六)经济周期性波动

周期性波动是经济发展过程中普遍存在的现象,是指经济不断从扩张到收缩的循环运动。经济危机严重损害了社会生产力,每一次危机都使生产倒退几年甚至几十年,给资本主义世界带来了巨大的灾难。在20世纪30年代的大萧条之前,主流经济学家相信完全竞争市场,认为市场力量可以迅速使经济恢复到充分就业状态,价格和工资具有足够的弹性,产品和劳动力市场在大多数时候处于均衡状态。古典经济学家的政策处方可以归结为放任政策:应尽可能避免政府干预,市场力量将引导经济发展。然而,大萧条的深度、广度和长度动摇了人们对古典经济理论的信心。这给世界造成的损失和影响更加发人深省,给当今世界经济发展留下了深刻的教训。

事实表明,经济周期的变化并不是以人们的意志为转移的。市场不是万能的,在边际消费倾向递减、资本边际效率递减和流动性陷阱的共同作用下,将会出现有效需求不足,使总需求小于充分就业条件下的总供给,从而导致库存积压、价格下降和产量下降。这便需要政府干预,同时,政府也要稳定经济的周期性波动。实现经济平稳较快增长一直是历届政府宏观调控的主要目标。

三、政府干预

市场失灵需要政府干预。为了应对市场失灵,政府干预市场的经济手段主要包括行政法律手段、组织公共生产和经济政策。公共生产是指由政府以财政预算拨款的形式资助所有权归政府所有的工商企业和单位,提供市场不能或不提供的物品。

政府对经济活动所实施的调控与管理,主要通过税费征收、财政补贴、价格评估、银行信贷、财务杠杆、利率汇率、经济奖惩等的综合作用来实现和达到。财政和金融是政府常用的两大宏观经济政策手段,而财政政策则是政府主要的经济政策手段之一。

从一定意义上说,为了弥补市场缺陷和纠正市场失灵,现代市场经济国家的政府在社会经济生活中扮演着公共产品和市场信息的提供者、负外部效应的消除者、收入和财富的再分配者、市场秩序的维护者和宏观经济的调控者等角色。

然而,政府干预并不总是有效的。政府机制也存在缺陷和干预失灵,称为政府失灵或政府失效。政府失效主要表现在政府行为失效、政府职能失效和政府作用失效三个方面。政府的经营是以政治权力为基础的,政治权力不能创造财富,但可以控制财富,甚至可以控制经济,主导经济,这是政府失灵的根本原因。当前,政府"越位"与市场"缺位"并存,政府"缺位"与市场功能衰退并存,政府"错位"与市场"错位"并存。现实表现为决策失误、政治"寻租"、信息失真、政府职能越位缺位、官僚主义等行为。因此,建立一个公平、廉洁、高效的政府是完善市场经济体制的重要保证。

由于对政府和市场的作用认识不清,政府矫枉过正、干预失效或矫正政府失灵时,可能导致新的市场失灵再次出现。历史上,由于第二次世界大战后一些西方国家政府过度经济干预产生不良后果,目前西方理论界对政府失灵的关注超过了市场失灵。在市场经济体制下,每一个暴利行业的背后几乎都是政府干预失灵的表现。政府失灵的主要表现为:一是政府干预没有达到预期目标;二是干预目标虽已实现,但成本过高,造成资源浪费;三是干预目标没有实现或虽然实现但产生了一些意想不到的副作用。

任务二 公共产品

公共产品理论是新政治经济学的基本理论,也是正确处理政府与市场关系、转变政府职能、构建公共财政收支、公共服务市场化的基本理论。公共产品理论作为公共经济学的核心理论,用来解释政府为什么存在以及为何而存在。

一、公共产品的含义

公共产品与私人物品相对,一般采用保罗·A.萨缪尔森(Paul A. Samuelson)在《公共支出的纯理论》中的定义,即纯粹公共产品是指每个人对产品或服务的消费不会导致其他人对产品或服务消费的减少。公共产品是整个社会的共同需求,如国防、公路、法律、环境等。私人物品是用来满足个人需求的产品或服务。

二、公共产品的特征

众所周知,公共产品最突出的特征是非排他性和非竞争性。那么要理解这两个特点,可以从以下三个方面入手。

（一）消费的非竞争性

消费的非竞争性是指一个人或厂商对公共物品的享用,不排斥、不妨碍其他人或厂商同时享用,也不会因此而减少其他人或厂商享用该种公共产品的数量或质量。也就是说,增加一个消费者的边际成本为零,如国防、公用电网、灯塔等,不会因增加一个消费者而减少其他任何一个人对公共产品的消费量。

对于一般的个人用品来说,一旦一个人消费了某种产品,就会影响到其他人消费同一产品的数量和质量,甚至其他人再也不能消费这种产品了,事实上,这就排除了其他人同时享受这种产品。如果其他人想要享受它就必须购买它,其边际成本就不是零。

（二）受益的非排他性

受益的非排他性是指从技术上讲,没有办法将拒绝支付的个人或制造商排除在公共产品的利益范围之外,也没有人可以通过拒绝支付将他们不喜欢的公共产品排除在他们享受的商品范围之外。例如,一旦建立了国防系统并提供了国防服务,将居住在该国的任何人排除在国防保护之外是非常困难或昂贵得令人无法接受的。另一个例子是公共道路和桥梁,一个人不能阻止其他人使用它们。

相反,对于私人物品,如一件衣服或一块面包,购买者按标价付费,以获得物品的所有权,并可以轻易地排除他人消费该产品,这就是所谓的排他性。这也意味着,私人物品必须是排他性的,因为人们只愿意为排他性的产品付费。

（三）效用的不可分割性

公共产品是向全社会提供的,具有共同利益或共同消费的特点。它的效用是由社会的所有成员共享的,而不是被分成可以归属于某些个人或公司的几部分。或者,它不能限于根据"谁付钱,谁受益"的原则归属于支付费用的个人或公司。例如,国防提供的国家安全保障是人人享有的,而不是个人享有的,任何人都不能拒绝国防提供的安全保障,市场也不能区分谁为之付钱或谁不付钱。

而私人物品的一个重要特征是,它可以被分割成许多可以买卖的单位,它的效用属于支付它的人,即谁付钱,谁受益,如食物、衣服等。

三、公共产品与市场失灵

公共产品消费的非竞争性和受益的非排他性使公共产品在消费过程中不能遵循商品市场等价交换的原则。现代西方经济学的奠基人亚当·斯密高度评价了私人经济部门和市场机制的作用。他认为,市场是一只"看不见的手",它可以通过价格和竞争机制自发地、有效地组织经济活动,使每个人追求个人利益,最终为整个社会带来共同利益。具体来说,在市场机制下,每一个决策者都面临着一定的价格体系进行选择,以实现自身利益的最大化。结果,人们消费公共物品不需要向卖个人用品的供应商支付公共物品的成本,每个人都认为他可以享受公共产品的好处,那么,他就不会有付费的动机,而倾向于成为"免费搭乘者",从而产生了"搭便车"问题,导致对公共产品的投资无法收回。

所谓搭便车,就是指在公共产品的消费过程中,个别个体参与消费但不愿支付公共物品生产成本的现象。早在1740年,大卫·休谟提出"公地的悲剧"形容的就是这样一种状况:在一个经济社会,如果有公共产品或服务,"免费搭车"的出现是不可避免的,但是如果所有的社会成员都成为免费搭车的人,最后的结果是,没有人可以享受公共产品或服务的好处。"一个和尚挑水喝,两个和尚抬水喝,三个和尚没水喝"也描述了免费搭便车的"集体悲剧"。同样,以国防为例,一个国家一旦建立了自己的国防体系,提供了国防服务,就几乎不可能把生活在这个国家的任何人排除在国防保护之外,即使是那些拒绝为国防纳税的人也仍然处于国家保护之中。因此,在自愿纳税的条件下,人们就不愿意,甚至不会为国防纳税,大家都试图在公共产品消费上做一名"免费搭车者",尤其是在公共产品消费者为数众多的情况下更是如此。

搭便车问题是市场失灵的一个典型表现,即在公共产品消费过程中缺少激励机制,从而使个体倾向于给出虚假信息,声称自己只在给定的集体消费中享受到比他真正享受到的利益更少的利益,以求产生对自己有利的结果。但是,由于每个人都表现出较低的公共物品支付意愿和偏好,每个人都采取了搭便车的策略,因此营利性制造商提供的公共物品的利润和数量无法保障。

由于这种市场机制无法有效配置公共产品,那么解决搭便车问题只能通过政府或公共部门安排生产,并按照社会福利原则分配公共产品。这就是公共产品通常由政府提供的原因。

四、公共产品的有效供给

(一)公共产品有效供给的条件

公共产品的有效供给,就是一种产品的供需平衡。如何实现公共产品的有效供给是值得政府研究和思考的问题。任何一种产品的市场均衡产出和价格都由其供给曲线和需求曲线的交点决定,需求曲线应与该产品消费方的边际效用曲线相一致,供给曲线应与该产品生产方的边际成本曲线相一致,实现"帕累托最优"。

公共产品有效供给的实现与私人产品有效供给的实现有很大的不同。在私有商品的情况下,由于不存在外溢性现象,消费者从消费一种产品中获得的边际效用也是该产品的社会边际效用。这样,当社会边际成本等于社会边际效益时,就得到了"帕累托最优"。

就私人物品而言,消费者面临相同的价格,他们可以调整消费量,使其边际效用等于给定的市场价格。另外,一种公共产品一旦被提供,任何人都可以消费,而每个消费者无论愿意与否都可以消费相同的数量。但不同的个人从公共品中获得的满足程度——边际效用将不尽相同,这意味着每个人愿意付出的代价不同。一般来说,收入越高的人对公共物品的评价越高,因此他们愿意为某些公共物品支付更高的价格。社会愿意为一定数量的公共产品支付的价格(税收)应该由不同个人愿意支付的价格相加得到。因此,公共产品的市场需求应该是每个人需求曲线的垂直相加。

(二)公共产品的定价

公共产品价格主要由成本、利润和国家税收三部分组成。成本包括生产成本和销售成本,利润包括生产者的利润和销售者的利润。除了构成价格的三个要素外,影响商品价格形成和变化的主要因素还有:市场供求关系、市场上流通的货币量和国家经济政策。

市场供求关系是影响公共产品市场价格的直接因素。它对市场价格的影响主要是通过商品的供求平衡来实现的。当市场供应的产品数量超过市场需求,即供大于求时,它处于买方市场,价格下降。当市场提供的产品数量小于市场需求,即需求大于供给时,市场处于卖方市场,价格上升;只有当市场供给与市场需求相等时,市场价格才处于均衡状态。

在市场上流通的货币量是影响公共产品市场价格的重要因素。市场上流通的货币量由三个因素决定:全社会商品的总价值、商品的平均价格水平和货币流通的速度。市场上流通的货币量对商品价格的影响与商品市场上供给量的影响是相反的。当市场上实际流通的货币数量超过应该流通的货币数量时,货币的实际购买力就会下降,商品价格就会上涨。当市场上实际流通的货币量小于应该流通的货币量时,货币的实际购买力就会增加,商品价格就会下降。只有当市场上流通的实际货币量等于应该流通的货币量时,货币的实际购买力才等于货币的实际价值,商品的价格才等于商品的价值。

国家经济政策是影响公共产品价格的综合因素。它是国家为实现一定历史时期的经济任务而制定的行动纲领、方针和准则,是国家干预经济的重要手段。它对商品价格的影响有三种方式:一是它是影响商品价格的决定因素。例如,国家经济政策可以通过干预资源配置和市场竞争来影响商品的生产成本,通过影响商品的销售链来影响商品的销售成本和利润,税收政策可以影响商品价格中加多少税;二是它是影响商品价格的主要因素。例如,一个国家的产业政策可以影响市场上商品的供应,从而影响供求平衡;一国的货币政策直接影响市场上流通的货币量。三是它直接影响商品的价格。这主要是通过价格政策来实现的,包括价格保护政策、价格限制政策、高价格政策、垄断价格政策等。

总之,市场机制下存在着一体化、产权明晰条件下的自发交易、社会制裁等纠正外部效应的途径,但是其作用有限,只有政府通过提供公共产品才能有效地纠正外部效应,克服市场失灵,从而实现和谐的社会主义市场经济。

项目总结

满足社会公共需求的产品是社会公共产品,其非排他性和非竞争性的特征决定了公共财政在市场经济体制下存在的必要性,政府可以通过一系列的财政手段来调节市场运行的结果,最终达到资源合理配置、收入公平分配、经济稳定增长的目的。

项目三

财政收入

案例导入

财政部:2021 年全国教育支出 3.76 万亿元,比上年增长 3.5%

财政部副部长许宏才今日在新闻发布会上介绍了 2021 年全年财政收支情况,2021 年,全国一般公共预算收入 20.25 万亿元,与 2012 年的 11.73 万亿元相比,接近翻一番。

具体看,2021 年收入比上年增长 10.7%,与 2019 年相比增长 6.4%,完成收入预算。其中,中央一般公共预算收入 9.15 万亿元,比上年增长 10.5%;地方一般公共预算本级收入 11.1 万亿元,比上年增长 10.9%。中央和地方均有一定超收,主要是经济恢复性增长,再加上工业生产者出厂价格指数涨幅较高等因素拉动。

财政支出控制在人大批准的预算以内。全国一般公共预算支出 24.63 万亿元,同比增长 0.3%。其中,中央一般公共预算本级支出 3.5 万亿元,比上年下降 0.1%;地方一般公共预算支出 21.13 万亿元,比上年增长 0.3%。

据统计,2021 年,全国教育支出 3.76 万亿元,比上年增长 3.5%;社会保障和就业支出 3.39 万亿元,比上年增长 3.4%;卫生健康支出 1.92 万亿元。

（资料来源:潇湘晨报,2022-01-25）

任务一　财政收入概述

财政一直与国家和政府联系在一起。近代以来,为了满足社会公共需求,优化资源要素配置,促进经济稳定协调发展,各国政府往往通过财政分配活动向社会提供公共产品和服务。财政分配活动由财政收入和财政支出两个相互关联的阶段组成。财政收入作为财政分配的第一阶段,不仅体现了一定货币资金的获取,而且在整个财政分配活动中起到桥梁作用。财政收入规模是衡量一个国家财政实力的重要指标,无论哪个国家都将确保财政收入的持续稳定增长作为政府的主要财政目标。

一、财政收入的含义

财政收入是指政府为了履行其职能,满足执行公共政策和提供公共服务的需要,按照一定的权力原则,在一定的时间内通过财政分配获得一定数额的货币或实物资产收入。

财政收入作为财政分配的重要环节,可以从以下两个层面来理解:

①财政收入是政府通过使用国家强制力,参与社会总价值分配过程中,控制并形成的一定数量的资金。它是政府维持正常运营,从事各种社会公共服务的物质保障,是国家实施宏观调控的重要杠杆。

②财政收入反映了筹集资金的过程。在这个过程中,必须解决如何筹集资金(获得财政收入的手段是什么),从哪里筹集资金(财政收入的来源是什么),可以筹集多少资金(财政收入的规模有多大)等问题。

二、财政收入的分类

为了便于财政收入的管理,明确区分财政收入的特征和性质,政府通常对财政收入进行分类。

(一)按财政收入形式分类

财政收入形式是指国家获得财政收入的具体方式,主要体现在获得财政收入过程中不同的征收方式以及通过各种方式获得的收入在总收入中所占的比例。近代以来,各国根据政治体制、经济结构和财政体制的不同采取了不同的财政收入方式,但税收始终是财政收入的主要形式。我国财政体系经过多次调整,现在主要包括税收收入、国有资产收入、政府收费收入、债务收入、其他收入等形式。

1. 税收收入

税收是国家利用其政治权力,通过法律和法令强制向纳税人征收的收入。税收具有无偿性、强制性和固定性的特点,是征收最广泛、最稳定、最可靠的财政收入方式。在我国,税收收入约占财政总收入的90%,是财政收入最重要的形式。税收也是宏观调控的重要手段之一,在调节收入分配、投资方向、产业结构等方面发挥着重要作用。

2. 国有资产收入

国有资产收入是国家凭借其财产所有权而获得的各种收入的总称,它既包括国有工商金融资产的收入,也包括其他各种国有财产带来的收入。国有资产收入的形式主要有上缴利润,分得股息红利,出租国有资产收益,转让国有资产产权、股权、使用权等收入。其中,上缴利润是我国国有资产收入最常见的形式,它主要适用于国有独资企业和实行承包经营的国有企业。

3. 政府收费收入

政府收费收入是指政府机关、事业单位在向社会提供行政管理和服务的过程中,向被管理对象或消费者收取的一定数额的费用,它是财政收入的一种补充形式。政府收费一般包括行政收费、商务服务费及特别收费。行政管理费是指政府的职能管理部门(如公安局、环保局等)在提供行政服务时,从管理对象中获得的收入,包括行政管理费、惩罚性费用(没收、收取)和手续费。服务性收费是指国家机关(科教文卫、交通、公共交通、环境保护等)向社会成员提供服务时收取的教育、医疗、高速公路使用费等费用,如城市绿化费、道路维修费等。政府收费收入除了能够形成财政收入之外,还有利于提高政府公共服务和管理的质量。

4.债务收入

债务收入是指政府以债务人的身份,基于借贷原则,采用信用形式的财政收入。它包括国内发行的各种公债(国库券、财政债券、保值公债、特种国债等),向外国政府、国际金融组织和国际商业银行借款,以及发行国际债券的收入等。目前,国债是弥补财政赤字的重要手段。

5.其他收入

其他收入是指除上述收入外的零星收入。它在财政收入中所占比例较小,涉及的具体项目主要包括国内外捐赠收入、公产收入、外事服务收入、中外合资企业的场地使用费等杂项收入。

(二)按财政收入来源分类

1.以所有制结构为标准

以所有制结构为标准,财政收入分为国有经济收入、集体经济收入、私营经济收入、个体经济收入、中外合营经济收入和外商独资经济收入等。当前,我国财政收入正从国有经济收入向非公有制经济收入转变。

2.以产业部门为标准

根据财政收入来源的产业部门,财政收入可分为第一产业收入、第二产业收入和第三产业收入,以及对三个行业的扩展和具体化,如农业、工业、交通运输业、商业、服务旅游等。目前,我国财政收入主要来自第二产业,但第三产业增长较快。

(三)按财政收入的管理权限分类

为了明确各级政府财政分配的权限,科学管理国家财政收入,我国还按照各级政府的职责和权力对财政收入进行了分类。按照财政收入的管理权限,将财政收入分为中央财政收入和地方财政收入。中央财政收入是指按照现行财税制度,由中央政府征收和使用的财政收入,如增值税、消费税、关税、中央企业上缴利润、企业所得税,以及按照中央政府的规定由中央政府征收的各项基金等。地方财政收入是指由地方政府支配的财政收入,主要来自地方税(如房地产税、土地增值税等)、地方政府所属企业的国有资产收入、共享收入中的地方分成收入(如增值税的分成收入)以及上级政府的返还和补助收入等。

(四)按照政府预算收入科目分类

政府预算收入科目是政府在编制预决算、决算、处理预算缴款和拨款时,方便预算会计核算所设立的科目。2007年以来,根据政府收入构成,结合国际通行的分类方法,对我国政府收支分类进行了改革。这种新的财政收入分类方法进一步扩大了财政收入分类的范围,并根据收入划分的性质,设置相应的科目。我国的政府收入划分为类、款、项、目四级,具体包括6大类、49款、354项、750个目级科目。政府预算收入类级科目分别为税收收入、社会保险基金收入、非税收入、贷款转贷回收本金收入、债务收入、转移性收入六大类。其中,税收收入大类按不同税种设置23个款;社会保险基金收入设基本养老失业、基本医疗、工伤、生育和其他6款;非税收入类下设8款,分别为政府性基金收入、专项收入、彩票资金收入、行政事业性收费收入、罚没收入、国有资本经营收入、国有资产有偿使用收入、其他收入;转移性收入分为返还性收入、财力性转移支付、专项转移支付等9款。

三、组织财政收入的原则

财政收入的组织不仅关系到社会经济的发展和人民生活水平的提高,而且关系到正确处理国家、企业、个人与中央和地方利益的关系。为了处理好这些关系,在组织财政收入时,必须把握以下原则。

(一)发展经济、广开财源原则

发展经济、广开财源是我国组织财政收入的首要原则,这意味着政府在组织财政收入时,应有利于经济发展,多渠道筹集资金。

坚持发展经济,就是要正视财政收入组织与经济发展的辩证关系。经济发展水平将直接制约财政收入的规模;反过来,财政收入的规模和效率也将对经济发展的速度和条件产生深远的影响。这就要求财政收入的形式、财政收入的规模和结构应适应社会生产力和经济体制的性质和要求,使政府筹集财政资金的过程不仅能够为政府实现职能筹集资金,而且能够从宏观上促进国民经济持续、快速、健康发展。

坚持广开财源意味着政府在组织税收时,必须按照市场规则行事。这就需要政府筹集资金,促进国民经济的协调发展;同时,要求政府减少经济效率的损失,更好地培育和完善市场,即在筹资过程中平等对待每一个经济主体,为经济主体平等进入市场、公平竞争创造条件。通过经济协调发展,增加经济主体的收入,提高经济主体的纳税能力。

(二)兼顾国家、单位和个人利益,兼顾中央和地方利益的原则

兼顾国家、单位和个人这三者的利益,就是国家在处理国民收入的分配问题。在取得财政收入的过程中,既要注重财政收入的取得,又要把必要的财政资源留给单位和个人,协调他们之间的物质利益关系,从而调动和发挥他们建设社会主义的积极性。

兼顾中央和地方两级利益,是指国家财政在处理国民收入分配的过程中,兼顾中央和地方的利益,相应地获得自己的收入。按照现行的财政管理体制,中国的国家财政预算由中央预算和地方总预算组成。这两个层次的财务都有各自的具体功能,也形成了各自的利益关系,所以在组织财政时,要考虑到这两个层次的利益关系。

(三)区别对待、合理负担原则

区别对待是指在财政收入的组织管理中,根据国家有关政策,对不同的经济组成部分、不同的地区、不同的行业、不同的部门进行区别对待,引导市场,使国民经济结构合理化。

合理负担是指市场经济中的各经济主体应在其支付能力的合理范围内分配财政收入。它主要体现在税收方面,即在组织财政收入时,根据纳税人的人数,采用不同的税收比例,实行负担能力强的多负担,负担能力弱的少负担,通常采取不同的征税范围、不同的税率、减免税等方式来实现。在制定财政收入政策时,要坚持区别对待、合理负担的原则,发挥财政收入的调节作用,促进社会主义事业的全面发展。

（四）自力更生为主、利用外资为辅的原则

自力更生是必须坚持的原则，根据我国的国情发展，政府在制定财政政策时，要坚持以自力更生为基础，坚持依靠人民群众，发扬艰苦奋斗、勇于创新的精神，合理配置和有效利用本国资源，发展壮大生产和流通，开展对外贸易和劳务输出，优化国内产业结构，不断促进经济持续健康发展，随着国家财政收入的增加，财政资源充足，确保国家财政收入在生产发展的基础上不断增加。

利用外资为辅是指在自力更生发展国民经济的前提下实施对外开放政策。当今世界是一个开放的世界，国际交流与合作日益增多，任何国家都不能脱离世界经济而独立存在。在经济全球化的趋势下，我国应抓住机遇，迎接挑战，积极引进国外先进技术，合理吸收和利用外资，进一步提高我国的自力更生能力，加快社会主义现代化建设的步伐。

任务二 财政收入规模

一、财政收入规模的含义及衡量指标

（一）含义

财政收入规模是指一定时期内（通常为一年）财政收入的总量。财政收入规模是衡量政府公共事务范围和一国财政状况的基本指标。

（二）衡量指标

1. 绝对量指标

绝对量指标为财政总收入。

2. 相对量指标

（1）财政集中率

$$K = \frac{FR}{GDP} \times 100\%$$

FR 表示一定时期内（通常为一年）的财政收入总额。K 越高，表明政府配置的资源越多，市场配置资源的作用就越小。

长期以来，西方发达国家财政收入占 GDP 的比重普遍较高，基本在 30% ~ 50%。以 2005 年为例，瑞典财政收入占 GDP 的比重最高，为 52.94%，美国为 29.32%，日本为 28.02%，德国为 37.9%，法国为 45.69%，英国为 38.27%。由于政府可以通过财政赤字扩大支出，因此，国家支出占国内生产总值（GDP）的比重实际上更高，在 2005 年美国为 39.2%、日本为 29.2%、德国为 52.3%、法国为 55.9%、英国为 46.9%。国家消费的重点领域具有明显的公共开支的性质，西方国家巨额财政支出的前四大组成部分是：社会保障和社

会福利支出(平均占 15%);教育支出(平均占 12%);公共医疗卫生支出(平均占 10%);国防支出(平均占 8%)。

（2）宏观税负率

宏观税负率是指一个国家或地区一定时期内(一般为一年内)税收收入占 GDP 的比重。

税收已成为现代财政收入中最主要和最稳定的来源,税收收入通常占财政总收入的 90% 左右。

二、影响财政收入规模的因素

（一）经济因素

经济发展水平是决定财政收入规模的主要因素。

①经济越发达,GDP 增长越快,财政收入增长越快。

②经济越发达,人均 GDP 增长越快,剩余产品增长速度(快于 GDP 增长速度)加快,最终财政收入规模增加。

一个国家的经济发展水平主要体现在人均国内生产总值,它反映了一个国家的生产技术水平和经济实力,反映了一个国家社会产品的丰富性和经济效益,是财政收入形成的物质基础。在英、法、美等西方主要国家,19 世纪末财政收入占国内生产总值的比重一般在 10% 左右,但到了 20 世纪末,财政收入占国内生产总值的比重上升到 30% ~50% 。

（二）生产技术因素

①技术进步将导致更快更好的生产,这将增加国民收入,并最终增加财政收入。

②技术进步会降低物质消费比重,从而提高人均产出率和社会剩余产品价值率,最终增加财政收入规模。

（三）收入分配政策和分配制度

即使在经济发展水平相同的国家,政治、社会和经济制度的差异也会导致财政收入规模的差异。收入分配政策和制度对财政收入规模的影响如下:

①收入分配政策决定了剩余产品价值占整个社会产品价值的比例,进而决定了财政分配对象的规模。

②收入分配政策决定了财政集中资金的比例,即财政收入占社会剩余产品价值的比例。在计划经济体制的国家,政府在资源配置和收入分配中起着基础性的作用。政府控制的社会资源较多,财政收入规模较大。

在市场经济国家,市场在资源配置和收入分配中起着基础性作用,政府对社会资源的控制较少(主要是为了弥补市场的缺陷),因此财政收入规模相对较小。

③产权制度、企业制度、劳动工资制度和福利制度也会影响财政收入的规模。当 GDP 规模确定后,政府、企业和个人之间的不同比例也会影响财政收入的规模。

(四)价格因素

1. 物价总水平的变化必然会影响财政收入(货币收入)的规模

物价上涨会增加货币形式的财政收入;价格下跌,会导致以货币形式表现的财政收入减少。物价变动对财政收入的影响如下:

财政收入的增长率与物价的增长率大致相同,即财政收入只在名义上增加,在实际中不增加或减少。如 1986 年,零售价格增长率为 6%,财政收入增长率为 5.8%,两者大致相同。

财政收入增长率低于物价增长率,即财政收入名义上为正增长,但实际为负增长。例如,1989 年,中国零售价格上涨了 17.8%,而财政收入的增长率仅为 13.1%。

财政收入增长率高于物价增长率,即财政收入的实际增长率大于名义增长率。例如,1985 年零售价格上涨了 8.8%,财政收入增长了 22%。

2. 现行的税收制度必然影响财政收入规模(货币收入)

如果实行累进税率,纳税人适用的税率会随着名义收入的增长产生"档次爬升"效应,从而增加财政收入规模。

如果实行的是比例税率,税收收入的增长率等同于物价上涨率,财政收入只有名义增长而无实际增长。

如果实行的是定额税率,税收的增长率总是低于物价的增长率,因此即使名义上财政收入增加,实际收入也会下降。

3. 商品的比价关系也影响财政收入规模

商品的比价是指一种商品与另一种商品在同一时间、同一地点的价格比率。当商品的比价关系向有利于高税收商品的方向变化时,财政收入迅速增加。商品比价可以从两个方面影响财政收入。

价格的变化会引起货币收入在企业、部门和个人之间的转移,从而形成 GDP 的再分配,改变不同部门、不同企业和不同个人的财政收入分配结构。例如,通过提高工业品价格,改变原来的工农产品价格比例,使国内生产总值的分布更加有利于工业,从而使部分农业国内生产总值向工业部门转移,使财政收入中来自工业的收入增加,来自农业的收入减少。

价格的变化改变了市场上买卖双方对 GDP 的再分配,从而影响财政收入。例如,提高农产品的收购价格,而保持农产品的销售价格不变,会减少农产品财政收入。能源价格的上涨可能会增加该部门的收入,但也可能影响到受能源价格上涨影响的其他部门的收入。

三、我国财政收入规模变化的分析

(一)从绝对数额来看

改革开放以来,我国财政收入规模随着经济的增长而不断扩大。1978—2013 年,我国财政绝对收入增长可分为三个阶段:水平徘徊阶段(1978—1982 年);缓慢发展阶段(1982—1992 年);高速增长阶段(1992—2013 年)。

(二)从相对数额来看

从相对金额(财政收入占 GDP 的百分比)来看,我国财政收入规模呈 U 形发展趋势。接下来,我们按时间段进行分析。

1. 改革开放到 20 世纪 90 年代中期

在此期间,财政收入占 GDP 的比例一直在下降。

(1)原因

我国财政收入占国内生产总值比重下降与财政支出持续增长之间存在着尖锐的矛盾。下降的主要原因如下:

一是分配制度发生了巨大的变化。改革开放后,GDP 的分配格局明显倾向于个人,这导致了我国财政收入的下降。

二是经济运行异常。财政收入占 GDP 的比例有所下降,这在一定程度上反映了经济结构性问题。财政收入是经济结构的晴雨表,经济结构越合理,财政收入占国内生产总值的比重越高。我国财政收入占国内生产总值的比重显著低于发达国家平均水平的原因,就在经济结构上。靠粗放发展,靠过分消耗资源与环境来实现增长,我国的财政收入占 GDP 的比重只能越来越低。

三是财政管理体制不完善,以及税收征管不严、财政监督不力等均导致了财政收入占 GDP 的比重下降。

(2)后果

一是政府财力下降,制约社会公共事业的发展,最终影响民众的根本利益。

财政收入占 GDP 的比重是衡量国民幸福程度的最重要指标。在现代社会,政府提供的"教育、医疗、公共安全、社会保障、救灾、交通、环保、生态环境"等公共产品和服务的水平决定着公民的生活质量和幸福。经济发展的最终目标是让所有人的生活更幸福。那么,政府如何提供公共产品呢? 这就需要财政收入。"取之于民,用之于民"是财政之本,财政收入是一个国家或地区维护社会公平、帮助弱势群体、实现社会保障的物质基础。财政收入占国内生产总值的比重越高,为公民提供的公共服务就越多,也就越有利于社会公平。反之,如果比例过低,则会影响国家财政再分配的保障能力,制约社会公益事业的发展,最终影响人民群众的根本利益。

财政收入占国内生产总值(GDP)的比例下降,与全国的普遍感受是一致的。我国的 GDP 一直在高速增长,但"上学难、看病难、社保难"等问题非但没有缓解,反而在恶化,一个重要的原因是财政收入不足以提供更多的公共服务。

二是宏观调控能力下降。

三是资金分散,难以保证国家重点建设等。

2. 20 世纪 90 年代中期至今

在此期间,财政收入占 GDP 的比重一直在上升。

1995 年以来,我国国民收入的分配格局越来越向国家倾斜。个人收入占国内生产总值的比重一直在下降,而国家财政收入的增长速度是国内生产总值的两倍以上。财政收入占国内生产总值的比重由 1995 年的 10.7% 逐步提高到 2012 年的 22.6%。

可以预见,我国的国家支出结构将逐步作以下改变:原先由国有企业承担的社会保障和社会福利支出将逐步被国家财政取代;大幅增加公共卫生支出;国防支出持续稳定增长;提高教育经费在国家财政支出中的比重;增加对农业的转移支付。与此同时,原本占比较大的国家基本建设投资的比重将逐年下降。以医疗保健为例,由于国家支付能力的提高,我国将能够逐步解决这个困扰中国人民的长期问题。

任务三 财政收入结构

一、财政收入结构的含义

财政收入结构是指财政收入的各个组成部分所占的比例。根据财政收入结构的不同分类,财政收入结构分为价值结构、产业部门结构和所有制结构。

二、财政收入结构的分类

(一)财政收入的价值结构

财政收入无论以何种形式获得,最终都表现为政府部门控制的社会总产品的货币价值。社会总产品(W)由三部分组成:补偿生产资料消耗的价值、劳动者为自己劳动所创造的必要劳动价值和归社会支配的剩余价值。这三部分之间存在此消彼长的关系。

补偿生产资料消耗的价值(C)又称为补偿基金。它可以分为两部分:一部分是补偿劳动对象的价值,如消耗的原材料;另一部分是补偿机器设备、车间等固定资产的价值,即折旧基金。从理论上讲,生产资料消耗的补偿价值属于资本的转移价值,是社会维持简单再生产的基础。如果政府没收了它,资本就会缩水,简单再生产就不能正常进行。因此,政府财政原则上不征收社会生产中对生产资料消耗的补偿价值。但是,在2009年以前实行GNP增值税的情况下,补偿消耗的生产资料的部分价值仍然通过增值税转化为财政收入。

个人劳动收入(V)是劳动者为自己的劳动所创造的必要劳动价值,是财政收入的补充。为了维持收入的合理公正分配,维护社会稳定,政府通常以社会管理者的身份,以税收的形式对个人收入进行调整,因此个人劳动收入构成了财政收入的来源。直接从个人劳动所得中获得的财政收入包括:①直接向个人征收的税收,如个人所得税、个人财产税、城镇土地使用税等;②直接向个人收取规费收入(户口证书费、结婚证书费、护照费等)和罚没收入等。间接来源于个人劳动收入的财政收入有:个人工资性收入折算后计入烟酒化妆品等消费税的部分;服务业、文化娱乐等企事业单位缴纳的部分税收,其中一部分是通过对个人劳动收入的分配转化来的。随着社会主义市场经济体制的逐步建立和发展,人民生活水平的不断提高以及个人所得税制的改革和完善,财政收入来自个人收入的比重将逐渐提高。

新创造的价值中归社会支配的剩余价值部分(M),是财政收入的主要来源。新创造价值包括税收、企业利润和用新创造价值支付的费用(如利息),主要是税收和企业利润。从社会产品的价值构成来看,财政收入主要来自这一部分。只要这部分增加,财政收入增长就有坚实的基础。

虽然增加财政收入的主要途径是增加 M，但 M 并不是唯一的来源。C、V、M 三者密切相关，CV 的变化会对 M 产生影响，从而对财政收入产生影响。当社会总产品(W)不变，劳动力投入(V)不变时，降低生产成本(C)，M 就相应增大。因此，减少生产资料的消费，即降低生产成本，是增加 M 和财政收入的重要途径。此外，社会总产品(W)是确定的，如果增加 V，则 M 减少；相反，减少 V，则 M 增加。因此，在充分调动劳动者积极性、提高劳动生产率的同时，增加企业利润和财务收入具有重要意义。

(二)财政收入的产业部门结构

国民经济按产业可分为第一产业、第二产业和第三产业。第一产业包括农业、畜牧业、林业、渔业等；第二产业包括工业和建筑业；第三产业包括除第一、第二产业以外的所有产业，主要包括流通产业、服务业、旅游业、交通运输业、金融保险业等。这三个行业在国民经济整体中的地位不同，在财政收入中的地位也不同。研究财政收入的产业结构和与之相关的价格结构的变化对财政收入的影响，有助于客观地组织财政收入，并根据各部门的发展趋势和特点开拓新的财政资源。

①第一产业是国民经济的基础，第一产业的发展将影响整个国民经济的发展。从这个意义上说，农业也是财政收入的基础。农业作为财政收入的基础主要体现在两个方面：一是农业直接提供的财政收入主要是农牧业税，随着农业税的取消，这部分财政收入将会减少，减轻农民负担有利于农业的发展；二是农业间接提供的财政收入，长期以来，我国工农业产品交换存在剪刀差，农业部门创造的部分经济价值以农产品为原料转移到轻工业部门。总之，没有农业的发展，就没有其他部门的发展，就没有国家财政收入的增长。

②第二产业是国民经济的龙头产业，是财政收入的主要来源。1985 年以前，我国财政收入的 60% 来自第二产业。原因如下：第二产业资本的有机构成，工业劳动生产率和积累水平高于其他行业，而且第二产业创造的国民收入也高于其他行业；同时，工业部门有很多国有企业。这些国有企业除税收外，相当一部分利润上缴国库。第二产业的发展和经济效益对财政收入的增长至关重要。财政收入能否随着第二产业的发展而增加取决于两个条件：一是工业企业和建筑业的经济效益；二是行业内各部门的比例协调。既要防止第二产业中长期存在的部门和行业形成的产品积压和浪费，也要防止短期存在的部门和行业形成的瓶颈制约，如当前的电力、煤炭、原材料等制约着工业生产扩大。

③第三产业创造的价值不仅构成国内生产总值的一部分，也是财政收入的重要来源。随着市场经济体制改革的加快和科学技术的进步，第三产业在国内生产总值中的比重也在不断提高，第三产业在财政收入中的比重也在不断提高。2019 年第三产业税收收入占比达到 56.9% 左右。因此，第三产业已成为开拓金融资源、筹集财政资金的重要产业。

(三)财政收入的所有制结构

所谓财政收入的所有制结构是指财政收入作为一个整体，是由不同所有制的经营单位各自上缴的税收、利润和费用构成的。

财政收入按经济成分可分为国有经济、集体经济、私营经济、个体经济、外资经济等收入类型。

改革开放前我国以国有经济为主，财政收入占比超过 2/3，集体和其他经济体占财政收入的三分之一。改革开放以来,特别是 20 世纪 90 年代中期实行社会主义市场经济以来,民营经济、个体经济和外商投资企业发展迅速,非国有经济在政府收入中所占比重逐步提高。据 2017 年经济数据显示,这些经济组成部分(包括私营经济、个体经济、中外合资经济和外商独资经济)对财政收入的贡献超过 50%,因此,非公有制经济是我国财政收入的重要来源。随着经济体制改革的深入,国有企业的数量会进一步减少,国有经济占财政收入的比重也会进一步降低。

三、财政收入的地区结构和生产力布局

地区财政收入结构和生产力布局是否合理,不仅关系到国民经济的均衡发展,而且是影响财政收入的重要因素。我国不同地区之间的发展很不平衡,根据经济发展水平、交通条件、技术水平和地理位置的不同,我国可分为三个经济区:东部、中部和西部。截至 2020 年年底,东部 10 个省(直辖市)的土地面积占全国土地面积的 14.2%,GDP 占全国的 51.75% 以上。中部 8 省的土地面积占全国的 34.3%,人口占全国的 26.5%,而 GDP 仅占全国的 25.76%。西部地区的 10 个省(直辖市)占全国土地面积的 51%,人口占全国的 27.2%,而 GDP 仅占全国的 17.10%。由于经济发展的差异性和积累水平的巨大差异,东部地区是我国财政收入的主要来源地带。因此,三大经济地带,只有将东部的资金、技术、人才优势与中西部的资源优势有机结合起来,帮助中西部地区发展经济、培植财源,才能实现中西部地区财政收入较快增长,改变西部地区财政收入过低、靠中央财政转移支付过多的局面。

项目总结

财政收入是政府按照一定的权力原则,为满足社会公共需求,从国民经济各部门收取的一定数量的社会产品价值。它包含两层含义:第一,在货币经济条件下,财政收入是一定数额的货币收入;第二,财政收入是一个过程,是财政分配的第一阶段或基本环节。财政收入包括税收收入、债务收入和非税收入,其中税收收入是财政收入的主要形式。上述各种财政收入形式所占比例构成了财政收入的结构。财政收入规模是指一定时期(通常是一年)财政收入来源的总量。财政收入规模是衡量一个国家政府公共事务规模和财政状况的基本指标。财政收入主要与经济因素、生产技术因素、收入分配政策和价格因素有关。

项目四

税收理论

案例导入

2020 年我国企业纳税排名

2020 年,税收排行前 10 名的企业名单已经出炉。

第十名茅台酒业,其全年税收约为 300 亿元,而排在它前面的是阿里巴巴集团,税收 366 亿,领先 66 亿元。

位列第八名的是恒大集团,税收比第九名的阿里巴巴高出了 34 亿元,成为全国房企纳税第一名。

第七名中国银行,纳税总额 591 亿元,第六名是农业银行,纳税 678 亿元。

第五名中石油,纳税 693 亿元,而第四名就是建设银行,税收 866 亿元。

华为排行第三,税收直接提升到了 1 010 亿元,突破千亿大关,成了中国纳税最高的民营企业。

而排在华为前面的是工商银行,纳税 1 096 亿元,排名第二,此时税收第一的企业似乎已经不言而喻,那就是中国烟草,纳税高达 1.2 万亿元,比其他 9 家企业纳税总和还高出了6 000 亿元,体量着实惊人。

思考:

1. 政府对烟草征收重税的目的是什么?

2. 税收的职能有哪些?

任务一　税收概论

一、税收概述

税收是国家利用其政治权力,按照法律预先规定的标准,为社会提供公共物品,强制地、无偿地参与国民收入分配的一种方式,也是国家实施宏观调控的重要手段。税收的概念包括以下内容:

（一）税收是国家取得财政收入的一种形式

国家财政收入有多种形式：奴隶国家的王室收入；封建国家的官产收入、特权收入和专卖收入；资本主义国家的债务收入和货币收入。新中国成立后，我国财政收入的形式多种多样，有国有企业上缴利润、国债收入和罚没收入。

（二）税收是凭借国家政治权力实现的特殊分配

与这种一般分配不同，税收是一种特殊的分配形式。它的特殊之处在于税收收入是由国家政治权力分配的。国家通过制定法律征税，纳税义务人必须依法纳税，不依法纳税就会受法律的制裁。

（三）税收是国家宏观调控的手段

由于税收决定了国家和纳税人在社会产品中所占的份额，无论是税负的增减，还是税目、税率、税种等的变化，都与社会共同利益和个人利益密切相关，影响着人们的经济行为。因此，税收既是国家与纳税人之间的物质利益关系的一种调节方式，也是一种宏观经济调控的重要手段。

（四）税收存在的基础

①税收是为了弥补政府提供公共产品的成本。
②税收是政府调节收入和财富分配的重要手段。
③税收是政府进行"反周期性"调控的重要手段，使宏观经济稳定、均衡发展。

二、税收的基本特征

（一）税收的强制性

税收的强制性是指税收是由国家政治权力以国家法律的形式强加的，缴纳人必须履行缴纳义务，应纳而不纳要受到法律的惩罚。税收的强制性包括两个方面：①税收对税务机关也是强制性的，必须依法征税；②纳税人必须依法按时、足额缴纳税款。

（二）税收的无偿性

税收的无偿性是指国家征税以后税款就为国家所有，不再直接归还纳税义务人，也不需要付给纳税义务人任何代价。税收的无偿性是以强制性为条件的。

（三）税收的固定性

税收的固定性是指国家以法律的形式预先规定税收的范围和比例，以利于双方的共同遵守。税收的固定性还包括税收的连续性。为了保证税收的相对稳定，必须事先规定一个固定的比例。

税收的强制性决定着税收的无偿性。而税收的强制性和无偿性又决定和要求了征收的固定性。税收的三个特征是统一的、缺一不可的，如图4-1所示。

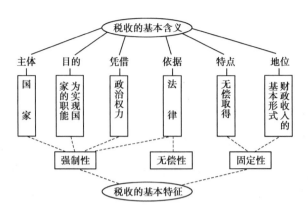

图 4-1　税收的基本含义与特征

三、税收的职能

(一)财政职能

组织和获取财政收入是税收的基本职能。为了满足社会公共需求,维护共同利益,政府必须履行公共事务职能,而为了保证政府职能的顺利执行,国家必须掌握相应的经济资源。

(二)经济职能

税收的经济职能是指国家利用税收对经济运行进行调节和控制的功能。对企业和个人征收的国税将部分国民收入归为国有,不可避免地改变了原有的分配关系,对生产、消费和生产关系的结构产生了一定的影响。

(三)监督职能

税收的监督职能是国家向纳税人征税过程中对国民经济发展状况的反映和对纳税人生产经营活动的制约、督促和管理的功能。从微观方面来看,税收的监督职能表现为督促企业依法纳税,发现企业在纳税过程中存在的经营、生产和财务管理等方面存在的问题,及时通过税源和收入变化把这些信息充分反映出来,并督促企业、单位及时纠正;从宏观方面来看,可以从全国和各地区的各种税收收入、总量、结构和税源变化等方面,及时反映出全国和各地区财政经济活动状况和存在的问题,为政府决策机关提供信息。

四、税收的分类

常用的税收分类方法有以下五种。

(一)按课税对象分类

税收客体是税法的基本要素,是一种税种区别于另一种税种的主要标志。因此,根据课税对象的性质进行分类是税种最基本、最主要的分类方法。根据这一标准,我国的税收可分为以下五类:流转税、所得税、财产税、资源税和行为目的税。这种分类方法也是我国税收分类的主要方法。

1. 流转税

流转税(商品和劳务税)是以商品生产、商品流通和劳务的流转额为征税对象的一种税。它主要以商品销售额、购进商品付款金额和营业收入额为计税依据,一般采用比例税率的形式。我国现行税制中的流转税主要包括增值税、消费税、关税等。

2. 所得税

所得税是对收益所得额征收的一种税。它主要根据纳税人生产经营所得、个人收入所得和其他所得进行征税。在我国现行税制中,所得税主要包括企业所得税、外商投资企业所得税和外国企业所得税、个人所得税。

3. 财产税

财产税是对财产价值征收的税。根据不同的课税对象,财产税又可分为一般财产税、财产转让税、财产增值税等。我国现行税制中的房产税主要包括房产税、车船税、契税等。

4. 资源税

资源税是对自然资源征税的税种的总称。级差资源税是国家对开发和利用自然资源的单位和个人,由于资源条件的差别所取得的级差收入课征的一种税。一般资源税就是国家对国有资源,如《中华人民共和国宪法》规定的城市土地、矿藏、水流、森林、山岭、草原、荒地、滩涂等,根据国家的需要,对使用某种自然资源的单位和个人,为取得应税资源的使用权而征收的一种税。

5. 行为目的税

行为目的税是为了达到特定的目的,以特定对象和行为为征税对象的税收。该税的征收目的是利用税收杠杆,配合国家宏观经济政策,对社会经济生活中的某些具体行为进行调控和约束。在我国现行税制中,行为目的税主要包括城市维护建设税、印花税、屠宰税、宴会税、车辆购置税等。

(二)按税收管理和使用权限分类

按税收管理和使用权限划分,可分为中央税、地方税、中央地方共享税。

一般来说,税源集中,收入大,涉及面广,由全国统一立法和管理的税收归类为中央税,目前主要税种有消费税等;一些与地方经济关系密切、税源相对分散的税种被列为地方税,目前主要包括城镇土地使用税、耕地占用税、房地产税、车船税、契税等;此外,增值税、资源税列为中央税和地方税。

(三)按税收与价格的关系分类

按税收与价格的关系划分,可分为价内税和价外税。

对商品和服务征收的税包含在价格中,称为价内税;于价格之外,称为价外税。

价内税有利于国家通过税负的调整来直接调控生产和消费,但它往往会扭曲价格。价外税与企业成本核算、利润和价格没有直接联系,不妨碍价格对市场供求的正确反映,因此,更适应市场经济的要求。

（四）按税负是否易于转嫁分类

按税负是否易于转嫁分为直接税和间接税。

由纳税人直接承担的税收是直接税，纳税人即负税人，如所得税、遗产税等；可转嫁的税是间接税，即负税人通过纳税人间接缴纳的税，如增值税、消费税、关税等。

（五）按计税标准分类

按计税依据的不同，可分为从价税和从量税。

从价税，又称从价计征，是按征税对象的价值量作为计税的标准征收的税，税额会根据价格的高低而增加或减少。从量税，是按征税对象的质量、件数、容积、面积等为标准采用固定税额征收的税，优点是易于计算，但税收收入不能随着价格高低而增减。

任务二　税收制度

税收制度是国家规定的税收法律、法规和征收方法的总称，它是国家向纳税人征税的依据。税收制度构成要素是税收制度的基本要素。

任何国家无论采用何种税制，构成税种的要素无非是纳税人、课税对象、税目、税率、纳税方式、纳税环节、纳税期限、纳税地点、减税、免税和法律责任。

一、纳税人

纳税人是纳税义务人的简称，依照税法规定负有直接纳税义务的法人和自然人，法律术语称为课税主体。纳税人是税收制度最基本的组成部分之一，每种税都有纳税人。

纳税人的"人"包括自然人和法人。自然人是指独立享有法定权利、承担法定义务的个人。法人是国家承认的具有一定组织结构，具有独立财产，以自己的名义享有民事权利、承担民事义务的社会组织。简单地说，法人就是社会组织在法律上的人格化。

为便于征管，个人所得税等零星分散、不易掌控的税源采取代扣代缴形式，由纳税人取得所得或者纳税的单位代扣代缴。依照税法规定，负有代扣代缴税款义务的单位和个人，称为扣缴义务人。

二、课税对象

课税对象又称征税对象，也叫课税客体，是税法规定的征税的目的物，法律术语称为课税客体。课税对象是一个税种区别于另一种税种的主要标志，比如，企业所得税的征税对象就是应税所得；增值税的征税对象就是商品或劳务在生产和流通过程中的增值额。

三、税率

税率是应纳税额与税基之间的数量关系或比率,它是衡量税收负担的一个重要指标。

税率是税法的核心要素,它反映了国家税收程度和国家经济政策,是一种非常重要的宏观调控手段。税率的高低在一定程度上反映了纳税人的负担,应该有一个合理的税率水平,体现税收的适度原则。

我国现行使用的税率主要有:比例税率、累进税率和定额税率。其中,比例税率与累进税率适用于从价计征,表现为应纳税额与计税基数之间的比率。定额税率也称固定税额,适用于从量计征,体现了应纳税额与计税基数之间的数量关系。

(一)比例税率

比例税率是指对同一征税对象,不论其数额大小,均按照同一比例计算应纳税额的税率。采用比例税率便于计算和征纳,有利于提高效率,但不利于保障公平。比例税率在商品税领域应用得比较普遍,我国的增值税、城市维护建设税、企业所得税等采用的是比例税率。

(二)累进税率

累进税率是指随着征税对象的数额由低到高逐级累进,适用的税率也随之逐级提高的税率,即按征税对象数额的大小划分若干等级,每级由低到高规定相应的税率,征税对象数额越大适用的税率越高。累进税率在我国还分为超率累进税率和超额累进税率,但以超额累进税率适用最为广泛。

超额累进税率是把征税对象按数额的大小分成若干等级,每一等级规定一个税率,税率依次提高,每一纳税人的征税对象依所属等级同时适用几个税率分别计算,将计算结果相加后得出应纳税款。目前采用这种税率的有个人所得税。

(三)定额税率

定额税率是指按征税对象的一定计量单位直接规定的固定的税额,因而也称固定税额。定额税率不受价格变动影响,适用于从量计征的税种。定额税率征税对象的计量单位可以是自然单位也可以是特殊规定的复合单位,如每升××元,每吨××元,每大箱××元,每千米××元等。

定额税率的优点是计算简便,税负不受物价波动的影响,但有时也可能造成不公平的税负。目前采用定额税率的有资源税、城镇土地使用税、车船税等。

四、纳税环节

纳税环节主要指税法规定的征税对象在从生产到消费的流转过程中应当缴纳税款的环节。如流转税在生产和流通环节纳税,所得税在分配环节纳税等。

按纳税环节的多少和选择可以分为不同的课税制度,同一种税只在一个环节课征税收的,称为"一次课征制";同一种税在两个或两个以上环节课征税收,或同种性质不同税种对同一种收入课以税收的称为"多次课征制"。

五、纳税期限

纳税期限是指纳税人在发生纳税义务后,依照税法应当向国家缴纳税款的期限。纳税期限有两层含义:一是结算应纳税款的期限,也称结算期限;二是缴纳税款的期限,也称缴款期限。

纳税期限是有纳税义务的纳税人向国家纳税的最后期限。它是税收强制性、固定性在时间上的体现。

确定纳税期限应根据征税对象的不同特点和国民经济各部门的生产经营情况确定。如流转课税,当纳税人取得货款后就应将税款缴入国库,但为了简化手续,便于纳税人经营管理和缴纳税款(降低税收征收成本和纳税成本),可以根据情况将纳税期限确定为 1 天、3 天、5 天、10 天、15 天或 1 个月。

六、纳税地点

纳税地点主要是指根据各个税种纳税对象的纳税环节和有利于对税款的税源控制而规定的纳税人(包括代征、代扣、代缴义务人)的具体纳税地点。

七、减税、免税

减税、免税是指根据国家政策对部分纳税人和纳税对象减免税的特殊规定。

减税是指减少部分相应的税额;免税是指免除全部相应的税额。减免税是鼓励和照顾部分纳税人和征税对象的措施。减免税的类型包括一次性减税免税、一定期限的减税免税等。减税免税的具体形式有税基式减免、税率式减免、税额式减免。

八、出口退税

出口货物退(免)税是国际贸易中常用的一种税收措施,为世界各国普遍接受,旨在鼓励各国对出口货物进行公平竞争。由于这一制度相对公平合理,已成为国际社会的普遍做法。

我国的出口货物退(免)税主要为增值税和消费税,即在国际贸易业务中,向我国出口报关的货物在国内生产和流通的各个环节按照税法规定退还或免征其增值税和消费税,也就是说对增值税出口商品实行零税率,对消费税出口商品实行免税。

九、违章处理

违章处理是对有拖欠税款、逾期未缴税款、偷税漏税等违反税法的行为的纳税人采取惩罚措施。处罚包括加收滞纳金、罚款,送交人民法院处理等法律制裁和行政制裁。

(一)违章行为的几种情形

1.违反税收征收管理法

纳税人未按照规定办理税务登记、税务鉴定和纳税申报;未建立并保存账户,提供税务信息;拒不接受税务机关监督检查。

2.欠税

纳税人因故未在税务机关规定的纳税期限内缴纳或者少缴税款。

3.漏税

纳税人并非故意不缴或少缴税款。例如,纳税人对税法和金融制度的规定不熟悉或工作不认真,导致漏纳税款。

4.偷税

纳税人采取欺骗、隐瞒等手段逃税,如伪造、涂改、销毁账簿、票据,虚报记账凭证,隐瞒应税项目的销售收入和营业利润,增加成本,乱摊派费用,减少利润,转移资产、收入和利润账户以避免应付税款,指使、授意和怂恿上述违法行为均为偷税行为。

5.抗税

抗税是指纳税人拒绝遵守税收法律法规履行纳税义务的行为。例如,拒绝依法缴纳应纳税款;以各种理由拒不接受税务机关的纳税通知,拒绝纳税的;拒绝按照法定程序办理纳税申报和提供税务资料的;拒不接受税务机关税务检查的;聚众闹事,威胁围攻税务机关,殴打税务人员;利用暴力、威胁等方法阻挠税务人员依法执行职务;教唆、包庇、支持反税收行为等。以上都是抗税行为。

6.虚开、伪造和非法出售增值税专用发票

具体包括:虚开增值税专用发票或者其他用于骗取出口退税、抵扣税款的发票;伪造、变卖伪造的增值税专用发票;非法销售增值税专用发票;非法购买增值税专用发票或者购买伪造的增值税专用发票;伪造、擅自制造或者销售其他可以骗取出口退税、税款的发票;盗窃、骗取增值税专用发票。

以上的违章行为中,漏税是无意少缴税款的行为,偷税、抗税、虚开、伪造和非法出售增值税专用发票则是故意违反税法逃避纳税的行为。

(二)对违章行为一般采取以下处罚措施

1.征收滞纳金

滞纳金是税务机关对欠税者所征的一种罚金,即税务机关在欠税者补交所欠税款外,从滞纳之日起按日加收所欠税款一定比例的款项。计算公式为:

$$滞纳金 = 所欠税款 \times 滞纳金比率 \times 滞纳天数$$

2.处以税务罚款

税务罚款是一种经济制裁,具有两种形式:一种是按应纳税款的倍数罚款;另一种是按一定数额罚款。

3. 采取保全措施

采取税收保全措施。

4. 追究责任

追究刑事责任。

任务三 税收负担

一、税收负担的含义

税收负担,简称"税负",是指纳税人因纳税而使其可支配收入相应减少,从而造成经济利益损失或加重经济负担的程度。

从这一现象来看,税负表现为纳税人因国家征税而承担一定的纳税义务,从而造成纳税人经济利益的损失。然而,在更深层次上,税收负担是国家、企业和个人确定所创造的国民收入分成份额的所有权问题,其实质是国家和纳税人在国民收入分配中的分配关系,以及由国家与纳税人之间的分配关系衍生而来的纳税人之间的分配关系。

二、税收负担的分类

(一)从不同的经济层面看

从不同的经济层面看,税收负担分为宏观税负和微观税负。

1. 宏观税负

宏观税负是国民经济整体税负水平。它反映了一个国家社会成员税负的总体情况。

其衡量指标是宏观税率,一般是指一定时期内(一年)的国民税收收入总额与相应的国民(国内)生产总值的比率。

2. 微观税负

个体纳税人的税负水平反映了特定纳税人因国家税收而做出的牺牲。其衡量指标是企业、个人所得税负担率。

宏观税负与微观税负密切相关,微观税负是宏观税负的基础,宏观税负是微观税负的综合反映。

(二)从具体的表现形式看

从具体的表现形式看,有名义税收负担和实际税收负担。

1. 名义税收负担

名义税收负担又称为法定税收负担,是纳税人从税收法规角度应承担的税负水平,即纳税人根据税法应向国家缴纳的税款与征税对象的比例。名义税负可以用名义税率来衡量。

2. 实际税收负担

在税收征管过程中,纳税人实际承担的税收比例,即纳税人综合各种影响因素后给政府的实际支付税额。影响纳税人实际税收负担的因素有:税收扣除、减免、退税等合法因素和税收偷逃、以费代税等不合理或不合法因素。实际税收负担可以用实际税负率来衡量。

(三)根据税收负担是否可以转嫁来分类

税收负担可分为直接税收负担和间接税收负担两类。

1. 直接税收负担

直接税收负担是指纳税人直接向国家纳税而承受的税收负担。

2. 间接税收负担

在税负转嫁机制存在的条件下,纳税人依法直接向国家缴纳的税款并不意味着最终由纳税人自己承担,纳税人可以通过某些方式将税负全部或部分转移。这样,被转嫁人虽然不直接向国家纳税,但实际上承担了他人转让的部分税款,成为一种间接税收负担。

三、影响宏观税负的因素

一般而言,影响一国宏观税负水平的主要因素包括以下三项。

(一)经济发展水平

经济发展水平是决定税收负担的最根本因素。一个国家的宏观税收负担水平取决于其经济效益和人均国民收入水平。

税负水平作为税收体系中的一个动态要素,最终应由税源决定。发达资本主义国家的税收负担水平普遍高于发展中国家。主要原因是发达的资本主义国家生产力发达,社会财富丰富,人均国民收入高,可以为国家税收征收提供广泛的税源。相反,发展中国家出于历史和现实的原因,生产力发展水平较低,社会财富不丰富,人均国民收入较低,难以为国家税收提供足够的税源。因此,发展中国家宏观税收负担水平相对较低。显然,如果一个国家的生产力发展水平较低,那么即使影响其宏观税收水平的其他因素达到了理想目标,其宏观税收水平也不会很高。一国宏观税负水平的确定,不仅要以该国经济发展水平为依据,还要充分考虑对经济发展的实际影响,有利于经济运行,促进国民经济稳定增长,提高微观经济效益。如果税负过高,将直接影响纳税人对投资、消费和储蓄的信心,导致符合条件的纳税人移民国外或逃税以减轻税负,这将在一定程度上影响经济发展。

(二)国家职能定位

不同国家或政府,以及同一国家或政府在不同时期的职能范围也有所不同。政府职能的转变必然会影响宏观税负水平,总的来说,随着政府职能的扩大,政府的财政支出必然会增加,宏观税负水平也会相应提高。

（三）经济体制与财政体制的模式

体制因素直接影响财力的集中度。

不同的经济体制,宏观税负水平不同。在传统的计划经济体制下,政府不仅承担着社会管理职能,还承担着大量的经济建设任务,因此宏观税收负担水平也很高。

一国的税收制度对宏观税收负担水平也有影响。税制对宏观税负的影响主要体现在以下五个方面。

（1）税收类型设置

如果将各种税种的税率保持在合理水平,增加税种,那么征税范围将会扩大,税基扩大,宏观税负水平将会提高。

（2）税收制度设计

在税制设计中,主辅税的不同选择与搭配对宏观税负水平也有明显的影响。以商品税为主要税种,虽然税负在某些方面或个别环节可能会转嫁和不公平,但对宏观税负水平的影响相对较小。以所得税作为主体税种,由于所得税,尤其是个人所得税具有累进性,对经济变化的反应比较敏感,因此对宏观税负水平的影响相对来说要大一些。

（3）税率

从税率的角度来看,税制中总体税率与宏观税负水平呈正相关:总体税率的提高会导致宏观税负水平的提高;相反,宏观税负水平有所下降。

（4）税基

从税基来看,扩大税基会增加税收收入,增加宏观税负水平;缩小税基将减少税收收入,降低宏观税负水平。值得一提的是,作为税制的两个重要组成部分,税率和税基的设计不仅直接影响宏观税负水平,而且对税负公平性也有重要影响。

（5）税收征管机制

一个国家税收征管机制的效率对于减少逃税、保持税收和宏观税负水平的稳定起着非常重要的作用。

四、宏观税收负担指标

（一）我国衡量宏观税负的指标

目前,我国对宏观税负的衡量有三个口径。

1. 小口径宏观税负

小口径宏观税负,即税收收入占 GDP 的比重。小口径宏观税负虽能够最真实、最具体地体现政府财力的强弱,但不能准确反映我国宏观税负的总体情况。

2. 中等口径宏观税负

中等口径宏观税负是指财政收入占 GDP 的比重,即预算内收入,包括税收收入和其他财政收入。

3. 大口径宏观税负

大口径宏观税负,即政府收入占 GDP 的比例。大规模宏观税负可以衡量整个国民经济的税负水平,考察企业的税负程度,全面反映政府从微观经济主体获得的收入,以及政府参与国民收入分配的信任度。然而,政府收入并不是所有财政可支配的财政资源,不能反映政府的财政状况或财政能力。

(二)国际衡量宏观税负的指标

1. T/GDP

在国际通行做法中,一般将税收总额占国内生产总值的比率(T/GDP),即国内生产总值税收负担率作为衡量宏观税负的标准。

2. 世界各国税负的分类

按此标准,世界各国税负总水平大致可以分为三类。

(1)高税负国家

这些国家 GDP 的税负率一般为 35% ~ 45%,主要是发达国家,如英国、瑞典、德国、法国、意大利等。这些国家的高税负政策通常是随着国家经济实力的增强而逐步演变成的。其收重税有两个重要原因:第一,这些国家是发达的资本主义国家,人均国内生产总值在世界上是比较高的。公民和法人具有较强的承税能力,国家有足够的增税空间满足财政支出的需要;第二,这些国家在公共服务和社会福利上投入了大量资金,导致了政府的巨额财政支出,这就需要大量的财政收入。

(2)中等税负国家

这些国家 GDP 的税收负担率一般在 20% ~ 30%。它们一般都是发展中国家,非洲和拉丁美洲国家大多属于这一类。由于经济发展水平较低,个人和法人承担税负的能力较差,受税源影响,政府税收收入往往不足,受税收征管制度的制约,税负占 GDP 的比例不易提高。

(3)税收负担较轻的国家

国内生产总值的税收负担率通常在 15% 左右,不超过 20%。低税率国家一般分为三类:首先,经济不发达的国家,国内生产总值小,税源小,造成财政收支紧张;其次,巴拿马、列支敦士登等低税模式的国际避税天堂,这些国家或地区普遍实行单一税管辖,税种少、税基窄、税率低、税负低;最后,以非税收入为主的资源国,如石油输出国,因其税收占财政收入的比重很低,故其税负水平也就比较低。

五、合理的税负水平

确定合理的税负水平是一国税收制度设计所要解决的中心问题。从宏观上判断一国税负水平是否合理,主要有两个标准。

(一)经济发展标准

美国供给学派代表人物阿瑟·拉弗提出的"拉弗曲线"较为形象地说明了经济发展、税收收入和税率之间的内在联系。如图 4-2 所示,随着税率增加,税收先增加后减少。图中阴影部分表示税率禁区,税率进入禁区后,税率与税收收入成反比关系。

拉弗曲线实际上体现的是税收负担与经济增长或发展的关系。因为税率过高导致税收收入下降,是源于税收负担过重抑制了经济活动,损害了税基。

(二)政府职能标准

一个国家的总体税收负担水平取决于政府职能的范围,政府的作用范围不同,对税收的需求也不同。

从各国的实践来看,随着社会经济的发展,政府职能的范围不断扩大,公共支出的需求也不断增加,而税收作为筹集财政资金的主要手段,也相应地呈现出日益增长的趋势。在经济发展到一定高度后,税收负担水平也会相对稳定。

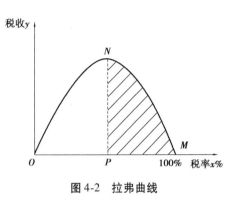

图 4-2　拉弗曲线

六、税负转嫁与税负归宿

(一)税负转嫁的含义

所谓税负转嫁,是指纳税人以某种方式将税款转嫁给他人的过程。商品交换是税负转嫁的基础。

税负归宿是指税负转嫁后的最终落脚点。在这一点上,纳税人再也不能把税负转嫁出去了。

(二)税负转嫁的方式

1. 前转

前转也称顺转,是指纳税人通过提高商品价格将税收负担转移给买方,这是最常见的税收转移形式。

如果在生产和销售过程中对消费品征税,制造商可以提高产品的价格,把税转嫁给批发商,批发商再把税转嫁给零售商,零售商再把税转嫁给消费者。在这一过程中,虽然名义纳税人是制造商,但实际纳税人是各种商品和服务的消费者。

税负前转是最典型、最常见的税负转移形式。

2. 后转

后转也称为逆转,是指纳税人通过降低商品采购价格,将税收负担转嫁给供应商。

如果政府在零售环节对商品征税,但由于市场供求关系,商品价格无法相应提高,零售商可以通过降低购买价格,将税收负担转嫁给批发企业。同样,批发商也可以通过降低采购价格将税收负担转嫁给制造商,而制造商则可以通过降低原材料和劳动力价格将税收负担转嫁给原材料和劳动力供应商。

3. 辗转转嫁

辗转转嫁是指在征税开始到结束的过程中,税金负担会发生几次转移。具体可分为向前辗转转嫁(如从木材加工者向家具制造商转移,最终将税负转移给消费者)和向后辗转转嫁(如从家具制造商向木材加工者转移,最终将税负转移给林木生产者)。

4.混合转嫁

混合转嫁又称为散转,是指同一税种的一部分前转,另一部分后转。例如,政府对汽车经销商征收的部分税收可以通过提高价格转嫁给消费者,而另一部分税收可以通过压低价格转嫁给汽车生产商。

5.消转

消转又称为转化或扩散转移,是指纳税人通过改进经营管理或生产技术,在生产发展和收入增长过程中对税收的自我消化。从税负转移的初衷来看,消转不能作为税负转移的一种方式。

6.税收资本化

税收资本化也称税收还原,指要素购买方在购买资本品(主要是指固定资产)后,在购买价款中提前扣除未来应缴税款,实际由要素销售者承担税收负担。它实际上是税负后转的一种特殊形式。

(三)影响税负转嫁和归宿的因素

1.商品的需求弹性和供给弹性

税负转嫁主要方式是价格变动,税负转移的幅度取决于供求弹性。

需求弹性对税负转嫁的影响表现在以下两方面:①需求弹性较大的商品,商品价格更多地取决于买方,税负不易转嫁;②需求弹性较小的商品,商品价格更多地取决于卖方,税负容易转嫁。

决定商品需求弹性大小的因素一般有以下三个。

第一,商品替代品的数量和相似性。一般来说,一种功能相似的商品如果有很多替代品,该商品的需求弹性就会更大,难以转移;相反,当商品的替代品较少或功能不相似时,商品的需求弹性较小,更容易将税收负担转移给消费者。

第二,商品对消费者来说是必需的还是非必需的。如果一种商品对消费者来说非常重要,比如生活必需品,那么价格的上涨对这种商品的需求不会产生很大的影响,这类商品需求的弹性相对较小,所以卖家更容易将税收负担转嫁给消费者;相反,一种商品并不是非常必要,消费者可以根据自己的收入和商品的价格来决定是否需要购买该商品,这类商品的需求弹性较大,税收负担难以转嫁给消费者。

第三,商品使用的普遍性和耐久性。商品用途越多,使用寿命越长,需求弹性越大。一种商品的用途越少,而且是一种寿命很短的非耐用商品,其需求弹性就越小。

供给弹性对税负转移的影响体现在以下两方面。

①对于供给弹性较大的商品,生产者具有较大的弹性,税负易于转移。

②对于供给弹性较小的商品,生产者没有较大的弹性,税收负担不易转移。

有两个因素决定了商品供应的弹性:时间和商品的性质。一般来说,商品的长期供给弹性大于短期供给弹性。就供给方而言,短期内产出对价格的响应能力是有限的。要改变供给数量,我们只能依靠调整可变的投入,如劳动力和原材料。从长远来看,供应商可以改变生产计划和固定资产投入,如土地、厂房建筑物、机器设备等,可以极大地增强产量的变动能力。

从商品的性质看,供给弹性取决于以下三个因素。

第一,商品生产的难度。在一定的时间内,容易生产的商品的产量随着价格的变化而迅速变化,因此供给弹性较大;对于更难生产的产品,供应弹性较小。

第二,商品的生产规模和规模变化的难度。一般来说,生产规模较大的资本密集型企业,其生产规模难以改变,生产调整周期较长,因此其产品的供应弹性较小;小型劳动密集型企业的产品适应性强,供应弹性大。

第三,生产成本的变化。如果单位成本只随产出的增加而轻微增加,则商品的供给弹性较大;如果单位成本随着产量的增加而显著增加,则供给弹性较小。

税负转移程度取决于税后价格的变化。如图 4-3 所示,此图仅就税负转嫁的基本形式——前转进行讨论。

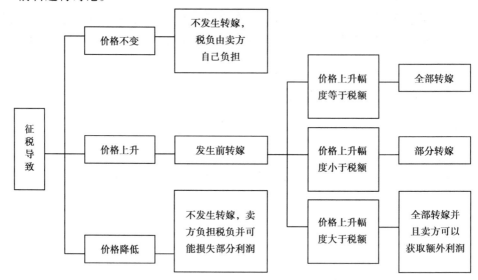

图 4-3   税负转嫁与税后价格的关系

2. 税负转嫁与被征产品的价格决定模式

一般来说,有两种主要的定价模型:市场定价和计划定价。

通常一旦计划价格确定,短期内不会发生变化。虽然政府可能会根据市场变化对计划价格进行相应调整,但计划价格的变化始终不受各种市场变量的影响。因此,在计划价格下,很难通过改变价格实现税负转嫁。

3. 税负转嫁与税收方式

(1)税种对税负转嫁的影响

税收有两种:直接税(如所得税和财产税)和间接税(主要是流转税)。一般认为,在商品转移过程中直接对商品征收的税负,即流转税或间接税,更容易进行税负转嫁;在企业利润和个人所得税,即所得税或直接税的分配过程中,税负转嫁的难度更大。间接税更容易转嫁,因为它们改变了商品的边际成本。

(2)课税范围对税负转嫁的影响

征税范围广的商品税易于转嫁(很难找到不征税的替代品);税负范围狭窄的商品税不容易转嫁(很容易找到不征税的替代品)。

这是因为税收的范围越广,涉及可作为替代品的大部分甚至全部商品或生产要素,对购买商品或生产要素产生替代效应的可能性就越小,需求的灵活性也就越低,所以,被征税商品或生产要素的价格可以提高,税收负担可以很容易地转移到消费者身上。相反,如果征税范围较窄,对购买商品或生产要素的替代效应较大,需求具有弹性,买家可以购买不含税或低税的商品,以替换征税商品。提高征税商品的价格并将税收负担转移给消费者是困难的。课税范围对税负转嫁的影响具体体现在以下三方面。

首先,就同类商品而言,由于同类商品中的各类商品都包含税收,所以税负容易转嫁;如果这些商品中只有一部分含有税收,而这些商品又有其他替代品,那么税收负担就不容易转嫁。

其次,就不同种类的商品而言,由于税收转移的次数多,生产资料的税负容易转移,对生产资料征税,税负流通量小,转移难度大。

最后,从税收区域来看,如果一项税收是在几个相邻的区域征收,消费者没有选择,税收负担容易转嫁;如果只在某一地区征税,就很难转嫁税收负担。

(3)课税对象对税负转嫁的影响

由于各种商品具有不同的供求弹性,选择不同的商品作为税种对税负转移和去向的影响也不同。如果我们选择供给弹性大而需求弹性小的商品作为征税对象,消费者将承担税收;反之,若选择供给弹性小,需求弹性大的商品作为课税对象,税负主要由生产者承担。

(4)计税依据对税负转嫁的影响

从量税和从价税对供求曲线的变化有不同的影响,对税负的转移和归宿自然也有不同的影响。从量税使供给或需求曲线平行移动;从价税,因为它们是按一定比例征收的,将改变原始供求曲线的斜率。在竞争性市场中,从量税和从价税的转移和归宿没有区别,但在垄断市场中,从量税和从价税对税收转移和归宿的影响是不同的,这将在下一部分详细阐述。

(四)研究税负转嫁与归宿的意义

通过研究税负的转嫁和税负的归宿,可以了解税负的运动过程和最终分配状态,明确政府税收引起的经济主体之间利益关系的变化,以及这种变化对社会经济活动的影响。

此研究对制定税收政策和设计税收制度也是十分重要的,主要表现在以下三方面。

首先,为了实现税收的效率,我们应该考虑税负转嫁的影响。税负的转移会导致商品价格比较关系的变化,进而影响人们的经济行为选择。为了充分发挥市场机制在资源配置中的基础性作用,应尽量减少税收引起的比价关系变化所造成的经济扭曲。例如,对需求弹性小的商品征收高的税,对需求弹性大的商品征收低的税。

其次,要体现税收的公平性,应考虑税负转嫁的影响。由于税负的转嫁,在税收制度中会出现税负名义公平与实际公平之间的矛盾。为了缓解这一矛盾,一方面,要适当控制商品税比重,逐步提高所得税比重;另一方面,在消费品税收方面,生活必需品征收较低税率,奢侈品征收较高税率。

最后,加强税收征管,应考虑税负转嫁因素。税负转嫁与纳税人自觉纳税的意识存在一定的联系。一般来说,在税负容易转嫁的情况下,纳税人自觉纳税的意识较强,税收偷逃行为较少。因此,税务机关应通过加强征管,尽力防止因税负难以转嫁而出现的税收偷逃行为。

任务四　商品税

一、商品税概述

所谓商品税,是指以商品和劳务的流转额为课税对象的课税体系。由于商品税以流转额为课税对象,因此又被称为流转税,主要包括增值税、消费税等。

(一)商品税的特点

1.商品税的征收对象是商品和劳务的流转额,这与交易行为密切相关

在商品进入流通并最终被消费之前,它通常要经过许多交易,每笔交易,商品随之流转一次,同时,对卖方的商品流转额也存在征收商品税的问题。

2.商品税具有累退性,难以体现税负公平原则

这是因为商品税一般采用比例税率,即对同一征收对象规定相同的征收比例,不考虑金额。个人消费品的数量与个人收入并不成正比,而且个人消费无论如何都有一定的限度,收入越高,消费支出占收入的比例就越小。在这种情况下,商品税就呈现一定的累退性。

3.商品税的税源普遍,收入相对稳定,税负能够转嫁

一方面,商品税是伴随商品和劳务的交易行为而进行课征的,只要发生商品交易行为,就可征税,因而税源普遍;另一方面,商品税可以随着经济增长而自然增长,不受纳税人经营状况的影响,从而收入稳定。商品税是间接税,税负能转嫁,具有隐蔽性。在许多情况下,商品税的缴纳者和税收实际承担人是分开的,纳税人一般很难确切了解自己实际承受的税负,而且商品税在征收上的隐蔽性使其推行的阻力较小。因此,在保证政府财政收入的平衡、及时、充裕及可靠方面,商品税具有其他税种不可替代的作用。

4.商品税征收管理的便利性

商品税采用从价定率或从量定额计征,与所得税和财产税相比,计算程序简单。此外,商品税的纳税人为企业,数量较少,比较容易核算和征收管理。

5.配合社会经济政策的有效性

以增值税为代表的商品税能更好地体现税收中性,不干预企业经营行为的选择,有利于体现税收的效率原则。此外,政府还可以通过设置差别化税率来调节消费,纠正产品质量差、外部效应等市场失灵现象。一般来说,当政府对经济运行的控制手段相对薄弱,或者税收征管手段相对落后时,以商品税为主的税收模式更容易满足政府发挥税收调控作用的需要。

(二)商品税的类型

1.从课税环节的角度分类

从课税环节,商品税可分为单环节课税和多环节课税。

单环节课税是指在商品生产(进口)、批发和零售三个环节中的任何一个环节征税,例如,加拿大的酒税和烟草税是在生产环节征收的,美国的汽油税是在零售环节征收的;多环节课税是指在商品流通的两个或两个以上环节征税,如欧盟成员国所征收的增值税分为三个环节:生产(进口)、批发和零售。

2. 从计税依据的角度分类

从计税依据的角度,商品税可以分为从价税和从量税两种类型。

3. 从课税范围的角度分类

从课税范围来看,商品税可分为三种类型:①对所有商品和服务征税,即除所有消费品外,资本货物、运输和其他服务也包括在商品税的范围内;②对所有消费品征税,即资本货物或其他服务不在征税范围内;③选择对某些消费品征税,如烟草、酒精、汽车和其他特定消费品。

4. 从税基的角度分类

从税基的角度,商品税可分为三类:①根据商品(劳动)流通过程中产生的新增加值征收,即增值税;②从商品(服务)销售收入总额来看,各国实行的营业税基本属于这类;③按部分商品(劳务)销售额计征,特别消费税等属于此类。

二、增值税

(一)增值税的概念

增值税是根据应税商品及劳务的增值部分(生产商品过程中新创造的价值)征收的税。增值额是指纳税人的商品销售收入或劳务收入扣除购进商品金额后的余额。实践证明,增值税是一种税基大、收入广、对经济行为扭曲小的税种。

增值税的征税对象是商品流通中的增加值。

(二)增值税的类型

根据对购进固定资产价款的处理规定不同,增值税分为以下三种。

1. 生产型增值税

生产型增值税,又称 GNP 型增值税,是纳税人在一定时期内的商品(服务)销售收入减去购买用于生产的中间产品的价值后的余额而征收的增值税,该增值税不得从商品或服务的销售中扣除任何购买的固定资产的价格。就整个国民经济而言,其税基相当于国内生产总值,因此被称为生产性增值税。其特点是:广泛的税基有利于增加收入,双重征税无法完全避免,不利于鼓励投资。

2. 收入型增值税

收入型增值税只允许从商品或服务的销售中扣除当期固定资产的折旧。就整个国民经济而言,税基相当于国民收入,因此被称为收入型增值税。其特点是:在保障财政收入和鼓励投资方面呈中性。

3. 消费型增值税

消费型增值税允许从商品或服务的销售中扣除当期为生产或流通应税产品而购买的固定资产的总价值。就整个国民经济而言,税基只包含消费品的价值,不包含资本品的价值,因此被称为消费增值税。它的特点是税基狭窄,需要更高的税率才能实现一定收入目标,但会刺激投资。

(三)增值税的特点

增值税的特点主要有以下五个方面。

1. 税收范围广,税收来源丰富

从实施增值税的国家的实践来看,发达国家一般对所有消费品征税,而发展中国家对所有商品征税,包括消费品和资本品,因此,它在保证国家财政收入方面具有优势。

2. 没有双重征税有利于社会化的专业分工

在税收环节上,增值税是在生产、批发、零售等多个环节分别征收的,只对各个流程环节实现的增值部分征税。在这方面,增值税有助于鼓励更高效的企业组织生产和管理形式的发展,如专业的合作生产组织。

3. 税收"中性"效应

由于增值税可以避免双重征税,当对绝大多数商品征收相同比例税率时,可以平衡不同的税负,因此在很大程度上可以避免税收对商品价格关系的扭曲,这有利于发挥市场机制对资源配置的调节作用。基于消费的增值税也会鼓励投资。

4. 有利于税收征管,防止偷税漏税

采用抵免法的增值税需要有完善的发票制度,税项单独列示,以抵扣前一阶段已缴纳的税款。这种计税方法具有相互约束和自动审核的特点,便于税务机关查对和防止偷税漏税。

5. 有利于对外贸易的发展

增值税有利于对外贸易的发展。增值税消除了双重征税的因素,更容易实现出口退税和进口退税。由于出口退税,国内产品以不含间接税的价格进入国际市场,有利于提高国内产品在国际市场的竞争力。对进口商品重新征税,可以使进口产品和国产产品在国内市场上承担相同的税收,实现平等竞争。

增值税的上述特点也对实际操作提出了更多的要求,特别是在征收、管理和支付方面,这也在一定程度上构成了增值税的局限性。从税务机关的角度来看,多级征管必然会导致税收管理费用的增加。纳税人较多,计算审核程序相对复杂,对税务人员素质要求较高。从纳税人的角度来看,要求企业拥有健全的财务会计制度和纳税记录。当这些条件不满足或不完全满足时,增值税的实施将会相当困难。同时,工商企业也必须承担大量的增值税相关资料的登记和处理工作。

(四)增值税的税率

从国际增值税实践来看,增值税税率大致可以分为如下三类。

1. 基本税率

基本税率,也称"标准税率",它体现增值税的基本课征水平,适用于一般商品和劳务。

基本税率的高低是和各国的经济状况、收入水平、税收水平、税收政策等相关的,各国基本税率差别不大。

2. 低税率

低税率体现着增值税的优惠照顾政策,适用于税法单独列举的属于生活必需品范围的商品和劳务。例如,法国的增值税,除了规定基本税率为 18.6% 之外,还为了区别不同商品和劳务,分别规定了 7% 和 5.5% 的低税率。

3. 重税率

重税率体现了增值税的限制津贴费政策,主要适用于奢侈品和有害于社会公益的商品和劳务。

(五)增值税的计税方法

从理论上看,增值税有以下三种计税方法。

1. 税基列举法

税基列举法,采取加法计税。其计算公式为:

$$应纳增值税税额=适用税率×(工资+利息+利润+其他增值项目)$$

此方法误差较大,较少采用。

2. 税基相减法

税基相减法,也称扣额法。其计算公式为:

$$应纳增值税税额=适用税率×(销售收入-法定扣除额)$$

3. 税额相减法

税额相减法,也叫扣税法。其计算公式为:

$$应纳增值税税额=适用税率×销售收入-外购商品已纳税金$$

此计算法不仅计税科学、严谨,而且简便易行,应用较为广泛。

三、消费税

(一)消费税的概念

消费税是指以一般消费品或特定消费品(或消费行为)为课税对象而征收的一种税。中国于 1994 年设置了消费税税种,对烟、酒、化妆品、贵重首饰等商品征收消费税。

(二)消费税的分类

1. 按课税的范围不同

消费税按征税范围不同,可分为一般消费税和特殊消费税。一般消费税是对所有商品和消费行为征收的税;特别消费税是对某些商品和消费行为征收的税。这种分类可以在获得财政收入的同时,通过消费税范围的选择和差别利率的安排,达到政府调节消费和收入的目的。

2.按征收领域不同

根据征收领域的不同,消费税可分为国内消费税和国境消费税。对国内生产和销售的应税消费品征收国内消费税;对从国外进口的应税消费品征收国境消费税。

3.按征税项目多寡不同

按征税项目的多寡,消费税可分为综合消费税和单项消费税(如石油税、烟税、酒税)。

4.按计税依据不同

税费按计税依据不同,可分为直接消费税(支出税)和间接消费税。间接消费税是以消费品的价格或数量为计税依据,一般由生产者支付,由购买者(消费者)间接负担。

(三)消费税的特点

消费税具有以下特点。

1.征税的目的性

税目的选择性很强,在大众消费品中有选择性地确定若干税目,并将税目列在税源中,通过消费税征收范围的选择和差别利率的安排来达到政府调控消费和收入的目的。

2.征税环节单一

税收对象多为最终消费品,主要在生产环节征收,这样有利于控制税源,降低税收成本,平衡同一消费品的纳税内容,减少税收对价格的扭曲。

3.按全部销售额或销售量计税

消费税是按全部销售额或销售量计算的,所以计税基数广,计算征收相对简单。

4.税率不同

例如,对需要限制的消费品或主要由高收入群体消费、需求弹性较小的高端消费品征税较重;一般消费品或低级消费品的税收相对较低。我国的消费税最低税率为3%,最高税率为45%。

5.它具有引导和调节经济行为的功能

征收消费税可以调整消费结构,引导消费方向。消费税对象的选择性和差别税率的实施,会对商品的价格比较关系产生一定的扭曲影响,从而影响人们的消费行为选择。

6.纠正市场失灵

特别消费税可以改善由市场决定的资源配置。特别是一些产生外部成本的行为,如汽油消费,将导致环境污染,因此对汽油征收消费税。

(四)消费税的税率和计税方法

1.税率

消费税一般采用比例税率和定额税率,而且是区别不同税目规定差别税率。

2.计税方式

(1)从价计量

$$应纳税额 = 应税消费品销售额 \times 适用税率$$

（2）从量计税

应纳税额＝应税消费品销售数量×适用税率

消费税从理论上说最终由消费者负担，但为了减少纳税人的数量，从而降低征收费用，防止税款流失，消费税的纳税环节确定在生产环节。

任务五 所得税

一、所得税概述

（一）所得税的特点

1. 负担的直接性

所得税一般由企业或个人作为纳税人缴纳，最终由企业和个人承担。由于税负不能转嫁，因此称直接税。

2. 税收的公平性

所得税在征收环节中选择收入分配环节，是对企业利润或个人收入征税，与收入的归属有关。因此，所得税的征收具有公开、透明的特点，但容易造成税收对抗，实施困难。

3. 一般都以累进税率计算税额并进行课征

在确定应纳税所得额后，目前各国一般按累进税率计征税款，主要以超额累进税率为依据。个人所得税累进税制的特点使其能够自动适应国民经济周期的变化，在经济扩张和经济衰退时都能起到稳定经济的作用，并根据政策需要调整税收政策，促进国民经济的稳定增长。但是所得课税并非都采用累进税率，公司所得税常常就采取比例税率。

4. 税收管理的复杂性

所得税不仅对企业所得征收，也对个人所得征收。个人作为纳税人，存在数量多、税额小、税源分散、征管成本高、难度大等问题；同时，所得税是对净收入的征税，对于企业来说，存在成本核算和管理的困难。因此，所得税的征收客观上要求全社会拥有更高水平的信息、会计和管理基础。

（二）所得税的类型

1. 分类所得税（也称分类税制）

分类税制是根据不同的收入来源和性质，按照不同的税率，将各种收入分成若干类别进行课征。分类所得税制一般按比例税率征收，采用源头征收法，征收简单，节约征收成本，还可以实施不同类型的差别税率，以更好地反映横向公平原则。例如，所得税可根据工资和薪金、股息、利息、特许权使用费和租金等收入分为若干类别，并可征收工资和薪金或其他个人服务报酬所得税，对股息、利息、红利所得课以股息、利息、红利所得税等。但是，分类所得税制一般不采用累进税率,很难体现税收的纵向公平原则。

所得税分类的理论基础在于,不同性质的所得项目应分别适用不同的税率和承担不同的税负。工作的收入,如工资和薪水,需要努力工作,因此应该征收较轻的所得税;投资收益,如股息、利息、红利等,是依靠自身的财产获得的,所包含的艰苦劳动较少,因此需要缴纳较重的所得税。由此可知,分类所得税的优势在于,它采用不同的税率,对不同性质的收入实行差别待遇。分类所得税最早是在英国建立的,但目前很少有国家实行纯粹的分类所得税,即使被采纳,也多与综合所得税一起使用。

2. 综合所得税(也称综合税制)

综合税制是将纳税人在一定时期内的各种收入综合起来,减去法定的减免项目,按照累进税率对其差额征税。综合所得税适用范围广,能体现按纳税能力征税原则。但是,这一税收体系的税收程序复杂,征收费用多,容易偷税漏税。

综合所得税的指导思想是,由于所得税是一种对个人的税种,因此征税的依据应该是人们的总体承受能力。当然,其应纳税所得额在纳税义务人全年各种所得总额中扣除各种法定免税额、扣除额后,应当按照统一的累进税率征收。因此,综合所得税的突出特点是最能反映纳税人的实际负担水平,最符合按纳税能力征税原则。

综合所得税已被许多国家所接受,成为当代所得税征管制度的一个重要发展方向。

3. 分类综合所得税(也称混合税制)

将纳税义务人当年的综合应纳税所得额减去法定项目后,再乘以该应纳税所得额适用的累进税率,计算出综合应纳税额;在分类征收阶段缴纳的税款可以抵销综合应纳税款。每年汇总后,超出部分退还,不足部分补足。

分类综合所得税是世界上广泛实施的一种所得税类型,这反映了综合所得税与分类所得税趋同的趋势。其优点是:一方面,它坚持按纳税能力征税原则,全面计算和征收纳税人的不同来源的收入;另一方面,又坚持了对不同性质的收入实行区别对待的原则,对所列举的特定项目按特定方法和税率课征。此外,它征管方便,能减少偷税、漏税行为。

(三)所得税的课税方法

所得税是以纳税人一切所得为征税对象的税收的总称,是国家筹集资金的重要手段,也是促进社会公平分配、稳定经济的杠杆。所得税的课税方法大致有三种方式。

1. 估征法

估征法即由税收机关根据纳税人的各种外部标志,衡量其收入,依据征税。计量方法有三种:净值法、消费者支出法和银行账户法。净值法是根据纳税人财产的净价值确定应纳税额的方法;消费支出法是根据纳税人的日常生活和消费支出来估计其收入,确定应纳税额;银行账户法是根据纳税人的银行账户的交易情况来计量纳税人的收入,以确定其应纳税额。在无法对纳税人的收入进行准确审计的情况下,特别是在偷税漏税严重的情况下,一般采用这种评估和征收方法。但单从外部标志去推定应纳税额是不能完全符合实际的,因此不能用于大面积的所得税征收。

2. 源泉课征法

源泉课征法是在所得发生之外课征,不直接征之于纳税人,而间接征之于支付所得的人。这种方法的优点是征收手续简单,节省了征收费用,偷税漏税容易被查到。但是,这种方法不能适用于所有类型的收入,也不能采用累进税率,对不同收入的纳税人按比例税率征税,不符合税收纵向公平原则。

3.申报法

纳税人申报自己的所得,税务机关调查核实是否有疏漏或不实之处,然后按照一定的税率计算征收核定的金额,由纳税人一次或多次缴纳。申报法的优点是:有助于增强国家税收义务的概念,可以采用累进税率,更符合税收公平的原则。但是,它容易出现隐瞒、虚报、偷税漏税等问题而且征收费用大。

二、企业所得税

(一)企业所得税的概念及特点

1.概念

企业所得税是对企业(公司)取得的生产经营收入所得和其他收入所得征收的税款。

2.特点

①税收的对象是税法规定范围内企业的净收入,征收较为复杂。企业净收入所得的会计核算只允许扣除获得应税收入所需的费用(成本)。

②既可采用累进税率,也可采用比例税率。采用累进税率有利于量能负担,采用比例税率有利于鼓励投资。

③可以以调整计税依据的形式体现国家的政策导向。除设定差别税率外,企业所得税还可以通过放宽或严格扣除项目或扣除标准,直接调整应纳税所得额来影响纳税人的税负,从而实现一定的政策目标。如加速折旧、损益抵销是一种常用的所得税措施,旨在缩小税基以刺激投资。

④实行按年计征,分期预缴的征收办法。

(二)企业所得税的课征范围

企业所得税的征收范围是由各国所行使的税收管辖权决定的。企业一般分为居民企业和非居民企业。

居民企业具有无限纳税义务,即对其在世界各地取得的收入在本国缴纳企业所得税;非居民企业具有有限的纳税义务,即就其在本国的所得缴纳企业所得税。换句话说,各国企业所得税的征收范围是居民企业取得的收入来自世界各地,非居民企业取得的收入来自本国境内。

(三)企业所得税的适用税率

世界上大多数国家对企业所得税采用单一比例税率,即使该国实行累进税率,其累进程度也相对温和。有些国家表面上对企业所得税的税率不止一个,但那是根据纳税人的不同性质,针对特定的企业,而不是因为收入的大小而采用不同税率,所以实际上也属于单一的税率结构。这是因为,企业所得税本质上不是"对人课税",计税依据不是个人的综合承受能力,因此没有必要根据所得额设定不同的税率。

(四)企业所得税的课征方法

对于企业所得税,国际上常用的方法是采用申报法。

(五)企业所得税辅助政策

企业所得税可能会降低利润,并在一定程度上抑制投资。发达国家普遍采取有效措施促进投资,以配合企业所得税的实施。主要政策包括以下几种。

①加速折旧政策。为了促进投资和设备升级,发达国家采取了增加折旧额和加速折旧的措施。具体措施包括按重置价格计提折旧、缩短固定资产标准折旧年限等新的折旧方法。这意味着政府允许企业扣除部分应纳税额以弥补其投资损失。

②政府以减税和免税的形式支持投资,这对经济增长形成了强大的刺激。

③资源消耗扣除政策。这是对从事自然资源(石油、天然气、木材等)开发的采掘企业给予的特殊税收优惠待遇。

④亏损弥补政策。发达国家普遍实行允许企业在不同年份之间以利润弥补亏损的政策。亏损补偿政策的目的是降低私人投资的风险,这对刺激投资具有重要意义。

三、个人所得税

个人所得税最早于1799年在英国创立,目前世界上已有140多个国家开征了这一税种。

(一)个人所得税的概念及特点

1.概念

个人所得税是以个人(自然人)取得的各项应税所得为课税对象征收的一种税。

2.特点

个人所得税制度相当烦琐,而且每个国家都有自己的特点,这里我们只讨论其共同点。

①个人所得税有助于实现社会公平。人们普遍认为收入是衡量纳税能力的一个更好的标准,因此,征收个人所得税符合纳税能力原则。随着经济的快速发展,社会的贫富差距非常突出,成为社会不稳定的根源。个人所得税的累进税率可以降低社会分配不公的程度,缓解社会矛盾,符合税收公平原则。

②个人所得税符合税收一般原则,财政收入稳定。个人所得税的课征对象是自然人的收入,大多数人都有,如工资收入、劳动收入、动产和不动产的收入,这些收入都必须纳税。因此,在人均国内生产总值较高的国家,个人所得税是重要的税源之一,且税源范围广,能够满足政府的财政收入需要。

③个人所得税具有自动稳定的功能。由于个人所得税是累进税率,在经济景气时,税收的增长速度要快于个人收入的增长,从而自动控制了通货膨胀;相反,在经济衰退时,税收收入比个人收入下降得更快,这就抑制了财政紧缩。因此,它可以起到自动稳定的作用。此外,个人所得税的征收会影响纳税人的消费、储蓄和投资行为,从而对社会的总需求和总供给产生很大的影响。

然而,个人所得税也有缺点。对个人收入征收重税会降低个人的投资、储蓄和消费欲望,从而减少总需求,导致经济发展放缓。个人所得税征收程序复杂,对征收手段和技术条件要求较高,对税务稽查员素质要求较高。这一方面增加了个人所得税的征收成本,另一方面征收的复杂性也导致出现隐匿所得和偷、漏税的现象。

(二)个人所得税的课征范围

税收征收范围是指一个主权国家的税收管辖权及其税收主体(纳税人)和税收客体(税收对象)的范围。税收管辖权是国家处理税务事务的管理权。国际公认的税收管辖权原则有两种。

第一,属地原则。它是根据地域概念确定的,无论纳税人是本国公民还是居民,都以一国主权范围内的领土为征税管辖范围。这种税收管辖权也被称为"收入来源地税收管辖权",该管辖权承认来源国对任何国家的居民或公民从国内来源获得的收入征税的权利。

第二,属人原则。它依据人员概念来确定一个国家管辖下的公民或居民行使税务管辖权的范围,无论这些公民和居民的经济活动是否发生在其本国领土内。根据属人原则确定的税务管辖权也称为"居民(公民)税务管辖权",该管辖权承认居住国或国籍国对居住在其领土内的所有公民及其本国公民在世界范围内所得的收入征税的权利。因此,它还确定了各国个人所得税可能征收和管理的范围:国内居民或公民从世界各地获得的收入,以及外国居民或公民从本国领土获得的收入。换句话说,居民或公民应承担所有收入的纳税义务,而非公民或非居民应承担有限的纳税义务。

(三)个人所得税的适用税率

世界上大多数国家的个人所得税税率均以累进税率为基本形式,纳税负担随着纳税人收入水平的提高而增加,一般实行超额累进税率。

除了规定基本税率外,对于某些特殊性质的收入项目,往往也规定了特殊税率。特别是许多国家,如英国和美国,将资本利得从综合收入中分离出来,并征收较低的税率。这些较低的税率通常仅为正常个人所得税的50%左右。资本利得是指股票、债券价格上涨所引起的资本增值,以及出售房地产、专利权等所引起的资本增值。资本收益是纳税人用自己的财产取得的实际收入。原则上,资本利得是按税率征税的。但是,为了鼓励投资和资本流动,美国等国家会给予一定的税收优惠待遇。

(四)个人所得税扣除项目的类型

扣除项目可分为两类:一类是取得收入所必需的费用,如差旅费、利息费用等;另一类是生计费,如基本生活费、赡养费、教育费用等。

综合所得税制是个人全年各项应税所得额总和减去法定宽免额和扣除额,再乘以适用税率。

分类所得税制是对个人应纳税所得额按性质或来源进行分类,并按不同税率计征的制度。

混合所得税制是一种分类与综合相结合的混合税制。

（五）个人所得税（工资、薪金所得）基本算法

1. 所得范围

依据《中华人民共和国个人所得税法》，下列各项个人所得应当缴纳个人所得税：

①工资、薪金所得。

②劳务报酬所得。

③稿酬所得。

④特许权使用费所得。

⑤经营所得。

⑥利息、股息、红利所得。

⑦财产租赁所得。

⑧财产转让所得。

⑨偶然所得。

居民个人工资、薪金所得，劳务报酬所得，稿酬所得，特许权使用费所得（以下称综合所得），按纳税年度合并计算个人所得税。

2. 适用税率

综合所得适用3%～45%的超额累进税率，见表4-1。

表 4-1 超额累进税率表

所得项目	扣缴方式		预扣/代扣税率
工资、薪金所得	综合所得 预扣预缴	累计预扣法	3%～45%
劳务报酬所得		按月/按次 预扣预缴	20%～40%
稿酬所得			20%
特许权使用费所得			20%
利息、股息、红利所得	代扣代缴	按次	20%
财产租赁所得			
财产转让所得			
偶然所得			
经营所得	自行预缴		

3. 扣缴义务范围

扣缴义务人是指向个人支付所得的单位或者个人。扣缴义务人向个人支付下列所得时，应办理个人所得税全员全额扣缴申报：

①工资、薪金所得。

②劳务报酬所得。

③稿酬所得。

④特许权使用费所得。

⑤利息、股息、红利所得。

⑥财产租赁所得。

⑦财产转让所得。

⑧偶然所得。

4.税款计算

扣缴义务人向居民个人支付工资、薪金所得时,应当按照累计预扣法计算预扣税款,并按月办理扣缴申报。

累计预扣法是指扣缴义务人在一个纳税年度内预扣预缴税款时,以纳税人在本单位截至当前月份工资、薪金所得累计收入减除累计免税收入、累计减除费用、累计专项扣除、累计专项附加扣除和累计依法确定的其他扣除后的余额为累计预扣预缴应纳税所得额,适用个人所得税预扣率表(表4-2、表4-3),计算累计应预扣预缴税额,再减除累计减免税额和累计已预扣预缴税额,其余额为本期应预扣预缴税额。余额为负值时,暂不退税。纳税年度终了后余额仍为负值时,由纳税人通过办理综合所得年度汇算清缴,税款多退少补。

具体计算公式如下:

本期应预扣预缴税额=(累计预扣预缴应纳税所得额×预扣率-速算扣除数)-
累计减免税额-累计已预扣预缴税额

累计预扣预缴应纳税所得额=累计收入-累计免税收入-累计减除费用-
累计专项扣除-累计专项附加扣除-累计依法确定的其他扣除

其中:累计减除费用,按照5 000元/月乘以纳税人当年截至本月在本单位的任职受雇月份数计算。

表4-2 个人所得税预扣率表
(居民个人工资、薪金所得预扣预缴适用)

级数	累计预扣预缴应纳税所得额	预扣率/%	速算扣除数
1	不超过36 000元	3	0
2	超过36 000元至144 000元的部分	10	2 520
3	超过144 000元至300 000元的部分	20	16 920
4	超过300 000元至420 000元的部分	25	31 920
5	超过420 000元至660 000元的部分	30	52 920
6	超过660 000元至960 000元的部分	35	85 920
7	超过960 000元的部分	45	181 920

表4-3 按月换算后的综合所得税率表

级数	全月应纳税所得额	税率/%	速算扣除数
1	不超过3 000元	3	0
2	超过3 000元至12 000元的部分	10	210
3	超过12 000元至25 000元的部分	20	1 410
4	超过25 000元至35 000元的部分	25	2 660
5	超过35 000元至55 000元的部分	30	4 410

续表

级数	全月应纳税所得额	税率/%	速算扣除数
6	超过 55 000 元至 80 000 元的部分	35	7 160
7	超过 80 000 元的部分	45	15 160

四、社会保障税

(一)概念

社会保障税是以劳动者工资、薪金为征税对象的一种税收,又称工薪税。我国尚未开征社会保障税,社会保障费用仍以收费的形式收取。

(二)社会保障税的课税对象

社会保障税的征税对象是在职职工的工资薪金收入和个体经营者的净收入。这里的工资薪金收入具有以下特点:第一,不是所有的工资薪金收入,而是只有低于一定限额的工资收入,即有一个最高纳税限额;第二,不允许减免或费用扣除,工资总收入直接被视为纳税对象。

(三)社会保障税的特点

①社会保障税是一种目的税。其收入专门用于社会保障支出,这与所有其他税收不同。

②它具有税收的累退性。由于社会保障税采用比例税率,并有最低生活费标准,没有其他减免,且对应税收入有上限,超过上限的工资不征税,因此,工资较高的人群所缴纳的税款在工资总收入中所占的比例相对较小,不符合税收纵向公平原则。

③社会保障税征管方便。由于社会保障税税基不包括纳税人的非工薪收入,如资本利得,直接以毛收入作为征税对象,不需要经过复杂的计算过程,纳税人也没有机会逃税。

④它具有税收的转嫁性。社会保障税一般以工资缴纳为征税对象,雇主和雇员按照工资的一定比例各自缴纳一部分。然而,虽然雇主支付的部分名义上是向雇主征收的,但这不能阻止他们转嫁税收负担。由于社会保障税意味着雇主劳动力成本的增加,这将导致雇主减少劳动力需求,因此为了保持均衡就业数量不变,工资率必须趋于降低。根据这一推理,雇主缴纳的社会保障税的很大一部分转嫁给了雇员,也就是说,雇主的供款是由雇员以较低工资的形式支付的。

(四)社会保障税的课征范围

在西方国家,社会保障税的征收范围非常广泛,只要是在国家取得工资、薪金收入的人,都是社会保障税的纳税人。

(五)社会保障税的税率

社会保障税适用比例税率。

任务六　资源税与财产税

一、资源税

(一)资源税的性质和分类

资源税是对自然资源征收的税,可分为一般资源税和级差资源税两种类型。一般资源税是指国家对国有资源,根据国家的需要,对使用某种自然资源的单位和个人,为取得应税资源的使用权而征收的一种税;级差资源税是对占有或开发国有资源的人因国家资源条件的差异而取得的差别收入征收的一种税收。

(二)资源税的作用

征收资源税的作用体现在以下三方面:
①促进资源合理开发、节约利用和有效配置。
②调节资源级差收入,实现公平竞争。
③增加财政收入。

二、财产税

(一)财产税的概念及特点

1. 概念
财产税是对纳税人所拥有或支配的财产课征的一种税。

2. 特点
①财产税的税负不易转嫁,具有直接税的性质。
②财产税是对财富存量征税(所得税的征税对象是财富的流动)。
③财产税符合按税额纳税的原则,拥有财产的人必须有纳税的能力。
④财产税相对稳定,不易受经济变化的影响。
⑤财产税具有收入分配的职能。财产税的征税原则是有财产者纳税,无财产者不纳税;财产多的人交的税多,财产少的人交的税少。这在一定程度上可以避免社会财富分配不均。

(二)财产税的局限性

1. 财产税的税收负担存在一定的不公平
这是因为征税手段和评估技术存在各种弊端,财产中的动产往往成为隐藏的对象,不动产也难以评估,征收管理也难以掌握,因此很容易导致税负的不公平。此外,还将减少财产税的征收,降低投资者的投资积极性。在经济不发达时期,课征财产税在一定程度上有碍资本的形成。

2.财产税的征收弹性较小

财产税是根据财产的价值征收的税。一般来说,财产的价值是不容易改变的,因此财产税也不容易随着财政需求而改变。

(三)财产税的类型

以课税范围为标准,可将财产课税分为一般财产税和特别财产税。一般财产税是对纳税人在某一时刻拥有的所有财产征收的综合税,它考虑到对低于一定价值的财产和日用品的豁免,并允许扣除负债;特别财产税对纳税人拥有的土地、房屋等一种或多种财产单独或分别课税。

以征税对象为标准,财产税可分为静态财产税和动态财产税。前者是对一定时间内所占有的财产按其数量或价值征税,如一般财产税和个别财产税;后者是对财产所有权的转让或变更征收,如遗产税和赠与。

1.一般财产税

(1)概念

一般财产税是以财产所有人在某一时刻所拥有的财产的总价值为征税对象,实行综合征税,税率大多采用比例税率,部分国家采用累进税率,其纳税人以个人为主,有的国家对公司法人征税。

(2)类型

从国际税收实践来看,一般财产税可分为两种类型。

一是名义上为一般财产税,实际上是一种选择性财产税,也就是说,它以列举的几种财产估计价值(不规定扣除项目)为课税对象,如美国的财产税制度。

二是名义上为一般财产税,事实上是财产净值税,也就是说,它以应税财产总额减去负债的净值为征税对象,还有规定免税物品(生活费宽免等),如德国、荷兰和其他国家的财产税制度。

2.特别财产税

(1)土地税

土地税是对土地征收的税。它既是一种古老的税种,又是世界上应用最广泛的特殊财产税。征收土地税的国家,对其使用各种名称,如土地税、家地税、荒地税、已开发土地税、土地增值税、土地租金税、地价税等。土地财产税是属于针对土地收益和所得的税种,根据土地的数量或价值征收,它可分为从量税和从价税。前者是指地亩税,以土地单位面积为基础,即规定了土地单位面积的税额;后者是指以土地的单位价值为基础征收的地价税,应税土地的估价,须经征收部门核定。

(2)房产税

房产税是指对附着于土地的房屋以及与房屋不可分割的相关建筑物征收的税。由于房屋与土地关系密切,很难单独估价,因此通常与土地一起征税。房产税是以房屋的数量或价值为计税标准,按照规定的税率征收的。早期,房地产税是按量征收的,主要是根据房屋明显的外部标志计征,如灶税、窗户税等。现代房地产税一般是从价计税,即以房屋的账面价值或市场价值为计税依据。

3. 财产转移税

财产转移税是对财产所有权的变更征收的一种税收,包括遗产税、赠与税等。

(1)遗产税

①概念。遗产税是对财产所有人死亡后留下的财产征收的一种税收,在财产税制度中占有重要的地位。现代遗产税起源于1598年的荷兰。世界上超过三分之二的国家现在都有遗产税。

②优点。遗产税作为一种世界通用的税收,其优势是显而易见的。

首先,遗产税采用累进税制,可以平均社会财富,缓解社会矛盾。

其次,遗产税以财产为征税对象,有稳定的税源,可以增加财政收入。

最后,遗产税可以抑制社会浪费,消除人们对遗产的依赖,有利于促进社会进步。

③分类。遗产税大致可以分为以下三类。

第一,总遗产税制。以财产所有人死亡后的财产总额为纳税标的,以遗嘱执行人或遗产管理人为纳税主体。总遗产税制度的特点是在遗产处理上采用"先税后分"的方式,即先征收遗产税,再将税后遗产分配给继承人或受遗赠人。遗产税一般有一个起征点,采用累进税率,其税负水平不考虑继承人和被继承人之间的亲疏关系。总遗产税在计税时,按遗产总额减去负债后的净额课征;规定免税额,对小额的遗产可以免征;准予分期纳税或以实物缴纳。

第二,分遗产税制。它对每个继承人所获得的遗产份额征税,继承人或受赠人为纳税人。在对遗产的处理上,采取"先分后税"的方式,即按照国家有关继承法律法规对遗产进行分配,再按各继承人分得的遗产征税。一般采用累进税率,其税负与继承人和被继承人之间的亲疏关系有关。在计算遗产税时,如果继承人是直系亲属,税率较轻,如果不是直系亲属,税率较重;继承人继承或分享的财产越多,税率越高;根据继承子女的多少征收不同的税率,子女越少,税率越高。遗产税制度具有公正性和合理性的优点,但征收管理复杂,征收成本高。目前,选择这种类型的国家主要有日本和德国等。

第三,混合遗产税制。它将总遗产税制度与分遗产税制度结合起来执行。它首先对财产所有人死后留下的遗产征收总遗产税,然后对分配给每个继承人的税后遗产份额征收分遗产税。在对遗产的处理上,是"先税后分再税"。这种遗产税的优点是既控制了税源,又体现了负担公平原则。但其税收征管程序较为复杂。加拿大、意大利、爱尔兰等国家都实施这种遗产税制。

④纳税人的选择。在遗产税税收管辖权方面有两种类型:一种是属人和属地相结合的税收管辖权,即本国居民死亡时,应将其境内、境外全部遗产征税;非本国居民死亡时,只就其境内遗产征税。另一种是属地主义税收管辖权,即只对纳税人在该国的遗产征税。征收遗产税的国家通常采用前者。

⑤课税对象的选择。世界各国遗产税的征税对象均确定为财产,包括动产、不动产和其他具有财产价值的权利。其中,动产包括现金、银行存款、有价证券、金银珠宝等;不动产包括土地、房屋、矿产等;具有财产价值的权利包括保险权益、债权和土地使用权。上述财产的估价主要基于财产所有人去世时财产的市场价值。

⑥税率的选择。绝大多数征收遗产税的国家在税率设计上都采用累进税率。这样的税率设计能够体现公平原则,达到调节社会财富分配的目的。西方发达国家长期主张对高额遗产课以重税,因此税率相对较高。20世纪70年代,美国和日本的最高税率超过75%,直

到 20 世纪 80 年代末的减税改革,日本的最高税率仍为 70%,美国的最高税率为 50%。由于发展中国家开征遗产税较晚,受经济发展水平、人民生活水平等因素的影响,最高税率设计相对较低,约为 50%。

（2）赠与税

①概念。赠与税是对财产所有人或被继承人赠与他人的财产征收的一种税。

②分类。总赠与税以赠与人为纳税义务人,按赠与人在纳税年度内赠与他人的财产总额征税;分赠与税是受赠人的捐赠财产将于课税年度征收税款,受赠人将是纳税人。

③实质。赠与税本质上是遗产税的一种辅助税,旨在防止纳税人偷税漏税,确保财产转让税税源不致流失。凡实行总遗产税的国家,同时征收一般赠与税,如果分割遗产税,赠与税将同时分割。

项目总结

税收是一个古老的财政范畴,是随着国家的出现而出现的。税收是国家为了实现自身的功能或预定的社会经济目标而通过政治权力获得的一种财政收入形式。税收是强制性的、无偿性的和确定性的。主要税种有商品税、所得税、财产税和资源税。其中,商品税是指以商品和服务的周转为征税对象的税制。商品税又称流转税,以流转税为征税对象。所得税是指所有以纳税人所得为征税对象的税种的总称。所得税是国家筹集资金的重要手段,也是促进社会公平分配、稳定经济的杠杆。资源税是以自然资源为课税对象的税类,而财产税是对纳税人所拥有或支配的财产课征的一种税。

项目五

政府公债

案例导入

巴西总统宣告国家破产

2021年1月5日新年刚刚开始,巴西总统雅伊尔·博索纳罗面对媒体称:"巴西已经破产,而我已无能为力。"一时间,令人唏嘘不已。

那么,像巴西这样的"大国",为何会走到破产这一步?

对此,巴西总统博索纳罗称,巴西破产主要是新冠疫情造成的。因为疫情让经济受到了重创。

事实上,巴西在疫情初期,总统博索纳罗和时任美国总统特朗普的态度一致,认为新冠病毒就是普通的"小流感"罢了,无须重视。身体健康的年轻人甚至不用戴口罩。

而当面对国内疫情专家对他的消极进行批评时,博索纳罗并没有选择听取专家的意见,而是频繁更换卫生部长,推卸自己的责任。

巴西的消极防疫,也让经济备受打击,国库也已耗尽。

其实,此次巴西破产最主要的原因,除了总统博索纳罗防控不力以外,还有巴西经济原本就存在着一些问题。

一是因为巴西本土工业发展不足,产业结构失衡;二是贫富差距大,对抗经济危机和风险的承受力非常差;三是社会公共支出很大,巴西政府用"补贴"方式来弥补前两项的不足,导致政府财政压力非常大。

此外,疫情最严重的美国开启了无限印钞模式,这种加印美元的行为造成各国手中持有的美元资产出现贬值,而巴西作为美国的紧密合作伙伴,其所受的影响也是非常大的。

另外,巴西的经济发展也非常依赖对外贸易,不过巴西的出口产品太过单一了,以农副产品和石矿为主。数据显示,巴西在2020年的对外出口总额同比下降7%左右,金额降到了2 100亿美元。

财政支出增加,加上外贸的减少,以及货币贬值这一系列的影响,长时间下来,导致巴西积压下来大量债务,以至于举国库之力也无力偿还,因此在2021年初,巴西最终只能宣布破产,来缓解局势。

(资料来源:新浪财经)

任务一　公债概述

一、公债的含义

公债是政府为了筹集金融资金,并承诺在一定时间内到期还本付息,按照一定程序向投资者发行的一种格式化的债权债务凭证。公债是国家财政收入的一种特殊形式,是调节经济的重要手段。对于公债的具体含义,我们可以从以下四个方面来理解。

(一)公债是各级政府举债的总称

中央政府的债务称为中央债务,又称国债,地方政府的债务称为地方债券。在我国,地方政府无权以自己的名义发债,因此,人们常常将公债等同于国债。

(二)公债是政府收入的一种特殊形式

公债具有支付性和自愿性的特点。除了特定时期的强制债券外,公众对是否认购以及认购多少有完全的自主权。

(三)公债是政府信用或金融信用的主要形式

政府信用是指政府按照借贷偿还的商业信用原则,以债务人的身份取得收入或以债权人的身份安排支出,又称财政信用。公共债务只是财政信贷的一种形式,其他形式的财政信贷包括政府向银行借款、财政支农周转金、财政部门直接发放的财政性贷款。

(四)国债是政府可以使用的重要宏观调控工具

二、公债的产生与发展

(一)公债的产生

公债最早出现在公元 5 世纪和 7 世纪的地中海国家。从中世纪开始,地中海沿岸的热那亚、威尼斯等意大利城市就因其优越的地理位置而成为世界商业中心。随着商业的发展,信用体系迅速发展。中世纪之前的奴隶社会末期,高利贷者建立的银行,由于利率过高,无法满足商人对低利率贷款的要求,因此威尼斯和热那亚的商人开创了信贷投资的先河。这种信贷组合逐渐演变成后来的划拨银行,形成了一个比高利贷更先进的专门从事信贷的行业。同时,由于封建国家职能的扩大和财政管理不善,财政收支矛盾加剧,因此,划拨银行将高于一般利率的贷款借给国家,这样,就产生了公债。到 16—17 世纪,手工业作坊向机器大工厂过渡,社会劳动生产率大大提高,加上海上的贸易和殖民战争,商人和高利贷者在国内外获得了大量的货币财富。这批积累起来的货币资本超过了工场手工业生产发展的需要,当大量的过剩资金找不到理想的投资场所时,资本所有者就会将闲置的货币资金投入到保证高收益的公债中。与此同时,通过举债的做法,各国认为发行公债比增税更容易解决财政困难,因此公债迅速在欧洲资本主义各国得到广泛的发展。

公债作为财政筹资的重要形式和经济发展的重要杠杆,已成为当今世界各国财政不可或缺的组成部分。政府收入不足是公债产生的必要条件,而闲置资本的存在为公债的产生提供了可能性。

(二)公债的发展

公债的产生使资产阶级大为受益。资本主义商品经济的发展是公债的强大经济基础,同时公债往往与国家的财政困难有关。因此,尽管公债早在中世纪就产生了,但它的快速增长发生在资本主义财政形成后的第二次世界大战期间。第二次世界大战期间,参战国的军费开支迅速增加,税收收入远远不能满足战争的需要,因此公债成为增加军费开支的重要途径。

到 20 世纪 70 年代,资本主义世界开始推行凯恩斯主义的赤字财政政策。根据凯恩斯的理论,增加政府开支和削减联邦税收会导致财政赤字,但可以刺激整个社会的有效需求和促进经济发展。发行公债是弥补财政赤字的有效途径,因此,公债的增长越来越快,资本主义国家发行的公债达到了前所未有的规模。

中国的公债最早出现在晚清时期。中国最早发行的国内债券是清朝 1898 年发行的"昭信股票",总额为 1 100 万两银子。1911 年清王朝又发行一次公债。北洋军阀时代和国民党时期政府也多次发行公债。旧中国的公债基本上属于资本主义公债的类型,但带有半封建半殖民地色彩。

新中国成立以来,我国先后多次发行公债:1950 年发行了人民胜利折实公债,1954—1958 年连续 5 年发行国家经济建设公债,1981 年至今每年都发行公债。

三、公债的分类

(一)按照公债的发行地域分类

根据公债的发行地域分类,可分为国内公债和国外公债。

国内债券是指一国政府以债务人身份向境内居民或单位发行的债券,一个国家在国外发行的政府债券称为外国债券。

(二)按照公债的发行主体分类

根据发行主体分类,公债可以分为中央政府发行的国债、政府关系债和地方政府债券。

中央政府发行的国债,包括为筹措国库资金和弥补预算资金不足而发行的国库券和为支持经济社会发展而发行的专项债券;政府关系债是指一些政府特许机构或特殊法人主要为铁路、交通、基础设施、中小企业开发、技术开发等特定公共项目发行的债券;地方政府债券是地方各级政府为筹集地方建设投资所需资金而发行的债券。

（三）按照公债的发行本位分类

按照公债的发行本位分类，可以将公债分为货币本位券和实物（折实）本位券。

货币本位券又分为以同一货币计价的本币债券、以外币计价的外币债券和以本外币计价的双重货币债券；实物（折实）本位券是指该公债的募集和还本付息均以实物为计算单位。

（四）按照公债的形态分类

按照公债的形态分类，可以将公债分为附息债（剪息债）和贴现债。

附息债指券面上附有息票，在规定的时期以息票兑换的形式支付利息的债券，其中又分为发行利率固定不变的固定附息债券和发行利率随市场利率浮动的浮动利率债券；贴现债券面上不附有息票，而是采用低于面额的价格发行，发行价格与偿还金额之差即为利息。

（五）按照有无担保分类

按照有无担保分类，可以将公债分为政府担保债和非政府担保债。

本利的支付由政府作担保的公债称为政府担保债，反之称为非政府担保债。政府担保债主要适用于与公共设施、技术开发和政策扶持目标相一致的政府关系债和地方政府债券。

（六）按照是否记名分类

按照是否记名分类，可以将公债分为现货债与注册债（登记债）。

现货债是指公债债券本身是权利化了的纸制物，一般为不记名债券；注册债指按照一定的法律规定，在注册机关准备的注册簿上记上公债债权人的姓名及权利等内容，由注册机关定期向债权人发放利息收据，在本利支付场所进行支付，其转让也是由公债债权人向注册机关提出转移申请来进行，注册债同时也是记名债。

（七）按照偿还期限的长短分类

按照偿还期限的长短分类，可以将公债分为短期债券、中期债券、长期债券和超长期债券。

根据不同时期的不同情况，有不同的区分方法：一般偿还期限在一年以内的为短期债券；2~5 年的为中期债券；6~10 年的为长期债券；11 年以上的为超长期债券。

（八）按照募集方式分类

按照募集方式分类，可以将公债分为公募债券和私募债券。

前者指以不特定的多数投资者为对象广泛募集的债券；后者指发行时不面向一般投资者，而仅向与发行人有特定关系的投资者募集，又称"缘故债券"。

任务二   公债与财政

公债从产生起就与财政赤字紧密相连。公债发行、偿还的整个运行过程，都与国家财政收支、财政赤字有着密切的联系。

一、公债与财政收入

公债的作用首先是弥补财政赤字,其次是筹集建设资金和调节经济运行,主要是调节流通中的货币量。在现实生活中,公债可用于为赤字融资,用于固定资产投资等特殊目的,或用于偿还到期债券。公债是国家宏观调控的重要工具之一。

1998年以来,中国通过发行长期建设国债筹集了大量建设资金,扩大了市场投资规模,刺激了内需,克服了亚洲金融风暴带来的困难,保持了国民经济的稳定发展。虽然债务需要偿还本金和利息,将增加未来几年的财政负担,但如果使用得当,它可以促进经济的快速、稳定和协调发展。我们可以用明天的钱做今天的工作,随着经济的发展,税收自然会增加,这也非常有利于未来的财政平衡。

从广义上来说,公债也是财政收入的一部分,但在许多市场经济国家中,一般不把公债列为正常收入看待。公债和税收都是市场经济体制下组织财政收入的手段,但公债和税收还是有一定区别的。

(一)税收是公债的信用基础

公债是政府根据需要创造出来的金融商品,其所包含的价值,是以财政税收作为担保的,即国家在公债发行时所承诺的公债价值,在兑现时以财政税收作为物质保证,只要国家继续存在,购买公债的投资者就肯定可以获得稳定的收益。正因为公债有财政税收作为信用基础,公债才能成为有价证券市场中最具安全性的"金边债券"。

(二)公债是财政收入重要的补充

起初,由于税收无法满足财政支出的需要,产生了公债。目前,公债已成为世界上大多数国家除税收外筹集财政资金的重要渠道。在现代金融中,公债作为税收的一种补充,主要表现在两个方面。一是补充税收数量的不足。随着政府社会经济活动的不断扩大,税收不能满足支出需求已成为大多数实行市场经济体制国家的普遍现象。如果通过增加税种或提高税率来扩大收入规模,将会对经济发展产生抑制作用,不利于促进国民经济的增长。因此,向国内居民举债已成为大多数国家弥补税收不足的最常见方式。二是要弥补税收在调整收入分配结构方面的不足。税收是强制性的,但也是无偿的。税收的制定应通过相对严格的立法程序进行。一旦确定了,就不宜经常更改和变动。因此,税法一旦通过立法程序得以确定,对收入分配格局的影响将在较长一段时间内保持稳定,对不断变化的市场收入分配格局的调整作用具有局限性。公债可根据需要随时发行,并可针对特殊对象专门发行,在调整分配结构方面更加灵活,弥补了税收在调整收入分配结构方面的局限性。

(三)税收具有强制性,公债一般是自由认购的

虽然有强制性债券,但强制性债券通常是在战争和紧急情况下发行的,一般情况下公债是自由认购的。

（四）税收具有无偿性，而公债是有偿的

国家征税，不承担偿还义务，而公债属于借款性质，国家承担偿还本息的责任。因此，从财政成本效益的角度来看，税收优于公债，这是公债在财政收入形式中只能作为辅助手段的一个原因。

二、公债与财政支出

公债与财政支出密切相关，主要表现在以下三个方面。

（一）财政支出规模直接影响公债发行规模

公债作为弥补财政收支差距的重要手段，其规模在很大程度上受财政支出的影响。税收作为财政收入的主体，其规模主要取决于三个因素：经济规模、经济增长率和税收制度。这三个因素可预见性相对较强，每年的变化比较容易把握，而支出的变动性比较大，有很多不可预见的因素，每年的变化很大，往往超过收入的规模。因此，支出的扩大往往意味着公债当年发行规模的扩大，公债的发行规模与财政支出规模呈正相关。

（二）现有的公债规模将影响将来的财政支出

一方面，债券发行规模的扩大意味着财政可支配资金的增加，为扩大财政支出创造了条件；另一方面，财政发行的债券会得到支付，它们是对未来财政收入的预支，到期时必须偿还。因此，本期发行的规模势必影响到未来的财政支出。从大多数国家的实践来看，财政支出的扩大往往导致公债发行规模的扩大，而公债发行规模的扩大又推动财政支出上升到一个新的水平，形成财政支出与公债发行相互促进、共同扩大的局面。

（三）财政支出结构影响公债的结构

发行何种债券在很大程度上取决于财政支出的具体用途：用于建设性投资的，应当发行中长期债券；为满足临时流动性需要，可以发行一年内的短期债券。支出需求是多元化的，公债结构应该是长期、中期和短期相互结合，公债的灵活性充分满足了多元化支出的需求。此外，为了适应现实经济生活中的通货膨胀现象，需要对公债的利率结构进行调整，即调整固定利率国债与浮动利率公债的比例。发行浮动利率债券有利于降低投资者和筹资者的风险，当通胀上升时，浮动利率上升，有利于投资者的利益；相反，缓解通货膨胀和降低浮动利率有利于减轻财政支出负担。

三、公债与财政赤字

（一）财政赤字是发行公债的重要原因

财政赤字是指一个财政年度的财政支出与财政收入之差，而发行公债是为了弥补这个差额。虽然有许多方法来弥补赤字，如增加税收、压缩财政支出等，然而，增加税收、压缩财政支出是非常困难的，而用公债来弥补赤字是一种最方便、最灵活、最有效的手段，因此，世

界各国通常采用发行公债的方式来弥补赤字。财政赤字是发行公债的重要原因,而发行公债所需要支付的利息又会增加财政赤字,财政赤字与公债是相互促进和互为因果的关系。

公债的最初功能是筹集财政资金,弥补财政赤字。在现代经济生活中,公债也被许多国家用作调节经济的杠杆,如调节市场货币的流通量,稳定经济。为了调节经济而发行的公债不是由财政赤字引起的,因此,财政赤字是发行债券的一个重要原因,但不是唯一原因。

(二)公债是弥补财政赤字的理想方式

公债发行及时、灵活、方便,是弥补财政赤字的理想方式。第一,通过发行公债筹集财政资金比税收来得更及时、更快,发行的时机掌握在国家手中。第二,根据财政收支矛盾性质的不同,以及财政收支需求的不同,国家可以发行各种形式的公债。例如,可以发行短期公债来弥补财政收入和支出的季节性短缺;为弥补年度财政收支差额,可发行中期公债;为解决国家重点建设项目的资金不足,可发行长期建设公债;为偿还旧债,可发行新债等。

在许多资本主义国家,银行以"信用创造"的形式为公债提供担保,这样,公债的发行将导致货币供应量的增加,从而起到了从财政赤字到通货膨胀的过渡作用。显然,如果政府债券的发行是适度的,针对个人的,即通过政府债券把闲置资金集中到个人手中,就不会增加货币供应量。

(三)发行公债可以平衡国际收支

任何一个国家在与其他国家和国际组织进行经济贸易时,如果收入不足以支付支出,就会出现国际收支逆差,将影响该国的货币汇率和经济实力。在这个时候,除了动用外汇储备之外,最有效、最快地扭转局面的办法就是发行公债来平衡国际收支。

任务三 公债规模

公债的规模通常是指年底公债的余额,由两部分组成:一部分是上一年发行的,到当年年底还未偿还的部分;另一部分是本年度新发行但在年底尚未偿还的部分。公债规模的大小并不仅仅是一个绝对量的表现,还受到多种因素的影响和制约。确定正确的公债规模取决于多种因素,广义上说,包括政治和经济因素。

影响公债规模的主要因素是一个国家需要资金的多少,国家需要的资金量大,发行量就大;相反,发行量很小。目前很少有国家不借债,但发行的规模差别很大。这不仅与每个国家的财政状况直接相关,而且还取决于该国为满足需求而采取的公债政策,是仅限于偿付能力,还是越多越好、以满足需要为宜。另外是政治局势,剔除强制发行的因素,人们对政府的信赖程度,特别是政治局势是否安定,是承购者自愿购买公债的重要原因。

社会经济发展水平决定着政府公债政策的实施程度。只有商品经济发展到一定程度,才能积累大量社会物质财富;只有在国民生活普遍富裕,社会闲置资本充裕的情况下,国家才能大规模举债;只有经济发展,各种金融机构才能发挥其帮助国家借贷的作用。公债的规模主要取决于国家的承受能力和偿付能力。

一、公债的承受能力

中央政府发行公债是为了在特定的财政年度内加速经济复苏或弥补财政赤字。公债的承受能力包括发行主体(即中央政府财政)的承受能力和负担能力,以及发行对象(即社会经济组织和居民个人)的承受能力和负担能力。中央政府在决定债券发行规模时,必须同时考虑这两个因素。

(一)中央财政的承受能力

债券发行与财政收支关系最为直接和密切。第一,发行公债一般是为了弥补一定时期的财政赤字,保证一定规模的财政支出,从而满足经济增长的资金需求。第二,公债的偿还主要取决于下一年的财政收入。衡量公债发行企业承受力的主要指标是公债的依存度和公债偿债率。

1. 公债依存度

公债依存度,也称公债依赖度,是指财政年度内公债发行数额占财政支出总额的比率。计算公式为:

公债依存度=年度公债发行额÷年度财政支出总额×100%

这一指标反映了有多少财政支出是通过发行公债融资的。当公债发行规模过大,依赖程度过高时,表明财政支出过度依赖债务收入,财政处于脆弱状态,对财政未来发展构成潜在威胁。这是因为公债收入是一种补偿性收入,国家财政支出应主要依靠税收收入,债务收入只能作为一种补充收入。因此,可以根据这一指标来判断公债的合理规模。

2. 公债偿债率

一般以一定财政年度的还本付息额与财政收入的比值作为公债的偿债率指标。计算公式为:

公债偿债率=年底还本付息额÷年度财政收入总额×100%

偿债资金可能来源于预算收入划出的部分、公债资金投资创造的收益或借新债还旧债,但最终都是来源于财政收入。这一指标反映了中央政府偿还公债的能力,偿还能力越强,对公债的承受能力也就越大。因此,公债流量与公债的偿还能力有着直接的关系。

(二)公债发行对象的承受能力

确定合理的公债规模,除了要考虑公债发行主体的可承受性外,还必须考虑公债发行对象的可承受性。第一,我们应该考虑整个国民经济的承受能力。借入政府债券本质上是一种社会再分配,直接或间接地把可以用于社会再生产的资金抽走,过度举债会影响正常的分配和再分配,危及经济社会发展。第二,要考虑债券购买者的支付能力。我国公债的购买者主要是个人、企事业单位和各类金融机构。他们各自的支付能力是确定公债合理规模的重要依据。衡量公债发行对象的可承受性的指标有很多,其中最重要的指标是国民经济承担率,它从宏观上反映了整个国民经济的债务承受能力。国民经济承担率为当年公债余额占当年 GDP 的比例。计算公式为:

国民经济承担率=当年公债余额÷当年国内生产总值×100%

当年公债余额占当年国内生产总值的比重越大,则国民经济的债务承受能力越弱。

二、公债的偿付能力

确定公债的发行还必须考虑公债的偿付能力,最重要的是考虑公债的可承受性与公债偿付能力的比较。一般认为,当公债负担持续几年低于偿付能力时,公债负担是安全的;当公债负担持续大于或等于偿付能力时,公债的规模应该缩小。

偿债能力是指国家财政在一定时期内偿还公债本金和利息的能力。虽然偿债能力直接关系到国民经济发展水平和财政收入规模,但决定偿债能力的只是中央财政收入扣除一般支出后的一部分。这是因为国家财政只能控制国民收入的一部分,公债的支付只能从国家财政收入中支付。进一步分析表明,一个国家的财政收入必须用于满足一般公众的需要和社会的其他需要,不可能全部用于偿还债务。如果将满足一般公众需求等方面的支出称为一般财政支出,那么从国家职能来看,这些一般支出在一定时期内必须有一个最低的极限值,如果财政支出低于这个极限值,国家财政将无法履行其应有的职能。因此,公债的最大偿付能力是国家收入减去最低一般支出后的财政能力。

公共债务的规模主要取决于其承受能力和偿付能力。此外,公债的存量结构与投向结构、公债发行的经济背景以及中央政府在公开市场上操作公债的能力也不同程度地影响公债规模的形成。政府应综合考虑上述因素,合理确定公债规模。

三、公债的发行与管理

发行公债不再是弥补财政赤字的简单手段,而是成为国家调控经济的经济杠杆。因此,现代国家逐渐建立起一套完整的公债管理体系,使公债在现代经济生活中发挥作用。

(一)公债期限长短的配置结构

期限长短不等的公债,对债权人和债务人的收益影响是不同的。在正常情况下,政府发行长期公债是有利的。长期公债的偿还期限较长,政府除了每年支付利息外,短期内不需要筹集偿还资金,因此不会增加财政负担。但是,在通货膨胀严重的情况下,债券的到期日越长,公债的贬值幅度越大,债券持有人的损失也越大。如果政府能够将通胀因素考虑在内,并弥补利息支付,利率较高的长期债券对买家将具有吸引力。短期公债具有流动性大、风险小、发行容易的特点。因此,债券期限长短的合理配套,债权人与债务人利益的有机统一,就能使公债的发行经常化。

在进行公债期限结构选择的同时,还必须结合公债利率结构进行分析。公债期限结构选择的目标是:公债期限长短的配套能够满足财政支出的需要;而公债利率结构选择的目标是,既能满足财政的"公债利息成本最低"的要求,又能使公债顺利发行。

1. 预期利率的变动与公债期限长短的选择

如果预期利率会上升,债券购买者将不太倾向于购买长期债券;就公债发行人而言,他们希望在利率上升之前借钱。如果预计利率会上升,公债发行人应该选择发行更多的长期债券,因为公债的利率在发行时已经确定。当公债到期时,即使市场利率上升,公债的利息支付仍可以按较低的原始利率支付。类似地,如果预期利率会下降,债券购买者将倾向于购买长期公债,而公债发行者最好发行短期公债,而不是长期公债。因此,公债管理人有必要根据预期的市场利率变化选择公债期限。

2. 预期通货膨胀率的变动与公债期限长短的选择

如果通胀预期上升,购买政府公债的人会谨慎选择长期公债,而普遍倾向于短期公债。因此,在制定长期公债利率时,如果不考虑预期的物价上涨,公债很难发行,如果通胀预期保持稳定,将不会对债券利率结构产生影响。

事实上,长期公债和短期公债都有优点和缺点。对于公债的发行者和持有人而言,一个期限长短混合、配套合理的公债结构,肯定优于期限单一的公债结构。

(二)公债发行价格的确定

一般来说,公债按面值、溢价和折价三种不同形式发行。除了公债期限这一既定条件外,公债发行价格还取决于公债票面利率和市场利率的差异。

公债发行价格的计算公式为:

$$发行价格 = (票面金额 + 票面金额 × 发行利率 × 期限) ÷ (1 + 市场利率 × 期限)$$

1. 平价发行

政府按票面金额获得收入,到期时按票面金额偿还本金,发行公债的收入等于偿还本金的支出。在市场化发行的情况下,当市场利率与公债票面利率不一致时,平价发行将使发行人承担高利率的成本,导致公债销售不佳。

2. 溢价发行

溢价发行是指公债的发行价格高于公债的面值。政府以高于票面价值的溢价获得收益,到期时以票面价值偿还本金,发行公债的收益高于偿还本金的支出。政府公债之所以能够溢价发行,是因为政府公债的票面利率设定高于市场利率。这样一来,公债就变成了一种供不应求的投资,其发行价格预计会上升,直到其收益率与市场利率基本一致。

3. 折价发行

折价发行是指以低于票面价值的价格发行的公债。政府以低于票面价值的价格获得收益,并在到期时支付本金。折价发行可能是由于一开始公债的票面利率设定过低,导致公债销售不佳,从而降低发行价格来完成发行任务。

(三)公债发行方式

公债可以通过公开发行和非公开发行两种方式发行。公开发行是指中央政府向不具名的公众公开发行债券;非公开发行,也称私募,是指中央政府不发行公共债券,只向少数投资者发行。少数投资者通常是大型金融机构和资产雄厚的大型企业。私募受发行对象的限制,虽然发债规模较小,但买家集中,一次性购买规模较大。当政府需要通过公债将特定主体的国民收入集中到财政手中时,私募是最有效的方式。目前,各国大多采用公开发行方式,因为它体现了开放性、市场性原则,通过众多投资者的市场选择,实现了社会资金的合理配置,为公债的良性循环创造了条件。

1. 承购包销

承购包销,简称"承销",是指中央财政与承购包销团签订承销合同,发行公债,由承销商向投资者发行,未售出的部分由承销商认购。该方法通过承销合同确定发行人和承销商的权利和义务。它们之间的关系是平等的,承销团承担推销的风险。承购包销团由商业银行、信贷机构和证券公司组成,政府与承购包销团协商确定发行价格,讨价还价的结果往往是接近市场供求的利率水平。承销团在确定承销份额时,可以采用固定份额和变动份额两种。固定份额法适用于财务体系相对稳定的情况,承销商对自己应承担的份额有一个很好的了解,这有利于尽快安排资金;变动份额法适用于金融体制变动较大时的情况,承销人可根据情况灵活变动资金。

2. 公开招标

公开招标是指发行人提出包含发行债券条件和费用的标的物,向投标人招标,投标人直接投标,由发行人根据投标结果发行公债。通过公开招标确定的价格或利率由市场供求决定,体现了市场公平竞争的原则。

根据所竞标的的不同,公开招标又分为价格招标和利率招标。价格招标意味着公债的利率和债券面值之间的联系是固定的,投标人根据固定利率对金融市场未来利率变化的预期进行投标。投标价格可以低于或高于票面价值。招标人按价格高低依次投标,直至售罄,以此确定投标结果,即中标人。如果中标者的认购超过发行的预期规模,将按比例分配,所有中标者根据各自不同的投标价格购买公债。这种方式称为"第一价格招标",最有把握中标的是报价最高的投标人,但容易产生垄断招标;反之,所有中标者都按统一价格购买公债,这种方式称为"第二价格招标",最有可能中标的竞标者仍是报价最高的竞标者,但其认购价格接近市场价格水平,降低了少数竞标者垄断市场的可能性。利率招标是指发行人仅决定发行规模和票面价格,发行利率由投资者竞价决定。发行人以投标人报价的最高利率作为公债的发行利率,并从报价的最低利率中依次选定投资认购金额,直至预定的发行金额售罄为止。中标人以一定利率中标,其认购金额超过预定发行规模的,按比例配售,利率招标以统一利率向所有成功投标者发行。

根据报价竞争力的不同,公开招标可分为竞争性招标和非竞争性招标。前者是竞标者的竞争性报价,后者是竞标者只对认购限额进行投标,不含价格和利率。在投标之后,非竞争性投标人首先以统一的利率购买,然后竞争性投标人购买。

3. 公开拍卖

公开拍卖是指在拍卖市场上,发行人按照常规的拍卖操作方法和程序,向投资者公开拍卖公债,公债发行的价格和利率完全由市场决定。目前,大多数发达国家都采用这种办法。根据叫卖的顺序不同,公开叫卖分为公开叫卖升序排列和公开叫卖降序排列。公开叫卖升序排列是指拍卖师按照升序向一组竞标者进行竞价。在拍卖过程中,当第一个价格被报价时,相关投标人报出其认购金额,招标人公布所有的需求数量,然后不断提高价格,并继续公布每个价格的需求数量,直到所有的需求都小于投标数额为止。当达到这一点时,招标人可以确认前次价格是完成所有发行的最高价格。公开叫卖降序排列是指拍卖人按不断降低的价格顺序报价,公债以逐渐降低的价格出售,直到全部需求小于招标数额为止。公开拍卖方式能使信息交流更为畅通,投标人易于知道国债的公认价值,避免成功投标人总是吃亏的不正常现象。

(四)公债的偿还

发行的公债到期以后就要还本,同时还要支付利息。各国一般通过制定公债偿还制度对公债的偿还以及与偿还相关的各个方面做出具体的规定,以保证公债的正常运行。

公债的偿还是指近期偿还公债本金与支付利息。其中,还本通常是政府按照债券面额偿还;付息则是按期、按条件支付。公债的偿还方式主要有以下四种:

①一次偿还法。它是指政府对定期发行的公债,在债券到期后一次还本付息的方法。

②购销偿还法。它是指政府按市场价格在公债流通市场上买入公债而偿还债务的方法。实践中,这种方法多以短期的上市公债为主。

③调换偿还法。它是指政府发行新公债来换回公债持有者手中的旧公债而注销债务的方法。对于政府而言,它的债务数量并没有减少,只是债务期限延长了而已。对于投资者而言,其债权人的地位未变,增加的只是新债权。

④比例偿还法。它是指政府在公债的偿还期内,对所有公债债券号码进行抽签确定的每年按一定比例轮流分次偿还的方法。

(五)公债种类的配置

不同种类的公债有不同的特点,品种齐全的公债可以吸引社会上各种闲散资金进入公债市场,既能满足各种闲散资金的投资需求,又能满足财政需求。

就我国目前的情况来看,公债品种相对单一,公债流通市场不够活跃。公债种类与公债流通市场有着密切的关系,如果公债种类单一,公债流通市场将不会繁荣。公债二级流通市场与公债一级发行市场密切相关。为了长期规范公债的发行,必须建立一个发达的流通市场,而在发达的流通市场中,必须有种类繁多的公债。因此,对于公债管理者来说,有必要研究市场上各种资金的性质,结合财政的需要,发行各种公债,提供各种金融商品,使流通市场健康发展。

(六)公债使用方向的控制

国家通过财政信贷筹集的资金与通过税收筹集的资金有本质区别。通过使用财政信贷而增加的债务收入必须考虑到未来本金和利息的偿还。公债是有偿的,而税收是无偿的。不能把有偿借入和无偿交纳的收入混同起来,都作为无偿收入的资金使用。应该明确债务收入使用方向,严格计算债务收入使用成本和效益,保证债务还本付息的资金来源,减轻公共债务负担。

我国在20世纪80年代发行的国库券虽然是用于经济建设的,但实际上,由于我国自1979年以来每年都出现财政赤字,因此一部分国库券是用来弥补财政赤字的。世界上大多数国家都不将公债作为预算收入,但我国将公债收入纳入预算收入,与正常预算收入统一使用。在实践中,这种方法会带来两个缺点:一方面,很难区分公债的收入是否用于弥补财政赤字或经济建设,这将掩盖财政赤字的实际情况,不利于全面分析财政赤字的原因,从而难以实现财政收支的真实平衡;另一方面,将已支付的借款收入和无偿获得的收入混合在一起,是不可能评估公债收入的使用方向、投资效率和偿还能力的。

为了使公债的发行能正常、持久地进行,使公债真正地成为国家筹集资金、加快建设的手段之一,必须明确国家债务收入的使用方向,严格计算债务收入的使用成本和效益。因此,在财政预算上,应将债务收入单列,专款专用,明确投资方向,以收定支。同时,对投资项目进行科学的测算,严格考核其经济效益,有偿使用,有借有还,谁借谁还,做到以债养债,以减轻公债还本付息所带来的财政负担。

（七）公债的市场运行机制

1. 完善一级市场发行体系

根据目前公债市场发展的实际情况，形成科学合理的公债期限结构，实行长、中、短相结合，既能满足投资者的各种需求，又有利于公债发行任务的顺利完成。

在发行时间上改变了当前公债发行的不确定性问题。借鉴国际实践，根据中央预算资金需求，提前制定分阶段发行公债的时间表，使公债发行更加规范，有利于各类投资者早日筹集资金。

根据机构投资者的分布和现状，应建立相对固定的承销团制度，进一步明确承销机构的权利和义务，鼓励承销机构建立自己的分销网络，从而形成和建立一个相对稳定的公债发行机制。

进一步探索和采取多种市场化发行方式。公债发行的原则和未来方向是市场化，但应根据我国的实际情况探索多种渠道和形式。

2. 理顺二级市场的框架体系

通过将银行间债券交易场所发展为机构间场外交易市场，并按照规范的场外交易规则进行交易，可以提高公债的流动性。开发二级市场参与主体，任何投资者都可以注册一个公司，由中央政府公债托管结算系统参与公债投资，货币市场和资本市场之间建立一个以公债为媒介的渠道，可以为社会资本的流动性提供担保，也有利于央行货币政策的传导。构建一个广泛而流动性强的二级公债市场，可以为中央政府以低成本和高效率发行公债提供最可靠的保证。

充分利用现有交易所的交易网络，引导部分小投资者稳定规范地购买公债，促进交易所的公债交易，使之成为零售性的场内交易市场。在上述场外、场内市场发展的基础上，建立统一的公债托管结算系统，有利于确保公债市场乃至整个金融市场的安全、高效运行，也有利于建立公债发行市场的良性循环机制。

项目总结

公债是政府为筹措财政资金，凭其信誉按照一定程序向投资者出具的，承诺在一定时期支付利息和到期偿还本金的一种格式化的债权债务凭证。在市场经济条件下，公债不仅具有弥补财政赤字和筹集建设资金的基本功能，而且还具有投资和政府宏观调控的功能。公债发行和偿还的整个操作过程与国家财政收支和财政赤字密切相关。公债的规模通常是指年底公债的余额，它的规模不仅是一个绝对的表现，而且还受到许多因素的影响和制约，一般来说，包括政治和经济因素。公债的发行方式主要有定向发售、承销和招投标，还款方式主要有一次性还款和比例还款。目前，我国公债的发行应增加品种，控制公债使用的方向性，并进一步完善公债的市场运行机制。

项目六

财政支出

案例导入

据 2017 年财政部公布的数据显示,中央财政对地方税收返还和转移支付 65 218 亿元,占中央财政支出的 68.6%,比 2016 年提高 0.2 个百分点,其中一般性转移支付 35 168 亿元,占全部转移支付的 61.6%,比 2016 年提高 1 个百分点。与此同时,中央转移支付资金重点向经济发展落后和财政困难地区倾斜,增强了落后和困难地区保工资、保运转、保基本民生的能力。其中老少边穷地区转移支付 1 843 亿元,增长 19.7%;县级基本财力保障机制奖补资金 2 239 亿元,增长 9.5%;资源能源型和东北地区阶段性财力补助 300 亿元,增长 50%。

全国一般公共预算中,科学技术支出 7 286 亿元,增长 11%,培育壮大经济发展新动能。工业企业结构调整专项奖补资金 222 亿元,支持钢铁、煤炭行业化解过剩产能。全国节能环保支出 5 672 亿元,增长 19.8%,主要是支持打好大气、水、土壤污染防治三大战役,加大生态系统保护力度。

(资料来源:财政部公布 2017 年财政收支及债券发行情况)

那么什么是财政支出?财政支出有哪些支出形式?财政支出要遵循什么原则?同时购买性支出和转移性支出都包含哪些相关内容?我们将在本项目中一一解析。

任务一 财政支出概述

一、财政支出的概念

财政支出,一般指财政预算支出,是指国家为了实现其各种职能,由财政部门按照预算计划,采用一定的方式、程序和渠道,将国家集中的财政资金向有关部门和方面进行支付的活动。从本质上看,财政支出是以国家为主体,以财政的事权为依据进行的一种财政资金分配活动,它集中反映了国家的职能活动范围及其所发生的耗费。

财政支出是政府的重要宏观经济调控手段,是政府履行其职能、满足社会公共需要的财力保证。一方面,财政支出直接构成和影响社会总需求,因而调节财政支出规模就可以达到调控社会总供需关系的目标;另一方面,财政支出结构的确立与调整,对社会经济结构、产业结构的形成和变动,对国家职能的履行,有着至关重要的作用和影响。财政支出的规模和去向,主要取决于经济发展状况、政府职能范围的变化,以及社会公共需要程度等因素。

二、财政支出的分类

财政支出分类是指将财政支出的内容进行合理的归纳。对财政支出进行科学分类的目的是便于政府管理和分析财政支出的规模、结构和特点,也便于公民全面了解和监督财政资金的去向,从而有利于政府合理、高效地分配和使用财政资金。由于管理要求和理论研究角度不同,常用的财政支出分类方法有下列五种。

(一)按财政支出的经济性质分类

按照财政支出经济性质,即支出是否取得等价补偿,可将财政支出分为购买性支出与转移性支出。这种分类能准确地分析政府公共支出对社会总需求的影响,为政府利用公共支出政策影响经济提供理论依据。

1. 购买性支出

购买性支出是指财政支出中用于直接表现为中央政府购买商品或劳务活动的支出,主要包括:购买用于进行日常政务活动所需的商品和劳务的支出,用于进行国家投资所需的商品和劳务的支出。

2. 转移性支出

转移性支出是政府为实现特定的目标对相关社会成员或特定的社会集团所给予的部分财政资金的无偿转移,即资金无偿、单方面转移的支出,主要包括政府部门用于补贴、债务利息、失业救济金、养老保险等方面的支出。

(二)按财政支出在社会再生产中的作用分类

1. 补偿性支出

补偿性支出是指用于补偿生产过程中消耗掉的生产资料方面的支出,目前属于补偿性支出的项目只剩下企业挖潜改造支出一项。

2. 积累性支出

积累性支出是指最终用于社会扩大再生产和增加社会储备的支出,如基本建设支出、工业交通部门基金支出等,这部分支出是社会扩大再生产的保证。

3. 消费支出

消费支出是指用于社会福利救济等的支出,这部分支出对提高整个社会的物质文化生活水平起着重大的作用。

(三)按财政支出与国家职能的关系分类

按支出功能分类,就是按照政府主要职能活动分类。这种分类可以反映政府在各个时期的政治经济活动、政府职能范围的变化,以及各职能的实现程度。

1.经济建设费支出

经济建设费支出包括基本建设支出、流动资金支出、地质勘探支出、国家物资储备支出、工业交通部门基金支出、商贸部门基金支出等。

2.社会文教费支出

社会文教费支出包括用于文化、教育、科学、卫生、文物、体育、地震、计划生育等方面的经费、研究费和补助费等。

3.行政管理支出

行政管理支出包括用于国家行政机关、事业单位、公安机关、司法检察机关、驻外机构的各种经费、业务费、培训费等。

4.国防支出

国防支出包括各种武器和军事设备支出,军事人员给养支出,有关军事科研支出,对外军事援助支出,用于实行兵役制的公安、边防、武装警察部队和消防队伍的各种经费、防空经费等。

5.债务支出

债务支出指由中央政府出面借入的国内外资金与发行的各类债券的本金和利息的支出。

6.其他支出

其他支出包括财政补贴、对外援助支出等。

(四)按政府对财政支出的控制能力分类

1.可控制性支出

可控制性支出指不受法律和契约的约束,可由政府部门根据每个预算年度的需要分别决定或加以增减的支出,即弹性较大的支出。

2.不可控制性支出

不可控制性支出指根据现行法律、法规必须进行的支出,即刚性很强的支出,主要包括失业救济、养老金、食品补贴、债务利息支出、对地方政府的补贴等支出。

(五)按财政支出的受益范围分类

1.一般利益支出

一般利益支出指全体社会成员均可享受其所提供的利益的支出,主要包括国防支出、司法支出、行政管理支出等。

2.特殊利益支出

特殊利益支出指对社会中某些特定居民或企业给予特殊利益的支出,主要包括教育支出、医疗卫生支出、企业补贴支出、债务利息支出等。

三、财政支出规模与结构的影响因素

财政支出规模的含义可从绝对规模和相对规模两方面理解。财政支出绝对规模指的是一国一定时期(一般为一个财政年度)财政支出的总金额;财政支出相对规模指的是一国一定时期财政支出的绝对数占该国同期国内生产总值(或国民收入)的比重。通常情况下,财政支出相对规模更能反映一国的财政支出规模的状况。

财政支出结构即财政支出的去向、金额及其构成的百分比,如一国财政用于教育支出的是多少数额,占整个财政支出的百分比是多少。在我国,财政支出结构不是固定的,其变化具有一定的规律性。

影响和制约财政支出规模和结构的因素有很多,总结起来主要包括经济因素、政治因素、社会因素和经济体制与制度因素。

(一)经济性因素

经济性因素主要是财政收入规模和国内生产总值(或国民收入总量)两个方面。

1. 财政收入规模

财政收入规模是指财政收入总量大小,一般用财政收入总量占 GDP 的比重来衡量财政收入规模。该指标反映了政府掌握和参与国民收入分配的份额,体现了政府参与国民经济的深度和广度,同时它也是衡量财政活动规模的重要指标。一定时期内的财政收入的总量和增长情况首先对公共支出的数量与结构形成基本的制约。但是这种制约关系的存在,应以正常的税收和其他预算收入形式所形成的财政收入来衡量,而不能将政府举债、向银行透支及财政性货币发行作为认识这一条件的基础。

2. 国内生产总值

国内生产总值是指一个国家(或地区)的国民经济各部门在一定时期内(一般为一年),以货币表现的全部社会最终产品和劳务价值的总和。在正常情况下,国民收入增长,财政收支都会因此而增加。但通过中央政府的举债,也可以在一定程度内使国民收入的总量支持财政支出规模的扩大及支出结构的调整。

(二)政治性因素

政治性因素指国家政治体制,主要包括一国政局是否稳定、政体机构的行政效率如何、政府职能范围的大小等因素。因此一国的政治制度在许多条件下都会对财政支出规模与结构产生重大影响,如一国出现动荡或自然灾害就要增加财政支出;一国行政机构臃肿,人浮于事,效率低下,其经费支出必然增大;政府包揽的事务多,职能多,必然要增加财政支出。与此同时,财政支出规模与结构将对社会经济各个层面产生相应的影响,并造成利益的调整,运用不当可能会给国家和社会造成损失。因此,现代国家通常会规定一定的政治程序来规范财政支出规模与结构。

(三)社会性因素

社会性因素,如人口状况、文化传统等也在一定程度上影响政府支出规模与结构。在发展中国家,人口基数大、增长快,相应的教育、保健和社会救济支出压力较大,而在发达国家,由于人口老龄化问题较为严重,加之公众要求改善社会生活质量、提高社会福利等,也会对政府财政支出提出新的要求。

在市场经济条件下,社会性因素对财政支出规模与结构的影响主要体现在一国社会的基本需要支出和发展性支出上面。这主要指在计划年度内财政应保证的上年已达到的满足社会共同需要的支出,随着生产发展和人口增长应相应增加的社会共同需要支出,为满足生产发展和人口增加而必须追加的生产性支出中应由国家承担的部分支出,这三部分支出是决定财政支出规模与结构的最基础的要素,共同形成财政支出的最低限量。除此之外,随着社会经济的发展和财政收入的增加,政府还应将一定的财政资金用于发展生产、提高社会共同消费水平等方面,这也会影响财政支出结构的调整。

(四)经济体制和制度因素

经济体制分为计划经济体制和市场经济体制。计划经济体制下,政府对经济建设领域干预过多,政府的职能范围也比市场经济体制下宽,因而财政支出占 GDP 的比重相应较高。在经济体制相同时,不同福利制度的差异,也会影响财政支出规模。

国家实施不同的经济制度同样可能形成不同的财政支出结构。在计划经济制度下,财政支出结构以生产性支出为主要内容;而在市场经济制度下,财政支出结构则以满足公共需要和弥补市场缺陷为主要内容。但是,现代市场经济制度实际上是一种混合经济制度,要求市场在资源配置中发挥基础性作用的前提下,政府也应适当发挥干预经济的作用。因此,这对现代市场经济国家的财政支出规模与结构也将产生直接的影响。

四、财政支出的形式

财政支出的形式是指财政支出的方式和途径。在现代国家中,以财政支出安排后是否偿还为标准,可将全部财政支出分为无偿性支出与有偿性支出。

财政支出的基本形式是无偿性支出。财政,也就是一国政府的收支状况。一国政府在每一财政年度开始之初,总会制订一个当年的财政预算方案,若实际执行结果是收入大于支出,则为财政盈余;若支出大于收入,则为财政赤字。对于国家各行政管理部门所需要的资金和国有非营利事业单位核定的支出大于收入的差额,通常采用无偿拨款的方式。有偿性财政支出形式的产生则以政府公共支出压力增大为最直接的原因;同时,为提高财政支出效益,国家也可以将一些财政支出以偿还的形式加以运用。在实践中,政府有必要根据具体情况考虑财政支出形式的选择,为政府职能的实现服务。

五、财政支出原则

财政支出的内容非常广泛,国家在安排财政支出的过程中会遇到各种矛盾,这些矛盾主要有财政支出与财政收入的矛盾、财政支出中各项支出之间的矛盾、财政支出中如何讲求支出效益的矛盾。正确处理这些矛盾,必须遵循一定的准则,即财政支出原则。

(一)效益原则

财政支出的效益原则首先强调的是宏观经济效益和社会效益,即要求通过公共支出对资源的配置,以促进相关部门的发展来影响整个社会经济,使国家宏观经济状况不断得到改善。但这并不意味着可以忽视公共支出应有的经济效益。对财政支出中可以计算其直接经济效益的部分,仍然应尽可能地提高经济效益;同时,确定合理的财政支出的结构。厉行节约也是提高财政支出整体效益的重要组成部分。总之,财政支出的效益原则是指财政支出应能够有助于资源的配置,促进经济效率的提高。由于单纯靠经济规律自发调节市场失灵现象、市场资源配置功能不够完善等问题,不能有效提供全社会所需要的公共产品和劳务,因此要求政府以其权威来对资源配置加以调节和管理。

(二)公平原则

财政支出所强调的公平原则是指实现社会公平,具体表现为促进社会财富分配的相对合理,使每一社会成员的基本生存需要和发展需要有相应的物质来满足。政府调整财政支出的结构和支持对象,建立政府转移支付制度、社会保障制度以及适当的财政补贴制度都是实现社会公平的重要手段。在市场经济条件下,财富的分配取决于财产所有权和财富积累的分布状况,而收入的分配则取决于能力、职业训练和技能的市场价格。如果单纯依赖市场,则不可避免地会出现贫者愈贫、富者愈富的"马太效应",从社会稳定角度出发,就要求进行社会财富的再分配,实现社会的相对公平。

(三)稳定原则

财政支出的稳定原则是指国家安排财政支出应本着促进社会经济的稳定发展的原则。在市场经济条件下,单纯依靠经济规律的自发调整,市场体系无法有效协调其自身的所有活动并使之达到平衡,这样必然会出现经济周期的兴衰更迭、失业和通货膨胀等现象。因此,需要政府利用财政措施进行调节,通过财政支出规模、结构的变化来调节经济,引导经济运行方向,使其实现平稳的发展。

六、财政支出效益

财政支出是政府对资源的分配。由于资源有限,国家在集中资源时,首先应当考虑将有限的资源集中由政府支配或交给微观经济主体支配,这样才能促进经济的发展和社会财富的增加。只有当资源集中在政府手中能够发挥更大的效益时,政府占有资源才是对社会有益的。因此,财政支出要讲究效益,通常所说的效益指经济效益,也就是人们在有目的的实践活动中"所费"与"所得"的对应关系,这是经济活动的核心问题,也是经济学的基本常识。财政支出效益指政府为满足社会共同需要进行的财力分配与所取得的社会实际效益,即"所费"与"所得"之间的比例关系。

财政支出效益与一般生产经营企业效益有重大差别,究其原因是公共财政的职能主要是用无偿性税收来满足社会公共需要的,而且各支出项目在性质上又千差万别,相当多的"所费"无法直接计算"所得",因此必须正确把握财政支出效益的含义。

（一）财政支出效益评价的原则

建立公共财政支出绩效评价体系，必须以公共财政职能为基点，遵循财政经济和社会公共需要的一般规律，因此必须坚持以下五项原则。

1. 现实性和前瞻性相结合的原则

财政支出的安排要突出公共财政支出的重点领域和特色，根据财政经济的实力，保证重点，兼顾一般，合理地安排各种不同性质的社会公共需要。

2. 效率和公平相结合的原则

在市场经济条件下，公共财政要努力为市场竞争提供一个公平竞争的环境，既要鼓励和保护竞争，又要兼顾公平，尤其是宏观效益，防止两极分化，促进社会经济的稳定；要全面反映财政资金的运作过程，严格监督财政资金的去向和效益，强化各级财政部门的选项、审批、监管、审核职能，增强财政资金分配和使用的责任。

3. 针对性和兼容性相结合的原则

财政支出效益评价体系的设置必须具有针对性，但又要把握好共性与个性指标的衔接问题；根据不同项目的特点来单独分项设计评价标准，反映各项目利用财政资金的运作情况及其效果。

4. 操作性和科学性相结合的原则

考虑到财政部门和项目单位的不同层次和结构，在设计财政支出效益评价指标体系时，应尽可能做到重点突出、简洁明了、合理可行，具有可操作性；同时，评价指标体系具有科学性，根据财政经济和社会发展的现状和发展趋势，结合国情、省情实际，将预算标准和实际相结合，普遍适用和个别选择相结合，研究并设计相应的考核体系。

5. 定性分析和定量分析相结合的原则

财政支出效益评价所采集的资料、数据、情况等必须具有真实性。在此基础上，针对各项财政支出的特点和现状，既有定性分析，又有定量分析，使评价结果更加合理、准确地反映财政资金使用的各种实际情况。

（二）财政支出效益评价的方法

1. 成本-效益分析法

成本-效益分析法是指将一定时期内项目的总成本与总收益进行对比分析的一种决策分析方法，一般是通过将多个预选方案进行成本效益分析，选择最优的支出方案，并据此核拨财政资金。该方法适用于成本和效益都能准确计量的项目评价。一般认为，在政府投资性支出，尤其是基础性投资支出上，如公共工程项目等，运用成本-效益分析法能够取得较好的效果。但这个方法对于成本和收益都无法用货币计量的项目则无能为力。通常情况下，以社会效益为主的支出项目不宜采用此方法。

2. 最低费用法

在政府支出的投资项目中，许多项目是不能用成本-效益分析法来计算的，此时可以用最低费用法进行分析。这种方法无须计量项目的社会收益，只计算每项备选方案的有形成本,并以成本最低为最优的标准。

最低费用法出现的原因在于成本-效益分析存在两个方面的难点:第一,局限在经济方面的成本和效益,要求都用货币数量来衡量,而对于非经济的因素以及文化、教育等不能用货币衡量的方面,则很难估算其成本和效益;第二,未来的成本、效益往往有着不确定性,容易变动,比较难估计。

此方法的步骤:首先,依据所确定的建设项目,提出多种备选方案;其次,以货币为统一尺度,分别计算出各种备选方案的各种有形成本予以加总,如果遇到需要多年安排的支出项目,应用贴现法计算出"成本流量"的现值,以保证备选方案的可比性;最后,按照成本的高低,选择成本最低的项目,即为最优投资项目。

任务二　购买性支出

一、购买性支出的概念

购买性支出是政府利用国家资金在商品劳务市场中购买商品和劳务的支出,反映了政府在市场的交易活动中对社会资源直接配置和消耗的份额。从最终用途上看,政府的购买性支出可分为社会消费性支出和政府投资性支出两大部分。购买性支出作为政府公共支出的一个主要组成部分,一直保持稳步增长,在保证国家安全和政府行使职能,保障人民生活、社会秩序的安定和正常运行方面发挥着重要作用。

购买性支出是进行需求管理的有效办法,对国民收入的形成和增加具有重要影响。增加购买性支出,将直接增加个人收入,而个人收入增加的一部分将用于消费,使消费总量增加,消费的增加又引起国民收入的增加,反之亦然。当社会总需求明显超过总供给,通货膨胀压力加大时,政府削减购买性支出,可以直接减少需求;当社会总供给大大高于总需求,资源不能得到充分利用时,政府扩大购买性支出,进行大规模采购,可直接增加需求。

二、购买性支出的性质

购买性支出具有纯公共产品的性质,具有明显的三个特性:①效用具有不可分割性。公共产品的效用是向一个集体的人们共同提供的,而不只是向某一个人或某个集团提供的。②运行具有非排他性。我们没有办法把拒绝付款的个人排除在公共产品的受益范围之外。③消费具有非竞争性。某一个人对公共产品的享用并不影响其他人的同时享用,也不减少其他人享用的数量和质量。

社会消费性支出满足的是社会公共需要,是为了保证政府履行管理职能花费的资金,是国家执行政治职能和社会职能的保证,因此它所提供的服务是全体社会成员的共同需要,具有明显的外部效应,是构成一国财政支出的基本组成部分。如一国政府要为公民提供国家防护和公共安全,保证国土和主权不受外来侵犯以及公民的人身安全不受威胁,还要通过法律、行政和社会管理处理和协调公民之间的相互关系,维系正常的社会关系以及商务关系。

随着经济的增长,政府还必须保证各项社会事业的相应发展,实现经济社会的可持续发展,扩展社会发展空间,不断提高居民的生活质量。

政府投资性支出是由政府利用来源于税收或国债的资金,对市场机制难以有效进行资源配置的基础设施建设和事关国计民生的一些投资项目进行投资的开支。它与社会消费性支出最大的区别在于形成的资产性质不同:前者形成经营性国有资产,后者形成非经营性国有资产。

三、社会消费性支出

社会消费性支出主要是指国家财政用于社会消费和非生产部门的个人消费的支出。由于其形成的非经营性国有资产是标准的公共产品,这个特性表明它不是一种商品,因此难以通过市场竞争机制来提供,必须由政府通过预算来提供。它包括行政管理、国防开支、抚恤和社会救济、文教卫生事业费支出以及事业单位职工工资支出等,在财政支出中占有较大的比重,是政府财政支出的一个重要部分。

社会消费性支出从性质上看属于非生产性的消耗性支出,并不形成任何资产,具有明显的外部效应,因此具有以下特点:第一,支出的结果引起社会产品的消耗,价值丧失,不能收回或补偿;第二,支出具有连续性,只要消费单位存在,就得连续不断地支出;第三,支出同人们切身利益、眼前利益密切相关,增加容易减少难;第四,支出很少受到技术经济条件的制约。

现将社会消费性支出的主要内容介绍如下。

(一)行政管理支出

行政管理支出是指为保证国家权力机关和行政管理机关的正常运行而必须安排的经费开支。行政管理支出的数量和比重的变化,直接受国家政权组织结构和职能范围的影响,因此国家怎样设置政权机关和行政管理机关的构成与编制也就成为确定行政管理支出的基本依据。

1. 影响行政管理支出的主要因素

一是以政府应有的职责范围为前提而合理配备的行政机构的基本需要;二是国家在一定经济发展阶段为实现行政管理的需要。此外,还有国家财政收支总量及行政经费占财政收支的比重的历史数据比较,实现一定的行政效率所需要的行政支出的比较,行政支出占财政支出或国内生产总值的比重的比较及一些客观因素的变化,这些都可能影响一定年度内的行政管理支出的变动。

2. 我国行政管理支出的内容

一般公共服务支出与外交支出、公共安全支出均为财政用于国家各级权力机关、行政管理机关和外事机构行使其职能所需的费用,是国家进行活动必不可少的开支,均属于行政管理支出。行政管理支出反映着国家性质和一定时期政治经济任务的主要方向,是国家机器得以运转的物质条件,对于巩固国家政权,有计划组织和领导国民经济,以及发展对外政治、经济和文化关系,起着举足轻重的作用。因此,行政管理支出主要包括用于国家行政机关、事业单位、公安机关、司法检察机关、驻外机构的各种经费、业务费、培训费等。

3. 我国行政管理支出的特点

行政管理支出属于非生产性支出,支出增长具有刚性,因此支出所占比重应越少越好。

(二)国防支出

国防支出即国家防卫支出,是指国家用于陆、海、空军及国防建设等方面的各种费用。国防开支是与国家直接相关的一个特殊分配范畴,只要有国家存在,就有维护国家独立、保护国家领土不受外来侵犯、保证主权完整的需要。我国国防支出是国家机器运行所必需的,用于国防建设、国防科技事业、军队正规化建设和民兵建设、各军兵种和后备部队的经常性开支、专项军事工程及战时的作战经费等方面的军事支出,属于社会消费的非生产性支出。其规模与结构集中反映了一个国家的国防战略和政策,通过国防支出占 GDP、财政支出的比例及国防支出内部的分配与使用结构,可看出各个国家不同的国力、国策和国防建设的方针政策。为实现国防现代化的目标,就必须根据我国经济发展状况和所面临的国际环境,合理安排国防支出,提高国防费用的使用效益。

国防支出按照用途可以分为投资费和维持费两部分。投资费主要用于提高军队的武器装备水平,是增强军队战斗力的重要条件。投资费主要包括:武器装备的研制经费、武器装备的采购经费、军事工程建设经费和国土防空经费等。维持费主要用于保持军队的战备水平,维持日常的军事活动,是国防建设的重要物质基础,一般包括军事人员经费、军事活动经费、武器装备维修保养经费和教育训练经费等。因此国防开支在公共支出中有着极为重要的地位,许多国家都将国防开支作为首要开支来安排预算。

(三)教科文体卫支出

教科文体卫支出是指国家财政用于教育、科学、文化、体育、传媒和医疗卫生等事业部门的经费支出。教科文体卫等事业部是为社会的共同利益和长远利益服务的,它与企业一样也要向社会公众提供一定的产品(即公共服务)来满足社会公共需要,所以教科文体卫支出属于社会消费性支出。教科文体卫支出包括教育支出、科学技术支出、文化体育和传媒支出、医疗卫生支出等方面。

我国教科文体卫事业支出一直是财政支出的一个重要项目,在财政总支出中占有相当大的比重。一方面是因为它提高了我国科学、教育和卫生保健等各项事业的水平;另一方面体现了我国政府对人民基本生活,包括人民的基本权利、生活质量和精神文明的高度重视。

科学技术是第一生产力,是经济发展的重要推动力量,教育是科学技术进步与发展的源泉和基础。文化体育、传媒和医疗卫生的发展,直接关系到人民的健康水平与物质文化水平的提高,为满足人民精神生活需要、推动社会文明及经济发展发挥着巨大作用。

教育支出主要有义务教育支出和非义务教育支出。义务教育支出由政府负担,非义务教育支出由政府与受教育者共同承担。

科学支出包括基础科研支出(政府支出)和应用科学支出(由微观主体交换取得补偿)。

医疗卫生支出包括卫生服务支出和医疗事业支出。卫生服务支出由财政支出,如防疫站的各项开支;医疗事业支出由财政与享受者共同承担,如公费医疗开支。

四、政府投资性支出

(一)政府投资性支出概述

政府投资性支出是指以政府为投资主体、以其从社会产品或国民收入中筹集起来的财政资金为主要来源,将其用于国民经济诸部门的一种集中性、政策性投资。作为克服市场失效重要手段的政府投资性支出,政府投资性支出在追求社会资源合理配置的过程中发挥着重要的作用,是社会总投资的重要组成部分。

政府投资性支出与私人投资的不同表现在政府投资性支出不以私人为主体,而是以政府为主体。与社会消费性支出不同,政府投资性支出最终会形成收益。正是因为这一特征,这类支出所需资金才不会只采取无偿拨款的形式,而是更多地通过负债融资的形式获得投资所需要的资金,如发行国债、向政策性银行贷款等。政府投资性支出规模的大小受社会经济制度和经济发展所处阶段等多种因素的影响,通常市场经济发达的国家的投资主要由私人部门来完成,与实行计划经济的国家相比,政府投资所占的比重会相对较低。与部门投资相比,政府投资具有以下特点:

①政府居于宏观调控的主体地位,可以从社会效益和社会成本角度来评价和安排投资。政府投资可以不盈利或微利,但政府投资项目的建成,如社会基础设施等,可以极大地提高国民经济的整体效益。

②政府财力雄厚且资金来源大多是无偿的,可以用于投资大型项目和长期性项目。

③政府可以从事社会效益好而经济效益一般的投资。

总之,由于政府在国民经济中居于特殊地位,它可以而且应该将投资集中于社会基础设施以及农业、能源、通信、交通等有关国计民生的领域内。

(二)基础产业发展与财政投融资

无论是基础设施部门还是基础工业部门,都具有初始投资大、建设周期长、投资回收慢的共同特征,这些特征决定了基础产业仅靠自身的积累来发展,远远适应不了国民经济发展的需要。因此,在向市场经济体制转换的过程中,保持政府对基础产业部门的适度投资水平,对于调整产业结构、提高社会经济效益的作用不可低估。但是,政府投资并不意味着完全的无偿拨款。在我国市场经济发展的现阶段,构建财政投资体制具有非常重要的现实意义。

财政投融资是采取将财政融资的良好信誉与金融投资的高效运作结合起来的办法进行的融资和投资,是发挥政府在基础产业部门投资作用的最佳途径。其他国家建财政投融资制度,比较成功的经验是发展政策性银行。实际上政策性银行既不是银行,也不同于制定金融政策的国家机关,而是执行有关长期性投融资政策的机构。我国于1994年成立了三家政策性银行:国家开发银行、中国农业发展银行、中国进出口银行。

(三)农业财政投资

财政对农业投资具有以下基本特征:

①以立法的形式规定财政对农业的投资规模和环节,使农业的财政投资具有相对稳

定性。

②财政投资的范围有明确界定,主要投资于以水利为核心的农业基础设施建设、农业科技推广、农村教育和培训等方面。

③财政投资虽然是必需的,但一般占农业投资总量的比例较低。

农业财政投资是我国财政支出的重点。根据我国目前的情况,政府从事农业投资十分必要,因为农业部门自身难以产生足够的积累,而且生产率较低,难以承受贷款的负担,更重要的是许多农业投资数额巨大、回收期长、牵涉面广,投资以后产生的效益不易分割,而且投资的成本及其效益之间的关系不十分明显,如大型水库和各种灌溉工程等,这些项目只适合由政府来进行投资建设。因此,农业在国民经济中的基础产业地位及其特有的弱质性行业特征,决定了政府必须对农业的发展提供支持。

任务三 转移性支出

一、转移性支出概述

转移性支出是指政府为实现特定的目标对相关社会成员或特定的社会集团所给予的财政资金的无偿转移。这类支出不以获得同等价值的商品或劳务补偿为目的,受益者得到政府的转移资金后也不需要返还给政府。转移性支出通常包括各种社会保障支出、财政补贴支出、税式支出、债务利息支出和中央政府对地方政府的税收返还或补助等。

转移性支出的以下特点显示了政府在公平收入分配方面的作用。

(一)非购买性

转移性支出不表现为对商品和劳务的直接购买,而是表现为了实现社会公平与效率而采取的资金转移措施。

(二)无偿性

转移性支出是无偿的、单方面的转移,没有得到等价补偿,受益者也不予以归还。

(三)对社会影响的间接性

转移性支出作为再分配的一个重要手段,会对社会总供求、社会总储蓄,以及经济总量和结构产生不同程度的影响,但这种影响往往是间接的且存在着一定的时滞。如企业及居民在某些财政补贴中有多少转化为现实需求、有多少转化为后续的消费和投资需求,从而将对当期和以后的社会需求总量及结构产生多大的影响,就很难直接反映和计算出来。

二、转移性支出的内容

(一)社会保障支出概述

社会保障是国家和社会通过立法对国民收入进行分配和再分配,对社会成员特别是生活有困难的人们的基础生活权利给予保障的社会安全制度。社会保障支出是指财政用于社会保障方面的支出,主要对年老、疾病、伤残、失业、遭受灾害、生活困难的社会成员提供基本生活保障。

政府提供社会保障作为一种经济保障形式,具有以下特征:

1. 社会广泛性

社会保障的范围覆盖整个社会,为全体社会成员提供保障。因此它只能由代表社会的政府组织通过立法来实现,而不能由商业组织举办。

2. 强制性

社会保障制度在任何国家都是以立法的形式加以保证的。

3. 互济性

社会保障制度建立的目的是将个人的风险分散给社会。在现代商品经济社会中,每个社会成员都承受着各种风险,但承受的程度各不相同,因此有必要依靠全社会的力量建立社会保障制度,以分散风险。

4. 福利性

社会保障从性质上说属于社会公益事业,目的是造福社会,而不是营利。因此社会保障绝不能商业化。社会保障基金必须专款专用,不能挪用。

(二)我国社会保障支出的主要内容

1. 社会保险支出

社会保险是国家通过立法的形式,由社会集中建立基金,以使劳动者在年老、患病、工伤、失业、生育等丧失劳动能力的情况下能够获得国家和社会补偿、帮助的一种社会保障制度。社会保险是国家根据宪法所制定的基本社会政策,具有法定性、保障性、互济性、福利性、社会性的特征。社会保险不以营利为目的,是国家强制性地要劳动者为自己的将来做一定的准备,以维持其基本的生活保障。目前,我国的社会保险是通过国家、企业、个人三方或企业和个人双方来共同承担的,在正规的、签订劳动合同的企业中的职工,每个月的工资中有一部分是被扣缴社会保险的。社会保险支出是社会保障支出的核心内容。

在我国社会保险主要包括以下五个方面:

(1)老年保险

老年保险即养老保险,是指公民在就业期间,由个人及服务的单位或企业履行缴纳保险费的义务,当职工退休之后,按规定每年获得一定收入的一种保障制度。养老保险是为因年老丧失劳动能力的社会劳动者提供基本生活保障和一系列社会性服务的项目,其主要目的是确保老年劳动者的生活权利。

(2)医疗保险

医疗保险是一种以职工和单位缴纳的税(费)及政府补助为经费来源的社会保险制度,这种保险负责支付患病职工以及退休人员的医疗费用,职工的直系亲属也可享受一定的医疗补助。

(3)失业保险

失业保险是为遭受失业风险、暂时丧失工资收入的非自愿失业者提供生活津贴以保障其基本生活的社会保险制度。

(4)工伤保险

工伤保险是劳动者在生产过程中发生意外事故,如受伤或残疾,而暂时或永久丧失劳动能力,失去正常工资收入来源,生活难以为继时,享受工资、医疗费、伤残补助的社会保障制度。

(5)生育保险

生育保险是指在怀孕和分娩的妇女劳动者暂时中断劳动时,由国家和社会提供医疗服务、生育津贴和产假的一种社会保险制度。

2. 社会福利

社会福利是指国家和社会有关部门为社会成员提供的各种福利。它分为一般社会福利和特殊社会福利。一般社会福利是指国家和社会有关部门及团体举办的面向全社会的服务事业和兴建的社会服务设施,如国家体育部门兴建的全民性的社会健身设施就属于一般社会福利;特殊社会福利是指政府民政部门或社会团体为残障人士和无劳动能力的人举办的福利事业,这项服务面向特定的受益对象,主要包括兴办孤儿院、敬老院等社会福利院,以及开办特殊教育学校等项目,为老人、儿童、残障人士提供的免费或低费的社会服务,也包括在社会福利之列。目前社会福利在我国基本上是财政拨款兴办,社会福利支出是国家以及各种社会群体兴建各种公共福利设施、发放津贴补助、进行社会服务及兴办集体福利企业的支出,它是社会保障的最高层次。

3. 社会救助

社会救助是最低层次的社会保障,保障最低生活是社会保障体系的最低目标、最低纲领。社会救助是通过国家财政拨款,由政府对生活在社会底层的人给予财物接济和生活扶助,以保障其最低生活需要的制度。社会救助的项目如灾民救助、城市贫民救助、农村五保户救助、城乡特殊对象救助、流浪乞讨人员救助等。

4. 社会优抚和安置

社会优抚和安置包括军人抚恤、军人福利、军属社区援助和退役军人就业保障等内容,也称优抚安置。新型军人社会保障体系既照顾了军人的特殊性,如军属社区援助和军人退役安置,又保证了与整个社会保障制度接轨,因而是中国军人社会保障制度的发展方向。

(三)政府债务利息支出和捐赠支出

债务利息支出是指财政用于偿还国内、国外债务的利息支出。目前,我国财政的债务利息支出主要包括国家发行国债的利息支出,以及向国外政府、国际金融组织等的借款利息支出等。捐赠支出是指中央财政用于国外医疗、科技优惠贷款等方面的援助支出。我国目前财政捐赠支出的形式主要包括成套项目支出、一般物资支出、医疗援助支出、科技合作援外支出和其他支出等。该项支出对加强各国之间的政治经济往来,提升我国的国际地位以及维护世界和平具有重要意义。

(四)财政补贴支出

1.财政补贴的概念

财政补贴是指国家为了实现特定的政治经济目标,由财政安排专项基金向国有企业或劳动者个人提供的一种资助。中国现行的财政补贴主要包括价格补贴、企业亏损补贴等,补贴的对象是国有企业和居民等,补贴的范围涉及工业、农业、商业、交通运输业、建筑业、外贸等国民经济各部门和生产、流通、消费各环节及居民生活各方面。

2.财政补贴的特点

(1)政策性

财政补贴的依据是国家在一定时期的政策目标,其规模、结构、期限等都必须服从政府的政策需要,体现较强的政策性。同时,由于财政补贴由财政部门统一管理,一切财政补贴事宜都必须经过财政部门的同意和批准,因此财政补贴的政策性还包括了严肃性的含义。

(2)灵活性

财政补贴的对象具有针对性,补贴的支付具有直接性,它是国家可以掌握的一个灵活的经济杠杆。根据国家的政治经济形势的变化和国家政策的需要,可以适时地修正、调整和更新财政补贴的规模和结构,与其他财政杠杆相比,其作用来得更直接、更迅速。

(3)可控性

财政补贴的对象、规模、结构,以及在哪个环节补、何时取消补贴等具体内容,都是由财政部门根据国家的政策需要来决定的。因此,财政补贴是国家可以直接控制的经济杠杆,具有可控性。

(4)时效性

时效性是指财政补贴是根据国家一定时期的政策需要而进行的,它需要不断地修正、更新和调整。

(5)专项性

专向性政府补贴是指政府有选择或有差别地向某些企业提供的政府补贴。

3.财政补贴的构成

(1)价格补贴

价格补贴是指国家为了弥补由价格体制或政策原因造成价格过低而给市场经营带来的损失而给予的补贴。价格补贴是财政补贴的主要组成部分,按补贴的对象分,价格补贴包括生产资料价格补贴、消费品价格补贴和进出口商品价格补贴。在我国,生产资料价格补贴主要是农产品价格补贴,其目的是扶持农业,保证农业的稳定增长,有利于农业生产的发展;消费品价格补贴主要通过控制那些直接影响人民基本生活的消费品的价格,以实现对消费者的收入补偿,间接地提高消费者的货币购买力;进出口商品价格补贴则主要是为了缓解国内市场某些商品的供需紧张状况,同时也有利于提高出口企业的国际竞争能力,增加国家外汇。

在我国,价格补贴的项目主要有:第一,农副产品价格补贴;第二,农业生产资料价格补贴,即政府向生产化肥、农药、农业用电、农用塑料薄膜的企业拨付的差价补贴;第三,日用工业品价格补贴,即向商业企业支付的补贴,目的是保证工业品的批发、零售价格在成本和出厂价格上升的情况下保持稳定;第四,工矿产品价格补贴,即国家对统配煤、黄金、白银等工矿产品,因调出或收购价格较低而给予的财政补贴。

(2)政策性亏损补贴

政策性亏损补贴是指出于国家政策的原因给生产经营的企业带来损失而进行的补贴。企业的亏损有两种:一是由企业本身生产经营不善而造成的亏损;二是由国家政策原因造成的亏损。第一种情况与企业的主观努力程度或经营管理水平有关,其亏损应由企业自己负责;第二种情况则是企业为了贯彻国家政策、体现政府的意志而造成的亏损,与企业的主观努力无关,因此其亏损不应由企业承担。但是,由于在实践中,政策性亏损和经营性亏损难以真正区分清楚,因此我国还保留了对部分经营性亏损进行补贴。

(3)财政贴息

所谓财政贴息,是指为了国家宏观调控的需要,政府财政对使用某些规定用途银行贷款的企业,就其支付的贷款利息提供的一种补贴。其实质是政府财政代替企业向银行支付全部或部分利息,是政府财政支持有关企业或项目发展的一种有效方式。在我国,目前财政贴息主要用于支持国有企业技术改造、发展高新技术产业、开展区域开发等方面。在具体做法上,财政贴息有部分补贴和全补贴两种。财政贴息在我国政府预算中列为财政支出。

财政贴息是国家财政对某些行业、企业或项目的贷款利息,在一定期限内按利息的全部或一定比例给予的补助。财政贴息主要的目的在于鼓励开发高新技术产品或名特优产品,引进国外先进的技术设备,实现经济的健康协调发展。此外,目前我国针对贫困大学生的助学贷款也采取财政贴息的方式。

(4)税式支出

税式支出是各种各样税收优惠的总称,包括免税、减税、退税、税收抵免和延期纳税等。从严格意义上说,税式支出也属于财政补贴的形式,理由如下:一是各种各样的税收优惠从最终结果看都是财政资金的减少,是一种间接的财政支出;二是政府在决定各种税收优惠时,是从支出角度考虑问题的,是政府实现政策目标的一种手段,也就是说,是那些决定政府支出政策的因素而不是政府收入政策的因素,影响着政策的税收优惠政策;三是税收减免活动实际上意味着政府的两项方向相反的政策活动的统一,一项是政府按统一的税法不加区分地向所有纳税人征税,另一项是政府根据特定的政府目标,将某种税收收入全部或部分地返还给在政策目标范围内的纳税人。因此,各项税收优惠所形成的税式支出在资金安排上与其他财政补贴支出是相同的。

(5)进出口补贴

进出口补贴是国家为体现产业政策,给予进口商和出口商或出口商品生产者的补贴。

4.财政补贴的作用

财政补贴是指在特定的条件下,为了发展社会主义经济和保障劳动者的福利而采取的一项财政措施。它具有双重作用:一方面,财政补贴是国家调节国民经济和社会生活的重要杠杆,运用财政补贴特别是价格补贴,能够保持市场销售价格的基本稳定,保证城乡居民的基本生活水平,有利于合理分配国民收入,有利于合理利用和开发资源。另一方面,如果补贴范围过广、项目过多,会扭曲比价关系,削弱价格作为经济杠杆的作用,妨碍正确核算成本和效益,掩盖企业的经营性亏损,不利于促使企业改善经营管理;如果补贴数额过大,超越国家财力所能,就会成为国家财政的沉重负担,影响经济建设规模,阻滞经济发展速度。

三、购买性支出与转移性支出对社会经济的影响

在市场经济条件下,政府可以通过财政的购买性支出和转移性支出的合理安排,服务于社会经济目标的实现。

首先,政府可以通过调节购买性支出来影响社会总需求。由于政府购买性支出的实现将直接购得和消耗社会资源,因此购买性支出是社会总需求的重要组成部分,即在市场经济条件下,当有必要通过政府公共支出政策来实现对社会总需求的调节时,可以扩大或压缩购买性支出,从而增加或压缩社会总需求,以促进社会总供需的平衡,为经济的正常发展服务。

其次,政府可以通过调节转移性支出促进社会稳定与公平的实现。转移性支出是政府对有关方面的一种无偿性资金拨付,可以在一定程度上增加接受者的收入,改善其经济状况,这对弥补市场经济所产生的收入分配不公平现象,缩小收入差距,促进公平,保障社会稳定有重要意义。同时,转移性支出可以增加有关方面的收入,经过一定的时间,也会在一定程度上增加社会需求,对供给的增长产生积极的推动。

最后,由于储蓄倾向的存在,只有部分转移性支出会间接增大社会总需求,这使其对总需求的影响不如购买性支出的作用更直接、效果更佳。在国家的公共支出政策中,转移性支出主要起着稳定社会的作用。因此,政府通过公共支出政策调控经济,影响社会供需,主要是通过调节政府购买性支出实现的。

项目总结

财政支出是政府财政政策的反映,它的分类方法多种多样,不同角度的分类可以揭示出财政支出结构的内在联系,主要有按财政支出的具体用途、按国家职能、按经济性质等来分类。

财政支出结构直接关系到政府动用社会资源的程度,也显示了一国政府履行职能的重点和变化趋势。

财政支出的规模是影响政府活动的重要指标。影响财政支出规模的因素有经济因素、政治因素和社会因素。

财政支出效益的衡量的方法主要有:成本-效益分析法和最低费用法,适用于不同的对象。

购买性支出包括社会消费性支出和政府投资性支出。社会消费性支出包括一般公共服务支出与外交支出、公共安全支出、国防支出、教科文体卫支出;政府投资性支出的投资主体是政府,投资领域主要集中于私人投资市场失灵的领域,就其范围来讲主要包括自然垄断行业、基础产业、高风险产业以及农业等方面。

转移性支出与居民个人的收入水平和实际生活现状直接相关,是政府解决社会公平的主要手段,社会保障支出主要包括社会保险、社会福利、社会救助和社会优抚。

項目七

国家预算

案例导入

国家预算的产生

国家预算的产生是晚于税收、公债的一个财政范畴。最早产生于 17 世纪的英国,是新兴的资产阶级同封建贵族斗争的产物。在封建社会,王室贵族利用财权滥收滥支,既不民主,也不公开,每年政府征多少税,税款用在什么地方,事前和事后都不告知广大的民众。随着资产阶级力量的壮大,为争夺财政权并打击封建势力,资产阶级提出政府财政收支必须编列计划,并经议会批准后方能生效。经过长期的斗争,这一要求最后得以实现。英国于 17 世纪编制了第一个国家预算,其他资本主义国家也陆续接受。到了 20 世纪,几乎所有的国家都建立了国家预算制度。国家预算的英文词汇 budget 原意为皮包,由于当时英国财政大臣到议会提请审批财政法案时,总是携带一个盛有财政收支账目的大皮包,时间一长,人们就将政府收支计划寓意为"皮包"。

任务一　国家预算概述

一、国家预算的概念

国家预算也称政府预算,是根据法律法规的要求审批的国家年度公共财政收支计划,是国家筹集和分配集中性财政资金的重要工具,是调控国民经济运行的重要杠杆。通过编制国家预算,可以有计划地组织收入,合理安排支出,保证国家各项职能的实现。

二、国家预算的组成

国家预算的组成是指国家预算体系的组成环节。我国国家预算体系原则上要求有一级政权应建立一级预算。我国的政权结构由中央政府和地方政府组成,因此国家预算由中央预算和地方预算两部分组成。我国地方预算由省(自治区、直辖市)政府、市(自治州)政府、县(市、旗、区)政府、乡(镇)政府共四级预算组成,加上中央预算,共有五级。

中央预算是中央政府的财政收支计划。它担负着具有全国意义的经济文化建设支出、国防支出、外交支出、国家物资储备支出,以及调剂各个地方预算收支平衡,帮助不发达地区尽快发展经济文化建设的任务。中央预算在国家预算体系中占有主导地位。

地方预算是各级地方政府总预算的统称,是国家预算的有机组成部分。我国的地方预算包括省(自治区、直辖市)、市(自治州)、县(市、自治县、区)、乡(镇)四级地方政府的总预算。地方预算担负着地方行政管理和经济文化建设支出的重要任务。

按照预算收支管理的范围和要求,各级预算又分为财政总预算、部门预算和单位预算。总预算是指各级政府本级和汇总的下级政府的年度收支所编制的预算;部门预算是由各主管部门汇总编制的本系统的预算,由本部门所属各单位预算组成;单位预算是指列入部门预算的国家机关、事业单位、社会团体等单位的收支计划。

三、国家预算的种类

(一)按国家预算内容的分合,预算可分为总预算和部门单位预算

1. 总预算

总预算是指政府的财政汇总预算,由政府本级预算和汇总的下一级总预算汇编而成。

2. 部门单位预算

部门单位预算是指部门、单位的收支预算。各部门预算由本部门所属各单位预算组成。部门预算是一项综合预算。部门预算是由各级政府部门编制的,由部门所属单位预算汇编而成的预算。单位预算是指归属于部门的政府机关、事业单位、社会团体和其他单位的年度收支计划。

(二)按国家预算的分级管理组织体系,可分为中央预算和地方预算

1. 中央预算

中央预算是"中央总预算"的简称,由中央各部门(含各直属单位)的预算组成,是指经法定程序批准的中央政府年度公共财政收支计划的统称。

2. 地方预算

地方预算是"地方总预算"的简称,是指经法定程序批准的地方各级政府年度公共财政收支计划的统称,由地方各级政府预算组成。

(三)按国家预算的编制形式,可分为单式预算和复式预算

1. 单式预算

单式预算是指在预算期内,政府将国家预算年度内全部财政收支统一汇总制成一个预算收支平衡表,是传统的国家预算编制形式。单式预算中,所有收入都列入收入预算账户,由国家承担的所有支出都列入支出预算账户。单式预算结构比较简单,可以直接反映国家预算收支全貌,平衡关系比较明了。它的缺点是不能明确反映财政收支的性质,无法说明财

政收支之间的对应关系,难以反映财政赤字的形成原因,财政收支透明度不高。因此,越来越多的国家不再采用单式预算。

2. 复式预算

复式预算是指将国家财政收支编制在两个或两个以上预算收支表中的编制形式,通常分为"经常预算"和"资本预算"。经常预算主要反映政府进行日常行政事务活动的支出和作为收入主要来源的税收收入等项目;资本预算主要编制政府的投资支出和债务收入、经常预算结余或赤字等项目。我国预算形式采用复式预算,由全国一般公共预算、政府性基金预算、国有资本经营预算和社会保险基金预算组成。实行复式预算,较容易掌握国家资金收支的流向,方便进行资金性质和收支结构的分析,但也存在预算完整性不强,因预算编制的方法复杂而工作量较大,经常预算的结余和赤字都转入资本预算会影响对财政收支关系的正确判断等缺点。

(四)按国家预算编制方法,可分为增量预算和零基预算

1. 增量预算

增量预算是指以预算基期的财政收支情况为基数,结合预算期年度影响因素,将基期数据加以调整后编制预算的方法。增量预算的编制是以基期数据为标准进行的、易于获得且数据操作性强,考虑到了管理中经济情况的连续性,但是不能够考虑到基期情况的变化对预算期的影响,使预算期预算的编制脱离实际情况。

2. 零基预算

零基预算是将基期财政收支情况归零,在编制预算期财政收支计划时,仅考虑预算期的影响因素。零基预算编制的财政收支计划可以使其很好地符合国家预算期的情况,不会脱离实际情况,但编制时需对每项预算项目进行考虑,编制工作量较大。

四、国家预算的原则

国家预算的原则是指国家制订财政收支计划时应遵循的指导思想及应遵循的基本准则,主要包括以下五项基本原则。

(一)公开性

由于国家预算是反映政府的活动范围、方向和政策,关系到全体公民的切身利益,因此国家预算制定时应遵循法律法规的要求并接受立法机关审查批准,制定完成后应向社会及时、合理公布,国家预算执行应让民众了解执行情况,使预算的管理和执行处于民众的监督之下。

(二)可靠性

国家预算编制时使用的编制依据应真实可靠,并运用科学的编制方法分析数据、得出结果,不得假定、估算或者任意编造。

（三）统一性

尽管各级政府都设有该级财政部门，也有对应的预算，但这些预算都是国家预算的组成部分。中央预算和地方预算都归属于国家预算，这就要求设立统一的预算科目，各种预算在编制时应遵循统一方法和统一口径。

（四）完整性

国家预算包含的财政收支计划应包含国家所有的财政收支内容，不能有遗漏，不准少列收支、造假账、另列预算。政府允许的预算外财政收支，也应包含在预算管理中。

（五）年度性

任何预算的编制和实现都要界定时间跨度，国家预算也不例外。国家预算编制时必须按法定预算年度编制。将预算期财政收支计划全部列支，非预算期内的财政收支不应包含在预算年度内。我国国家预算年度通常为公历年度。

任务二　国家预算的管理程序

国家预算的管理程序包括国家预算的编制和审批、国家预算的执行和国家决算共三个环节。

一、国家预算的编制和审批

国家预算编制是经法定程序批准的年度国家财政收支计划，由各级政府行政机关负责，是国家整个预算管理的开始，具体负责编制工作的部门是财政部门。中央预算由国务院负责组织管理，财政部具体执行编制工作；地方预算由各级政府负责组织管理，地方财政部门负责具体编制工作。

编制国家预算时需要遵循及时性、连续性、真实性、平衡性、效率性和合理性的原则。各级政府通过执行"自下而上、自上而下、两下两上、逐级汇编"的程序进行编制。

（一）国家预算编制的准备工作

为使国家预算的编制科学、合理、完整、及时、可靠，在正式编制前，往往需要做一系列的准备工作。主要包括以下内容。

①对本年度预算执行情况进行预计和分析。
②拟定预算年度预算控制指标。
③颁发编制国家预算草案的指示和具体规定。
④修订国家预算科目和预算表格。

(二)国家预算编制的程序和内容

1. 国家预算编制的程序

考虑到预算工作的严肃性,前述强调过我国国家预算的编制采用"自上而下、自下而上、上下结合"的编制程序,具体包括以下步骤。

①在着手编制预算草案以前,由财政部制定并下达预算控制指标。

②根据财政部下达的预算控制指标,各部门、各地区根据自身的经济状况,提出预算收支建议数,上报财政部。

③财政部参照各地区上报的预算收支建议数,并通盘考虑全国预算资金的需要与可能,拟定预算收支指标,报经国务院批准后下达到各部门、各地区。

④各部门、各地区根据财政部下达的预算收支指标,依据本地区和本部门的具体情况,编制预算草案,逐级汇总上报财政部。

⑤财政部认真审核各部门和各地区上报的预算草案,然后汇总成国家预算草案,报送国务院审批后成为国家预算草案。

2. 国家预算编制的内容

国家预算包括中央预算和地方预算,各级政府在编制预算时需要编制本级预算和总预算。中央预算包括一般预算、基金预算、债务预算和国有资产经营预算,地方预算包括一般预算、基金预算和国有资产经营预算,其中一般预算是国家预算编制的主要内容。

按照我国财政体制规定和各级预算收支实际,一般预算收支具体包括当年本级预算收支(合计线以上部分)和转移性收支(合计线和总计线之间部分)两部分。

①当年本级预算收支是指各级政府在发展的基础上当年本级依法组织和安排的预算收支。具体来说,收入包括税收收入、非税收入和贷款转贷回收本金收入三类;支出包括一般公共服务、外交、国防、公共安全、教育、科学技术、文化体育与传媒、社会保障和就业、医疗卫生、环境保护、城乡社区事务、农林水事务交通运输、工业商业金融等事务和其他支出等。

②转移性收支是体现政府间财政分配关系的项目,反映了财政资金在上下级政府间的转移关系,并在上下级政府间存在着一定的对应关系。其编制方法主要是按照预算管理体制的规定进行计算。

上级对下级政府的转移支付(包括税收返还)就是下级政府的转移性收入,下级对上级政府的上解支出就是上级政府的转移性收入(中央预算为简化中央与地方财政结算关系,从2009年起,将地方上解与中央对地方税收返还作对冲处理)。

以中央与省级政府预算的分配关系为例,转移性收入一般包括税收返还收入、各种转移支付补助收入、上年结余收入和调入资金等;转移性支出一般包括上解支出调出资金和年终结余等。

(三)国家预算的审查、批准

按照《中华人民共和国预算法》(简称《预算法》)的相关规定,政府预算审批应该包括初审和权力机关的审批。政府预算审批后,还要进一步做好预算备案和批复工作。因此,广义的政府预算审批应该是一个过程,具体包括初审、审批、备案和批复四项内容。

1. 初审

各级政府财政部门应在本级人民代表大会举行的一个月前,将本级预算草案的主要内容提交本级人民代表大会的专门委员会,或者根据本级人大常委会主任会议的决定提交本级人大常委会有关的工作委员会,或者提交本级人大常委会进行初步审查。

2. 审批

各级政府在本级人民代表大会举行会议时,向大会作关于预算草案的报告。中央预算草案由全国人民代表大会审查和批准,地方各级政府预算草案由本级人民代表大会审查和批准。

3. 备案

地方各级政府应及时将经本级人民代表大会批准的预算及下一级政府报送备案的预算汇总,报上一级政府备案。县级以上各级政府还要将汇总后的预算,报本级人大常委会备案。

4. 批复

各级政府预算经本级人民代表大会批准后,本级政府财政部门应当及时(县级以上是自人民代表大会批准预算之日起30日)向本级各部门批复预算;各部门应当自本级财政部门批复本部门预算之日起15日内,批复所属各单位预算。

各级政府预算草案经人民代表大会审查批准通过后,即成为正式的具有法律效力的预算,各级政府和各部门、各单位必须遵照执行。

二、国家预算的执行

(一)组织体系

预算执行阶段是政府预算管理过程的中心环节,其组织体系包括行政领导机关和职能机构。中国国家预算的执行机关是国务院和各级地方人民政府,财政部和地方各级财政部门是具体执行机关。财政部在国务院的领导下,负责组织实现中央预算,并指导监督地方预算的执行;地方各级财政部门在各级人民政府领导下负责本级预算的执行,并指导和监督下级预算的执行;中央和地方各主管部门负责执行和监督本部门的财务收支计划和单位预算。此外,国家还指定专门的管理机构参与预算执行工作,如税务机关负责征税,中国人民银行经理国库,办理基本建设拨款和贷款等。

(二)财政部门在预算执行中的任务

1. 及时足额地组织预算收入

这是预算执行工作的首要环节,只有完成了收入任务,才能保证支出的需要。这就要求各级财政部门要加强预算管理,按国家税法和其他法规的规定,及时、准确、足额地完成国家规定的收入并缴入国库。

2. 及时合理地安排预算支出

根据国家预算的支出项目和金额,按计划、按进度、按指定用途划拨资金,并及时对预算支出情况进行监督、检查和分析,提高预算资金的使用效益。

3.组织预算执行中的收支平衡

由于预算是在年初编制的收支计划,在执行过程中会受到多方面因素的影响,因此往往会出现不平衡的现象。若国家预算在执行过程中产生不平衡,就需要对其进行调整。预算调整,是指经人民代表大会审查批准的各级预算,在执行过程中出于特殊原因需要进行增减收支的变更,且这种变更必须经同级人民代表大会审查批准。

预算调整是预算执行的中心任务,是在预算执行中按照规定方式通过改变预算收支总额组织新的预算收支平衡的重要方法,其方式包括追加追减预算和预算划转。

注意,追加预算必须有相应的收入来源,追减预算必须相应压缩支出。进行预算调整,应当提请本级人大常委会或本级人民代表大会审批,未经批准,不得调整预算。地方各级政府预算的调整方案经批准后,报上一级政府备案。

三、国家决算

各级政府部门在每一预算年度终了,都要按规定时间编制决算草案。国家决算是国家预算执行情况的总结,是国家预算执行的结果,是一国经济活动在财政上的集中反映,反映了某一财政年度政府财政收支的实际情况。通过编制国家决算,可以看出年度预算的执行情况。对这些情况进行分析研究,可以积累预算统计资料,总结预算工作经验,提高预算管理水平,从而使下年度预算建立在更加可靠的基础上。

我国决算分为中央决算和地方各级政府决算。按照《预算法》的规定,编制决算草案的具体事项,由国务院财政部门部署。决算草案由各级政府各部门、各单位,在每一预算年度终了后按照国务院规定的时间编制。国务院财政部门编制中央决算草案,经国务院审计部门审计后,报国务院审定,由国务院提请全国人民代表大会常务委员会审查和批准。县级以上地方各级政府财政部门编制本级决算草案,经本级政府审计部门审计后,报本级政府审定,由本级政府提请本级人民代表大会常务委员会审查和批准。乡、民族乡、镇政府编制本级决算草案,提请本级人民代表大会审查和批准。

国家决算与国家预算的数字往往不一致。国家决算的收支数额可能高于也可能低于国家预算收支的数字。一般来说,财政的"超收"是指收入决算数(实际执行数)超过预算数的金额;而财政的"增收",是指当年财政收入(决算数)超过上年财政收入(决算数)的金额。

任务三　国家预算管理体制

一、国家预算管理体制的基本内容

(一)国家预算管理体制的概念

国家预算管理体制是处理中央与地方政府以及地方各级政府间财政关系的基本制度。

国家预算管理体制规定了预算资金的使用范围、方向和权限,是地方各级政府预算管理权限和预算收支的划分及地方各级政府相互之间的协调和制衡,主要确定多级政府架构下各级预算主体的独立自主程度以及中央与地方集权和分权的关系。因此,预算管理体制的实质就是处理各级政府之间预算资金支配和管理上的集权与分权、集中与分散的关系。

建立预算管理体制的根本任务,就是要科学地划分各级政府的预算收支范围和规定预算管理权限,使国家财力在各级政府之间合理分配,保障各级政府行使职能的资金需要,促进国民经济和各项社会事业健康发展。

(二)国家预算管理体制的内容

国家预算管理体制的内容包括政府预算管理级次和权限划分、国家预算收支范围的划分和国家预算调节制度三个方面。

1.政府预算管理级次和权限划分

政府预算管理级次与一国的政权结构和行政区划存在着密切的联系,通常有一级政权就要建立一级预算。在我国,按现行的政权结构,政府体系有中央政府、省(自治区、直辖市)政府、设区的市(自治州)政府、县(自治县、不设区的市、市辖区、旗)政府、乡(民族乡、镇)政府五级,相应的政府预算也分为五个级次。

政府预算管理权限是指政府预算方针政策、预算管理法律法规的制定权、解释权和修订权;政府预决算的编制审批权;预算执行、调整和监督权等。

2.国家预算收支范围的划分

预算收支范围划分是指国家预算收入和支出在中央预算和地方预算之间进行的分配。它确定哪些预算收入和支出列入中央预算,哪些预算收入和支出列入地方预算,是具体贯彻统一领导、分级管理原则的重要问题。

在各级预算之间,收支范围划分是否合理,是预算管理体制中比较重要和复杂的一项任务,关系到国家预算管理体制的运行是否有效率,各级政府的职能是否充分体现,各层次的公共需要能否有效满足。国家的政治经济体制、历史传统、税制结构等会影响国家预算收支划分的方法。计划经济体制下我国曾采用统收统支、收支包干等收支划分方法。市场经济体制下通常采用分税制收支划分。

分税制财政管理体制的主要内容如下。

①划分中央、地方的支出范围,中央财政主要承担国家安全、外交和中央国家机关运转所需经费,调整国民经济结构、协调地区发展、实施宏观调控所必需的支出以及由中央直接管理的事业发展支出;地方财政主要承担本地区政权机关运转所需支出以及本地区经济、事业发展所需支出。

②按税种划分中央与地方收入,将维护国家权益、实施宏观调控所必需的税种划为中央税,将同经济发展直接相关的主要税种划为中央与地方共享税,将适合地方征管的税种划为地方税。

③确定中央财政对地方税收返还数额。

3.国家预算调节制度

国家预算并不能完全解决各级次及各地方政府财政收支预算均衡的所有问题,因此在制定好预算的基础上进行适当调节是非常必要的。国家预算调节包括上下级政府间的纵向调节和各地区同级政府间的横向调节。

二、国家预算管理体制建立的原则

（一）实现财权和事权相统一原则

财权和事权是依据不同规则、按照不同的方法进行划分的,因此财权和事权完全一致只能是极其偶然的状态,不完全一致才是常态,特别是在一个经济发展不平衡、地区间支出成本差异较大的大国经济中,实现各级政府的财权和支出责任完全匹配几乎是不可能的。对于存在财力缺口的政府,上一级政府有义务给予其必要的转移支付补助,以确保其行使法定职责。通过转移支付实现财力和事权相统一才是正确而理性的选择。

（二）统一领导与分级管理原则

统一领导,是指预算管理全局性的方针政策、全局性法律法规、重大的改革举措和体制的变动均由中央政府统一制定、颁布、部署。分级管理,是指在统一方针政策、法律法规的前提下,各级地方政府拥有各自独立的预算管理权,有地方性预算法规的制定和颁布权,以及对本级预算收支的安排、调剂、使用权。

由于我国长期实行的是单一的中央集权体制,在这种体制下,中央政府具有绝对优势。这一原则是与我国当前的政治经济体制相适应的,既有利于强化中央财政的宏观调控能力,又有利于调动地方财政管理本级预算的积极性。因此发展中国家需综合考虑本国的现实国情,坚持统一领导与分级管理相适应。

（三）法制性和稳定性相统一原则

国家预算管理体制要求以法律作为保障,因而表现出典型的法制性。通过制定一系列的法律、法规及规章制度,对中央及地方各级政府之间的财政关系进行规范,包括各级政府是否有各自的税收立法权,是否有税收减免权和调整权,以及上级政府如何对下级政府进行政府间转移支付等。

（四）兼顾效率与公平原则

财政管理体制的效率原则有两层含义:一是政府间的具体财政关系,比如收入支出的划分和转移支付关系的确定,应以较低的成本去获取尽可能高的社会利益和经济利益,从而促进社会福利水平的提高和改善;二是需要将各地区所获得的财政利益与其努力程度、经济发展水平相挂钩,以刺激各地区发展经济、改善财政的状况。财政管理应遵循效率优先的原则,这是搞好财政各项工作的基础。

坚持效率优先的同时要兼顾公平原则。主要是由于我国幅员辽阔,各地区经济发展水平受自然条件和历史原因的影响,客观上存在较大差异。如果仅仅考虑提高效率,则会加大地区之间经济发展的差距,甚至会影响社会稳定。为保证整个国家宏观经济的均衡发展,在处理国家预算管理体制中的财权与财力问题时,还必须充分考虑和兼顾社会公平。这就必须通过中央政府的宏观调控,使全国财政收支在各地区的实现保持一定的均衡,控制地区间的差距,对财政收入困难地区的公共服务要实行保护性政策,对贫困地区应给予必要的扶持，最终体现效率与公平的有效结合。

三、国家预算管理体制的模式

从集中和分散程度上看，国家预算管理体制模式可分为联邦制、单一制、混合式。

（一）联邦制模式

联邦制模式指各级政府的财权财力由宪法或相关法律予以确定，各级政府独立行使法律赋予的权限，自行管理、自成一体，各级财政具有很强的独立性。中央预算以及地方各级预算相互间没有整体关系，主要依靠分税制和转移支付制度来实现政府间的财政联系。

（二）单一制模式

单一制模式指各级政府在党中央集中统一领导下，依据事权划分财权、财力，实行统一财政预算和分级管理。中央决定财政方针政策和各项财政税收规章的制定和实施，确定预算安排、收支规模和结构；在中央集权统一决策，或在中央授权下，地方仅拥有预算管理的责任和权力，这种模式又称为中央集权制。

（三）混合式模式

混合式模式包括联邦制和单一制两种模式的主要特征，目前正成为世界性发展趋势。

四、我国国家预算管理体制的演变

（一）萌芽及发展阶段

1950 年以前是我国国家预算管理体制的萌芽阶段。我国政府预算管理体制的起源，最早可追溯到奴隶社会。据《左传》记载，禹之子启即位以后，将夏的统治地区"划为九州，经启九道"，出现了中央与地方分级管理的体制。到汉代，这种管理办法进一步规范化、明确化和制度化，并对国家财政收入来源和支出方向作了原则规定。唐代的行政体制略有变化，即在中央政府以下设道、州（郡）、县和乡里村四级。元代首创行省制度，在中央政府之下，共设有省、路、府、州、县、基层六个地方行政层次，五级地方政府，实行以省领路、以路领府、以府领州、以州领县的制度。清代的预算形式已接近近代预算制度形式，每年年初，国家预定各项收入、支出之数，年终则分门别类编造奏销册核销。国民政府时期进行了分税制尝试，在财政收支划分上有了长足进步，奠定了省、县两级地方财政基础，初步建立了分税制财政体制，但分税制建立后省财政仍然薄弱，县财政也有财力不足问题。

（二）统收统支阶段

自中华人民共和国成立至改革开放时期国家预算是统收统支体制。

1950 年实行高度集中、统收统支管理体制，将全国财政管理权限、各项财政收支集中由中央统一管理。1951—1957 年实行划分收支、分级管理体制，国务院对财政收支系统进行了调整，设立了中央、大行政区和省（市）三级财政，并规定地方财政收支须由中央一年一定。

1958 年实行以收定支、五年不变的管理体制,中央决定把一大批企业下放地方管理,财政体制也相应进行了改革。收入实行分类分成,地方支出由正常支出和中央专项支出构成,全国财政以收定支。1959—1970 年实行总额分成、一年一变的管理体制。1971—1973 年实行收支包干管理体制,定收定支、收支包干、结余留用、一年一定。1974—1975 年实行收入按固定比例留成、支出包干管理体制,收入按固定比例留成,超收另定分成比例,支出按指标包干。1976—1979 年实行收支挂钩、总额分成、增收分成体制。

(三)分灶吃饭阶段

我国改革开放至 1994 年以前,国家预算管理体制实行包干制。1980—1984 年实行划分收支、分级包干体制,财政管理体制实行划分收支,分级包干办法,即按照行政隶属关系,明确划分中央和地方财政收支。1985—1987 年实行划分税种、核定收支分级包干体制。1988—1993 年实行包干体制。

(四)分税制阶段

我国国家预算于 1994 年始,全面实行分税制管理体制。

中央与地方事权及支出划分。中央财政主要承担国防、外交、中央行政支出和调整经济结构、协调地区发展、实现宏观调控的必需支出以及中央直管的事业发展支出。地方财政主要承担本地区行政机关运转及本地区经济、事业发展所需支出。

中央与地方收入划分。对与税收相关的税种进行了划分,将同经济发展直接相关的主要税种划为中央与地方共享税,将适合地方征管的税种划为地方税。同时,充实地方税税种,增加地方收入。

分税制制度的另外一项重要内容是政府间转移支付制度。它主要是针对中央政府(或上级政府)对地方政府(或下级政府)进行无偿的财政资金转移所制定的制度。根据上述中央与地方政府间事权划分原则进行的职责分工及收入划分原则进行的财力分配,并不一定能达成政府间的财政均衡分配,很可能会造成政府间财政纵向和横向不均衡,因此需要财政转移支付来实现事权与财权相统一。

任务四　预算外资金

一、预算外资金的概念

预算外资金是指国家机关、事业单位、社会团体和政府委托的其他机构履行或代行行政职能,依据国家法律、法规和具有法律效力的规章而收取、提取、募集和安排使用的未纳入财政预算管理的各种财政性资金。

对预算外资金的含义和理解需要注意以下几点:

①获得预算外资金需经过国家的认可,预算外资金的收取需要经过法定程序审批。

②预算外资金需设置财政专户进行管理,不能记作单位收入,只有经过财政专户拨款后

的资金才可以纳入单位收入。

③预算外资金使用时需经过规定程序审批后方可执行。

④现阶段我国预算外资金的收支计划纳入预算管理。

资金是否通过预算拨付是预算外资金和预算内资金的唯一区分标志。凡不通过预算拨付的,为预算外资金,否则为预算内资金。不管是预算外资金还是预算内资金,性质上均属财政资金。预算外资金是国家财政预算内资金的补充财力,其所有权和使用权都属于国家。

二、预算外资金的范围

预算外资金属于国家财政资金的范畴,以传统意义的全民所有制为界限,是与预算内资金相对而言的。

在我国,预算外资金主要包括以下部分:法律、法规规定的行政事业性收费、基金和附加收入等;国务院或省级人民政府及其财政、计划(物价)部门审批的行政事业性收费;国务院以及财政部审批建立的基金、附加收入等;主管部门从所属单位集中的上缴资金;用于乡镇政府开支的乡自筹和乡统筹资金;其他未纳入预算管理的财政性资金。

三、预算外资金的特点

(一)财政性

预算外资金虽然不是由中央财政集中分配,但在立项上须经国务院及其职能部门或省级政府批准设立,对收取范围和标准有明确规定,其属于国家财政性资金的一部分,体现的是一种政府行为。因此预算外资金的收支权利归属于各地方财政和有关行政事业单位,采取收支两条线的财政专户管理办法。

(二)专用性

预算外资金的设置主要是为了保证某些专项支出,在使用上规定了专门用途,或是发展社会公共事业,或是用于国家基础设施建设,或是抵顶财政拨款等,如养路费就是用于养路。因此必须专款专用,取之于民,用之于民。

(三)分散性

预算外资金是为专项支出设置。本身不是集中性管理的资金,它由多种项目构成,在管理上有别于预算内资金,从其本质看具有分散性;同时,预算外资金的管理是由各级地区、行政事业单位自收自支,并非国家统一管理,因此不纳入国家预算管理,但必须接受财政监督。

四、我国预算外资金的发展历程

我国预算外资金的发展历史,最早可以追溯到20世纪50年代初期。当时有些地方政府为了解决城市维护的需要,自行设置了一些收入项目,不纳入国家预算管理,如政教事业费和工商附加税。

根据20世纪80年代初财政经济体制的变化,预算外资金开始由各地区、各部门、各单位自行起取和使用,主要包括行政和事业单位自收自支的不纳入国家预算的资金。在这一时期,预算外资金的构成主体是国有企业及其主管部门的预算外收入。1993年实行《企业会计通则》后,预算外资金的范围和规模相应缩小,这也是经济体制改革的必然结果。

为进一步加强预算外资金管理,1996年国务院发布了《关于加强预算外资金管理的决定》,规定指出:预算外资金是国家财政性资金,实行收支两条线管理。从此国家逐步明确了对预算外资金要实行"收支两条线"管理。1997年全国预算外收入有所回暖,但截至2000年,预算外资金再次反弹。

2001年底,国务院办公厅转发了财政部《关于深化收支两条线改革进一步加强财政管理意见的通知》,从2002年起选择部分单位进行深化"收支两条线"改革试点。此后国家深化了以"收支两条线"管理为中心的预算外资金管理改革。

2011年,我国预算管理制度改革取得重大成果,全面取消预算外资金,将所有政府性收入全部纳入预算管理。据统计,2011年中央约60亿元、地方约2 500亿元原按预算外资金管理的收入,已全部纳入预算管理。

项目总结

国家预算是国家财政的收支计划,是国家财政实现计划管理的工具。本项目从国家预算的概念出发,重点介绍国家预算的分类、原则、编制和执行。

复式预算是相对单式预算而言的,是一种新型的国家预算形式。本项目从结构、收支划分角度阐述了我国目前复式预算的基本内容,并分析了目前复式预算存在的必要性。

预算外资金,是指有关单位履行或代行行政职能,依据国家法律、法规和具有法律效力的规章而收取、提取、募集和安排使用的没有纳入财政预算管理的财政性资金。我国预算外资金历史,可追溯到20世纪50年代初,由于预算外资金项目、数额不断增长,到20世纪90年代,我国预算外的资金已超过预算内收入,成为名副其实的国家"第二预算"。2011年,我国预算管理制度改革取得重大成果:全面取消预算外资金,将所有政府性收入全部纳入预算管理。

为了适应政治经济形势的需要,处理财权的集中和分散、调整中央与地方之间的预算收支范围以及财力分配等关系,我国的预算管理体制多次变动,逐步实现自收自支、自求平衡的财政管理体制。

项目八

财政政策

案例导入

2015 年 8 月 28 日,李克强主持召开国务院专题会,提出继续实施积极的财政政策和稳健的货币政策,在坚持区间调控基础上,见微知著,灵活施策,以更精准的定向调控、相机调控对冲经济下行压力。

有专家表示,这一政策信号的释放,显示"有形之手"未雨绸缪、沉着应对,将进一步稳定市场预期,推动我国经济运行中积极因素的聚集,巩固向好势头。作为宏观调控的重要抓手之一,积极的财政政策存在很大的施策空间,"加法""减法"或将齐运用,为经济增长增添新动力。

党的十九大确立了以习近平同志为核心的党中央领导集体,把习近平新时代中国特色社会主义思想作为中国发展的行动指南,确定了到 2020 年全面建成小康社会和到 2050 年分两步走建成社会主义现代化强国的宏伟目标,明确了未来几年中国的经济政策方向,关键就是要实施好"一个总要求""一条主线"和"三大攻坚战"。

(摘自学习强国"2017 年 10 月 18 日党的十九大精神")

政府贯彻经济与社会发展战略,达到发展与稳定、公平与效率、抑制通货膨胀等目标,均依赖于相应的财政政策和财政管理体制。这部分主要结合我国的财政实际,首先对财政政策概念、政策的类型、目标展开说明,然后阐述我国的财政政策。

任务一 财政政策概述

一、财政政策的概念

财政政策是指一国政府为实现一定的宏观经济目标而调整财政收支规模和收支平衡的指导原则及其相应的措施。财政政策贯穿财政工作的全过程,是由税收政策、支出政策、预算平衡政策、国债政策等构成的一个完整的政策体系。市场经济条件下财政功能的正常发挥,主要取决于财政政策的适当运用。财政政策运用得当,就可以保证经济的持续、稳定、协调发展;财政政策运用不当,则会引起经济的失衡和波动。

对财政政策的理解包括以下四个方面。

(一)政策主体

政策主体即制定和执行财政政策的机构,包括中央政府和地方政府。由于各国财政体制不同,中央和地方政府在制定和执行财政政策方面的权力划分也有所区别。

(二)政策客体

政策客体即财政政策所要调节的对象。从微观层面看,财政政策既可以调节资源配置,也可以调节收入分配;从宏观层面看,财政政策既可以调节总需求的总量和结构,也可以运用合适的手段影响总供给的结构和水平。

(三)财政政策的目标

财政政策的目标即财政政策的制定和实施所要达到的目的。财政政策是国家宏观经济政策的重要组成部分,其目标与政府宏观调控的目标是一致的,概括来讲,是通过追求社会总供求的平衡以实现宏观经济的稳定增长。

(四)财政政策的手段

财政政策的手段即实现政策目标所需要的各种政策工具,包括税收、公债等收入工具,以及财政投资、补贴等支出工具和预算政策等。

财政政策成为国家经济政策的组成部分,并形成自己的体系,经历了一个历史的发展过程。就我国情况而言,财政政策作为国家宏观经济调控的重要杠杆,在传统的计划经济和社会主义市场经济两种不同的经济体制下,它的内容和作用过程是不相同的。在传统的计划经济下,财政政策对宏观经济的调节,采取大一统的形式,内容单一,基本上只是一个国民收入的统配计划。随着市场经济的建立,财政政策已不可能再用大一统的形式统揽国民收入的分配过程及整个国民经济活动,主要是通过各种政策手段来调节经济的运行。市场经济的发展,不仅丰富了财政政策的内容,而且在一定程度上增加了财政政策运用的难度。

1978 年以来,我国财政始终处于赤字状态之中,从政策的效应来看,实行的主要是扩张性的财政政策。按照财政政策的作用原理,这种扩张性的财政政策是反衰退和治理有效需求不足的对策。然而,从 1989 年下半年开始到 1991 年末的市场疲软,并未由于高达数百亿元的赤字而有效启动。面对 1978 年以来我国宏观经济运行中的波动,无论是"过热"或是"过冷",财政都采取赤字政策,这表明,我国财政政策在总量调节方面没有多少选择余地,这种赤字不能视为政府有目的、有意识地运用财政政策工具的结果,它在很大程度上是一种被动的接受。

二、财政政策的功能

财政政策作为政府的经济管理手段,主要有四个方面的功能。

（一）导向功能

财政政策的导向功能是通过调整物质利益对个人和企业的经济行为以及国民经济的发展方向，发挥引导作用。它的导向功能主要表现在：配合国民经济总体政策和各部门、各行业政策，提出明确的调控目标；财政政策不仅规定什么应该做，什么不应该做，同时还通过利益机制，告诉人们怎样做得更好。

财政政策的导向功能，其作用形式有两种：直接导向与间接导向。直接导向是财政政策对其调节对象直接发生作用，例如加速折旧的税收政策，可以大大提高对设备投资的欲望，加速固定资产的更新改造。间接导向是财政政策对非直接调节对象的影响，例如，对某些行业施以高税政策。这不但会抑制这一行业的生产发展，同时还有两项间接影响：一是影响其他企业和新投资的投资选择；二是影响消费者对这一行业的产品的消费数量。

（二）协调功能

协调功能主要是通过对社会经济发展过程中的某些失衡状态的制约、调节，协调地区之间、行业之间、部门之间、阶层之间的利益关系。财政政策之所以具有协调功能，首先是由财政本身的职能决定的，其次是财政政策体系的全面性和配套性为其协调功能的实现提供了可能性。在财政政策体系中，支出政策、税收政策、预算政策、补助政策等，从各个方面协调人们的物质利益关系，只要做到相互配合、相互补充，就能发挥政策的整体效应。

财政政策协调功能的主要特征表现在三个方面。

1. 多维性

财政政策所要调节的对象以及实现的目标不是单一的，而是多方面的。例如，为协调个人收入分配，防止走向两极分化，就需要通过财政投资政策，增加社会就业机会；通过税收政策，降低高收入者的边际收入水平；通过转移支出政策，提高低收入者的收入水平。

2. 动态性

财政政策在协调过程中，可以根据国民经济的发展阶段和国家总体经济政策的要求，不断改变调节对象、调节措施和调节力度，最终实现国民经济的协调和发展。

3. 适度性

财政政策在协调各经济主体的利益关系时，应掌握利益需求的最佳满足界限和国家财政的最大承受能力，使政府以尽量少的财政投入和调节对象的利益损失，取得尽量大的影响效果。

（三）控制功能

控制功能是通过对人们的经济行为和宏观经济运行的制约或促进，实现对整个国民经济发展的控制。例如，对个人所得征收超额累进税，是为了防止收入分配上的两极分化。

财政政策控制功能的一个突出特征就是间接性，因为财政政策提供的是一种改善经济协调的方法。比如，作为一种间接控制手段，财政政策应旨在补充和改善作为经济制度的主要协调者的价格机制的运行。

（四）稳定功能

稳定功能是通过调整总支出水平，使货币支出水平大体等于产出水平，实现国民经济的稳定发展。例如，在资源没有被充分利用时，政府通过增加支出使经济达到充分就业的水平；而在通货膨胀时期，政府通过将总支出减少到总供给与总需求相等的水平抑制经济过热。财政政策稳定功能的主要特征是反周期性和补偿性。

1.反周期性

经济发展总是由平衡到不平衡再到平衡的过程，经济波动由此产生。在经济繁荣和衰退的变化过程中，财政政策稳定功能的反周期性在自动地发挥作用：在繁荣时期，随着 GDP 水平的提高，税收收入自动增加，而转移支出自动下降，相对地减少了居民的可支配收入，减轻通货膨胀压力；在衰退时期，随着 GDP 水平的下降，税收收入自动减少，而转移支出自动增加，相对地提高了居民的可支配收入，增加有效需求。

2.补偿性

根据总供给等于总需求的原则，一定的 GDP 水平来自一定数额的有效需求（总支出）。当私人部门支出不足，以至于有可能降低 GDP 水平时，政府通过财政措施，或增加公共支出，或减少税收收入，以维持总需求不变。反之，如果私人部门支出过多，有产生通货膨胀的危险时，政府的财政政策一是减少公共支出，抑制公共投资；二是增加税收，以吸收社会的剩余购买力，保持总需求不变。

三、财政政策目标

财政政策的目标主要是通过对总需求和总供给的调节，提高资源配置效率，实现经济的稳定增长。

经济稳定增长是指一定时期的经济增长与资源供给条件相适应，保持持续、稳定、健康的状态。它是财政政策要实现的首要目标，也是最重要的目标。在宏观经济理论中，经济稳定分为内部稳定和外部稳定。内部经济稳定的含义有两个：一是价格的稳定；二是产量或所得的稳定。价格的稳定与否主要取决于社会总需求和货币量的变动，产量或所得的稳定与否则视整个经济发展的情形而定。产量的变动与生产要素的投入具有直接的函数关系，故产量的稳定就是充分就业的实现。外部经济稳定是指对外均衡，即本国对外国商品和劳务的需求与外国对本国商品和劳务的需求保持平衡，故外部经济稳定主要是指国际收支的平衡。经济稳定增长则是在实现经济稳定目标的基础上，通过政府的宏观调控，实现经济的适度增长。

财政政策的经济稳定增长目标可分解为以下四个方面。

（一）物价稳定

物价稳定一般是指价格总水平的稳定。价格总水平是用物价指数来衡量的。物价指数是经济中所有价格系列的总和，它可分为消费者物价指数（CPI）、生产者物价指数（PPI）和国民生产总值平减指数（GNP Deflator）三种。价格稳定并不意味着价格绝对不变，而是相对稳定，价格波动的幅度较小。这种状态说明社会供求总量基本是相互适应的，经济运行也处于稳步增长的状态;反之,如果某一时期物价总水平急剧波动,大幅度上涨不停,说明出现了通货膨胀,它意味着货币购买力的降低,经济发展处于膨胀或过热的状态。如果物价总指数大幅度下跌不止,说明发生了通货紧缩,它意味着货币购买力的增加,经济运行处于萧条和不景气的状态。这两种情况都说明商品供求之间出现了失衡。

无论是通货膨胀还是通货紧缩,都会对经济生活带来严重的影响。通货膨胀会引起收入和财富的再分配,使依靠工资和其他固定收入的人群实际收入水平下降,使债权人遭受损失,使纳税人的税收负担随着物价水平的升高而加重,产生"档次爬升"现象。而且,由于不同商品的价格上涨速度并不一致,通货膨胀还会因改变商品相对价格而扭曲资源配置,降低整个经济的效率。正因为如此,世界各国纷纷将通货膨胀视为经济稳定的大敌。当然,通货紧缩也会严重挫伤经营者的信心,抑制企业的投资积极性,降低经济效率。所以,客观上要求政府利用财政分配与总供求的内在联系,既要防止通货膨胀,又要防止通货紧缩的发生。

(二)充分就业

充分就业一般指一切生产要素都有机会以自己愿意接受的报酬参加生产的状态。在充分就业的情况下,生产总量是该社会当时所能生产的最大产量。但是,要测量各种经济资源的就业程度非常困难,其中困难程度较轻的是劳动力的就业程度。西方经济学家通常以劳动力的失业率作为衡量充分就业与否的标准,而充分就业意味着较低的失业率。例如,美国规定5%的失业率为充分就业率。

失业率就是未被雇用的人数占劳动力总数的比率。其中,劳动力总数是指就业人数加上没有工作但却在积极寻找工作的人数。失业率的大小表示实际就业与充分就业的差距。理论上一般把失业划分为四类:摩擦性失业、结构性失业、季节性失业、周期性失业。

以上失业类型中,摩擦性失业、结构性失业和季节性失业都是一个经济体难以避免的,属于弗里德曼所谓自然失业的范畴。这种失业的存在,与劳动市场和商品市场的实际结构性特征有关,也与市场信息的不完全性、寻找工作的成本和劳动力的转移成本有关。而周期性失业与之不同,是在经济危机时期出现的,等危机过后可以慢慢地消失。这种失业是经济学家和政府当局所瞩目的焦点。所以,控制这类失业率应该是政府财政政策的目标之一。

(三)国际收支平衡

国际收支是指一国与世界其他各国之间在一定时期(通常是一年)内全部经济往来的系统记录。国际收支平衡表一般包括四个部分:经常性项目、资本性项目、统计误差和官方储备。在国际收支平衡表中,借方表示外国对本国货币或外汇持有额的索取权增加,主要由进口和资本外流所引起;贷方表示本国对外国的本国货币或其他货币持有额的索取权增加,主要由出口和资本流入所引起。如果贷方大于借方,其差额称为顺差,表明本国对外国的索取权净增加,从而加强了本国的储备地位;如果借方大于贷方,其差额成为逆差,表明外国对本国的索取权增加,从而加重了对本国储备的压力。从现实经济来看,借贷双方绝对相等的情况几乎是不存在的,所以少量的逆差或顺差都可以视为国际收支的平衡。

从国际收支造成的经济影响来看,各国更关心的是国际收支逆差。长期的国际收支逆差会导致国际储备不断减少,本币地位不断降低,国家被迫大量举借外债。利息的偿付导致本国资源的大量流出,不仅进一步恶化国际收支,而且还会削弱国家在世界经济中的地位:国际收支逆差倾向于降低一国进口水平,而对于扩大生产能力来说,适当的进口可能是至关重要的。国际收支平衡的实现在很大程度上依赖于政府财政的税收公债、补贴等手段的运用。因此,财政政策不仅要把国际收支均衡作为一个战略性目标,而且各国在实现国际收支均衡时要进行财政政策措施的相互协调;否则,世界经济就难以顺利发展。

(四)经济增长

经济增长是指一个国家的产品和劳务数量的增加,也就是人均实际产量的增加,它可以用 GDP 或人均 GDP 的增长率来表示。经济增长的源泉在于劳动供给增长率、资本存量增长率以及这些要素的生产率。当代的经济增长比历史上任何时期都更多地依赖技术进步与创新。

经济增长的过程不是直线式的,而是周期性波动前进的。波动通过 GDP、工业生产指数以及就业和收入等综合经济活动指标的波动而显示出来。经济周期一般分为繁荣、衰退、萧条和复苏四个阶段。经济的周期性波动对经济的稳定增长有阻碍作用。所以,财政政策在促进经济增长的过程中,还需要通过财政收支的调节,削弱经济周期性波动的振幅,减轻波动的不利影响。政府财政政策的实施,必须既要防止经济停滞,又要防止经济过快增长,引导经济实现适度增长。

四、财政政策工具

在萨缪尔森和诺德豪斯的《经济学》中,政策工具是指一个处于政府控制之下的、能够对一个或多个宏观经济目标施加影响的经济变量。与任何经济政策工具一样,财政政策工具也是各种财政变量的集合,它具体包括三个方面。

(一)财政支出类政策工具

1. 购买性支出

购买性支出是政府用在购买商品和劳务方面的支出,包括政府投资和政府消费。由于政府购买是形成总需求的渠道之一,购买性支出的规模和结构不仅能够直接影响总需求的规模和结构,而且能够间接影响总供给的规模和结构。同时,购买性支出还是政府直接配置资源的活动,对就业水平也会产生较大的影响。政府投资不仅可以扩张总需求,还可以在经济运行低迷时通过乘数效应拉动经济增长。政府消费性支出的增加,例如,为公务人员加薪,则能够直接带动个人收入水平的提高,进而通过乘数效应,有效推动国民收入的增加,促进经济增长。

另外,政府的投资和消费也是平抑经济周期的有效手段。在经济繁荣时期,通过购买性支出的缩减可以为过热的经济"降温",在萧条和衰退时期,政府扩大购买性支出则可能带动经济增长。

2. 转移性支出

转移性支出是政府财政资金单方向的、无偿的流动,包括资金在政府间的纵向流动和资金从政府向居民和企业的横向流动,其中横向转移主要包括财政补贴和社会保障支出。财政补贴的增减有着与增减税收相反的调节效果。对居民个人的补贴可以直接增加其可支配收入,对企业的补贴则可直接增加其投资需求。财政贴息还可以带动庞大的社会资金转化为现实的投资需求,因此它不但影响社会需求,而且调节社会供给,是优化资源配置的重要政策工具。社会保障支出则是低收入和无收入人群的必要生活保证,在他们遭受年老、失业、疾病、不可抗拒的灾害时为他们提供最基本的生活保障。因此,转移性支出对实现收入的公平分配也能起到较好的调节作用。

(二)财政收入类政策工具

1. 税收

税收作为主要的财政变量,通过控制社会资金的流动,对社会供求总量和结构都有直接或间接的影响。增加税收将相应减少企业和个人的收入,从而抑制社会需求;反之,则对社会需求产生相反的影响。例如,开征消费税会加大消费成本,抑制消费需求;停征投资方向调节税,可以降低投资成本,刺激投资倾向,进而调节供求结构。

税收具有稳定经济增长的作用:经济稳定增长是以社会总供求大体均衡为基本前提的。在社会需求膨胀、供给相对不足、经济发展速度过快时,增加税收可以提高财政收入占国民收入的比重,相应地降低纳税人收入的增长幅度,起到收缩社会需求、抑制经济过快增长的效果;反之,则起到刺激经济增长的效果。

税收具有平衡国际收支的作用:国家通过对出口商品的低税率、零税率政策,可以降低出口商品价格中的税金含量,增强出口商品的竞争能力,增加出口收入。进口时,对进口商品实行适当的关税保护政策,可以限制盲目进口,减少外汇支出;对外国有倾销行为的进口商品,可以利用 WTO 的相关条款征收反倾销税,合法地保护国内产业的发展。这种由税收增减引起的国际收支对比关系变化,无疑有利于实现国际收支平衡的宏观调控目标。

2. 公债

公债作为凭借国家信用筹资的手段,既可以从分配领域调节社会供求结构,实现供求结构的相互协调,也可以从流通领域调节货币流通量及商品供给量,进而调节社会供求总量,实现供求均衡的总量目标,所以是一种非常灵活有效的政策工具。公债的发行不但可以在社会需求不足时,将社会闲置资源调动起来,从而增加社会有效需求,刺激经济增长,也可以在社会需求膨胀、经济发展过热时,增加政府对社会需求的控制程度,发挥稳定经济的作用。公债还是中央银行进行公开市场操作,灵活调节货币供给量,进而调节需求总量的有效手段。

相对社会需求总量的调节,公债对社会需求结构的调节作用更加直接。由于发行公债的结果是改变国民收入的分配结构,使私人部门的购买力向政府部门转移,这种转移本身就是对需求结构的重新调整,意味着资源配置方向的改变。这种改变是按照政府的调节意图进行的,因而在正常情况下是政府实现资源优化配置目标的重要手段。

政府外债的一个重要功能就是平衡短期国际收支逆差,因此,公债在平衡国际收支方面的作用也是其他政策工具难以替代的。

(三)政府预算

财政预算是国家的基本财政计划。预算调节的作用主要反映在预算收支的规模、结构和收支差额的调整上。预算收支的规模及其变动,可以调节社会总供给和总需求的平衡关系;预算收支结构的调整,可以协调国民经济中的各种比例关系和经济结构;而预算收支的差额,则体现了社会总需求扩张、紧缩或稳定的一种导向。

预算政策包括三种类型:赤字预算体现的是一种扩张性政策,在有效需求不足时,政府通过对国民收入的超额分配扩张总需求,起到刺激经济增长的作用;盈余预算体现的是一种紧缩政策,在需求过旺时可以起到抑制总需求的效果;平衡预算是一种维持性政策,在社会总量大致平衡时可以维持经济的稳定增长。

五、财政政策类型

根据在调控经济活动上所起的作用,财政政策的类型可以从两个角度来划分。

(一)自动稳定的财政政策和相机抉择的财政政策

根据财政政策调节经济周期的作用,可以分为自动稳定的财政政策和相机抉择的财政政策。

1. 自动稳定的财政政策

自动稳定的财政政策是指某些根据经济波动情况自动发生稳定作用的财政政策,它无须借助外力就可直接产生控制效果,所以又被称为"自动稳定器""内在稳定器"或"非选择性财政政策"。财政政策的这种内在的、自动产生的稳定效果,可以随着社会经济的发展,自行发挥调节作用,不需要政府采取任何干预行动。

财政政策的自动稳定作用主要表现在两个方面。

(1)税收的自动稳定作用

税收体系,尤其是累进征收的公司所得税和个人所得税,对经济活动水平的变化反应相当敏感。其调节机理是将纳税人的收入与适用税率累进挂钩,即纳税人收入越多,累进所得税的边际税率越高,所得税税额相应增加,社会需求相应降低。此时税收对社会需求就有了一种自动抑制的功能。反之,当经济萧条,纳税人的收入水平下降,社会需求萎缩时,累进所得税的边际税率自动下降,税收收入随之自动下降,如果预算支出保持不变,就会产生预算赤字,这种赤字会"自动"产生一种力量,对社会需求产生维持或相对扩大的作用,以抑制国民收入的继续下降。

(2)政府支出的自动稳定作用

政府对个人的转移支付是最普遍的自动稳定器,如失业救济。转移支付水平一般是与社会成员的收入呈反向关联,经济发展速度越快,就业岗位越多,社会成员的收入水平越高,进入社会保障范围的人数越少,社会保障支付的数额越少,以转移支付形式形成的社会需求也会相应减少;反之,则相应增加。这样,政府转移支付机制随着经济发展的兴衰自动增减社会保障支出和财政补贴数额,也可以产生自动调节社会需求,抑制经济周期性波动的作用。

自动稳定器是保证经济正常运转的第一条防线。自动稳定器的作用是部分地减小经济周期的波动,但是却不能完全消除这种扰动的影响。是否应减小某种扰动影响的剩余部分,以及如何使之减小,仍然是政府相机选择使用的财政和货币政策的任务。

2. 相机抉择的财政政策

相机抉择的财政政策是指本身没有自动稳定的作用,需要政府根据当时的经济形势,采用相应的财政措施,才能产生调节作用的财政政策。这是一种政府利用财政手段有意识地干预经济运行的行为。相机抉择的财政政策包括汲水政策和补偿政策。

(1)汲水政策

汲水政策是模仿水泵抽水的原理,如果水泵里缺水就不能将地下水吸到地面上来,需要注入少许引水,以恢复其抽取地下水的能力。按照汉森的财政理论,汲水政策是对付经济波动的财政政策,是在经济萧条时依靠一定数额的公共投资带动民间投资使经济自动恢复其活力的政策。

汲水政策有四个特点:第一,它是一种诱导经济复苏的政策,是以经济体所具有的自发恢复能力为前提的政策;第二,它的载体是公共投资,以扩大公共投资规模作为启动民间投资活动的手段;第三,财政支出规模是有限的,不能进行超额的支出,只要使民间投资恢复活力即可;第四,它是一种短期的财政政策,随着经济萧条的消失而不复存在。

20世纪30年代的世界性经济危机中,美国实施的罗斯福-霍普金斯计划(1929—1933年)、日本实施的时局匡救政策(1932年)以及德国实施的劳动振兴计划,都属于所谓的"汲水政策"。

(2)补偿政策

补偿政策是政府有意识地从当时经济运行的反方向调节景气变动幅度的财政政策。在经济繁荣时期,为了减少通货膨胀因素,政府通过增收减支的措施抑制和减少民间的过剩需求;而在经济萧条时期,为了减少通货紧缩因素,政府又必须通过增支减收的措施来增加消费和投资需求,以达到减小经济波动的目的。

(3)补偿政策和汲水政策的区别

汲水政策只是借助公共投资以补偿民间投资的减退,是医治经济萧条的处方;而补偿政策是一种全面的干预政策,它不仅在使经济从萧条走向繁荣中得到应用,而且还可用于控制经济过度繁荣。

汲水政策的实现工具只有公共投资,而补偿政策的载体不仅包括公共投资,还有所得税、消费税、转移支付、财政补贴等。

汲水政策的公共投资是不能超额的,而补偿政策的财政收支可以超额增长。

汲水政策的调节对象是民间投资,而补偿政策的调节对象是社会经济的有效需求。

(二)扩张性财政政策、紧缩性财政政策和中性财政政策

根据财政政策在调节国民经济总量方面的不同功能,可以分为扩张性财政政策、紧缩性财政政策和中性财政政策。

1. 扩张性财政政策

扩张性财政政策简称松的财政政策,是指通过财政分配活动来增加和刺激社会的总需求。在国民经济存在总需求不足时,通过扩张性财政政策使总需求与总供给的差额缩小以至平衡;如果总需求与总供给原来就是平衡的,扩张性财政政策就会使总需求超过总供给。扩张性财政政策的主要手段是减税、提高政府的购买水平和转移支付水平。它们分别通过乘数效应来进一步刺激总需求增长,以消除通货紧缩缺口,达到供求平衡。在减税与增加支出并举的情况下,扩张性财政政策一般会导致财政赤字,从这个意义上说,扩张性财政政策等同于赤字财政政策。

2. 紧缩性财政政策

紧缩性财政政策简称紧的财政政策,指通过财政分配活动来减少和抑制总需求。在国民经济已出现总需求过旺的情况下,通过紧缩性财政政策消除通货膨胀缺口,达到供求平衡;如果总供求原来就是平衡的,紧缩性财政政策会造成有效需求不足。实现紧缩性财政政策目标的手段主要是增税(提高税率)和减少财政支出。无论是增税还是减支,都具有减少和抑制社会总需求的效应。如果在一定经济状态下,增税与减支同时并举,就有可能出现财政盈余,在一定程度上说,紧缩性财政政策等同于盈余财政政策。

3. 中性财政政策

中性财政政策指财政的分配活动对社会总需求的影响保持中性,财政的收支活动既不会产生扩张效应,也不会产生紧缩效应。在一般情况下,这种政策要求财政收支保持平衡。但是,使预算收支平衡的政策并不等于中性财政政策。在经济政策理论中,一般把通过增加盈余或减少盈余以及增加赤字或减少赤字的形式表现出来的财政政策称为非均衡财政政策,而把以收支均衡的形式表现出来的财政政策称为均衡财政政策。均衡财政政策的主要目的在于力求避免预算盈余或预算赤字可能带来的消极后果。均衡财政政策不等于中性财政政策,因为在均衡财政之下,政府支出可以通过支出乘数,按照支出规模的大小,产生使收入上升的效果,也就是所谓的平衡预算的乘数效果。

任务二　财政平衡

现代国家经济中,财政收支不平衡是普遍现象,而财政不平衡的最主要表现就是财政赤字。往往这种财政赤字很大程度上是政府有意识、有计划的财政操作,同时也是财政政策运用的结果。市场经济条件下,政府通常要同时运用财政政策和货币政策的搭配,来实现对国民经济的宏观调控。

财政平衡即财政收支平衡,通常是指年度财政收入与支出在总量上的平衡,财政收支的对比有三种结果:一是收入大于支出,表现为结余;二是支出大于收入,表现为赤字;三是收支相等。由于国家的经济状况是不断变化的,预算也不可能在实现全部财政收入后再做安排,因此理论上财政收支相等是可以成立的,但在经济的实际运行中,财政收支完全相等的情况几乎是不存在的,收支不相等的状况却是普遍的。就财政本身而言,当年财政收支平衡是最理想的状态,意味着财政资金得到充分利用。如果收大于支,结余过多,或者每年都有结余,意味着财政资金没有得到充分运用,对经济建设和社会发展不利;相反,如果支大于收,超过收入的支出部分会形成社会购买力,增加社会总需求,有可能导致社会总需求与社会总供给的不平衡,引发通货膨胀。因此,在其他条件不变的情况下,政府应尽量实现财政收支平衡。

财政平衡对于政府理财而言固然重要,但如果一味为了财政平衡而平衡财政收支,造成国民经济的不平衡运行,这种财政平衡并没有多大意义。因此,对财政平衡的概念应全面地从以下几方面内容理解。

一、财政平衡是一种相对的平衡

财政平衡不是绝对的平衡。只要财政结余或赤字不超过一定的数量界限,就可以视为财政收支的平衡状态。一般认为,如果财政收支的差额不超过财政收入的3%,即只要处于[-3%,+3%],财政收支就属于平衡状态。在实际生活中,略有结余和略有赤字都应视为基本平衡,两者都是财政平衡的表现形式。因而财政平衡追求的目标是基本平衡或大体平衡。

二、财政平衡是一种动态平衡

静态平衡是从当年角度实现财政平衡,而动态平衡则是从长远观点寻求财政平衡。同样,财政平衡是在收与支不断变化的过程中实现的。因此,要以动态的观点看待财政平衡,考虑年度之间的联系和相互衔接,研究未来财政年度收支的发展趋势。研究经济周期对财政的影响以及财政对经济周期的调节作用,以求得一个时期的内在平衡。

三、财政平衡是一种综合平衡

研究财政平衡要有全局的观点,不能就财政平衡论财政平衡。财政是宏观调控的重要工具,而财政平衡则是实现经济总量平衡的重要手段。经济宏观调控的一个重要目标是维持社会总供给与社会总需求的基本平衡。财政平衡有利于实现社会供需总量平衡,但作为一个局部平衡,财政平衡与否不是决定经济总量平衡的唯一因素。

任务三 我国的宏观经济政策演变

改革开放以后,中国开始了从计划经济体制向市场经济体制的过渡,由于转型经济的一些特征,再加上市场经济本身的发展规律,宏观经济波动在所难免。为了尽量减小波动幅度,中央政府采取了灵活多变的宏观经济政策组合,取得了较好的效果。从1988年至今,伴随着经济形势的阶段性变化,我国宏观经济政策的演进大致经历了以下六个阶段。

一、第一阶段(1988—1992年)

改革开放以后,中国国民经济开始进入快速增长期。从1984年后期开始,国民经济过热的迹象逐步显现,投资消费高速增长,物价水平大幅攀升。与此同时,财政赤字不断扩大,为弥补赤字,银行超量发行货币,又加剧了通货膨胀。在此背景下,1988年9月,党的十三届三中全会提出"治理经济环境、整顿经济秩序、全面深化改革"的方针,开始实行紧缩财政、紧缩信贷的"双紧"政策。

紧缩性财政政策的手段主要包括:压缩固定资产投资规模;控制社会消费需求;紧缩中央财政开支;进行税利分流试点和税制改革,开征建筑税和特别消费税。

紧缩性货币政策的手段主要包括:实施"控制总量,调整结构"的货币政策,紧缩货币发行,采取信贷规模控制,将贷款控制权集中于中国人民银行总行,建立起全社会信贷监控制度,加强信贷结构调节,提高贷款利率,调高银行准备金率。

"双紧"的财政货币政策实施后,经济过快增长得到了控制,物价迅速回落到正常水平,但同时导致企业流动资金严重短缺,生产难以正常运转,国民经济增长率快速下滑。有鉴于此,货币政策从1989年9月开始调整,包括扩大基础货币投放量和银行信贷规模;下调利率,对国家重点项目建设实行优惠利率。

二、第二阶段(1993—1997年)

1992年之后,中国经济开始进入活跃期,到1993年上半年,经济运行的各项指标不断攀升,投资增长过猛,金融业陷入无序状态,银行信贷规模一再突破计划,物价水平迅速上升,经济形势再度严峻。在此背景下,中央从1993年下半年开始实施适度从紧的财政政策和适度从紧的货币政策。

适度从紧财政政策的主要手段:改革企业所得税和个人所得税制度,扩大消费税的征收,进行大规模的税制改革,调整营业税税目,建立以增值税为主体的体制改革。调整中央与地方的财政分配关系,增加财政收入。

适度从紧货币政策的主要手段:严格控制货币供应增长速度;实行贷款规模限制;从1996年开始正式将货币供应量确定为货币政策中介目标,中央银行加大控制基础货币投放量。

在适度从紧的财政与货币政策下,通货膨胀得到有效抑制,国民经济基本实现了"软着陆"。但是,从1996年开始,国民经济增长出现了下滑的趋势。

三、第三阶段(1998—2003年)

1997年7月,亚洲金融危机爆发,并迅速席卷东南亚诸国,中国的对外贸易受到严重冲击。与此同时,国内经济在"双紧"政策的作用下,出现国内需求不足的情况。在国内外经济形势的共同作用下,国民经济形成通货紧缩的局面。为了有效扩大内需,促进经济增长,从1998年7月开始,中央实施了积极财政政策,配合以稳健(偏松)的货币政策。

积极财政政策的主要内容:增发国债,加强基础设施投资,1998—2003年共发行长期建设国债8 000亿元;增加社会保障、科教等重点领域的支出;调整税收政策,支持出口、吸引外资和减轻企业负担。

稳健(偏松)货币政策的主要内容:以稳定币值为目标保持广义货币供应量稳定增长;取消信贷规模限制;为了刺激投资需求,从1998年3月至2002年2月连续5次降低利率,1993年3月和1999年11月两次调低银行准备金率。

积极财政政策和稳健(偏松)货币政策在扩大投资、鼓励出口、拉动经济增长等方面取得了显著的成效,成功地抵御了亚洲金融危机的冲击和影响,宏观经济运行状况有了根本改善,通货紧缩的趋势得到了有效遏制,社会总需求全面回升。但从2003年开始,经济过热的趋势开始出现。

四、第四阶段(2003—2008 年)

在一系列扩大内需的政策作用下,经济运行再次出现过热,投资需求膨胀,贷款规模偏大,电力,煤炭和运输紧张状况加剧,通货膨胀压力加大,国民经济结构问题严重。在此背景下,货币政策于 2003 年开始从稳健(偏松)转向了稳健(偏紧),同时积极财政政策逐渐淡出,从 2005 年开始正式提出了稳健的财政政策。

稳健财政政策的主要内容:增收节支,控制赤字,减少国债发行规模;有保有控,在总量控制下进行结构性调整,调整国债投资和财政支出结构,向农村地区、西部地区、东北地区、生态环保等方面倾斜;推进税制改革,调整税收结构,创造更加公平的投资环境。

稳健(偏紧)货币政策的主要内容:控制货币供应量增长,提高银行存款准备金率,从 2003 年 9 月至 2007 年 12 月共调高银行准备金率 15 次;提高存、贷利率,从 2004 年 10 月至 2007 年 12 月共调高银行存、贷款利率 11 次。

由于财政政策的紧缩力度不大,国民经济没有立即出现回落迹象,反而于 2007 年出现了严重的通货膨胀现象。鉴于此,中国人民银行加大了货币政策的紧缩力度,一方面,不断提高银行利率和准备金率;另一方面,又一次实施了严厉的信贷规模控制,并于 2007 年底正式提出了实施"从紧"的货币政策,2008 年 1—6 月,中国人民银行又连续六次提高存款准备金率。

五、第五阶段(2008 年 11 月—2012 年)

2008 年,由美国次贷危机引发的金融危机波及全球,中国也难以幸免,外贸出口受到严重冲击;与此同时,在从紧货币政策的作用下,国内企业面临着严峻的资金压力,投资需求受到抑制。在国内外双重压力下,中国传统的靠"投资-出口"拉动的增长模式失灵,国民经济增速出现明显下滑。在此背景下,中央果断做出决策,决定从 2008 年 11 月起实施积极财政政策和适度宽松的货币政策,一方面,应对金融危机的冲击;另一方面,致力于调整经济结构,加快经济增长方式转型。宏观经济政策在保持经济增长方面起到了积极作用,但也出现了流动性过剩和居民消费价格指数上升等问题。从 2010 年起,货币政策就开始逐步转向稳健了。

中央出台的积极财政政策包括:增加财政支出,出台"四万亿"投资计划(其中中央支出1.18 万亿元),主要投向包括基础设施、农村、文教卫生、医改、自主创新、生态环保、廉租房等领域;增发国债(包括允许地方政府发行债务,由财政部代理);取消 100 项行政事业收费,结构性减税,包括增值税转型、免征利息税等。从 2010 年起,中央维持了较大的财政赤字规模。

这一阶段的货币政策包括:2008—2009 年增加货币供应量,降低银行准备金率,降低银行存、贷款利率,取消信贷规模限制。2010—2011 年,存款准备金率又 5 次下调,而银行存、贷款利率也下调了 3 次。

六、第六阶段(2013 年至今)

2013 年,中国从全面反危机的政策轨道逐步退出,但出于结构性失衡等原因,经济增长动力明显不足,经济增长率由 2010 年的 10.6%,下滑至 7.8%。2014 年 5 月,中央做出经济发展进入新常态的判断,强调宏观经济政策要适应和引领新常态,加快结构调整和动力转换。在此背景下,中央坚持稳中求进工作总基调,实行积极的财政政策和稳健的货币政策,提升财政政策的力度和有效性,货币政策保持适度中性,推进供给侧结构性改革,促进经济持续健康发展。

在积极财政政策方面,中央进一步调整和优化财政支出结构,提高资金使用效率,确保对重点领域和项目的支持力度,保障民生兜底的需要;地方政府举借债务合法化,积极防范和化解地方政府性债务风险;着力推进减税降费,包括全面推行营改增改革,完善科技创新企业的税收优惠和税收抵免政策等。

在货币政策方面,为结构性改革营造适宜的货币金融环境,降低融资成本,保持流动性合理充裕和社会融资总量适度增长,扩大直接融资比重。优化信贷结构,完善汇率形成机制,增强金融运行效率和服务实体经济的能力。

项目总结

本项目首先介绍了财政政策的概念、功能、目标、工具等多个概念,同时对政策类型和目标及运行机理进行了简要说明,然后对财政平衡、我国的财政政策和财政风险进行了相应的阐述。

财政政策是由税收政策、支出政策、预算平衡政策、国债政策等构成的一个完整的政策体系。市场经济条件下财政功能的正常发挥,主要取决于财政政策的适当运用。但财政政策运用得当,也可能会引起经济的失衡和波动。财政政策作为政府的经济管理手段,具有导向功能、协调功能、控制功能和稳定功能。

政策工具是指一个处于政府控制之下的、能够对一个或多个宏观经济目标施加影响的经济变量。

财政政策运行的基点是社会总供给与总需求的平衡。财政平衡是一种相对的、动态的、综合的平衡,在预算年度中,经常会存在结余或赤字。市场经济条件下,经济运行具有周期性,市场不可能维持经常的均衡状态,因而必须加强政府的宏观调控。

我国的财政政策在不同的历史时期呈现出不同的特征:1978—1997 年实行不断调整的财政政策,1997—2004 年实行积极的财政政策,2005—2007 年实行稳健的财政政策,2008—2013 年重启积极的财政政策。

下篇
金融篇

项目九

金融概述

案例导入

邓小平同志在1991年视察上海时指出:"金融很重要,是现代经济的核心。金融搞好了,一着棋活,全盘皆活。"许多经济学家对金融的重要性作过精辟的论述,但在中国改革开放及经济转轨的关键时刻,邓小平的上述著名论断对中国有着特别重大的意义。1997年爆发的亚洲金融危机再次印证了金融在经济中的核心地位。核武器代表着现代武器的最高级,而金融危机的破坏力不亚于核武器。韩国在1996年底人均GDP是10 610美元,到1997年底1998年初就只剩下6 000多美元了。试想有哪种武器的破坏力能使一国的人均GDP在这样短的时间内下降了40%? 时任马来西亚总理马哈蒂尔深有感触地说:"金融危机使我们过去十年辛辛苦苦积累下来的财富丧失殆尽。"可见,如果金融出问题,会影响到整个社会经济生活。

那么,金融是什么? 金融范畴及金融学科体系是如何产生和发展的? 金融在国民经济中发挥怎样的作用? 我们将在本项目中一探究竟。

任务一 金融及其构成要素

一、金融概述

(一)金融的含义

金融(Finance),一般地说,是指货币资金的融通,即与货币、信用与银行直接相关的经济活动的总称。融通的主要对象是货币和货币资金;融通的方式是有借有还的信用方式;而组织这种融通的机构则为银行及其他金融机构。具体地讲,货币的发行与回笼,货币资金的借贷,国内外资金的汇兑与结算,金银、外汇的买卖,有价证券的发行与转让,贴现市场,同业拆借市场的活动,保险,信托,租赁等,都是金融活动。其实,在现代经济中,金融不只是指货币资金的融通,它有着更广的含义。金融是一个纵横交叉、多维性、多层次的立体系统,是由多种要素组合而又相互制约、相互作用的大系统。那么,什么是大系统的金融? 简单地说,就是指货币资金的筹集、分配、融通、运用及其管理。具体地讲,它包括:①货币的流通及其管理;②货币资金的筹集;③财政、银行的资金分配和企业内部的资金分配;④资金的直接融通和间接融通,纵向融通与横向融通,国内融通与国际融通;⑤资金的配置和调度,信贷资金结构的调整与管理,资金周转速度及资金运用效率的管理等。所以,从这个意义上说,凡是有关货币资金的筹集、分配、融通、运用及其管理的各种活动,都是金融活动,它存在于整个社会的经济活动之中。

综上,我们可以把货币资金的融通称为狭义的金融,把货币资金的筹集、分配、融通、运用及其管理称为广义的金融。在这里,我们把广义的金融作为研究问题的出发点,来观察货币银行与其他各种金融活动的紧密联系及其相互影响。以狭义的金融作为问题研究的立足点,主要探索货币、信用、银行的活动及其规律性,从而突出金融是现代经济的核心这一主题思想。

(二)中、西方金融含义的对比分析

西方对 Finance 一词的用法也不只限于一种。西方的辞书和百科全书对 Finance 的诠释,大体可归纳为三种口径:

①最宽泛的诠释为货币的事务、货币的管理、与金钱有关的财源等。具体包括三个方面:政府的货币资财及其管理,归为 Public Finance;工商企业的货币资财及其管理,归为 Corporate Finance;个人的货币资财及其管理,归为 Personal Budget。在中国,政府的货币收支构成"财政"范畴,多年来,Public Finance 就译为"财政"。财政和金融存在着密切的联系,如国家信用就是两个范畴的重叠域。虽然存在着重叠和交叉,但在中国,不能把财政范畴纳入金融范畴,也不能把金融范畴纳入财政范畴。工商企业的货币收支构成"公司财务"范畴,或称"公司理财",这也是一个已经长期定型的概念。虽然理财必然有金融活动介入,但涉及金融的活动只构成公司理财的一部分,而非全部。因而在中国,也不能把公司财务范畴纳入金融范畴,更不能把金融范畴纳入财务范畴。个人的货币收支,过去又称为"家计",当今"个人理财"的说法迅速推广。这部分货币收支同金融的联系也极密切,如收支的货币主要就是金融领域创造的工具——银行券;同时还有向金融机构储蓄和取得消费信用等经济行为。但两者也不能等同,如个人对商品、劳务的购买和支付就不是金融活动。简言之,这种诠释涵盖的范围大于"金融"在中国涵盖的范围。

②最狭窄的诠释是把这个词仅用来概括与资本市场有关的运作机制以及股市和其他金融资产行情的形成。在经济学界,这样的用法通行。近年来,在我国开始流行的对"金融"的狭义解释,即来源于国外对 Finance 的这种用法。

③介于两者之间的诠释为:货币的流通、信用的授予、投资的运作、银行的服务等。联合国统计署关于 Financial and Related Service 的统计口径,粗略地说,包括中央银行服务和商业银行存贷业务与中间业务的服务;投资银行服务;非强制性的保险和养老基金服务及再保险服务;房地产融资、租借、租赁服务,以及对从事以上各项服务的金融机构的服务。事实上,在介于两者之间的口径中,如何界定 Finance 也并非完全一致。

在中国,对金融概念进行的权威注释是《中国金融百科全书》中的"金融"词条,该词条的注释是:"货币流通和信用活动以及与之相关的经济活动的总称。"这样的定义超出了"货币资金融通"之说,而且把货币流通和信用活动与金融连在一起,把金融看成与货币流通相关的经济活动,即货币流通作用于生产、分配、消费和交换的全过程;同时,在信用制度下,人

们对货币的需求实际上是对信用流通工具的需求,是建立在正常的信用关系的基础上的。这样的注释有其一定的合理性,但必须看到,有些货币资金融通不是建立在信用关系上的,而是建立在"政府行为"上的。同时,仅仅从货币流通和信用活动方面定义金融的概念上看,也有其局限性。局限性之一是缩小了融通主体,因为一些知名经济学家认为,货币资金只是存在于物质产品生产流通领域,这样需要融资的主体,便是工商企业;局限性之二是把金融的功能限于调剂货币资金的余缺,这和现实不相吻合;局限性之三是淡化了市场的作用,特别是淡化了利息的作用。

二、金融的构成要素

金融作为国民经济的重要组成部分,其本身是由多个要素构成的。

(一)金融的对象是货币

金融的对象是货币,离开了货币,就没有货币资金的融通。在金融范畴的形成中,最早出现的就是货币。货币的出现,使最原始的物物直接交换过渡到以货币为媒介的商品交换。所以货币是与商品经济相联系的经济范畴,是在长期商品生产与交换过程中产生与发展的。只要是商品经济社会,必然存在货币。

(二)金融的方式是信用

信用是以偿还和付息为条件的借贷行为,在债权人与债务人之间进行的债权债务的买卖,即为信用交易。没有这种信用关系,就没有现代商品经济的货币资金融通甚至货币流通。同时信用关系的存在是以时间的间隔为前提的,即一方提供一定的价值符号、价值物,另一方只能在一定时期内归还价值符号和价值物并加付一定的利息。所以若无授受信用在时间上的适当配合,信用活动就难以正常进行。另外,信用交易需要借助一定的信用工具(即金融工具)建立和转移信用关系。

(三)金融活动的主体是所有的经济活动主体

金融活动作为一种经济活动必然需要有一定的经济活动主体。金融活动的主体主要是从事各种经济活动的企业、单位、个人和政府部门等。在现代经济社会中,各经济活动主体无不被卷入各种金融活动之中,日益熟练和频繁地参与金融活动。

(四)金融的中介是银行和非银行金融机构

经济主体作为货币供需的双方,其联系既需要通过一定的工具作为媒介物,也需要通过专门机构来沟通,这种专门的机构就是银行和非银行金融机构。历史上最早的银行业是货币经营业,随着货币保管和汇兑业务的扩大,货币经营者已从简单的保管和汇兑业务发展为一种中介机构,既保管钱财又兼办贷款,从而产生了最早的银行业。而现代的金融活动主要是通过银行和非银行金融机构的各种业务活动来实现的。金融机构既是货币信用业务的经营者,又是货币信用活动的组织者,在国民经济中充当资金融通的媒介,是资金分配和调节的中心。

(五)金融活动的场所是金融市场

货币供需双方的沟通客观上需要有一个形成纵横交错融通网络的场所。现代的金融活动,不仅可以有具体的交易场所,如在某一金融机构的大厅内进行,而且可以在无形的交易场所,即通过现代通信设施建立起来的网络进行。第二次世界大战以后,随着科学技术的迅猛发展和世界经济的飞速变化,金融市场变得越来越成熟,越来越发达,呈现出金融市场全球化、融资活动证券化、金融创新多样化、金融业务多元化的特点。

任务二　金融范畴的形成与发展

一、金融范畴的产生及扩展

在商品货币关系发展初期,货币并存着实物形态、铸币形态,信用包括实物借贷、货币借贷两种形式。货币不是信用货币,不依赖于信用创造;实物借贷十分盛行,并长期占据主导地位。但信用的产生和发展推动着货币流通。货币借贷赋予被贮藏的货币以流动性,加快了货币流通速度;基于信用的汇兑业务便利了货币在更大的地域内流通,这些均提高了货币在商品流通、信用活动中的重要性。因此,这一时期的绝大部分时段中,货币范畴与信用范畴各自独立发展,而联结二者的金融以货币经营业为主要形式,尚处于萌芽阶段。

资本主义生产方式兴起、确立后,近代、现代银行业渐次诞生,银行券开始代替铸币执行流通手段、支付手段职能。在银行券逐步演化为不兑现信用货币的过程中,货币制度与信用制度的联系日益紧密,最终促成货币运动与信用活动的有机结合。基于银行信用的银行券是日常小额支付的手段,转账结算中的存款货币是大额支付的主要形式。任何信用活动必然伴随货币运动,信用扩张、紧缩意味着货币供给的增加、减少,信用活动影响货币流通速度、货币资金的时空转移和重新配置。货币范畴、信用范畴的相互渗透和有机结合,形成了新的金融范畴,即既涉及货币又涉及信用的所有经济关系与交易行为的集合,并以银行业及其业务为主要形式。

在货币与信用长期渗透并逐步形成金融范畴的过程中,投资、保险、信托、租赁等领域,由于或完全、或大部分与金融活动相结合,而被金融范畴所覆盖。以债券和股票交易为特征的资本市场投资,通过聚集闲散、零星的资金,投向耗资巨大的长期建设项目,使信用关系得到进一步完善。保险业也逐步发展为保险与个人储蓄、保险与投资相结合的一种信用形式,它集中的货币资金主要投放于金融市场,保单等保险合约也是金融市场的重要交易工具之一。金融信托与金融租赁是传统的信托、租赁与金融活动相结合的产物,它们同样是重要的投资、融资方式。金融范畴的扩展使信用关系不再仅仅局限于银行借贷关系,而发展成为复杂多样的债权债务关系或所有权关系。

二、金融学学科体系的构成

从金融概念的产生、演进及其构成要素的扩展中,人们越来越清楚地观察到,金融作为一门独立的经济学科,是一个逐渐形成及完善的过程;同时,人们也越来越深切地感受到它的运行具有客观性与独特性。因此,金融学的概念可以概括为:金融学是一门专门研究金融领域各要素及其基本关系与运行规律的专业基础理论学科。

根据金融系统中个体与整体的差异,西方学界将金融学划分为微观金融和宏观金融。微观金融是指金融市场主体(个人、公司、政府和金融机构)的投融资决策、金融资产的交易与价格决定等。宏观金融则是以微观主体的投融资行为为基础,金融工具、金融机构、金融市场和金融制度等要素相互作用,并与经济中其他子系统交互影响的有机系统。

就西方而言,由于直接融资业务的发展,与之相关的资产定价与融资策略、融资结构的研究一直占据重要的位置。然而,中国由于在很长时间内没有资本市场,仅有间接融资,因此以宏观金融为主,将中央银行、商业银行、货币供求作为核心目标的货币银行学在很长时间内被看成中国的金融学,随着中国资本市场的发展,以货币银行为主体的宏观金融也逐渐向微观金融转化。

在我国,金融学科,就其理论部分的内容来说,包括以下三个部分。

①对有关金融诸范畴的理论论证,即关于货币、信用、利息与利率、汇率,乃至金融本身这些范畴的剖析和论证。

②对金融的微观分析,这大体包括:对金融市场的分析;对金融中介机构的分析;论证金融市场与金融中介机构相互渗透的必然趋势;金融功能分析,即通过揭示稳定的金融功能来探讨金融在经济生活中的地位,等等。

③对金融的宏观分析,这大体包括:货币需求与货币供给,货币均衡与市场均衡,利率形成与汇率形成,通货膨胀与通货紧缩,金融危机,国际货币流动与国际金融震荡,名义经济与实际经济,虚拟经济与实体经济,货币政策及其与财政政策等宏观调控的政策的配合,国际金融的制度安排与国际宏观政策的协调,等等。

任务三　金融与现代经济

金融是现代经济的核心。经济决定金融,经济的发展水平决定金融的发展水平。但是,金融在服务于经济的过程中,又反作用于经济,或对经济发展起促进作用,或起阻滞作用。金融的发展和信贷结构影响着经济发展的速度和结构。从我国经济运行的结果,特别是从20世纪90年代以来金融改革的实践来看,金融在我国国民经济中已居于举足轻重的地位,发挥着越来越重要的作用。

一、金融在现代经济中的作用

（一）筹集融通资金

经济发展离不开资金的积累，现代经济发展必然要从资金的积累开始。金融是集资和投资活动的一个重要枢纽，加速金融业的发展能够直接起到促进经济增长的作用。一般来说，在一定的技术水平条件下，如果消费者的储蓄偏高、投资风险大小均为不变因素，则金融机构与金融商品越丰富，人们的选择机会就越多，人们从事金融活动的欲望就越强烈，社会资金积累速度就越快，金融活动对经济的渗透力就越强，经济发展的速度也就越快。

（二）引导资金流向，优化资源配置

金融市场的运作过程中，投资者通过各种金融工具收益率的差别，来了解资金使用者的经济效益、技术水平和管理经验，从而选择和改变投资方向，把资金投到经济效益更高的地方去。投资者往往购买收益率高和具有增长性的金融工具，而抛售收益率低、缺乏增长潜力的金融工具，这种趋利行为，使效益好、有前景的企业能得到充裕的资金；而那些效益差、没有发展前景的企业就得不到资金，从而就推动了生产要素的重新配置与组织，使社会资源得到合理有效的利用，提高了国民经济的整体效益。

（三）调控经济

在现代市场经济条件下，金融已成为调节国民经济的重要杠杆。金融不仅可以调节经济总量，也可以调节经济结构。由于金融活动渗透到社会再生产的全过程，与各行业、各地区、各单位的经济活动息息相关，因此，它可以灵敏、及时、全面地反映社会经济活动的状况，提供各种信息，为微观经济活动和宏观经济决策提供重要依据。同时，借助各种金融政策工具，通过金融政策的紧缩或放松，不仅可以调节社会资金的供求总量，从而调节社会总供给与总需求的关系，而且还可以通过调节经济结构，促进国民经济稳定、协调、高速发展。

（四）促进经济增长

发达的金融业对经济增长的促进作用，是通过提高储蓄、投资总水平和有效配置资金等渠道实现的。反过来，经济的增长则是保持一定储蓄、投资水平和资金效益的重要条件。一定的经济发展水平提高了社会对信贷资金的需求程度，刺激了企业及公众对金融服务需求的增长，从而促进了金融业的进一步扩展。

然而，在现实经济中，由于大多数发展中国家的货币金融制度非常落后，以致在金融领域存在着许多不正常和不合理的现象。金融业的落后和低效益，也就难以起到促进经济增长的作用。另外，一些国家经济发展的阻滞又使社会储蓄和投资维系在一个较低的水平上，使有限的资金难以实现最佳配置，导致社会资源的大量闲置与浪费。而经济的落后，反过来又制约了金融业的扩展。造成这种状况的根本原因是发展中国家经济制度上存在着缺陷和政府当局政策的失误。可见，在现代市场经济条件下，加快经济体制，特别是金融体制的改革，使之适应经济发展的需要，是广大发展中国家的当务之急。

二、金融发展的相关指标

金融发展(Financial Development),作为一个术语,是指金融结构的变化,金融结构包括金融工具的结构和金融机构的结构两个方面。一般来说,金融工具的数量、种类、先进程度,以及金融机构的数量、种类、效率等的综合,形成具有不同发展程度的金融结构。因此,金融发展程度越高,金融工具和金融机构的数量、种类就越多,金融服务的效率就越高。

一个国家的金融发达程度往往通过有关指标进行衡量。金融相关率和货币化率是西方经济学家提出的两个衡量金融发展的基本指标。

(一)金融相关率

金融相关率(Financial Interrelation Ratio,FIR)由雷蒙德·W.戈德史密斯在其金融发展理论中提出。由于统计数字不全,在对不同国家金融结构进行比较时存在较大的困难,因此他提出将金融相关率作为金融比较的工具,该指标具有简单、适用、合理而被广泛使用的优点。

金融相关率是指一定时期社会金融活动总量与经济活动总量的比值。金融活动总量一般用金融资产总额表示,金融资产包括:非金融部门发行的金融工具(即股票、债券及各种信贷凭证);金融部门,即中央银行、商业银行、清算机构、保险组织、二级金融交易中介发行的金融工具(如通货与活期存款、居民储蓄、保险单等)和国外部门的金融工具等。经济活动总量常常用国民生产总值(GNP)或国内生产总值(GDP)来表示。

(二)货币化率

货币化率(Monetization Rate,MR)被用来衡量一国的货币化程度,它是指一国通过货币进行商品与服务交换的价值占国民生产总值的比重。由于货币是金融资产的一个重要部分,因此货币化率是反映一个社会的金融发展程度的重要指标。货币化程度越高,则意味着货币和金融体系的作用范围越大,货币的渗透力、推动力和调节功能越强。在使用货币化率指标时,要注意使用的是哪个层次的货币统计量。麦金农在1973年提出M2/GDP指标后,该指标已经成为衡量一国经济货币化的基本指标。

三、当前世界金融业发展概况

第二次世界大战后随着科学技术的迅猛发展,世界经济发生了很大的变化。近几十年来,特别是自20世纪80年代以来,国际金融业也随之发生了巨大而深刻的变化,有人将其称为金融革命,也有人叫作金融创新。究竟如何来概括这场金融变革,仍需进行深入研究和探讨。这里,我们将其归纳为以下10个方面。

(一)金融商品多样化

传统的金融业务是存、贷、汇,业务品种比较单一。近几十年来,新品种不断涌现。若按大类划分,就有单位存款、储蓄存款、信用贷款、抵押贷款、信托、投资、保险、租赁、债券、股票、国内及国际汇兑等,各大类下的具体品种更为丰富。其中,风行世界且在我国也可办理的有:大额可转让存单、存贷结合的信用卡、旅行支票等;另外,还有证券交易中的股票指数期货和期权交易,国际金融市场的利率互换和货币互换等。

(二)金融服务扩大化

以上各种业务当然都是金融服务,但现在的金融服务范围已扩大到代发工资,代收房租、税金、水电费等,还包括代为保管财物、代做家庭预算及收支、代办旅游签证、提供信息和咨询,以及家庭银行服务等众多项目。

(三)金融体系多元化

金融体系多元化是指不仅有中央银行、专业银行、商业银行、投资银行,且有更多的综合性银行;不仅有银行持股公司,而且有跨国银行;不仅有大的集团银行,而且有形形色色的中小银行;同时,还有众多的非银行金融机构。此外,还有一些所谓的"金融超级市场"或"金融百货商店",如美国的美林证券公司,其发展成为全面提供各种金融业务的企业,犹如超级市场一样,商品品种繁多,可以满足多种需求。

(四)金融机构多功能化

过去各种金融机构分工明确,现在逐步渗透、业务交叉。在西方国家,短期信贷银行与长期投资银行的界线逐步消失,银行办保险业务,保险公司办银行业务,金融机构逐步向综合型、多功能的方向发展。

(五)融资证券化

过去间接融资在金融交易中占主导地位,现在直接融资所占的比重逐步增大,以致出现"脱媒"现象的说法,即融资活动脱离银行这个媒介机构。过去,长期资金主要靠发行有价证券,短期资金主要靠银行贷款,现在有些国家短期资金融通也主要靠买卖有价证券进行。以美国为代表的发达国家直接融资比重已超过间接融资,而直接融资更趋向于证券化,这是当前国际金融领域中一个最深刻的变化。

(六)金融国际化

伴随商品生产和交换的国际化,金融市场也日益国际化。国际金融中心除传统的伦敦、纽约等外,一批新的国际性金融中心不断崛起,如新加坡、中国香港、巴哈马等。金融市场随着现代通信技术的发展,将全球连为一体,一天 24 小时可以进行证券外汇交易。再加上离岸金融市场(Offshore Finance Market)的不断发展,金融市场已呈现全球一体化的趋势。此外,银行的跨国兼并、收购,超大型的跨国金融集团的出现也再现了金融国际化的趋势。

(七)金融操作计算机化、网络化

金融业是最早使用计算机的产业,起初只是用作处理内部业务,之后用于票据交换、证券交易、外汇交易、信息传递,现已发展到使用自动柜员机(ATM)、零售店终端机(POS)、电子资金转账系统等。20 世纪 70 年代建立的环球银行同业金融电信协会(SWIFT),更使资金转账和信息传递形成世界范围的计算机网络。近年来,国际互联网络(Internet)和企业内部网络(Intranet)的发展,及其各大银行推出的网上银行等,使金融操作和服务已进入网络化阶段。

（八）金融业务信息化

这是指随着信息时代的到来，相当多的金融机构建立了信息管理系统、信息检索系统、数据库管理系统等。这使信息来源更为迅捷、可靠，金融业的管理水平迅速提高。

（九）金融自由化

随着世界经济全球化、一体化趋势的不断发展，不少国家放松了金融限制，有的国家还取消了各种限制，使银行和非银行金融机构从政府的严格管制下解放出来，使金融市场能够全面建立起来并健康发展，这就是金融自由化。

（十）金融作用深化

金融作用深化主要是指金融对国民经济各个部门所起的促进或阻滞作用的力度日益加强，其渗透到各行各业以及居民及非居民的范围日益扩大。在许多国家，不仅金融业工作人员要具备应有的金融理论及金融知识，而且各行各业的管理者乃至多数居民都有一定的金融意识，日益熟练和频繁地参与金融活动。人们越来越清醒地认识到金融对一国乃至对整个世界经济以及社会生活的影响及作用。

项目总结

1. 金融的概念有狭义与广义之分。狭义金融是指货币资金的融通，广义金融是指货币资金的筹集、分配、融通、运用及其管理。金融学是以广义金融作为研究问题的出发点。

2. 金融作为国民经济的重要组成部分，其本身是由多个要素构成的。金融的对象是货币，金融的运行方式是信用，金融活动的主体是所有的经济活动主体，金融的中介是银行和非银行金融机构，金融活动的场所是金融市场。

3. 金融范畴的形成与扩展是在货币与信用发展到一定程度后出现并逐步完善的。金融范畴也同时在向投资和保险等领域覆盖。

4. 金融在现代经济中发挥着重要作用，这些体现在筹资融资方面的作用，引导资金流向、优化资源配置方面的作用，对经济增长的促进作用。

5. 一国金融发展水平以及金融对经济的作用可以通过金融相关率和货币化率等指标加以衡量。

6. 当前世界金融业的发展正在经历着一场变革。这种变革表现在金融商品多样化，金融服务扩大化，金融体系多元化，金融机构多功能化，融资证券化，金融国际化，金融操作计算机化、网络化，金融业务信息化，金融自由化，金融作用深化。

项目十

货币与货币制度

案例导入

世界上最早的纸币——中国北宋时期的交子

交子是中国最早的纸币,也是世界上最早使用的纸币,最早出现在宋朝四川地区,交子的发展经历了三个阶段。

第一阶段是北宋初年,成都出现了专门为携带巨款的商人经营现钱保管业务的"交子铺户"。存款人将现金交给铺户,铺户把存款的数额写在用褚纸制作的纸卷上,然后再交还给存款人,并收取一定的保管费用,这就是最初的交子。

随着经济的发展,交子发展进入第二阶段。在这一阶段,交子的使用越来越广泛,商人们联合成立专门发行和兑换交子的交子铺,并在各地设分铺。由于铺户恪守信用,随到随取,交子的信誉越来越高,商人之间的交易越来越多地采用交子来支付货款。随着交子的广泛使用,交子铺户发现只动用部分存款,并不会危及交子的信誉,于是开始印刷有统一格式和面额的交子,作为一种新的流通手段在市场上发行,这使交子逐渐具备了信用货币的特征,成为真正的纸币。

随着交子使用范围的扩大以及影响力的增强,政府开始对交子铺户进行规范化管理,交子发展进入第三阶段。北宋景德年间(1004—1007 年)益州知州张咏选择了 16 户富商经营交子铺;天圣元年(1023 年),政府设益州交子务,以本钱 36 万贯为准备金,首届发行官交了126 万贯,准备金率约为 29%。

交子在短短数十年间从商业信用凭证发展成为官方法定货币,具备了现代纸币的各种基本要素。

(资料来源:杨武能,邱沛篁.成都大词典[M].成都:四川辞书出版社,1995.)

任务一　什么是货币

一、货币的产生

货币是商品生产和商品交换长期发展的产物。在商品交换中,人们必须衡量商品的价值,而一种商品的价值又必须用另一种商品的价值来表现,这种商品价值形式的发展经历了四个阶段,即简单的(或偶然的)价值形式、扩大的价值形式、一般价值形式和价值的货币形式。

(一)简单的(或偶然的)价值形式

在原始社会后期,随着生产力的发展,剩余产品开始出现。各部落生产的产品除了满足本身的消费需求外,还把多余的产品拿去交换。由于当时社会尚未出现大分工,这种交换只是个别的,带有偶然性质。在这种交换过程中,一种商品的价值,偶然地表现在另一种商品上,这种形式就是简单的或偶然的价值形式。

由于这种偶然性,商品价值的表现是不完善、不成熟的,也是不充分的。随着社会生产力的进一步发展,剩余产品开始增多,商品交换也不再是很偶然的了。这样,简单的价值形式便不能适应较多商品交换的需要。于是,出现了扩大的价值形式。

(二)扩大的价值形式

在扩大的价值形式中,一种商品的价值已经不是偶然地表现在某一种商品上,而是经常地表现在一系列的商品上。在扩大的价值形式中,各种商品交换的比例关系和它们所包含的社会必要劳动时间的比例关系更加接近,商品价值的表现也比在简单的价值形式中的价值表现更完整、更充分。然而,扩大的价值形式也有其弱点。首先,一种商品的价值表现仍是不完整的,在交换关系中每增加一种商品,就会增加一种表现商品价值的等价物,这样,作为等价物的商品的链条可以无限延伸;其次,一种商品的价值表现也不统一,因为作为等价物的每一种商品都可表现处于相对价值形态地位的商品的价值;最后,处于等价物地位的不同商品之间是相互排斥的关系。这样,处于相对价值形态的商品价值要获得表现,其实际交换过程可能十分复杂,效率十分低下。由于这些内在矛盾的存在,价值形式得以进一步发展。

(三)一般价值形式

在一般价值形式中,一切商品的价值都在某一种商品上得到表现,这种商品即是一般等价物。一般等价物具有完全的排他性,它拒绝任何其他商品与之并列。它拥有特殊的地位,任何一种商品只要与作为一般等价物的商品交换成功,该商品的使用价值便转化为价值;具体劳动便转化为抽象劳动;私人劳动也获得了社会的承认,成为社会劳动的一部分。作为一般等价物的商品实际上起着货币的作用,只是在一般价值形式中,担任一般等价物的商品可能不固定。

(四)价值的货币形式

随着商品生产和商品交换的不断发展,从交替地充当一般等价物的众多商品中分离出一种经常起着一般等价物作用的商品,这种特殊商品就是货币,成为表现、衡量和实现价值的工具。从货币的产生过程看,货币不是某个聪明人设计创造出来的工具,而是广大商品生产者自发的共同交往行为的结果,同时也是商品经济内在矛盾进一步发展的结果。它解决了物物交换的困难,但又使商品经济的内在矛盾进一步发展,使商品的价值和使用价值的对立表现为商品和货币的对立。

二、货币的本质

货币的根源在于商品本身,这是为价值形式发展的历史所证实了的结论。但货币不是普通的商品,而是固定地充当一般等价物的特殊商品,并体现一定的社会生产关系。这就是货币的本质的规定。

第一,货币是一般等价物。从货币起源的分析中可以看出,货币是商品,具有商品的共性,即都是用于交换的劳动产品,都具有使用价值和价值。然而,货币又是和普通商品不同的特殊商品,作为一般等价物,它具有两个基本特征:第一,货币是表现一切商品价值的材料,普通商品直接表现出其使用价值,但其价值必须在交换中由另一商品来体现,货币是作为价值的体现物出现的,在商品交换中直接体现商品的价值;第二,货币具有直接同所有商品相交换的能力,普通商品只能以其特定的使用价值去满足人们的某种需要,因而不可能同其他一切商品直接交换,货币是人们普遍接受的一种商品,是财富的代表,拥有它就意味着能够去换取各种使用价值。因此,货币成为每个商品生产者所追求的对象,货币也就具有了直接同一切商品相交换的能力。

第二,货币体现一定的社会生产关系。货币作为一般等价物,无论是表现在金银上,还是表现在某种价值符号上,都只是一种表面现象。货币是商品交换的媒介和手段,这就是货币的本质。同时,货币还反映商品生产者之间的关系。马克思指出:货币代表着一种社会生产关系,却又采取了具有一定属性的自然物的形式。商品交换是在特定的历史条件下,人们互相交换劳动的形式。社会分工要求生产者在社会生产过程中建立必要的联系,而这种联系在私有制社会中只有通过商品交换,通过货币这个一般等价物作为媒介来进行。因此,货币作为一般等价物反映了商品生产者之间的交换关系,体现着产品归不同所有者占有,并通过等价交换来实现他们之间的社会联系,即社会生产关系。

在历史发展的不同阶段,货币反映着不同的社会生产关系。货币在不同的社会制度中作为统治阶级的工具,这是由社会制度所决定的,而不是货币本身固有的属性。从货币的社会属性来看,货币反映着商品生产者之间的关系,货币是没有阶级性的,也不是阶级和剥削产生的根源。

三、货币形式的发展

货币的本质特征是不会改变的,但货币的存在形式却随着社会生产力的发展和社会的演化而不断变化。

在商品经济的初期,在等价交换的原则下,最初取得货币地位的是有一定价值的商品。金银由于其良好的自然属性而优于其他商品,长期占据着货币地位。但是金银及其他货币商品的等价地位,最终还是被信用货币所取代,这是商品经济发展的规律,也是为人类社会发展所证实了的历史事实。现代社会中,货币不再是足值的金属货币,而是代替金属货币充当流通手段和支付手段的信用票据。信用货币是货币的较高发展形式。信用货币的最显著的一个特征是它作为商品的价值与其作为货币的价值是不相同的。信用货币是不可兑现的,它只是一种符号,通过法律确定其偿付债务时必须被接受,即法偿货币。随着现代科学技术日新月异,计算机的广泛应用,也必然推动货币向新形式转变。电子货币的发展预示着一种全新的货币形式将取代通货和活期存款等传统意义上的货币,执行货币的各项职能。

任务二 货币的职能

一、价值尺度

货币在表现和衡量商品价值时,执行着价值尺度职能。执行价值尺度的货币本身必须有价值;货币是商品,具有价值,因此能够充当商品的价值尺度。

货币执行价值尺度时,商品价值的货币表现就是价格。由于各种商品的价值大小不同,用货币表现的价格也不同。为了便于比较,就需要规定一个货币计量单位,称为价格标准。价值尺度与价格标准是两个完全不同的概念。首先,货币作为价值尺度是代表一定量的社会劳动,来衡量各种不同商品的价值;而货币作为价格标准,是代表一定的金属量,用来衡量货币金属本身的量。其次,货币作为价值尺度是在商品交换中自发形成的,它不依赖于人的主观意志,是客观的;而价格标准是人为的,通常由国家法律加以规定。最后,货币作为价值尺度,它的价值随着劳动生产率的变动而变动;而价格标准是货币单位本身金属的含量,是不随劳动生产率的变动而变动的。价值尺度与价格标准有着密切的联系,货币的价值尺度依靠价格标准来发挥作用。因此,价格标准是为价值尺度职能服务的。

二、流通手段

货币在商品交换过程中发挥媒介作用时,便执行流通手段职能。

一方面,货币作为流通手段,改变了过去商品交换的运动公式。在货币出现前,商品交换采取物物交换的形式,即 $W—W$,货币出现后,商品交换分为卖和买两个环节,即 $W—G$ 和 $G—W$,货币这个媒介的出现,使原来物物交换多了许多局限性。另一方面,货币发挥流通手段职能,也使商品生产者之间的社会联系和商品经济的内在矛盾更加复杂化了。

货币流通是指货币作为购买手段,不断地离开起点,从一个商品所有者手里转到另一个商品所有者手里的运动。它是由商品流通所引起的,并为商品流通服务。商品流通是货币流通的基础,货币流通是商品流通的表现形式。同时,货币流通又有着不同于商品流通的特点。商品经过交换以后就进入消费领域,或作为生产性消费,或作为生活性消费,从而退出流通界。货币在充当一次交换的媒介后又去充当另一次交换的媒介,经常留在流通领域中不断地运动。流通中所需的货币量取决于三个因素:①待流通的商品数量;②商品价格;③货币流通速度。它们之间有如下的关系:

$$货币作为流通手段的必要量 = \frac{商品价格总额}{货币流通速度}$$

$$= \frac{商品价格 \times 待流通的商品数}{货币流通速度}$$

流通中所需要的货币量取决于待流通的商品数量、商品价格和货币流通速度这一规律,是不以人的意志为转移的。凡是有商品货币交换的地方,这一规律就必然会起作用。

三、贮藏手段

在交换的初期阶段,产品的主要部分是为自己消费,所以当时货币执行贮藏手段的目的是用货币形式来保存剩余产品。在商品经济还不够发达的情况下,商品生产者并不一定能够在需要货币购买其他商品时顺利地卖掉自己的商品,因此为了避免市场的自发性导致的风险,生产者会有意识地积累货币,使再生产得以顺利进行。随着商品经济的发展,在私有制社会里,货币在社会上的影响增大,它代表着绝对的物质财富,从而人们在求金欲的驱使下贮藏货币。

在足值的金属货币流通的情况下,货币作为贮藏手段,具有自发调节货币流通的作用,当流通中的货币量大于商品流通所需要的货币量时,多余的货币会退出流通领域;当流通中所需要的货币量不足时,贮藏货币会重新加入流通。贮藏货币就像蓄水池一样自发地调节着流通中的货币量,使它与商品流通相适应。因此,在足值的金属货币流通条件下,不会发生通货膨胀现象。货币的贮藏手段是以金属货币为前提的,即只有在金属货币流通的条件下,货币才能自发地进出流通领域,发挥蓄水池的作用。当今世界大多数国家已经废除了金属货币的流通,普遍采用了信用货币。如果通货膨胀水平较低,并且预期通货膨胀水平也很低,信用货币是可以被"贮藏"起来的,但这种暂留在居民手中的货币不是贮藏货币,它仍是计算在市场流通量之中的。这样,信用货币也就不能自发地调节流通量中的货币量,贮藏手段职能实际上也就不存在了。

四、支付手段

在货币执行流通职能时,商品交换要求一手交钱、一手交货,而作为支付手段,价值的单方面转移是其特征。支付手段的产生源于商业信用的产生。在较发达的商品经济条件下,在商品生产循环和周转中,某些商品生产者会出现资金周转多余或不足的情况,为使再生产得以顺利进行,就相应产生了商品赊销、延期付款等信用方式。此外,商品的供求状况也影响着商品的信用方式。当赊购者偿还欠款时,货币就执行支付手段职能。

货币执行支付手段职能,最初主要是为商品流通服务,用于商品生产者之间清偿债务。随着商品生产的发展,货币的支付手段职能已超出了商品流通领域,扩展到其他领域,如工资、佣金、房租等。随着信用制度和科学技术的发展,货币支付手段职能虽然不断扩大,但其扩展的广度和深度仍受商品流通发展的程度所制约。

在货币执行支付手段的职能中直接产生了信用货币。信用货币是代替金属货币充当流通手段和支付手段的信用证券,如期票、汇票、支票等。在货币执行支付手段职能的情况下,由于赊销商品的部分当时不需支付货币,再加之债权债务关系相互抵销等因素,都会影响一定时期内市场对货币流通的需要量。这样,货币流通规律的公式为:

$$货币流通必要量 = \frac{商品价格总额 - 赊销商品价格总额 + 到期支付总额 - 相互抵销的支付总额}{货币流通速度}$$

五、世界货币

世界货币只能是以重量直接计算的贵金属,而铸币和纸币是国家依靠法律强制发行,只能在国内流通的货币,不能真实地反映货币具有的内在价值。

货币执行世界货币的职能主要表现为三个方面:第一,作为国家间一般的支付手段,用以平衡国际收支差额,这是世界货币的主要职能;第二,作为国家间一般的购买手段,用以购买外国商品,作为购买手段的货币在此时当作货币商品与普通商品相交换;第三,作为国际财富转移的一种手段,比如战争赔款、输出货币资本等。

世界货币的职能也是以贵金属为条件的。理论上,信用货币由于没有内在价值或其价值可以忽略,是不能够执行世界货币的职能的。在当代,一些西方发达国家的信用货币,成为世界上普遍接受的硬通货,实际上发挥着世界货币的职能。世界上各国都把这些硬通货作为本国储备的一部分,并用来作为国家间的支付手段和购买手段。这一方面是因为发行这些硬通货的国家经济发达,国力强大,国际政治经济地位较高,因此其货币也较坚挺、有保障;另一方面也是国际金融发展的结果,近几十年来,欧洲美元市场、离岸金融业务发展,也促进了这些信用货币的全球化。

货币的五种职能并不是各自孤立的,而是具有内在联系的,每一个职能都是货币作为一般等价物的本质的反映。其中,货币的价值尺度和流通手段职能是两个基本职能,其他职能是在这两个职能的基础上产生的。所有商品首先要借助于货币的价值尺度来表现其价格,然后才通过流通手段实现商品价值。正因为货币具有流通手段职能,随时可购买商品,货币能作为交换价值独立存在,可用于各种支付,所以人们才贮藏货币,货币才能执行贮藏手段的职能。支付手段职能是以贮藏手段职能的存在为前提的。世界货币职能则是其他各个职能在国际市场上的延伸和发展。从历史和逻辑上讲,货币的各个职能都是按顺序随着商品流通及其内在矛盾的发展而逐渐形成的,从而反映了商品生产和商品流通的历史发展进程。

任务三　货币制度的形成和演变

一、货币制度的形成

货币制度是指一个国家以法律形式规定的货币流通的组织形式,简称币制。货币制度是随着资本主义经济制度的建立而逐步形成的。随着商品经济的发展变化,货币制度也不断演变。

在前资本主义时期,金属货币流通在相当时期内占有重要地位。世界各国曾先后出现了铸币。最初铸币有各种各样的形状,并且由于自然经济情况和政治上的割据,造成铸币权分散,铸币成色和质量的不统一,极大地妨碍了商品交换的进一步发展。同时,统治阶级利用铸币的铸造发行权,有意识地不断减轻铸币质量,降低成色,使铸币的实际价值和名义价值相脱离,从而造成变质。

由于铸币流通的分散性和变质性,前资本主义社会的货币流通极为混乱。货币流通的混乱又使正确计算成本、价格、利润和广泛建立信用联系发生困难,不利于资本主义生产和流通的发展。为了清除这种障碍,资产阶级在取得政权后先后颁发了有关货币流通的法令和规定,改变了货币流通的混乱状况;在实施各种法令和法规的过程中逐步建立了统一的、完整的资本主义货币制度。

二、货币制度的演变

资本主义国家在其历史发展过程中,货币制度的发展变化经历了银本位制、金银复本位制、金本位制和不兑现的信用货币制度四大类型。

(一)银本位制

银本位制是指以白银为本位货币的一种货币制度。在货币本位制的演变过程中,以银本位为最早。在银本位制下,以白银作为本位币币材,银币是无限法偿货币,其名义价值与实际含有的白银价值是一致的。银本位分为银两本位与银币本位。在银本位制盛行的时代,大多数国家实行银币本位,只有少数国家实行银两本位。例如中国于1910年宣布实行银本位制,但实质上是银元与银两混用,直到1933年废两改元,才实行了银元流通。

(二)金银复本位制

金银复本位制是指以金和银同时作为币材的货币制度。在这种制度下,金银两种铸币都是本位币,均可自由铸造,两种货币可以自由兑换,并且两种货币都是无限法偿货币。复本位制盛行于资本主义原始积累时期(16—18世纪)。在这一历史阶段,商品生产和流通进一步扩大,对银和金的需求量都大幅增加。由于银价值小,因此适合小额交易;金的价值大,适合于逐渐多起来的大额交易。同时,金的供给量也由于人工开采的增加而增加,使金银复本位替代银本位成为可能。

复本位制按金银两金属的不同关系又可分为平行本位制、双本位制和跛行本位制。

1. 平行本位制

这是金银两种货币均各按其所含金属的实际价值任意流通的货币制度。国家对金银两种货币之间的兑换比例不加固定,而由市场上自发形成的金银比价自行确定金币与银币的比价。

2. 双本位制

这是金银两种货币按法定比例流通的货币制度,国家按照市场上的金银比价为金币和银币确定固定的兑换比率。双本位制以法定形式固定金币与银币的比价,其本意是为了克服平行本位制下金币与银币比例的频繁波动的缺陷。但事与愿违,这样反倒形成了国家官方金银比价与市场自发金银比价平行存在的局面,而国家官方比价较市场自发比价显然缺乏弹性,不能快速依照金银实际价值比进行调整。因此,当金币与银币的实际价值与名义价值相背离,从而使实际价值高于名义价值的货币(即良币)被收藏、熔化而退出流通,实际价值低于名义价值的货币(即劣币)则充斥市场,即所谓的"劣币驱逐良币",这一规律又称"格雷欣法则"。

3. 跛行本位制

这是指国家规定金币可自由铸造而银币不允许自由铸造,并且金币与银币可按固定的比例兑换。实际上,银币已经降到了金币附属的地位,因为银币的价值通过固定的比例与金币挂钩;而金币是可以自由铸造的,其价值与本身的金属价值是一致的。因此,严格意义上看,跛行本位制只是由复本位制向金本位制过渡的一种中间形式而已。

(三)金本位制

金本位制是指以黄金作为本位货币的货币制度。其主要形式分为三种:金币本位制、金块本位制和金汇兑本位制。

1. 金币本位制

所谓金币本位制,是以黄金为货币金属的一种典型的金本位制。其主要特点有三个。

①金币可以自由铸造、自由熔化。

②流通中的辅币和价值符号可以自由兑换金币。

③黄金可以自由输出输入。

英国于 1816 年 5 月最早实行金币本位制,之后欧洲其他国家也纷纷效仿,而美国到 1900 年才实行金币本位制。在 20 世纪初,西方主要资本主义国家大多实行了金币本位制,从历史上看,金币本位制对于各国商品经济的发展、世界市场的统一都起到了重大的推动作用,其稳定的货币自动调节机制无疑是高效率的。但随着资本主义社会固有矛盾的加深和世界市场的进一步形成,金币本位制的基础受到了严重的威胁,并最终导致了金币本位制的终结,金块本位制和金汇兑本位制相继出现了。

2. 金块本位制

金块本位制是指没有金币的铸造和流通,而由中央银行发行以金块为准备的纸币流通货币制度。它与金币本位制的区别有:第一,金块本位制以纸币或银行券作为流通货币,不再铸造、流通金币,但纸币或银行券仍是金单位,规定含金量;第二,金块本位制不再像金币本位制那样实行辅币和价值符号同黄金的自由兑换,规定黄金由政府集中储存,居民可按本位币的含金量在达到一定数额后兑换金块,例如英国 1925 年规定银行券一次至少兑换 400 盎司的金块,这样高的限额对于大多数人是达不到的。英国、法国、荷兰、比利时等国在 1924—1928 年实行了金块本位制。

3. 金汇兑本位制

它是指以银行券作为流通货币,通过外汇间接兑换黄金的货币制度。它与金块本位制有相同点:货币单位规定含金量,国内流通银行券,没有铸币流通;但它规定银行券不能兑换黄金,可换取外汇。本国中央银行将黄金与外汇存于另一个实行金本位制的国家,允许以外汇间接兑换黄金,并规定本国货币与该国货币的法定比率,通过固定价买卖外汇以稳定币值和汇率。实行金汇兑本位制的国家实际上是使本国货币依附在一些经济实力雄厚的外国货币上,处于附庸地位,从而货币政策和经济都受这些实力强的国家的左右。同时,附庸国家向其大量提取外汇准备或兑取黄金也会影响后者的币制稳定。

无论是金块本位制还是金汇兑本位制,都没有金币的流通,从而失去了货币自动调节流通需要量的作用,币值自动保持相对稳定的机制也不复存在。在 1929—1933 年的世界性资本主义经济危机后,金本位制也就被不兑现的信用货币制度所代替,从而为国家干预调节经济提供了一个十分有力的机制。

(四)不兑现的信用货币制度

不兑现的信用货币制度是指以不兑换黄金的纸币或银行券为本位币的货币制度。银行券开始是有黄金和信用双重保证的,可以兑换黄金、白银,但在金本位制全面崩溃以后,流通中的银行券不再兑换金银,这时,银行券已完全纸币化了。不兑现的纸币一般是由中央银行发行,国家法律赋予无限法偿能力。流通中全部是不兑现的纸币,黄金已经不用于国内流通。由于纸币与黄金毫无联系,货币的发行一般根据国内的经济需要由中央银行控制。此时,政府不再只是经济运行的守夜人、旁观者,而是可以利用纸币发行、流通来调节干预经济的参与者、操纵者,第二次世界大战后资本主义世界中只靠亚当·斯密所说的市场这只"看不见的手"来引导经济运行的国家几乎没有。不兑现的信用货币制度也是一把双刃剑,使国家获得干预经济的手段的同时,也使通货膨胀成为可能并且不时困扰着资本主义世界。

课外拓展

中国的货币制度

一、中国古代的货币制度

中国最古老的金属铸币是铜铸币,其形制有"布""刀"和铜贝(通常称为"蚁鼻钱")等,到战国中期,在"刀"和"布"流行地区,特别是在秦国,开始大量流通圜钱。圜钱是铜铸的圆形铸币,有方形和圆形两类,圆形方孔的"秦半两"在中国铸币史上具有重要地位。秦始皇奉重农抑商为国策,其货币在体现财政意志的同时,又附着于小农经济格局之上。也就是说,货币成为既体现财政意志和超经济性,又体现小农经济要求的特殊材料。货币分为两等:黄金与铜钱。前者与封建上层消费相契合,后者与小农经济相匹配,从而呈现贵金属货币与铜本位币并行发展的历史现象。汉武帝时期建立了"五铢钱"制度(1 铢 = 1/24 两),自汉朝至隋朝行用了 700 多年。唐朝开始整顿币制,用"开元通宝"代替了原来的"五铢钱",一直沿用至清代。

二、中国近代的货币制度

在中国流通银元之前,历史上没有金银铸币广泛存在的记载。宋代开始白银大量流入中国,当时以称量货币流通,计价单位为"两"。银铸币在明代开始大量流入并流通。清朝的币制大体上还是沿用了历代遗规,采用银钱本位制度,小数用铜钱,大数用白银,铜钱和银两的比值维持千文一两的比价,随时增减钱的质量,以维持银和钱的市场比价。后来,鸦片战争爆发以及国内经济的发展困境,使银钱双本位制受到了巨大冲击。

从鸦片战争开始,银元广泛流通和使用,其中流通最多的是墨西哥的鹰洋。外国银元的流入对中国经济产生了巨大影响:一方面,扰乱了中国的货币制度,侵犯了中国货币发行权;另一方面,使国内大量的经济利益流到国外。到了晚清时期,清政府开始自己铸造银元,最初是印有龙图案的龙洋。龙洋有大小银元之分,大银元是一元银元,称为大洋;小银元是银角,又称小洋。宣统二年(1910 年),清政府颁布了《币制则例》,规定主币为面值一元、库平七钱二分的银币,辅币为面值小的银币、镍币和铜币。但由于不久后清政府被推翻,因此该条例并未被执行。

清后期随着经济的发展,民间钱庄、银铺票号等信用机构出于汇兑便利以及携带方便等考虑,各自发行了银票等信用货币,这是一个很大的进步。清末也出现了中国的近代银行,如中国通商银行、户部银行等。

北洋政府时期的货币制度仍然是混乱无序的,铸造印有袁世凯头像的银元,并颁布《国币条例》确定银元为国币,大量铸造;纸币大量发行,但发行权极度分散,纸币贬值严重。

1927 年国民政府建立,开始了废两改元以及法币改革。为了顺利推行废两改元政策,政府将中央银行、中国银行、交通银行合并成立上海银元银两兑换委员会,专司兑换事宜,并于 1933 年规定银两交易非法。

三、人民币货币制度

中国的法定货币人民币,于 1948 年 12 月 1 日由中国人民银行开始发行。人民币主币为元,是经济生活中进行计价和结算的货币单位。当前流通的人民币主币有 1 元、5 元、10 元、20 元、50 元、100 元,辅币为角和分。分、角、元均为 10 进制。人民币的符号为"¥"。人民币是不兑现的信用货币,由中国人民银行统一发行。70 多年来,人民币的发行、流通与稳定为中国经济、金融发展做出了重要的贡献。

任务四　货币的层次和衡量

一、货币的层次

由于货币在现代经济中扮演着极其重要的角色,如何定义货币,不仅具有理论意义,更具有现实意义。现代经济中,各种信用工具和流动资产纷纷涌现,种类繁多,比如通货、活期存款、定期存款、存单等,各自都有一定程度的"货币性",究竟哪一类或哪一组合信用工具,才应视作货币,以及货币供应量所包括的范围应如何确定,都需加以界定。

目前,大多数经济学家都认为应根据金融资产的流动性来定义货币,确定货币供应量的范围。所谓金融资产的流动性,也称"货币性",指一种金融资产能迅速转换成现金而对持有人不发生损失的能力,也就是变为现实的流通手段和支付手段的能力,也称变现力。

根据金融资产的流动性来划分不同层次的货币供应量,但究竟流动性多大才算货币,多小又不算货币,经济学家们有不同的观点。

一种主张认为,货币的主要职能是交换媒介和支付手段,主张把货币的外延(范围)只限于流通中现金和商业银行体系的支票存款的总和,这就是狭义的货币供应量 M_1,即:

$$M_1 = 流通中现金 + 商业银行体系的支票存款$$

这种观点的理论基础是,只有流通中现金和支票存款才是普遍为人们所接受的交换媒介或支付手段,即交易成本最低的交换媒介。

另一种看法认为,货币也具有贮藏手段的职能,是"购买力的临时储存",很容易变成现金。这样,商业银行体系中的储蓄存款和定期存款,当然也是货币,应计算在货币供应范围内,从而得到了广义的货币 M_2,即:

$$M_2 = M_1 + 商业银行的定期存款和储蓄存款$$

第三种观点认为,现代货币经济社会中,商业银行之外还存在着各种专业银行和接受存款的金融机构,如信用合作社、邮政储蓄系统等,这些非银行性金融机构不能接受支票存款,但能接受储蓄存款和定期存款,这些金融机构的存款与商业银行的定期存款及储蓄存款没有本质区别,都具有较高的货币性,从而货币供应量扩大为 M_3,即:

$$M_3 = M_2 + 其他金融机构的储蓄存款和定期存款$$

第四种观点认为,在金融市场高度发达的情况下,各种短期的流动资产,如国库券、人寿保险公司保单、承兑票据等,它们在金融市场上贴现和变现的机会很多,都具有相当程度的流动性,与 M_3 只在程度上略有不同,并无本质上的区别。因此,应把它们也纳入货币供应量中,由此得到 M_4,即

$$M_4 = M_3 + 其他短期流动资产(如国库券、银行承兑汇票、商业票据等)$$

各国具体的货币层次划分是不断变化的,没有一个货币量定义能符合整个时期的情况或为所有人同意的。国际货币基金组织有其划分货币层次的方法,美国也在不同经济发展时期公布货币量计算指标。

中国人民银行为保证"保持货币稳定,并以此促进经济增长"这一货币政策最终目标的实现,决定把货币供应量作为我国货币政策中介目标之一,并从 1994 年开始正式确定货币供应量指标。

二、货币层次划分的意义

迄今为止,关于货币供应量层次的划分并无定论,但根据资产的流动性来划分货币供应量层次,已为大多数国家所接受。不管怎样,狭义货币供应量 M_1 的基本内容已被各国普遍接受。

货币是引起经济变动的一个因素,随着经济的发展,货币与经济的联系日益密切,货币供求的变化对国民经济的运行产生着重大的影响。调控货币供应量,使其适应经济发展的需要,已成为各国中央银行的主要任务,可见,对货币供应量层次的划分具有重要的意义。通过对货币供应量指标的分析,可以观察分析国民经济的变动,考察各种具有不同货币性的资产对经济的影响,并选定一组与经济的变动关系最密切的货币资产,作为中央银行控制的重点,有利于中央银行调控货币供应,并及时观察货币政策的执行效果。

项目总结

1. 货币是商品生产和商品交换长期发展的产物。在商品交换的历史长河中,历经价值形式的演进,从商品中分离出一种充当一般等价物的特殊商品,这就是货币。

2. 货币是一般等价物这个本质特征表明,货币是表现一切商品价值的材料,是商品世界唯一用来核算社会劳动的工具;货币具有特殊的使用价值,即无条件地和一切商品直接交换的能力。货币的这种本质特征是不会改变的,否则就不称其为货币,但货币存在的形式是随着商品经济的发展不断变化的。

3. 货币的职能是货币本质的具体表现,是随着商品流通及其内在矛盾的发展而逐渐形成的。货币具有价值尺度、流通手段、贮藏手段、支付手段和世界货币等职能。其中价值尺

度和流通手段是两个基本职能,其他职能是在这两个职能的基础上产生的。

4.货币制度是一个国家以法律形式规定的货币流通的组织形式,货币制度的演变反映了商品经济的发展变化。

5.货币是引起经济波动的一个因素,货币供求变化对国民经济的运行有重大影响。调控货币供应量,使其适应经济发展的需要,已成为各国中央银行或货币当局的主要任务。对货币供应量层次的划分具有重要的现实意义。

项目十一

信用与利率

案例导入

庞氏骗局

"庞氏骗局"源自一个名叫查尔斯·庞兹（Charles Ponzi）的美国人。他在第一次世界大战刚刚结束时，对外宣称投资于欧洲的某种邮政票据可以赚大钱，并承诺所有的投资在45天之内都可以获得50%的回报。在第一批投资者如期拿到承诺的回报后，投资者就如潮水般加入，直到最后崩盘。

最新的类似"庞氏骗局"的诈骗案是麦道夫案。2009年6月30日纽约地方法院的法官判处这位制造了美国历史上最大金融诈骗案的犯罪嫌疑人150年的监禁，并处1710亿美元罚款。法院同时宣布没收麦道夫约8亿美元的个人全部财产及其夫人自称拥有的8000万美元。其中包括麦道夫所拥有的位于曼哈顿的价值700万美元的公寓、在佛罗里达的100万元的房产和一艘价值220万美元的游艇等固定资产，这些固定资产将会被尽快拍卖。

法官认为麦道夫给投资者造成了至少数百亿美元的直接损失和更大的间接损失。因此，麦道夫被判入狱150年具有重大象征意义，将对那些有意从事此道的犯罪分子起到震慑作用。

（资料来源：证券时报，2021-04-16）

任务一　信用的产生与发展

一、信用的产生

商品货币关系的发展，产生了货币的支付手段职能。商品的买卖能够做到钱货不必两清，即赊购赊销，因此形成商品卖出者的债权和商品买入者的债务，信用也就由此而产生。随着商品经济的进一步发展，货币在经济生活中的作用日益强大，有些人急需货币用以赚取利润，而另有一些人则手头积有货币，需要寻找有利的机会获得增值，这种货币余缺的存在和双方经济利益的不同决定了货币借贷的出现。以前的货币流通手段的价值运动形式为 $W—G$、$G—W$，而在货币借贷的信用关系中，货币的运动形式是 $G—G'$，即货币因为信用关系而获得增值。因此,信用是价值运动的一种特殊形式。

二、信用的发展

信用依次经历了高利贷信用、资本主义信用和社会主义信用三个发展阶段。

(一)高利贷信用

高利贷资本是通过放贷货币或实物获得高额利息的一种生息资本。高利贷信用就是高利贷资本的运动形式。它最早产生于原始社会解体时期。那时,私有制已经出现,原始公社内部发生了贫富分化现象,富裕家族占有大量财富,贫困家族为了生产和生活的需要,不得不向富裕家族借债,这就给高利贷的产生和发展创造了条件。另外,随着商品经济的发展,一部分劳动产品已经转化为商品,货币的各种职能特别是支付手段职能有了一定的发展,高利贷于是就出现了。高利贷在奴隶社会和封建社会得到广泛的发展,这是因为商品经济不发达和小生产是其赖以存在的经济基础。马克思指出:高利贷资本作为生息资本的具有特征的形式,是同小生产、自耕农和小手工业主占优势的情况相适应的。由于小生产者的经济地位极不稳定,经不起意外事件的打击,天灾人祸都会使小生产者陷入困境,若不向高利贷者借债就无法生存下去,因此小生产者的大量存在,构成了对高利贷的稳定需求,是高利贷生存和发展的催化剂。此外,一些奴隶主和封建主为了满足他们政治上或生活上的需要,有时也向高利贷者借债。总之,前资本主义的政治经济条件决定了高利贷的产生和发展。

(二)资本主义信用

随着资本主义信用组织的出现,资本主义信用代替了高利贷信用。借贷资本是区别于高利贷资本的另一种生息资本。所谓借贷资本,是拥有闲置货币资本的资本家把他的这部分货币资本以信用形式暂时借给那些需要货币资本的资本家使用,并在一定时期以后连本带利收回。这样,这些闲置的货币资本就变成了借贷资本。从资本来源看,借贷资本主要来源于货币资本家,此外还包括社会各阶层的部分货币收入。从用途上看,借贷资本主要用于生产更多的剩余价值。

在资本主义经济中,信用具有双重作用。它一方面促进了资本主义经济的迅速发展;另一方面也加深了资本主义生产方式所固有的矛盾,为社会主义生产方式取代资本主义生产方式创造了物质条件。信用促进资本主义经济发展主要表现在以下三点。

第一,信用促进了资本的再分配和利润率的平均化。国民经济的迅速发展,靠的是各部门的协调发展。在资本主义社会,就是通过资本自发转移来实现的。资本总是从利润率低的行业向利润率高的行业流动,以保证资本家获得最大的利润,然而资本并不是能够完全自由流动的,如资本受其固定在特定的自然形态的限制,同时也受资本家手中所掌握的数量的限制。信用的出现,使这些限制都不复存在,从而使资本主义经济能够较为迅速地发展。

第二,信用节省了流通费用,加速了资本的周转。各种信用流通工具可以代替现金流通,又可以使一些债务债权互相抵销,这样节约了现金的流通,从而也节约了现金流通有关的各项费用。信用的发展加速了商品的销售,从而提高了全社会的资本利用效率。

第三,信用加速了资本的集中和积累。资本主义银行的出现,对于资本主义信用的发展具有巨大的推动作用。大的职能资本家信誉好,还款有保证,因此银行总愿意向其提供贷款。这样,资本就逐渐集中到大职能资本家那里。另外,银行还可以把分散的、小额的资本集中起来,成为巨额的货币资本,再通过信用投入到生产中去,从而克服了资本家个人力量积累资本需要较长时间的限制,加速了资本的积累。

资本主义信用虽然促进了资本主义生产的发展,但同时也加剧了资本主义的基本矛盾,为资本主义过渡到社会主义准备了物质条件。第一,信用使社会财富越来越多地为少数资本家所掌握,使生产社会性与资本主义私人占有之间的矛盾更加尖锐。第二,信用由于其盲目性加剧了资本主义各生产部门间的不平衡。在经济繁荣的时期,资本家就会大量利用银行信用,投入到高额利润的生产部门中去,使这些部门大规模膨胀,而其他部门可能会由于投资减少而缩减,从而导致资本主义各部门之间不平衡性进一步加剧。第三,信用可以造成虚假繁荣。信用使买方不用立即付款,因此当商品生产已经过剩时,仍会出现对商品的需求,从而造成虚假繁荣,使本来已经过剩的生产继续盲目发展,从而可能导致经济危机的爆发。

(三)社会主义信用

由于社会主义社会中依然存在着商品和货币,因此信用仍有存在的必要。所谓社会主义信用,是指社会主义经济中借贷资金的运动形式。社会主义信用体现着社会主义的生产关系,摒弃了资本剥削和寄生的性质。但就信用的基本特征来说,社会主义信用仍然是一种借贷关系,是以偿还为条件的价值运动形式。因此,其运动形式与借贷资本的运动形式是完全相同的。

总之,从信用发展的历史进程可以看出,信用作为商品经济的重要组成部分,总是受特定的生产方式所制约,同时又反映着一定的生产关系并为其服务。在当代较发达的商品经济中,信用发挥的作用越来越大。信用虽然产生于商品流通,但其本身却从属于分配范畴,信用造成了价值的单方面转移,是价值量的再分配。当然,这样的分配同企业分配和财政分配相比,是临时的短期的再分配,并且具有偿还性。也正是因为这些特点,信用分配可以改变原有资金的用途,积少成多、继短为长,变消费基金为积累基金,极大地促进了社会生产的发展。另外,信用的价值单方面转移的特点造成了货币资金所有权与使用权的分离,从而能够使有限的资金投入到效益好、发展快,对国民经济促进作用大的产业中去;同时,国家可以通过对银行信用的控制,调节货币的投放量,从而采取反经济周期的措施,保证货币流通与商品流通相适应,实现宏观经济协调稳定的发展。

任务二　信用形式与信用工具

一、信用的基本形式

信用的基本形式有商业信用、银行信用、国家信用、消费信用、租赁信用、国际信用等。

(一)商业信用

商业信用是企业之间在买卖商品时,以延期付款形式或预付货款等形式提供的信用。

1. 商业信用的必要性

随着商品经济的发展,社会化大生产使企业与企业之间的联系日益紧密。在产业资本循环过程中,各个企业相互依赖,但它们在生产时间和流通时间上往往存在着不一致的问题,这样就可能造成有些企业的商品积压卖不出去,而有些企业虽急需该商品但无钱购买,造成极大的损失。因此,以延期付款形式提供的商业信用便出现了,这样,卖方可以向买方提供该商业信用,使后者能够顺利地实现商品的增值,卖方的利益也就可以得到实现。通过这种企业间相互提供的商业信用,整个社会的再生产得以顺利进行。另外,商业信用还与商业资本的存在和发展有着直接联系。

2. 商业信用的特点

商业信用有以下三个主要特点:第一,商业信用所提供的资本是商品资本,仍处于产业资本循环过程中,仍是产业资本的一部分;第二,商业信用体现的是工商企业之间的信用关系,它是工商企业间互相提供的信用,授信的债权人和受信的债务人都是直接参加生产、流通的工商企业;第三,商业信用与产业资本的变动是一致的。

3. 商业信用的局限性

从商业信用产生的必要性和其特点可知,它主要的局限性表现在:第一,商业信用的规模受工商企业所拥有的资本量的限制;第二,商业信用具有严格的方向性,商业信用提供的商品只能由生产该商品的部门向需要该商品的部门提供,而不能反过来;第三,商业信用具有对象上的局限性,工商企业一般只会向与自己有经济业务联系的企业发生商业信用关系,否则就没有必要也不可能发生信用关系。

(二)银行信用

银行信用是银行以货币形式提供给工商企业的信用。它是现代信用经济中的重要形式,是在商业信用基础上产生并发展起来,并克服了商业信用的局限性。

1. 银行信用的特点

随着经济的进一步发展,商业信用的局限性使其日益不能满足商品经济的需要。银行信用应运而生,具有以下特点:第一,从资本类型上看,银行信用中贷出的资本是以货币形态提供的,不从属于产业资本循环中的商品资本阶段,而是从产业资本循环中独立出来的货币资本;第二,银行信用是一种间接信用,它是以银行及其他金融机构为中介,以货币形式对社会提供的信用;第三,银行信用与产业资本的变动是不一致的,由于银行信用贷出的资本是独立于产业资本循环的货币资本,其来源除了工商企业外还有社会其他方面,因此银行信用的动态同产业资本的动态保持着一定的独立性。

2. 银行信用与商业信用的关系

银行信用克服了商业信用的局限性,扩大了信用的范围、数量。近几十年以来,银行信用不断发展,借贷资本逐渐集中在大银行手中,后者又为大垄断组织服务,促进了银行资本与产业资本的结合。

虽然银行信用成了当代经济中信用的主要形式,它却不能完全代替商业信用。商业信用不但先于银行信用存在,还是银行信用发生和发展的基础,一些银行信用业务,如票据贴现、票据抵押贷款等,都是在商业信用的基础上进行的。

(三)国家信用

国家信用是以国家为主体进行的一种信用活动。国家按照信用原则以发行债券等方式,从国内外货币持有者手中借入货币基金。因而国家信用是一种国家负债。

1. 国家信用的形式

按信用资金来源分,国家信用包括国内信用和国际信用两种。国内信用是指国家通过发行公债向国内居民、企业取得信用、筹集资金的一种信用形式,它形成国家的公债。国际信用是指国家向外国政府或国际金融机构借款以及在国外金融市场上发行国外公债,向国外居民、企业取得信用、筹集资金的一种信用形式,它形成国家的外债。

2. 国家信用的用途

国家信用是国家作为债务人进行的一种信用活动。资本主义国家政府利用国家信用所筹措的资金,主要用于非生产性开支,不能创造出用来偿还债务及支付利息的资金来源,只有依靠增加税收来偿还债务,纳税负担最终落到劳动人民身上。社会主义国家同样存在国家信用,但其用途主要是补充财政资金的不足,从而确保其职能实现。

(四)消费信用

消费信用是由商业企业、商业银行以及其他信用机构以商品形态向消费者个人提供的信用。在当代商品经济中,消费信用发展迅速,它旨在解决消费者支付能力不足的困难,通过提供消费信用使消费者需求提前实现,达到推销商品的目的。

消费信用可以直接采取商品形态,由商业企业直接向消费者提供所需的消费品;也可以采取货币形态,由商业银行和其他信用机构向消费者提供贷款,再由消费者利用所得的贷款购买所需要的消费品或支付劳务费用。分期付款和信用卡业务属于前者,即消费信用采取商品形态。

(五)租赁信用

租赁信用是指租赁公司或其他出租者将其租赁物的使用权出租给承租人,并在租期内收取租金、到期收回租赁物的一种信用形式。现代租赁主要有经营性租赁、融资性租赁和服务租赁。

经营性租赁是指出租人将自己经营的设备或用品出租的租赁形式,目的在于对设备的使用。租期期满后,租赁物由出租人收回,承租人没有购买的权利。融资性租赁是出租人按承租人的要求购买租赁物,然后再出租给承租人使用的一种租赁形式。由于这种租赁具有对承租人融资的性质,因此称为融资性租赁。服务租赁,又称维修租赁。出租人负责提供租赁物的保养、维修、配件供应以及培训技术人员等服务。

(六)国际信用

国际信用是国与国之间相互提供的信用。在国际信用中,授信国往往通过借贷资本的输出来推动商品输出,从而实现利润;而受信国则希望利用外资,购买所需商品来促进本国经济的发展。国际信用主要形式有:出口信贷、银行信贷、政府信贷、国际金融机构信贷等。

出口信贷是指出口国银行对出口贸易所提供的信贷,以促进本国商品的出口。银行信贷是进口商为从国外引进先进技术设备而从外国银行(或银团)取得的贷款。政府信贷是国家间一主权国家政府对另一主权国家政府提供的信用。国际金融机构信贷主要指国际货币基金组织、国际开发协会、世界银行、国际金融公司等国际金融机构所提供的信用。

二、信用工具

信用工具指用来证明债权债务关系的书面凭证,主要信用工具有以下五种。

(一)商业票据

商业票据是以商业信用进行交易时所开出的一种证明债权债务关系的书面凭证。商业票据分为商业本票(又叫商业期票)和商业汇票。

(二)支票

支票是以银行为付款人的即期汇票。支票的出票人必须在付款银行拥有存款,并且签有支票协议。因此,支票是由银行的支票存款储户根据协议向银行开立的付款命令。

(三)银行票据

银行票据是在银行信用基础上产生的,由银行承担付款义务的信用流通工具。

(四)股票

股票是股份公司发放给其投资者,证明其所投入的股份金额并取得股息收入的凭证。

(五)债券

债券是由债务人签发的,证明债权人有按约定的条件取得固定利息和收回本金的权利凭证。债券是现代经济中一种重要的融资工具,主要分为公司债券、政府债券和金融债券。

任务三 利息和利率

一、利息的内涵与本质

这里简要介绍三种主要的理论。

(一)古典经济学派的利息理论

威廉·配第与约翰·洛克先后提出"利息报酬说",但他们两人论述的重点不同。配第认为利息是"因暂时放弃货币的使用权而获得的报酬"。因为借贷货币会给贷出方带来诸多不便,所以贷出方"对自己不方便可以索取补偿……这种补偿,我们通常叫作利息"。洛克也认为利息是对贷款人的回报,但他认为利息是贷款人因承担了风险而得到的报酬,并认为报酬的多少应与所承担风险的大小相适应。

约瑟夫·马西提出了"利息源于利润说",他认为贷款人贷出的是货币或资本的使用价值,即生产利润的能力,"人们为了使用他们所借的东西而作为利息支付的,是所借的东西能够生产的利润的一部分"。贷款人因此得到的利息直接来源于利润,并且是利润的一部分。马克思认为这是一个伟大的发现。

亚当·斯密是英国古典政治经济学的主要代表。他提出了"利息剩余价值说"。他认为利息具有双重来源:其一,当借贷的资本用于生产时,利息来源于利润;其二,当借贷的资本用于消费时,利息来源于别的收入,如地租等。斯密明确地说明利息代表剩余价值,马克思评价他"不止一次地明白指出,利息由于一般地说来代表剩余价值,始终只是从利润中派生的形式"。

(二)近现代西方学者的利息理论

约翰·克拉克是美国著名经济学家,他提出了"边际生产力说"。他认为当劳动量不变而资本相继增加时,每增加一个资本单位所带来的产量依次递减,最后增加一单位资本所增加的产量就是决定利息高低的"资本边际生产力"。在这一系列资本单位中,任何一个所有者所得的利息,不能超过最后一个单位的产量。假若第一个单位所有者所要求的利息超过了最后一个单位的产量,企业家就不使用这个单位的资本,而用最后一个单位来代替它。前后一个单位的资本所增加的产量决定了利息的标准。每一个单位的资本能给它的所有者带来和最后一个单位的资本的产量相同的收益,但是不能给它的所有者带来比这更多的收益。因此,利息就取决于资本边际生产力的大小。

当代西方经济学界最有影响的约翰·梅纳德·凯恩斯提出了"流动性偏好说"。他认为:"就字面讲,利率一词就直截了当告诉我们:所谓利息,乃是在一特定时期以内,放弃周转流动性的报酬。"研究利息不能不注意个人心理上的时间偏好,而这种时间偏好成立与否必须要有两组不同的决定。第一组决定是消费倾向,即在既定的收入水平下,多少用于消费、多少用于储蓄。第二组决定是储蓄结构,即在既定的储蓄额中,多少为生息债券,多少是现金。生息债券可以给持有者带来利息,但持有者要暂时放弃货币的使用权;现金虽不能带来收入,但具有高度的流动性。流动性偏好的大小决定了货币需要量的多少,而货币需要量与货币供给量一起决定利率水平。

(三)马克思的利息理论

虽然西方经济学家对于利息本质提出了各种学说,但他们都没有深入分析利息产生的真正原因,没有把利息和利润区别开来。只有马克思才真正地揭示了利息的本质,指出利息不是产生于货币的自行增殖,而是产生于它作为资本的使用。马克思指出:"在生息资本上,资本关系取得了最表面、最富有拜物教性质的形式。在这里,我们看到的是 G—G',是生产更多货币的货币,是没有在两极间起中介作用的过程而自行增殖的价值。在商人资本 G—W—G' 上,至少还存在着资本主义运动的一般形式,虽然这种运动只处在流通领域内,因而利润只表现为让渡利润;但不管怎样,利润仍表现为一种社会关系的产物,而不是表现为单纯的物的产物。商人资本的形式,仍然表现一个过程、两个相反阶段的统一,表现为两个相反行为即商品的买和卖的运动。在 $G—G'$ 这个生息资本的形式上,这种运动就消失不见了。""在这里,我们看到资本的最初起点,$G—W—G'$ 公式中的货币,这个公式已归结为两极 $G—G'$($G' = G+\Delta G$),即创造更多货币的货币。这是被缩简成了没有意义的简化式的资本最初的一般公式。这是一个已经完成的资本,是生产过程和流通过程的统一,因而是一个在一定期间内提供一定剩余价值的资本。但在生息资本的形式上,这种性质是直接地表现出来的,没有任何生产过程或流通过程作媒介。""在生息资本的场合,资本的运动被简化了,中介过程被省略了。"简而言之,就是:第一,利息以货币转化为货币资本为前提,货币如果不是参加资本的运动,而是被贮藏或用于购买生活消费品,就不可能有货币的增值。第二,利息和利润一样,都是剩余价值的转化形式。如果借款人是产业资本家,那么生息资本实际运动的

全过程就是:$G—G—G \begin{array}{c} \cdot\cdot A \\ \cdot\cdot P_m \end{array} \cdots P \cdots W'—G'—G$,如果借款人是商业资本家,则运动的全过程

就是:$G—G—W—G'—G'$。从中可以看出,利息来源于剩余价值。第三,利息是职能资本家让渡给借贷资本家的那一部分剩余价值,体现的是资本家全体共同剥削雇用工人的关系。实际上,G' 分为两个部分,即 $G' = G_1+G_2$,一部分为职能资本家的利润,另一部分为职能资本家支付给借贷资本家的利息。因为马克思对利息本质的论述深刻地揭露了私有制下的剥削关系,所以马克思的这种利息来源理论也被称为"剥削论"。

二、利率的分类

利率是指一定时期内利息额同贷出资本额(本金)的比率。它是衡量利息高低的指标。利率是经济学中一个非常重要的经济变量,在实际生活中,利率的变动对国民经济和人们的行为都会产生很大影响。

(一)年利率、月利率、日利率

按计算利息的期限长短划分,可将利率分为年利率、月利率和日利率。年利率以年为时间单位计算利息;月利率以月为时间单位计算利息;日利率以天为时间单位计算利息。日利率习惯称"拆息"。西方工业化国家习惯以年利率为主,我国习惯以月利率为主。

(二)固定利率与浮动利率

固定利率是指在整个借贷期限内,利率是不随资金供求状况而变动的,它是传统采用的利率计算方式,适用于短期借贷。浮动利率是指在借贷期限内随市场利率的变化而定期调整的利率,它较适用于长期借贷或市场利率多变的借贷关系。

(三)实际利率和名义利率

实际利率是指物价不变,从而货币购买力不变条件下的利率。

名义利率是指包括补偿通货膨胀风险的利率。在通货膨胀的条件下,市场上各种利率都是名义利率。名义利率和实际利率之差就是通货膨胀率。

(四)市场利率、官定利率和公定利率

市场利率是随市场上货币资金的供求关系而变动的利率。官定利率是由政府金融管理部门或中央银行确定的利率,它是国家为了实现宏观调控目标的一种政策手段。由民间金融组织如银行公会所确定的利率是行业公定利率。

(五)长期利率与短期利率

以信用行为期限长短为划分标准,可以将利率划分为长期利率和短期利率。借贷时间在 1 年以内的利率称为短期利率;借贷时间在 1 年以上的利率称为长期利率。

(六)一般利率与优惠利率

以利率是否带有优惠性质为划分标准,可以将利率划分为一般利率与优惠利率。银行优惠利率是指略低于一般贷款利率的利率。优惠利率一般是提供给信誉好、经营业绩佳且有良好发展前景的借款人。在国际金融领域,外汇贷款利率的优惠以伦敦同业拆借市场的利率为衡量标准,低于该利率的可称为优惠利率。

三、利率的作用和结构

(一)利率的作用

从数量上定义,利率就是利息量与带来这个利息量的资本量之间的比率。在较成熟的市场经济条件下,货币所有者与货币使用者都关心经济效益,在这种情况下,利率将作为一个经济杠杆发挥重要的宏观和微观调控作用。从上面的分析中,我们知道利息是剩余价值的转化形式,直接来源于利润,即 $G' = G_1 + G_2$;利率的高低,决定着利润在货币所有者和货币使用者之间的分配比例。因此,在货币所有者与货币使用者都注重自身经济效益的条件下,利率便能发挥其经济调节作用。

从宏观的角度看,利率的经济杠杆功能主要表现在:第一,积累资金的功能;第二,调整信用规模的功能;第三,调节国民经济结构的功能;第四,抑制通货膨胀的功能;第五,平衡国际收支的功能。

从微观的角度看,利率杠杆的主要功能表现在:第一,激励企业提高资金使用效率的功能;第二,影响家庭和个人的金融资产投资的功能;第三,作为租金计算基础的功能。

(二)利率的结构

在此之前的分析,我们把利率看成一个单一的利率,是一种抽象化的,具有便于分析性质的利率。然而现实的经济生活中存在的利率是千差万别的,因此,进一步分析利率的结构是必要的。

1.利率的期限结构

所谓利率的期限结构是指利率与金融资产期限之间的关系,是在一个时点上因期限差异而产生的不同的利率组合。

预期理论是利率期限结构理论中最主要的理论。它认为任何证券的利率都同短期证券的预期利率有关,预期理论首先假定:①持有债券和从事债券交易时没有税收和成本的影响;②没有违约的风险;③货币市场完善,资金的借贷双方对于短期利率的未来值能够预期,并且这种预期是合理的;④对债券未来利率水平的预期是确定的;⑤投资者追求利润最大化,货币市场可以自由套利。

市场分割理论则认为不同期限的利率水平是由各自的供求情况决定的,彼此之间互不影响。这种理论认为不同期限证券的市场是互相分割开来的,不同期限的证券难以相互替代。产生市场分割的原因有:①法律上的限制;②缺少易于在国内市场上销售的统一的债务工具;③危机引起收益的巨大变动;④缺少能足够提供给未来购买者和出售者的连续的现期价格自由市场;⑤风险的不确定性;⑥投资者不能掌握足够的知识。有些投资者偏好短期证券,有的偏好长期证券,前者看重流动性,后者看重收入的稳定性,从而使长短期资金市场各有其独立性。各个市场决定各自的利率水平。

2.利率的一般结构

所谓利率的一般结构是指在某一特定时点由普遍存在的各种经济因素所决定的不同的利率组合。在利率的期限结构分析中,我们仅考虑了流动性和市场风险这两个因素对利率水平的影响,但影响利率水平的因素远不止这些。一些宏观经济因素,比如社会资金供求状况、社会再生产状况、国家经济政策、国际利率水平等,使不同类型但期限相同的利率向同一方向变动。但在现实经济中,它们的绝对水平不尽相同,并且变动的幅度可能也不同。这主要是由以下四个因素造成的。

第一,税收上的差别。对于投资于不同证券所取得的收入存在着税收上的差别。美国的联邦和州政府发行的证券往往免税,而其他商业票据则没有这种优惠。相应地,前者的利率在同等条件下就会低于后者的利率。

第二,违约风险的差别。各种证券都是信用工具,因此都存在着违约风险,但程度上存在着差别。政府债券的违约风险可以说几乎没有,而商业票据中资信级别较高的公司债券的违约风险就要比普通公司债券的违约风险小。因此,利率水平就要对违约风险做出相应的补偿。公司债券的利率往往高于同等条件的政府债券的利率。

第三,证券自身特点的差别。有的债券的偿还期是可变的,即在一定时期之后借款人可以提前偿还债务,而这有利于借款人,于是投资者在接受这种债券时就必然要求在利率上有所补偿。有的债券可以转换,由于可转换的证券对投资者来说提供了灵活选择的权利,于是该证券的利率可以相对降低。

第四,贷款管理费用的差别。贷款所需支付的管理费用包括资信调查的费用、持有证券的费用、收取本金和利息的费用等。不同的贷款,其管理费用显然也是不同的,反映到利率上必然有所差别。

项目总结

1.信用是以偿还本息为条件的暂时让渡商品或货币的借贷行为。信用产生、发展和存在的经济基础是商品货币经济的发展,只要商品经济存在,只要货币存在,信用也必然存在和发展。

2. 现代经济越来越体现为一种信用经济。各种信用形式和信用工具相继出现,信用主要有商业信用、银行信用、国家信用、消费信用、租赁信用和国际信用等形式,其中银行信用处于主导地位。任何信用都要借助一定的信用工具来进行,这些信用工具种类繁多,并且还在不断涌现,但它们都具有偿还性、可转让性、本金安全性和收益性等特点。

3. 信用关系的发展,利息和利息率就成为货币借贷的重要问题。对利息的本质,西方经济学家有各种理论分析。古典经济学家提出过"利息报酬说""资本租金论""利息源于利润说""利息剩余价值说"等。近代西方学者有所谓"节欲论""边际生产力说""人性不耐说"等。最有影响的数当代西方经济学家凯恩斯提出的"流动性偏好说",其认为利息是在一特定时期内,人们放弃周转流动性的报酬。马克思真正揭示了利息的本质,指出利息是剩余价值的转化形式。

4. 利率作为一种经济杠杆,在国民经济的稳定和发展中起着重要的调节作用。利率对资金的积累、信用规模的调节、国民经济结构的调节和抑制通货膨胀都有着不可忽视的作用。

项目十二

金融市场

案例导入

百年未有之大变局叠加新冠疫情全球蔓延,世界政治经济发展的不确定性增强。相比之下,中国疫情防控和经济恢复全球领先,中国经济快速平稳发展的趋势、中国扩大金融开放的架势、中国金融市场方兴未艾的态势,成为当前国际环境下难得的确定性因素。同时人民币资产与发达经济体、新兴经济体在资产价格、收益水平方面的相关度较低,成为国际投资组合分散风险非常好的选择。据国家外汇管理局披露,2018—2021 年,外资累计净增持境内债券和股票超过 7 000 亿美元,年均增速34%。其中,2021 年境外投资者仅增持境内债券就达到 1 666 亿美元。中国经济快速平稳增长与转型升级,意味着不断崛起的中国企业将带来众多 IPO、并购、增发等投行业务;高储蓄率、快速增长的居民财富以及潜力巨大的资产管理需求则能为金融机构带来充满想象力的未来。而这些都是其他市场无法提供的。作为全球经济增长速度最快的主要经济体,中国拥有全球第二大债券市场、第二大股票市场、第一大商品期货市场,中国本土的金融企业成长迅速,也已成为全球金融市场的重要参与者。

任务一　金融市场概述

一、金融

金融即资金的融通,是市场主体利用金融产品将资金从资金盈余方流向资金短缺方的经济活动。它包括货币流通,存款的吸收与提取,贷款的发放与收回,资金的相互拆借,金银、外汇和有价证券的买卖,保险、信托、国内外汇兑的往来等。

在经济生活中,资金盈余者即资金供给者有多余的资金,而它们又并不想在当前作进一步的开支;而资金短缺者即资金需求者想作更多的开支,但又缺少资金,计划不能实现。这些矛盾的不断出现和不断解决,推动着人类经济生活的进步和不断发展。如果各种经济单位,任何时候都要满足收支恰好相等的条件,那么,就不会有当代经济的发展。这就需要有某种机制,来使资金盈余者多余的资金转移给资金短缺者。资金在这两者之间实现有偿的调动(或让渡),这就是资金的融通,即“金融”。

资金融通按其有无媒介可分为直接融资和间接融资。直接融资是指资金供给者与资金需求者之间的货币资金的转移不通过各种金融媒介体进行，而是由融资双方直接协商确定。间接融资是指资金供给者与资金需求者之间的货币资金的转移需要通过某种金融媒介体进行。

直接融资的资金供求双方联系紧密，有利于资金快速合理配置和使用效益的提高，且直接融资的筹资成本较低而投资收益较大。但直接融资也受到资金数量、期限、利率等方面的限制，且使用的金融工具流通性较弱，兑现能力较低，使直接融资的风险较大。

由于银行等金融机构网点多，吸收存款的起点低，能够广泛筹集社会各方面的闲散资金，积少成多，形成巨额资金，使间接融资的资金来源较广。在直接融资中，融资的风险由债权人独自承担；而在间接融资中，由于金融机构的资产、负债是多样化的，融资风险便可由多样化的资产和负债结构分散承担，从而安全性较高。因为金融机构的出现是专业化分工协作的结果，它具有了解和掌握借款者有关信息的专长，而不需要每个资金盈余者自己去搜集资金赤字者的有关信息，所以降低了整个社会的融资成本。此外，间接融资有助于解决由信息不对称所引起的逆向选择和道德风险问题。但是，由于资金供给者与需求者之间加入金融机构为中介，隔断了资金供求双方的直接联系，在一定程度上减少了投资者对投资对象经营状况的关注和筹资者在资金使用方面的压力。

二、金融产品

金融是商品货币关系发展的产物，只要存在着商品货币关系，就必然会有金融商品的融通活动，资金融通是通过金融产品进行的。

（一）金融产品的含义

金融产品，也称金融工具、金融资产，是用来证明资金供给者与资金需求者之间融通货币余缺的书面证明，是金融市场的交易对象，它包括货币、黄金、外汇、有价证券等。

有价证券，是指标有票面金额，用于证明持有人或该证券指定的特定主体对特定财产拥有所有权或债权的凭证。有价证券是虚拟资本的一种形式，它本身没价值，但有价格。有价证券按其所表明的财产权利的不同性质，可分为三类：商品证券、货币证券及资本证券。

其中商品证券是证明持券人有商品所有权或使用权的凭证，取得这种证券就等于取得这种商品的所有权，持券者对这种证券所代表的商品所有权受法律保护，属于商品证券的有提货单、运货单、仓库栈单等。货币证券是指本身能使持券人或第三者取得货币索取权的有价证券。货币证券主要包括两大类：一类是商业证券，主要包括商业汇票和商业本票；另一类是银行证券，主要包括银行汇票、银行本票和支票。资本证券是指由金融投资或与金融投资有直接联系的活动而产生的证券。持券人对发行人有一定的收入请求权，它包括股票、债券及其衍生品种如基金证券、可转换证券等。资本证券是有价证券的主要形式，狭义的有价证券即指资本证券。在日常生活中，人们通常把狭义的有价证券——资本证券直接称为有价证券乃至证券。

（二）金融产品的分类

金融产品可分为基础证券如股票、债券、基金等，以及衍生证券如远期、期货、期权、互换等两大类。根据所有权属性,金融产品又可分为产权产品如股票、期权、认股证等,以及债权产品如国库券、银行信贷产品等两大类。前者反映产权关系,后者反映债权关系。根据预期收益判断,金融产品又可分为非固定收益产品如股票、期权、基金等,以及固定(也叫结构型)产品如各种债券和信贷产品。根据时间长短、风险程度和交易场所等,金融产品又可分为短期产品、长期产品、低风险产品、高风险产品、货币(市场)产品和资本(市场)产品等很多类别。

三、金融市场

金融市场是金融领域各种市场的总称,是资金盈余者和资金短缺者利用金融产品,在一定市场机制下,通过交易进行融资活动的流通领域。

(一)金融市场分类

金融市场从不同的角度考察,可作如下分类。

1.按地理范围可分为国际金融市场和国内金融市场

国际金融市场,由经营国际货币业务的金融机构组成,其经营内容包括资金借贷、外汇买卖、证券买卖、资金交易等;国内金融市场,由国内金融机构组成,办理各种货币、证券及信用业务活动。它又分为城市金融市场和农村金融市场,或者分为全国性、区域性、地方性的金融市场。

2.按经营场所可分为有形金融市场和无形金融市场

有形金融市场,指有固定场所和操作设施的金融市场;无形金融市场,以营运网络形式存在的市场,通过电子通信手段达成交易。

3.按融资交易期限划分为资本市场和货币市场

资本市场,即长期资金市场,主要供应一年以上的中长期资金,如股票与长期债券的发行与流通;货币市场,即短期资金市场,是一年以下的短期资金的融通市场,如同业拆借、票据贴现、短期债券及可转让存单的买卖。

4.按交易性质划分为发行市场和流通市场

发行市场,也称一级市场,是新证券发行的市场;流通市场,也称二级市场,是已经发行、处在流通中的证券的买卖市场。

5.按交割期限可分为金融现货市场和金融期货市场

金融现货市场,融资活动成交后立即付款交割;金融期货市场,投融活动成交后按合约规定在指定日期付款交割。

此外,按交易对象也可划分为拆借市场、贴现市场、大额定期存单市场、证券市场(包括股票市场和债券市场)、外汇市场、黄金市场和保险市场;按交易标的物划分为货币市场、资本市场、金融衍生品市场、外汇市场、保险市场、黄金及其他投资品市场。

按照上述各内在联系对金融市场进行科学系统的划分,是进行金融市场有效管理的基础。

（二）金融市场的特点

1. 交易价格具有特殊性

在商品市场,商品的价格是商品价值的货币表现。而金融市场上特殊商品的价格——利息率,不是表现特殊商品的价值,而是表现特殊商品的使用价值。货币等金融工具买卖、转让的不是货币,而是货币的使用权。买者购买使用权后,可以投资于各种经营活动,以获取更多的利益,即获得多于偿还货币给贷款者的本息。金融市场的价格——利息率的波动,客观地反映市场银根的松紧。在金融市场上,由于"商品"的单一性,决定了利率的一致性。不论借钱的目的是什么,在期限一致、金额相同时,利率基本相同。因此,统一的利息率是金融市场特殊商品交易的参考值,对股票、债券等有价证券的价格有制约作用。

2. 交易对象的周转具有特殊性

在商品市场上,商品随交易活动的结束而退出流通领域转入消费领域。但是,金融市场交易完成后,交易对象还会在预先约定的时间内,带着利息返回。因为金融市场交易只转让了资本的使用权而未出卖所有权。

3. 贷款活动的集中性

金融市场的资金供给者很多,涉及政府、工商企业、家庭和个人等多方面,但却很少直接将资金提供给需求者,往往是通过金融机构把各方面的资金集中起来,然后再贷给需求者使用。可见,金融市场的借贷活动不是零散的,而是具有很强的集中性。

4. 金融市场买卖关系具有特殊性

商品市场中的买卖双方只是简单的买卖关系,一旦买卖过程结束,双方则不存在任何关系。金融市场买卖双方的关系不仅仅是简单的买卖关系,卖方为了获得一定量的"租金"而转让该商品一定时间的使用权,保留所有权;买方支付"租金"后获得该商品在一定时间的使用价值。显然,买卖过程结束后,形成的是债权债务关系。债务者必须按期偿还本息,债权者有权按期收回本息。

5. 交易对象的单一性

商品市场交易的对象——商品实物是多种多样的,而金融市场的交易对象却是单一的货币,不涉及任何其他交易对象,表现出明显的单一性特征。与商品市场或要素市场一样,一个完整的金融市场需要有一些必备的市场要素,否则,市场活动就难以顺畅地运行。

（三）金融市场的构成要素

1. 市场参与者

金融市场的参与者主要有五类。一是政府。政府部门是一国金融市场上主要的资金需求者。在货币市场上,政府通过发行国库券借入资金,在资本市场上,各国政府主要利用发行国债满足资金需求。二是中央银行。中央银行要根据货币流通状况,在金融市场上进行公开市场业务操作,通过有价证券的买卖,吞吐基础货币,以调节市场上的货币供应量。在参与金融市场运作过程中,中央银行不以营利为目的,而是以宏观经济运行以及政府的政策需要为己任。三是商业性金融机构。金融机构是金融市场上最重要的中介机构,充当资金的供给者、需求者和中介人等多重角色。四是企业。企业是金融市场上最大的资金需求者,同时也为市场提供巨额、连续不断的资金。五是居民个人。居民是金融市场上重要的资金供给者。

2.金融工具

从本质上说,金融市场的交易对象就是货币资金,但由于货币资金之间不能直接进行交易,需要借助金融工具来进行交易,因此,金融工具就成为金融市场上进行交易的载体。金融工具一般具有广泛的社会可接受性,随时可以流通转让。不同的金融工具具有不同的特点,能分别满足资金供需双方在数量、期限和条件等方面的不同需要,在不同的市场上为不同的交易者服务。

3.金融工具的价格

在金融市场上价格发挥着核心作用,由市场上供求双方共同决定。

4.金融交易的组织方式

受市场本身的发育程度、交易技术的发达程度以及交易双方交易意愿的影响,金融交易主要有以下三种组织方式:一是有固定场所的有组织、有制度、集中进行交易的方式,如交易所方式;二是在各金融机构柜台上买卖双方进行面议的、分散交易的方式,如柜台交易方式;三是电信交易方式,即没有固定场所,交易双方也不直接接触,主要借助电信手段来完成交易的方式。这几种组织方式各有特点,分别可以满足不同的交易需求。一个完善的金融市场上这几种组织方式应该是并存的,彼此之间保持一个合理的结构。

(四)金融市场的功能

1.聚敛功能

金融市场的聚敛功能是指金融市场引导众多分散的小额资金汇聚成可以投入社会再生产的资金集合的功能。金融市场起着资金"蓄水池"的作用。金融市场之所以具有资金的积聚功能,一是由于金融市场创造了金融资产的流动性;二是由于金融市场上多样化的融资工具为资金供应者的资金寻求合适的投资手段找到了出路。

2.配置功能

金融市场的配置功能表现在三个方面:资源配置、财富再分配和风险再分配。资源配置方面,金融市场通过将资源从低效率利用的部门转移到高效率利用的部门,从而使一个社会的经济资源能最有效地配置在效率最高或效用最大的用途上,实现稀缺资源的合理配置和有效利用。一般来说,资金总是流向最有发展潜力,能够为投资者带来最大利益的部门和企业。这样,通过金融市场,有限的资源就能够得到合理的利用。财富再分配方面,财富是各经济单位持有的全部资产的总价值。政府、企业及个人通过持有金融资产的方式来持有财富。在金融市场上的金融资产价格发生波动时,其财富的持有数量也会发生变化,一部分人的财富量随着金融资产价格的升高而增加,另一部分人则由于其持有的金融资产价格下跌而减少。这样,社会财富就通过金融市场价格的波动实现了再分配。风险再分配方面,利用各种金融工具,厌恶金融风险程度较高的人可以把风险转嫁给厌恶风险程度较低的人,从而实现风险的再分配。

3.调节功能

调节功能是指金融市场对宏观经济的调节作用。金融市场一边连着储蓄者,另一边连着投资者,金融市场的运行机制通过对储蓄者和投资者的影响而发挥着调节宏观经济的作用,可分为直接调节和间接调节。金融市场的直接调节作用实际上是金融市场通过其特有的引导资本形成及合理配置的机制,是首先对微观经济部门产生影响,进而影响到宏观经济活动的一种有效的自发调节机制。而金融市场的存在及发展,也为政府实施对宏观经济活动的间接调节调控创造了条件。货币政策属于调节宏观经济活动的重要宏观经济政策,其具体的调控工具有存款准备金政策、再贴现政策、公开市场操作等,这些政策的实施都以金融市场的存在、金融部门及企业成为金融市场的主体为前提。金融市场既提供货币政策操作的场所,也提供实施货币政策的决策信息。此外,财政政策的实施,也越来越离不开金融市场,政府通过国债的发行及运用等方式对各经济主体的行为加以引导和调节,并提供中央银行进行公开市场操作的手段,也对宏观经济活动产生着巨大的影响。

4.反映功能

金融市场历来被称为国民经济的"晴雨表"和"气象台",是公认的国民经济信号系统。这实际上就是金融市场反映功能的写照。金融市场的反映功能表现在如下四方面:首先,金融市场是反映微观经济运行状况的指示器,由于证券买卖大部分都在证券交易所进行,人们可以随时通过这个有效的市场了解到各种上市证券的交易行情,并据以判断投资机会;其次,金融市场交易直接和间接地反映国家货币供应量的变动;再次,金融市场有大量专门人员长期从事行情研究和分析,并且他们每日与各类工商业直接接触,能了解企业的发展动态;最后,金融市场有着广泛而及时地收集和传播信息的通信网络,整个世界的金融市场已连成一体,四通八达,从而使人们可以及时了解世界经济发展变化的情况。此外,金融市场金融产品的价格是所有参与市场交易的经济主体对这些产品未来收益预期的体现,因此金融市场具有价格发现的作用。

任务二 货币市场

一、货币市场的概念及特征

货币市场是一年期以内的短期金融工具交易所形成的供求关系及其运行机制的总和。货币市场为金融资产与货币的交换提供了便利,其活动的主旨在保持资金的流动性,以便时可以获得现实的货币。它一方面满足资金短缺者的短期资金需要,另一方面也为资金盈余者暂时闲置的资金提供能够获取盈利机会的出路。货币市场的基本作用就是将两者联系起来,使借贷活动成为可能。一般,货币市场具备如下基本特征。

(一)期限较短

货币市场上的交易主要是满足短期资金供求周转,因而短期金融工具是货币市场存在与发展的基础。在货币市场上交易的短期金融工具,一般期限较短,最短的只有一天,最长的也不超过一年,较为普遍的是 3～6 个月。

（二）流动性强

货币市场上的交易资金仅仅代表了暂时的现金过剩，其交易者主要追求安全性和流动性。与此相应，货币市场上的短期金融工具因其短期限、高质量而具有极强的变现能力。

（三）交易量大

货币市场的参与者一般均为大型金融机构或资金供求量巨大而资质上佳的非金融机构，它们几乎每天都进行巨额资金调度与交易，具有资金批发交易的性质。货币市场是目前世界上交易量最大的金融体系，为众多金融机构、政府机构和大型非金融公司提供借贷服务。

二、货币市场功能

（一）确立基准利率

货币市场为金融系统提供了各种金融资产赖以定价的基础——基准利率，从而构成了金融市场，特别是债券市场和衍生证券市场发展的前提条件。在不考虑通货膨胀率的情况下，基准利率通常是指这样一种无风险利率：没有信用风险、流动性风险、再投资风险等。不同期限的无风险利率组成了基准的收益率曲线。

（二）提供短期流动性

货币市场为各经济当事人提供了进行流动性管理的便利渠道。从资金短缺者看，货币市场是较银行贷款更为廉价的资金来源渠道。在政府筹资方面，货币市场提供的流动性降低了政府债券的流动性升水，从而使政府筹资成本大幅度下降，而具有高度流动性的货币市场也是政府进行有效的国库现金管理的基础。对资金盈余者，货币市场使即使是非常短期的盈余资金也能获得合理的回报率。

（三）提供市场化的宏观经济、金融管理手段

货币市场所具有的以上两个基本功能是资本市场发展的基础，除此之外，货币市场也为宏观政策当局的监管及总需求管理提供了具有高度透明性和市场化的方便途径。首先，完善的货币市场是货币政策及金融监管当局从直接的强制性管制措施转向间接的市场化操作的前提条件。其次，货币市场为政府财政收支的管理提供了市场化的手段。最后，通过发行债券筹资可以使政府债务"显明化"，从而增加财政透明度，强化财政纪律。

三、货币市场构成

根据货币市场上的融资活动及其流通的金融工具，可将货币市场划分为同业拆借市场、回购市场、票据市场、大额可转让定期存单市场、短期政府债券市场等。

(一)同业拆借市场

1.同业拆借市场的概念

同业拆借市场指具有准入资格的金融机构间进行临时性资金融通,从而实现金融机构之间资金调剂的市场。同业拆借的资金主要用于弥补短期资金的不足、票据清算的差额以及解决临时性的资金短缺需要。同业拆借市场交易量大,能敏感地反映资金供求关系和货币政策意图,影响货币市场利率,因此,它是货币市场体系的重要组成部分。

2.同业拆借市场的交易原理

正常情况下,商业银行可用于贷款和投资的资金数额只能小于或等于负债额减去法定存款准备金余额之差。但在实际经营活动中,资金流入和流出是经常化的和不确定的,要求商业银行时刻保持在中央银行准备金存款账户上的余额恰好等于法定准备金余额是不可能的。如果准备金存款账户上的余额大于法定准备金余额,即拥有超额准备金,就意味着商业银行有闲置资金,也就产生了相应的利息损失;如果在准备金存款账户上的余额等于或小于法定准备金余额,在出现有利的投资机会而又无法筹集到所需资金时,商业银行就只有放弃投资机会,或出售资产,收回贷款等。为了解决这一矛盾,有多余准备金的银行和存在准备金缺口的银行之间就出现了准备金的借贷。这种准备金余额的买卖活动就构成了传统的银行同业拆借市场。

随着市场的发展,同业拆借市场的参与者也开始呈现出多样化的格局,交易对象也不仅限于商业银行的准备金了。它还包括商业银行相互间的存款以及证券交易商和政府拥有的活期存款。拆借的目的除满足准备金要求外,还包括轧平票据交换的差额,解决临时性、季节性的资金要求等。但它们的交易过程都是相同的。

(二)回购市场

1.回购市场的概念

回购市场是指通过回购协议进行短期资金融通交易的市场。回购协议是指证券买卖双方在成交的同时,协议约定于未来某一时间以特定价格(原定价格或约定价格)再行反向交易的行为。回购协议的期限从一日至数月不等,期限为一天的称隔夜回购,多于一天的称期限回购。一笔回购交易涉及两个交易主体、两次交易契约行为。两个交易主体是指以券融资方(卖出回购方、资金需求方)和以资融券方(买入返售方、资金供给方);两次交易契约行为是指开始时的初始交易和回购期满时的回购交易。无论是资金融入方还是资金融出方都要经过两次交易契约行为。

2.回购市场的交易原理

当回购协议签订后,资金需求者同意向资金供应者出质或出售政府债券和政府代理机构债券以及其他债券以换取即时可用的资金。一般地,回购协议中所交易的证券主要是政府债券。回购协议期满时,再用即时可用资金作相反的交易。从表面上看,资金需求者通过出质或出售债券获得了资金,而实际上,资金需求者是从短期金融市场上借入一笔资金。对于资金借出者来说,它获得了一笔短期内有权支配的债券,但这笔债券到时候要按约定的数量如数交回。所以,出质或出售债券的人实际上是借入资金的人,购入债券的人实际上是借出资金的人。出质或出售一方允许在约定的日期,以原来买卖的价格再加若干利息,购回该证券。此时,不论该证券的价格是升还是降,均要按约定价格购回。

(三)票据市场

1.商业票据市场

商业票据是大公司为了筹措资金,以贴现方式出售给投资者的一种短期无担保承诺凭证。商业票据是贷款的一种形式,它没有以发行人的资产作为担保,仅以信用作保证,如果发行人违约,贷款就要面对不能收回货币的风险。因此能够发行商业票据的一般都是规模巨大、信誉卓著的大公司。商业票据市场就是这些信誉卓著的大公司所发行的商业票据交易的市场。

商业票据市场包括以下要素:

①发行者。商业票据的发行者包括金融性和非金融性公司。金融性公司主要有三种:附属性公司、与银行有关的公司及独立的金融公司。非金融性公司发行商业票据的频次较金融性公司少,发行所得主要解决企业的短期资金需求及季节性开支,如应付工资及交纳税收等。

②面额及期限。在美国商业票据市场上,大多数商业票据的发行面额都在 100 000 美元以上。二级市场商业票据的最低交易规模为 100 000 美元。商业票据的期限较短,一般不超过 270 天。市场上未到期的商业票据平均期限在 30 天以内,大多数商业票据的期限在 20 ~ 40 天。

③销售。商业票据的销售渠道有二:一是发行者通过自己的销售力量直接出售;二是通过商业票据交易商间接销售。究竟采取何种方式,主要取决于发行者的成本高低。

④信用评估。美国主要有四家机构对商业票据进行评级,商业票据的发行人至少要获得其中的一个评级,大部分获得两个。商业票据的评级和其他证券的评级一样,也分为投资级和非投资级。一般来说,要想成为一级票据,必须有两家评级机构对所发行的票据给予了"1"的评级,成为二级票据则必须有一家给予了"1"的评级,至少还有一家或两家的评级为"2"。二级票据为中等票据,货币市场基金对其投资会受到限制。

⑤发行商业票据的非利息成本。与商业票据发行有关的非利息成本有信用额度支持的费用、代理费用、信用评估费用。

⑥商业票据评估。商业票据属折扣发行的金融工具,其评估是出于两种考虑:一是到期前的价值评估;二是确定用于多种金融工具比较的货币市场收益率。

2.银行承兑汇票市场

(1)银行承兑汇票原理

在商品交易活动中,售货人为了向购货人索取货款而签发的汇票,经付款人在票面上承诺到期付款的"承兑"字样并签章后,就成为承兑汇票。经购货人承兑的汇票称商业承兑汇票,经银行承兑的汇票即为银行承兑汇票。以银行承兑票据作为交易对象的市场即为银行承兑票据市场。

银行承兑汇票是为方便商业交易活动而创造出的一种工具,在对外贸易中运用较多。当一笔国际贸易发生时,由于出口商对进口商的信用不了解,加之没有其他的信用协议,出口方担心对方不付款或不按时付款,进口方担心对方不发货或不能按时发货,交易就很难进行。这时便需要银行信用从中作保证。一般地,进口商首先要求本国银行开立信用证,作为向国外出口商的保证。信用证授权国外出口商开出以开证行为付款人的汇票,可以是即期的也可以是远期的。若是即期的,付款银行(开证行)见票付款;若是远期汇票,付款银行(开证行)在汇票正面签上"承兑"字样,填上到期日,并盖章为凭。这样,银行承兑汇票就产生了。

(2)银行承兑汇票的市场交易

银行承兑汇票不仅在国际贸易中运用,也在国内贸易中运用。银行承兑汇票最常见的期限有30天、60天和90天等几种。另外,也有期限为180天和270天的。交易规模一般为10万美元和50万美元。银行承兑汇票的违约风险较小,但有利率风险。银行承兑市场被创造后,银行既可以自己持有当作一种投资,也可以拿到二级市场出售。如果出售,银行通过两个渠道:一是利用自己的渠道直接销售给投资者;二是利用货币市场交易商销售给投资者。因此,银行承兑汇票二级市场的参与者主要是创造承兑汇票的承兑银行、市场交易商及投资者。

(3)银行承兑汇票价值分析

从借款人角度看,第一,借款人利用银行承兑汇票较传统银行贷款的利息成本及非利息成本之和低。要求银行承兑汇票的企业实际上就是借款者,它必须向银行交付一定的手续费。当它向银行贴现后,又取得现款,故其融资成本为贴息和手续费之和。传统的银行贷款,除必须支付一定的利息外,借款者还必须在银行保持超过其正常周转资金余额的补偿性最低存款额,这部分存款没有利息,构成企业的非利息成本。对比而言,使用传统银行贷款的成本比运用银行承兑汇票的成本高。第二,借款者运用银行承兑汇票比发行商业票据筹资有利。

从银行角度看,首先,银行运用承兑汇票可以增加经营效益。银行通过创造银行承兑汇票,不必动用自己的资金,即可赚取手续费。其次,银行运用其承兑汇票可以增加其信用能力。一般地,各国银行法都规定了其银行对单个客户提供信用的最高额度。通过创造、贴现或出售符合中央银行要求的银行承兑汇票,银行对单个客户的信用可在原有的基础上增加10%。最后,银行法规定出售合格的银行承兑汇票所取得的资金不要求缴纳准备金。

从投资者角度看,投资者最重视的是投资的收益性、安全性和流动性。投资于银行承兑汇票的收益同投资于其他货币市场信用工具,如商业票据、大额可转让定期存单等工具的收益不相上下。银行承兑汇票的承兑银行对汇票持有者负不可撤销的第一手责任,汇票的背书人或出票人承担第二责任,即如果银行到期拒绝付款,汇票持有人还可向汇票的背书人或出票人索款。因此,投资于银行承兑汇票的安全性非常高。最后,一流质量的银行承兑汇票具有公开的贴现市场,可以随时转售,因而具有高度的流动性。

(四)大额可转让定期存单市场

1.大额可转让定期存单的概念

大额可转让定期存单简称CDs,是指在银行或其他金融机构存入一定期限并可得到一定利息的资金,从而获得的流通凭证。CDs是20世纪60年代以来金融环境变革的产物。当时市场利率大幅走高,而美国商业银行受Q条例①限制,不能支付较高的市场利率,大公司的财务主管为了增加临时闲置资金的利息收益,纷纷将资金投资于安全性较好,又具有收

---

① Q条例是指美联储禁止会员银行向活期储户支付利息,同时规定定期存款支付利息的最高限额的条例。

益的货币市场工具,如国库券、商业票据等。商业银行为了阻止存款外流,设计了大额可转让定期存单这种短期的有收益票据来吸引企业的短期资金。这种存单形式的最先发明者应为美国花旗银行。

2. 大额可转让定期存单的种类

按照发行者的不同,大额存单可以分为四类:国内存单、欧洲美元存单、扬基存单、储蓄机构存单。

3. 大额可转让定期存单的市场特征

(1)利率和期限

20世纪60年代,可转让存单主要以固定利率的方式发行,存单上注明特定的利率,并在指定的到期日支付。这在当时利率稳定时深受投资者欢迎。那些既注重收益又要求流动性的投资者一般购买短期可转让存单,而那些更注重收益的投资者则购买期限稍长的存单。

(2)风险和收益

对投资者来说,可转让存单的风险有两种:一是信用风险;二是市场风险。信用风险指发行存单的银行在存单期满时无法偿付本息的风险。市场风险指的是存单持有者急需资金时,存单不能在二级市场上立即出售变现或不能以较合理的价格出售。一般地说,存单的收益取决于三个因素:发行银行的信用评级、存单的期限及存单的供求量。

4. 大额可转让定期存单的投资者

大企业是存单的最大买主。对于企业来说,在保证资金流动性和安全性的情况下,其现金管理目标就是寻求剩余资金的收益的最大化。企业可将剩余资金投资于存单,并将存单的到期日同各种固定的预期支出的支付日期联系起来,到期以存单的本息支付。至于一些意外的资金需要,则可在企业急需资金时在二级市场上出售存单来获取资金。金融机构也是存单的积极投资者。货币市场基金在存单的投资上占据着很大的份额,其次是商业银行和银行信托部门。银行可以购买其他银行发行的存单,但不能购买自己发行的存单。此外,政府机构、外国政府、外国中央银行及个人也是存单的投资者。

5. 大额可转让定期存单的价值分析

大额可转让定期存单,对许多投资者来说,既有定期存款的较高利息收入特征,又同时有活期存款的可随时获得兑现的优点,是追求稳定收益的投资者的一种较好选择。

对银行来说,发行存单可以增加资金来源,并且由于这部分资金可视为定期存款而能用于中期放款。发行存单的意义不仅在于增加银行存款,更主要的是由发行存单所带来的对银行经营管理方面的作用。存单发行使银行在调整资产的流动性及实施资产负债管理上具有了更灵活的手段。

(五)短期政府债券市场

1. 国库券市场的概念

国库券是指政府为筹措资金而向投资者出具的、承诺在一年以内支付本息的债务凭证。同其他货币市场信用工具不同,短期国库券交易具有一些较明显的、在很大程度上影响投资者买卖决策的投资特征,主要表现在如下方面。

（1）违约风险小

由于国库券是国家的债务,因此它被认为是没有违约风险的。

（2）流动性强

国库券的第二个特征是具有高度的可流通性。这一特征使国库券能在交易成本较低及价格风险较低的情况下迅速变现。国库券之所以具有这一特征,是由于它是一种在高组织性、高效率和竞争市场上交易的短期投资工具。

（3）面额小

相对于其他货币市场票据来说,国库券的面额较小。在美国,1970 年以前,国库券的最小面额为 1 000 美元,1970 年初,国库券的最小面额升至 10 000 美元,目前为 10 000 美元,其面额远远低于其他货币市场票据的面额(大多为 10 万美元)。对许多小投资者来说,国库券通常是他们能直接从货币市场购买的唯一有价证券。

（4）收入免税

在美国,国库券免税主要是指免除州及地方所得税。国库券的免税优点的体现取决于投资者所在州及地方税率的高低和利率的现有水平。州及地方税率越高,国库券的吸引力越大。市场利率水平越高,国库券的吸引力也越大。在国内,国库券免税效应体现在两方面:一是免缴利息税;二是免缴资本利得税。

2. 国库券的发行及流通程序

由财政部发行的短期债券一般称为国库券。政府短期债券的发行,其目的一般有两个:一是满足政府部门短期资金周转的需要;二是为中央银行的公开市场业务提供可操作的工具。政府短期债券是中央银行进行公开市场操作的极佳品种,是连接财政政策与货币政策的契合点。

除财政部发行的短期国债外,我国金融市场上还有一种特殊的、投资特性等同于国债的金融工具——中央银行票据。它是中国人民银行发行的短期债券,是专门的央行公开市场业务工具。央行通过发行央行票据可以回笼基础货币,央行票据到期则体现为投放基础货币。

新国库券大多通过拍卖方式发行,投资者可以两种方式来投标:①竞争性方式,竞标者报出认购国库券的数量和价格(拍卖中长期国债时通常为收益率),所有竞标根据价格从高到低(或收益率从低到高)排队;②非竞争性方式,由投资者报出认购数量,并同意以中标的平均竞价购买。竞标结束时,发行者首先将非竞争性投标数量从拍卖总额中扣除,剩余数额分配给竞争性投标者。发行者从申报价最高(或从收益率最低)的竞争性投标开始依次接受,直至售完。当最后中标标位上的投标额大于剩余招标额时,该标位中标额按等比分配原则确定。

任务三　资本市场

一、资本市场概念及特征

资本市场又称长期资金市场,是金融市场的重要组成部分,作为与货币市场相对应的概念,是指期限在一年以上的金融工具交易市场,又叫长期资金市场。与货币市场相比具有以下特点。

(一)融资期限长

融资期限在 1 年以上,也可以长达数十年之久,甚至无到期日。例如,中长期的债券其期限都在 1 年以上;股票没有到期日,属于永久性证券;封闭式的基金存续期限一般都在 15 ~ 30 年。

(二)流动性相对较差

在资本市场上筹集到的资金多用于解决中长期融资需求,故流动性与变现性相对较弱。

(三)风险大而收益相对较高

由于融资期限较长,因此发生重大变故的可能性也大,市场价格容易波动,投资者需承受较大风险。同时,作为对风险的报酬,其收益也较高。在资本市场上,资金供应者主要是储蓄银行、保险公司、信托投资公司及各种基金和个人投资者;而资金需求方主要是企业、社会团体、政府机构等。其交易对象主要是中长期信用工具,如股票、债券等。资本市场主要包括中长期信贷市场与证券市场。

此外,还有因为期限长,一般具有资金借贷量大、价格变动幅度大等特点。

二、资本市场功能

(一)筹资-投资功能

资本市场的筹投资功能是指资本市场一方面为资金短缺者提供了通过发行证券筹集资金的机会,另一方面为资金盈余者提供了投资对象。在资本市场上交易的任何证券,既是筹资的工具,也是投资的工具。资金盈余者为使自己的资金价值增值,必须寻找投资对象,而资金短缺者为了发展自己的业务,就要向社会寻找资金。为了筹集资金,资金短缺者可以通过发行各种证券来达到筹资的目的,资金盈余者则可以通过买入证券而实现投资。筹资和投资是资本市场基本功能不可分割的两个方面,忽视其中任何一个方面都会导致市场的严重缺陷。

(二)定价功能

资本市场的第二个基本功能就是为资本决定价格。证券是资本的表现形式,因此证券的价格实际上是证券所代表的资本的价格,证券的价格是证券市场上证券供求双方共同作用的结果。证券市场的运行形成了证券需求者和证券供给者的竞争关系,这种竞争的结果是:能产生高投资回报的资本,市场的需求就大,相应的,证券价格就高;反之,证券的价格就低。因此,资本市场提供了资本的合理定价机制。

(三)资源配置功能

资本市场的资源配置功能是指通过证券价格引导资本的流动从而实现资本的合理配置

的功能。资本市场由于存在强大的评价、选择和监督机制,而投资主体作为理性经济人,始终具有明确的逐利动机,从而促使资金流向高效益部门,表现出资源优化配置的功能。

(四)产权功能

资本市场的产权功能是指其对市场主体的产权约束和充当产权交易中介方面所发挥的功能,产权功能是资本市场的派生功能,它通过对企业经营机制的改造、为企业提供资金融通、传递产权交易信息和提供产权中介服务而在企业产权重组的过程中发挥着重要的作用。

三、资本市场的构成

根据资本市场上的融资活动及其流通的金融工具,可将资本市场划分为股票市场、债券市场、证券投资基金市场等。

(一)股票市场

1.股票的概念

股票是一种最普通的投资手段,是股份公司在筹集资本时发给股东作为持股凭证并拥有所有者权益的有价证券。这一定义有三层含义:一是股票是由股份公司发行的,其他公司不能发行股票;二是股票是投资者向公司投资入股的凭证,也就是说,购买股票与向公司投资是同一过程;三是股票是投资者拥有所有者权益并承担相应责任的凭证。

2.股票的种类

(1)按股东的权益不同,可分为普通股和优先股

普通股是每家新公司首先发行的证券,是股票最普遍的一种形式。普通股的特点是有经营的参与权,可参加股东大会选举董事会,对公司的合并、解散和修改章程都有投票权,但是,公司的组织十分庞大,股东众多,单个股东所能起的作用实在微不足道,公司的所有权与控制权是分离的,控制权落入极少数股东手中;股票持有人只对所购股份负责,股东对公司的负债没有责任,公司债权人只能对公司的资产提出要求,无权对股东起诉;股票持有人具有凭票从公司分配股息和红利的权利;股票可以自由转让,可以在股票市场上自由买卖。

优先股一般是公司成立后为筹集新的追加资本而发行的证券。优先股的特点是在影响企业决策的发言权上并不比普通股"优先",一般情况下,优先股不能参加股东大会,只是在一定条件限制下才可以参加;优先股比普通股有优先分配股息的权利,就是说在支付普通股股息以前,必须先按规定的比率向优先股支付股息;优先股也比普通股有优先分配资产的权利。所以,优先股比普通股安全,对投资想获得固定收入者具有吸引力。

(2)按股票有无记名,可分为记名股和不记名股

记名股是在股票票面上记载股东姓名或名称的股票。这种股票除了股票上所记载的股东外,其他人不得行使其股权,且股份的转让有严格的法律程序与手续,需办理过户。《中华人民共和国公司法》(简称《公司法》)规定,向发起人、国家授权投资的机构、法人发行的股票应为记名股。

不记名股是票面上不记载股东姓名或名称的股票。这类股票的持有人即股份的所有者,具有股东资格,股票的转让也比较自由、方便,无须办理过户手续。

（3）按股票是否标明金额，可分为面值股票和无面值股票

面值股票是在票面上标有一定金额的股票。持有这种股票的股东，对公司享有的权利和承担的义务大小，依其所持有的股票票面金额占公司发行在外股票总面值的比例而定。

无面值股票是不在票面上标出金额，只载明所占公司股本总额的比例或股份数的股票。无面值股票的价值随公司财产的增减而变动，而股东对公司享有的权利和承担义务的大小，直接依股票标明的比例而定。目前，我国《公司法》不承认无面值股票，规定股票应记载股票的面额，并且其发行价格不得低于票面金额。

（4）按投资主体的不同，可分为国家股、法人股、个人股等

国家股是有权代表国家投资的部门或机构以国有资产向公司投资而形成的股份。法人股是企业法人依法以其可支配的财产向公司投资而形成的股份；或具有法人资格的事业单位和社会团体以国家允许用于经营的资产向公司投资而形成的股份。个人股是社会个人或公司内部职工以个人合法财产投入公司而形成的股份。

（5）按发行对象和上市地区的不同，可分为 A 股、B 股、H 股和 N 股等

A 股是供我国内地个人或法人买卖的，以人民币标明票面金额并以人民币认购和交易的股票。B 股、H 股和 N 股是专供外国和我国港、澳、台地区投资者买卖的，以人民币标明票面金额但以外币认购和交易的股票。其中，B 股在上海、深圳上市；H 股在香港上市；N 股在纽约上市。

3. 股票发行市场

（1）股票发行市场的概念

股票发行市场也称为一级市场，是指公司直接或通过中介机构向投资者出售新发行的股票。股票发行市场是资金需求者直接获得资金的市场。新公司的成立，老公司的增资，都要通过发行市场来筹集资金。

（2）股票发行的条件

按照我国《公司法》的有关规定，公司发行新股，必须具备下列条件：前一次发行的股份已募足，并间隔 1 年以上；公司在最近 3 年内连续盈利，并可向股东支付股利；公司在 3 年内财务会计文件无虚假记载；公司预期利润率可达同期银行存款利率。

（3）股票发行方式

股票的发行方式，也就是股票经销出售的方式。由于各国的金融市场管制不同，金融体系结构和金融市场结构不同，因此股票发行方式也有所不同。如果按照发行与认购的方式及对象，股票发行可划分为公开发行与非公开发行；如果按是否有中介机构（证券承销商）协助，股票发行也可划分为直接发行与间接发行（或叫委托发行）；若按不同的发行目的，股票发行还可以区分为有偿增资发行和无偿增资发行。

公开发行又称公募，是指事先不确定特定的发行对象，而是向社会广大投资者公开推销股票。非公开发行又叫私募，是指发行公司只对特定的发行对象推销股票。非公开发行方式主要在以下三种情况下采用：①以发起方式设立公司；②内部配股；③私人配股，又称第三者分摊。

直接发行又叫直接招股，或称发行公司自办发行，是指股份公司自己承担股票发行的一切事务和发行风险，直接向认购者推销出售股票的方式。间接发行又叫委托发行，是指发行者委托证券发行承销中介机构出售股票的方式。股票间接发行的方式，与债券的间接发行

方式一样,也分为代销发行、助销发行和包销发行三种方式。

有偿增资发行,就是认购者必须按股票的某种发行价格支付现款,方能获得新发股票。一般公开发行的股票和私募中定向发行的股票都采用有偿增资的发行方式。无偿增资发行,是指股份公司将公司盈余结余、公积金和资产重估增益转入资本金股本科目的同时,发行与之对应的新股票,分配给公司原有的股东,原有股东无须缴纳认购股金款。

(4)股票发行价格

股票的发行价格是股票发行时所使用的价格,也就是投资者认购股票时所支付的价格。股票发行价格通常由发行公司根据股票面额、股市行情和其他有关因素决定。以募集设立方式设立公司首次发行的股票价格,由发起人决定;公司增资发行新股的股票价格,由股东大会作出决议。股票的发行价格可以和股票的面额一致,但多数情况下不一致。股票的发行价格一般有以下三种。

①等价。等价就是以股票的票面金额为发行价格,也称平价发行。这种发行价格,一般在股票的初次发行或在股东内部分摊增资扩股的情况下采用。等价发行股票容易推销,但无法取得股本溢价收入。

②时价。时价就是以本公司股票在流通市场上买卖的实际价格为基准确定的股票发行价格。其原因是股票在第二次发行时已经增值,收益率已经变化。采用时价发行股票,考虑了股票的现行市场价值,对投资者也有较大的吸引力。

③中间价。中间价就是以时价和等价的中间值确定的股票发行价格。

按时价或中间价发行股票,股票发行价格会高于或低于面额。前者称溢价发行,后者称折价发行。如属溢价发行,发行公司所获的溢价款列入资本公积。我国《公司法》规定,股票发行价格可以按票面金额,也可以超过票面金额,但不得低于票面金额。

(5)发行价格的确定方法

①市盈率法。市盈率又称本益比(P/E),是指公司股票市场价格与公司盈利的比率,计算公式为:

$$市盈率 = \frac{每股市价}{每股净收益}$$

(每股净收益结算有加权平均法和完全摊薄法。)

$$发行价格 = 每股收益 × 发行市盈率$$

②净资产倍率法。又称资产净值法,是指通过支持评估和相关会计手段确定发行公司拟募资产的每股净资产值,然后根据证券市场的状况将每股净资产值乘以一定的倍数,以此确定股票发行价格的方法。

$$发行价格 = 每股净资产值 × 溢价倍数$$

③竞价确定法。竞价确定法是指投资者在指定的时间内通过交易所网络,以不低于发行底价并按照限购比例或数量认购,以"价格优先、同价位时间优先"的原则,确定认购数量,累积数量达到本次发行数量的价格,即为发行价格。

④现金流折现法。现金流折现法是通过预测公司未来盈利能力,据此计算出公司净现值,并按照一定的折现率折算,从而确定股票发行的价格。

⑤协商定价法。协商定价法是指股票发行人与承销的证券公司,根据发行人提供的定价分析报告,协商确定发行价格。

（6）股票的销售方式

①自销方式。股票发行的自销方式是指发行公司自行直接将股票销售给认购者。这种销售方式可由发行公司直接控制发行过程,实现发行意图,并可以节省发行费用;但筹资时间往往较长,发行公司要承担全部发行风险,并需要发行公司有较高的知名度、信誉和实力。

②承销方式。股票发行的承销方式是指发行公司将股票销售业务委托给证券经营机构代理。这种销售方式是发行股票所普遍采用的方式。我国《公司法》规定股份有限公司向社会公开发行股票,必须与依法设立的证券经营机构签订承销协议,由证券经营机构承销。股票承销又分为包销和代销两种具体办法。所谓包销,是根据承销协议商定的价格,证券经营机构一次性购进发行公司公开募集的全部股份,然后以较高的价格出售给社会上的购买者。对发行公司来说,包销的办法可及时筹足资本,免于承担发行风险(股款未募足的风险由承销商承担),但股票以较低的价格出售给承销商会损失部分溢价。包销分为全额包销和余额包销。所谓代销,是证券经营机构仅替发行公司代售股票,并由此获取一定的佣金,但不承担股款未募足的风险。

（7）股票发行的程序

股票的发行上市可分为以下七个步骤,具体如图 12-1 所示。

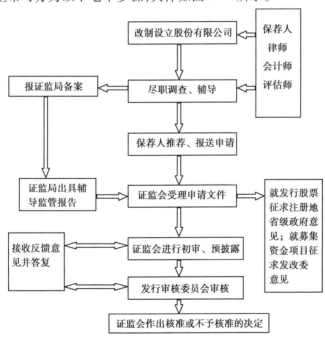

图 12-1 股票发行程序

4.股票流通市场

（1）股票流通市场的概念

股票流通市场是已经发行的股票按时价进行转让、买卖和流通的市场,包括交易所市场和场外交易市场两部分。

（2）股票流通市场的功能

股票流通市场包含了股票流通的一切活动。股票流通市场的存在和发展为股票发行者创造了有利的筹资环境,投资者可以根据自己的投资计划和市场变动情况,随时买卖股票。

（3）股票流通市场的交易方式

进行股票买卖的方法和形式称为交易方式。它是股票流通交易的基本要素。现代股票流通市场上的买卖交易方式种类繁多,从不同的角度可以分为以下三类。

①按买卖双方决定价格的方式不同,分为议价买卖和竞价买卖。议价买卖就是买方和卖方一对一地面谈,通过讨价还价达成买卖交易,它是场外交易中常用的方式。竞价买卖是指买卖双方都是由若干人组成的群体,双方公开进行双向竞争的交易,即交易不仅在买卖双方之间有出价和要价的竞争,而且在买者群体和卖者群体内部也存在着激烈的竞争,最后在买方出价最高者和卖方要价最低者之间成交。

②按达成交易的方式不同,分为直接交易和间接交易。直接交易是买卖双方直接洽谈,股票也由买卖双方自行清算交割,在整个交易过程中不通过任何中介的交易方式。间接交易是买卖双方不直接见面或联系,而是委托中介人进行股票买卖的交易方式。证券交易所中的经纪人制度,就是典型的间接交易。

③按交割期限不同,分为现货交易和期货交易。现货交易是指股票买卖成交后,马上办理交割清算手续,钱货两清。期货交易则是股票成交后按合同中规定的价格、数量,过若干时间再进行交割清算的交易方式。

（4）股票流通市场的组织形式

股票流通市场的组织形式可以分为两种:场内交易和场外交易。

场内交易是指通过证券交易所进行的股票买卖活动。证券交易所是设有固定场地、备有各种服务设施(如行情板、电视屏幕、电子计算机、电话、电传等),配备了必要的管理和服务人员,集中进行股票和其他证券买卖的场所。在这个场所内进行的股票交易就称为场内交易。目前在世界各国,大部分股票的流通转让交易都是在证券交易所内进行的,因此,证券交易所是股票流通市场的核心,场内交易是股票流通的主要组织形式。

凡在证券交易所以外进行股票买卖流通的组织形式统称为场外交易。场外交易有各种形式,不同形式的交易又有不同的市场名称,同一形式在不同国家还有不同的称呼。随着金融市场管制的放松和金融自由化的推进以及现代科技的不断进步,场外交易也日益活跃起来,其交易量和交易方式日渐增多,成为股票流通市场的重要组成部分。

各国场外交易的组织形式主要有三种。

①店头市场,也称柜台交易。这是场外交易最主要和最典型的形式。它可以在证券商的营业点内,由购销双方当面议价进行交易,也可以通过电话、计算机等现代通信手段进行交易。店头市场交易有两个突出的特点:一是交易双方一对一地直接洽谈,是客户与证券商,或是两个证券商的直接交易;二是交易价格不是既定的,而是双方磋商协议而定。

②第三市场。第三市场是在证券交易所外专门买卖上市股票的一种场外交易形式。第三市场是西方金融创新的一种结果,满足了股票交易分散化和交易形式多样化的要求。第三市场的股票交易主要发生在证券商和机构投资者之间。

③第四市场。这也是近年来在美国出现的场外交易形式。它是指股票的买卖双方绕开证券经纪商,彼此间利用电信手段直接进行大宗股票交易。第四市场这种交易形式的优点在于:信息灵敏,成交迅速;交易成本低;可以保守交易秘密;不冲击股票行市。

（5）投资者购买股票的操作程序

①开设股票账户。开设股票账户也就是办理深圳、上海证券账户卡。

②选择证券商并开设资金账户。投资者办理深、沪证券账户卡后,到证券营业部买卖证

券前,需首先在证券营业部开户,开户主要在证券公司营业部营业柜台或指定银行代开户网点,然后才可以买卖证券。

③选股和委托。当客户认为需要买卖证券时,需向经纪人发出指令,经纪人则将客户的指令传递给其在交易所的场内交易员,交易员则按指令要求进行交易。

委托买卖的方式有三种:A.市价委托,按照当时的市场行情买卖一定的数量;B.限价委托,客户限定交易价格,只有当市价满足这一条件时才进行买卖;C.停止委托,客户要求经纪人在市价变动到一定的限度时停止买卖,其目的是锁定损益。

④竞价成交。证券交易所内的交易是以"价格优先,时间优先"的原则,通过竞价成交的。所谓价格优先,指同时有几份买单时,开价最高的买单先成交;时间优先,指同等价格条件的交易请求,时间上在前的优先成交。

⑤清算交割。清算交割是指证券经纪人之间将双方股票买进卖出的数量和金额分别予以抵销的行为,旨在减少实际应交割股票或价款,以节省时间、人力和物力。经纪人在完成股票买卖成交单的填写后,要按规定分别填写清算单,并到清算公司进行清算。按成交股票价款的余额进行交割。证券清算公司一般还设有证券保险箱,专为会员委托保管证券而用。股票清算后,即办理交割手续。所谓交割,就是卖方向买方交付股票而买方向卖方支付价款。

⑥过户。投资人从证券市场上买到股票后,到该股票发行公司办理变更股东名簿记载的活动,是股票所有权的转移。不记名股票可以自由转让,记名股票的转让必须办理过户手续。在证券市场上流通的股票基本上都是记名股票,都应该办理过户手续才能生效。

(6)影响股票价格变动的主要因素

股票价格的变化或波动,主要受股票供求关系的推动,因此,影响股票供求关系的因素,也就成为影响股票价格变化的因素。尽管在不同时期、不同国家里,影响股票供求关系进而造成股价波动因素有所不同,但从大的方面来讲,不外乎有以下6个方面。

①宏观经济因素。宏观经济因素对各种股票价格具有普遍的、不可忽视的影响,它直接或间接地影响股票的供求关系,进而影响股票的价格变化。宏观经济因素主要包括经济增长、经济周期、利率、货币供应量、财政收支、投资与消费、物价、国际收支及汇率等。

②政治因素与自然因素。政治因素及自然因素将最终影响经济,影响上市公司经营,从而会影响股票价格波动。政治因素主要包括战争与重大事件因素、政局因素、国际政治形势的变化、劳资纠纷。自然因素主要指自然灾害,一旦发生自然灾害,经济和生产受损,股价也会下跌,其波动幅度与受损害的影响程度呈同方向变化。

上述宏观经济因素、政治因素及自然因素,会对整体股价产生影响,会导致股价的普遍上涨或下跌,而一般不会对个别股票价格产生特别的影响。

③行业因素。行业因素将影响某一行业股票价格的变化。行业因素主要包括行业寿命周期、行业景气循环等因素。股票发行公司的经营状况与所在行业的发展周期紧密相关。在行业开创期,公司利润很高,其股票价格逐步上升;到扩张期,公司利润稳定上升,股价也涨到较高的水平;而到了停滞期,公司经营状况日趋艰难,利润也出现下降趋势,其股票价格也趋于下跌。行业景气变动也同整个经济景气变动一样,会影响一个行业内的股票价格变动。当一个行业处于景气度上升时,该行业的股票价格也会出现上涨;反之,则会下跌。

④心理因素。心理因素是指投资者心理状况对股票价格的影响。影响人们心理状况的因素很多,其中有些是客观的,有些是主观的,特别是当投机者不甚了解事实真相或缺乏预

期判断能力时,心理上波动很大,往往容易跟在一些大投资者后面,出现急于抛出或买进的状况,形成抢购风潮或抛售风潮,对股价影响很大。

⑤公司自身的因素。公司本身的经营状况及发展前景,直接影响到该公司所发行股票的价格。公司自身的因素主要包括公司利润、股息及红利的分配,股票是否为首次上市,股票分割,公司投资方向,产品销路以及董事会和主要负责人调整等。

⑥其他因素。影响股票价格变动的其他因素,主要包括一些股票买卖的投机因素、技术性因素及其他影响股票供求的因素。

(二)债券市场

1. 债券的概念

债券是依据法定程序发行,约定在一定期限内还本付息的有价证券。债券包括以下七个基本内容。

①发行额度。由发行人的资金需求、所发债券种类及市场状况决定。发行额度定得过高或者过低都会影响债券的发行及交易。

②偿还期限。由发行人对资金需求的时间长短、利率的升降趋势、证券市场的发达程度等确定。

③票面利率。由债券的性质、信用级别及市场利率决定,它会直接影响发行人的筹资成本。

④付息方式。分为一次性付息与分期付息两大类。一次性付息有三种形式:单利计息、复利计息、贴现计息。分期付息一般采取按年付息、半年付息和按季付息三种方式。

⑤发行价格。主要取决于债券期限、票面利率和市场利率水平。发行价格高于面额为溢价发行,等于面额为平价发行,低于面额为折价发行。

⑥偿还方式。分为期满后偿还和期中偿还两种。主要方式有:选择性购回,即有效期内,按约定价格将债券回售给发行人;定期偿还,即债券发行一段时间后,每隔半年或一年,定期偿还一定金额,期满时还清剩余部分。

⑦信用评级。即测定因债券发行人不履约,而造成债券本息不能偿还的可能性。其目的是把债券的可靠程度公示投资者,以保护投资者的利益。

2. 债券的种类

①按发行主体不同可划分为国债、地方政府债券、金融债券、企业债券。国债是由中央政府发行的债券,它由一个国家政府的信用作担保,因此信用最好,被称为金边债券。地方政府债券由地方政府发行,又叫市政债券。它的信用、利率、流通性通常略低于国债。金融债券由银行或非银行金融机构发行,信用高、流动性好、安全,利率高于国债。企业债券是由企业发行的债券,又称公司债券,风险高,利率也高。

②按偿还期限长短可划分为长期债券、中期债券、短期债券。短期债券是一年以内的债券,通常有 3 个月、6 个月、9 个月、12 个月四种期限。中期债券一般是 1～5 年的债券,长期债券一般指期限在 5 年以上的债券。

③按担保性质可划分为抵押债券、担保信托债券、保证债券、信用债券。其中抵押债券以不动产作为抵押发行;担保信托债券以动产或有价证券担保;保证债券由第三者作为还本付息的担保人;信用债券只凭发行者信用而发行,如政府债券。

④按债券形态分为实物债券、凭证式国债、记账式债券。其中,实物债券是一种具有标准格式实物券面的债券;凭证式国债是指国家采取不印刷实物券,而用填制"国库券收款凭证"的方式发行的国债;记账式债券指没有实物形态的票券,以计算机记账方式记录债权,通过证券交易所的交易系统发行和交易。记账式国债购买后可以随时在证券市场上转让,流动性较强,就像买卖股票一样。

⑤按是否可转换划分为可转换债券和不可转换债券。可转换债券是指在特定时期内可以按某一固定的比例转换成普通股的债券,它具有债务与权益双重属性,属于一种混合性筹资方式。不可转换债券是指不能转换为普通股的债券,又称为普通债券。由于其没有赋予债券持有人将来成为公司股东的权利,因此其利率一般高于可转换债券。

⑥按付息的方式划分为零息债券、定息债券和浮息债券。零息债券也叫贴现债券,是指债券券面上不附有息票,在票面上不规定利率,发行时按规定的折扣率,以低于债券面值的价格发行,到期按面值支付本息的债券。从利息支付方式来看,贴现国债以低于面额的价格发行,可以看作利息预付,因此又可称为利息预付债券、贴水债券,是期限比较短的折现债券。定息债券也是固定利率债券,是将利率印在票面上并按期向债券持有人支付利息的债券。该利率不随市场利率的变化而调整,因而固定利率债券可以较好地抵制通货紧缩风险。浮息债券也是浮动利率债券,其息票率是随市场利率变动而调整的利率。

3. 债券发行市场

债券发行市场,又称一级市场,是发行单位初次出售新债券的市场,主要由发行者、认购者和委托承销机构组成。在发行债券时,其发行价格未必与债券的票面金额相等。按其价格与票面金额的关系,债券的发行价格有三种:平价发行、溢价发行和折价发行。

(1)债券发行的方式

债券发行的方式有直接发行、代销发行、承购包销发行、公开招标发行和拍卖发行。其中,债券发行的定价方式以公开招标最为典型。按照招标标的分类,有价格招标和收益率招标;按照价格决定方式分类,有荷兰式招标和美国式招标。荷兰式招标又称单一价格中标。以募满发行额为止所有投标者的最低中标价格作为最后中标价格,全体中标者的中标价格是单一的招标方式称为以价格为标的的荷兰式招标。以募满发行额为止的中标者最高收益率作为全体中标者的最终收益率,所有中标者的认购成本是相同的招标方式以收益率为标的的荷兰式招标。美国式招标又称多种价格中标。以募满发行额为止中标者各自的投标价格作为各中标者的最终中标价,各中标者的认购价格不相同的招标方式称为以价格为标的的美国式招标。以募满发行额为止的中标者所投标的各个价位上的中标收益率作为中标者各自的最终中标收益率,各个中标者的认购成本不相同的招标方式是以收益率为标的的美国式招标。

(2)债券的发行过程

债券的发行过程是债券发行者向债券购买者直接或间接筹措资金的过程。我们主要介绍公司债的发行过程。在间接发行中,主要包括三个阶段。

①申报材料制作阶段。

A. 发行人形成发债意愿并与发改部门预沟通。

B. 制作发行人本次债券发行的申请报告。

C. 召开股东大会,形成董事会决议,制定债券发行章程。

D.出具发行企业债券可行性研究报告。报告应包括债券资金用途、发行风险说明、偿债能力分析等。

E.安排担保事宜。发行人做好企业债券发行的担保工作,按照《中华人民共和国担保法》的有关规定,聘请其他独立经济法人依法进行担保,并按照规定格式以书面形式出具担保函。

F.安排审计机构。发行人及其担保人提供的最近三年财务报表(包括资产负债表、利润和利润分配表、现金流量表),经具有从业资格的会计师事务所进行审计。

G.安排信用评级。发行人聘请有资格的信用评级机构对其发行的企业债券进行信用评级。

H.安排律师认证工作。企业债券发行申请材料由具有从业资格的律师事务所进行资格审查和提供法律认证。

I.组建营销团。企业债券由具有承销资格的证券经营机构承销,企业不得自行销售企业债券。主承销商由企业自主选择。需要组织承销团的,由主承销商组织承销团。承销商承销企业债券,可以采取代销、余额包销或全额包销方式,承销方式由发行人和主承销商协商确定。

J.其他。主承销商协助制作完成债券申报材料,并报送省发展改革委,由省发展改革委转报国家发展改革委。

②发行报批阶段。

A.上报发行申报材料。按照公开发行企业债券申请材料目录及其规定格式,逐级上报企业债券发行方案。经省发展改革委审核后,向国家发展改革委申请。

B.跟踪核准进程。国家发展改革委受理企业发债申请后,依据法律法规及有关文件规定,对申请材料进行审核。符合发债条件、申请材料齐全的直接予以核准。申请材料存在不足或需要补充有关材料的,应及时向发行人和主承销商提出反馈意见。发行人及主承销商根据反馈意见对申请材料进行补充、修改和完善,重要问题应出具文件进行说明。

C.修改方案及材料。发行人及主承销商根据国家发展改革委提出的反馈意见,对企业债券发行方案及申报材料进行修改和调整,并出具文件进行说明。

D.债券发行会签。国家发展改革委分别会签中国人民银行、中国证监会后,印发企业债券发行批准文件,并抄送各营业网点所在地省级发展改革部门等有关单位。

E.会签结束拿到批文。企业债券发行批准文件由国家发展改革委批复给省发展改革委后(中央企业除外),再由省发展改革委批复给企业或相关市发展改革委。

③债券正式发行阶段。

A.刊登发行公告。发行人应当通过指定媒体,在债券发行首日3日前公告企业债券发行公告或公司债券募集说明书。发行公告和募集说明书应当真实、准确、完整,不得有虚假记载、误导性陈述或者重大遗漏。

B.市场宣传工作。承销团做好债券销售市场宣传工作,推广债券的发行和认购工作。

C.债券销售工作。在企业债券发行过程中,各承销商面向社会公开零售企业债券的所有营业网点及每个营业网点的承销份额。

D.承销团工作监控。发行人应当及时了解承销工作进度和发行销售情况。

E.募集资金划付。承销团销售债券募集到的资金应划付到发行人专门的资金账户。

F.验收资金。发行人根据债券的发行情况对募集资金相关情况进行查验。

4.债券流通市场

债券流通市场,又称二级市场,指已发行债券买卖转让的市场。债券一经认购,即确立了一定期限的债权债务关系,但通过债券流通市场,投资者可以转让债权,把债券变现。

(1)债券流通市场交易的基本模式

目前我国债券流通市场交易有三种基本模式:银行间债券市场、交易所市场、商业银行柜台交易。证券交易所作为债券交易的组织者,本身不参加债券的买卖,只是为债券买卖双方提供服务,并进行监管。银行间债券市场主要是我国各类型银行相互之间的债券交易市场,可以有效地调节银行之间的货币流通和供应量。商业银行柜台市场俗称 OTC 市场,不具有固定的交易场所、规定的成员资格和严格的交易规则等特点。

(2)债券流通市场的交易形式

债券流通市场的交易形式主要包括现货交易、期货交易和回购协议交易。债券现货交易是债券流通市场上最基本的交易方式。在证券交易所市场上普通投资者只要持有沪、深交易所的证券账户就可以参与现货交易了。只要注明买卖债券品种的代码、价格和数量,投资者就可以像买卖股票一样委托券商进行债券买卖了。债券期货交易是指在将来某一特定日期以双方承诺约定的价格买卖某特定债券的交易。国债期货交易就是债券期货交易的一种。回购交易是指出券方(债券持有方)和购券方在达成一笔交易融入资金的同时,规定出券方必须在未来某一约定时间以双方约定的价格再从购券方那里购回原先售出的债券,并以商定的利率支付利息的交易方式。与现货交易不同的是,一笔回购交易涉及出券方和购券方两个交易主体、初始交易和回购期满时的回购交易两次交易以及相应的两次清算。回购交易按债券所有权是否发生转移可进一步分为质押式回购交易与买断式回购交易两种。

(3)债券交易市场的结算制度

我国债券市场的结算制度分为银行间市场的结算制度和交易所市场的结算制度两种。

①银行间市场的结算制度。我国银行间市场的债券结算采用实时全额逐笔结算机制,统一通过中债登的中央债券综合业务系统完成。全额结算,也称为逐笔结算,指每笔结算单独交收,各笔结算之间不得相互抵销。

②交易所市场的结算制度。交易所市场的债券清算和结算主要采取的是中央对手方的净额结算机制,由中央证券登记结算有限公司负责债券交易的清算、结算,并作为交易双方共同的对手方提供交收担保。

5.投资者场内购买债券的操作程序

①开户。债券投资者要进入证券交易所参与债券交易,首先必须选择一家可靠的证券经纪公司,并在该公司办理开户手续。

②委托。投资者在证券公司开立账户以后,要想真正上市交易,还必须与证券公司办理证券交易委托关系,这是一般投资者进入证券交易所的必经程序,也是债券交易的必经程序。

③成交。证券公司在接受投资客户委托并填写委托说明书后,就要由其驻场人员在交易所内迅速执行委托,促使该种债券成交。

④清算和交割。债券交易成立以后就必须进行券款的交付,这就是债券的清算和交割。

⑤过户。债券成交并办理了交割手续后,最后一道程序是完成债券的过户。过户是指将债券的所有权从一个所有者名下转移到另一个所有者名下。

（三）证券投资基金市场

1. 证券投资基金的概念

证券投资基金是一种利益共享、风险共担的集合证券投资方式，即通过发行基金单位，集中投资者的资金，由基金托管人托管，由基金管理人管理和运用资金，从事股票、债券等金融工具投资。

2. 证券投资基金的特点

①证券投资基金是由专家运作、管理并专门投资于证券市场的基金。我国《证券投资基金管理暂行办法》规定，证券投资基金投资于股票、债券的比例，不得低于该基金资产总值的80%。基金资产由专业的基金管理公司负责管理。基金管理公司配备了大量的投资专家，他们不仅掌握了广博的投资分析和投资组合理论知识，而且在投资领域积累了相当丰富的经验。

②证券投资基金是一种间接的证券投资方式。投资者是通过购买基金而间接投资于证券市场的，与直接购买股票相比，投资者与上市公司没有任何直接关系，不参与公司决策和管理，只享有公司利润的分配权。投资者若直接投资股票、债券，就成了股票、债券的所有者，要直接承担投资风险，而投资者若购买了证券投资基金，则是由基金管理人来具体管理和运作基金资产，进行证券的买卖活动。因此，对投资者来说，证券投资基金是一种间接证券投资方式。

③证券投资基金具有投资小、费用低的优点。在我国，每份基金单位面值为人民币1元。证券投资基金最低投资额一般较低，投资者可以根据自己的财力，多买或少买基金单位，从而解决了中小投资者"钱不多、入市难"的问题。基金的费用通常较低。根据国际市场上的一般惯例，基金管理公司就提供基金管理服务而向基金收取的管理费一般为基金资产净值的1%~2.5%，而投资者购买基金需缴纳的费用通常为认购总额的0.25%，低于购买股票的费用。此外，由于基金集中了大量的资金进行证券交易，通常也能在手续费方面得到证券商的优惠，而且为了支持基金业的发展，很多国家和地区还对基金的税收给予优惠，使投资者通过基金投资证券所承担的税赋不高于直接投资于证券需承担的税赋。

④组合投资，风险分散。证券投资基金通过汇集众多中小投资者的小额资金，形成雄厚的资金实力，可以同时把投资者的资金分散投资于各种证券，使某些证券跌价造成的损失可以用其他证券涨价的盈利来弥补，分散了投资风险。

⑤流动性强。基金的买卖程序非常简便，对开放式基金而言投资者既可以向基金管理公司直接购买或赎回基金，也可以通过证券公司等代理销售机构购买或赎回，或委托投资顾问机构代为买入。国外的基金大多是开放式基金，每天都会进行公开报价，投资者可随时据以购买或赎回。

同时，证券投资基金还有收益稳定，利益共享、风险共担，投资操作与财产保管严格分离等特点。

3. 证券投资基金的种类

根据不同标准可将投资基金划分为不同的种类。

①根据基金单位是否可增加或赎回，投资基金可分为开放式基金和封闭式基金。开放式基金是指基金设立后，投资者可以随时申购或赎回基金单位，基金规模不固定的投资基金；封闭式基金是指基金规模在发行前已确定，在发行完毕后的规定期限内，基金规模固定

不变的投资基金。

②根据组织形态的不同,投资基金可分为公司型投资基金和契约型投资基金。公司型投资基金是具有共同投资目标的投资者组成以营利为目的的股份制投资公司,并将资产投资于特定对象的投资基金;契约型投资基金也称信托型投资基金,是指基金发起人依据其与基金管理人、基金托管人订立的基金契约,发行基金单位而组建的投资基金。

③根据投资风险与收益的不同,投资基金可分为成长型投资基金、收入型投资基金和平衡型投资基金。成长型投资基金是指把追求资本的长期成长作为其投资目的的投资基金;收入型投资基金是指以能为投资者带来高水平的当期收入为目的的投资基金;平衡型投资基金是指以支付当期收入和追求资本的长期成长为目的的投资基金。

④根据投资对象的不同,投资基金可分为股票基金、债券基金、货币市场基金、期货基金、期权基金、指数基金和认股权证基金等。股票基金是指以股票为投资对象的投资基金;债券基金是指以债券为投资对象的投资基金;货币市场基金是指以国库券、大额银行可转让存单、商业票据、公司债券等货币市场短期有价证券为投资对象的投资基金;期货基金是指以各类期货品种为主要投资对象的投资基金;期权基金是指以能分配股利的股票期权为投资对象的投资基金;指数基金是指以某种证券市场的价格指数为投资对象的投资基金;认股权证基金是指以认股权证为投资对象的投资基金。

⑤按照投资理念的不同,基金可分为主动型基金和被动型基金。主动型基金是力图超过业绩比较基准的基金;被动型基金则不主动寻求超越市场的表现,一般选取特定的指数作为跟踪的对象,通过试图复制指数来跟踪市场的表现,因此通常被称为指数型基金。

⑥根据发行方式的不同,投资基金分为公募基金与私募基金。公募基金是以公开的方式面向社会公众筹集资金的证券投资基金。私募基金则是以非公开方式面向特定投资者募集资金并以特定目标为投资对象的证券投资基金。

4.证券投资基金的设立与运作

(1)证券投资基金的设立

基金是由基金发起人发起设立的。根据《证券投资基金管理暂行办法》的规定,在我国发起人申请设立基金,一般要完成以下工作:基金发起人申请设立基金,首先必须准备各种法律文件,如设立基金的申请报告、发起人协议书、基金契约、基金托管协议、基金招募说明书等。基金发起人准备好各种文件后,应上报中国证监会。基金发起人收到中国证监会的批文后,于发行前三天公布招募说明书,并公告具体的发行方案。

(2)证券投资基金的运作

①基金募集。证监会核准基金的募集申请后,基金管理公司要通过自己的销售渠道向投资者发售基金,或者委托具有代销资格的代销机构销售。

②投资管理。投资管理是基金管理和运作中最重要的环节,决定着基金的经营业绩。基金管理公司要按照基金合同和招募说明书的规定,按照一定的投资范围和投资比例,遵循其投资决策程序将资金投入股票、债券、货币市场工具等投资标的。

③基金的信息披露。为了保证投资者能够按照基金合同约定的时间和方式查阅相关信息,基金要对相关信息公开披露,如基金招募说明书、基金合同、托管协议,募集情况,基金净值,基金申购、赎回价格等,还要按期公布季度报告、半年度报告、年度报告。相关信息还要由会计师事务所和律师事务所出具意见。

④基金的费用。基金的费用是为了支持基金的运作而产生的,由基金合同进行规定,主

要包括支付给基金管理人的基金管理费、支付给基金托管人的基金托管费、基金合同生效后的信息披露费、基金合同生效后的会计师费和律师费等。

⑤基金的收益分配。基金收益包括投资标的产生的股息、红利、利息、证券买卖价差和其他收入。当符合基金合同约定的收益分配条件时，基金管理人会进行收益分配，分配方式包括现金分红及红利再投资。

5. 证券投资基金认购、申购与赎回

（1）基金认购

基金认购是指投资者在开放式基金募集期间、基金尚未成立时购买基金单位的过程。通常认购价为基金单位面值（1元）加上一定的销售费用。投资者认购基金应在基金销售点填写认购申请书，交付认购款项。

（2）基金申购

基金申购是指投资者到基金管理公司或选定的基金代销机构开设基金账户，按照规定的程序申请购买基金单位。申购基金单位的数量是以申购日的基金单位资产净值为基础计算的，具体计算方法须符合监管部门有关规定的要求，并在基金销售文件中载明。

（3）基金赎回

基金赎回是针对开放式基金，投资者以自己的名义直接或透过代理机构向基金管理公司要求部分或全部退出基金的投资，并将买回款汇至该投资者的账户内。

（4）基金转换

基金转换是指投资者在持有本公司发行的任一开放式基金后，可直接自由转换到本公司管理的其他开放式基金，而不需要先赎回已持有的基金单位，再申购目标基金。

（5）基金交易费用

基金交易费用是指在进行基金交易时发生的费用。我国证券投资基金的交易费用主要包括印花税、交易佣金、过户费、经手费、证管费。参与银行间债券交易的，还需向中央国债登记结算有限责任公司支付银行间账户服务费，向全国银行间同业拆借中心支付交易手续费等服务费用。

6. 投资者购买证券投资基金的操作过程

（1）开户

投资者开设深、沪证券账户卡即可用其买卖上市基金。投资者也可以开立深、沪基金账户来买卖上市基金。个人投资者持本人身份证亲自到深、沪证券交易所各证券登记机构或开户代理点办理开户。

（2）购买

投资者用深、沪证券账户购买基金的操作程序与购买股票的程序相同。

任务四　金融衍生品市场

一、金融衍生品的概念与特征

1. 金融衍生品的概念

金融衍生品又称金融衍生工具，是指建立在基础产品或基础变量之上，其价格取决于基

础金融产品价格(或数值)变动的派生金融产品。作为一个相对的概念,基础产品不仅包括现货金融产品(如股票、债券、存单、货币等),也包括金融衍生工具。金融衍生工具的基础变量种类繁多,主要有利率、汇率、通货膨胀率、价格指数、各类资产价格及信用等级等。金融衍生品在形式上表现为一系列的合约,合约中载明交易品种、价格、数量、交割时间及地点等。目前较为普遍的金融衍生品合约有金融远期、金融期货、金融期权、金融互换和信用衍生品等。

2.金融衍生品的特征

(1)跨期性

金融衍生品是交易双方通过对利率、汇率、股价等因素变动趋势的预测,约定在未来某一时间按照一定条件进行交易或选择是否交易的合约。金融衍生品会影响交易者在未来一段时间内或某时点上的现金流,体现跨期交易特点。

(2)杠杆性

金融衍生品交易一般只需要支付少量的保证金或权利金就可签订远期大额合约或互换不同的金融工具。同时,交易者承担的风险与损失也会成倍放大,基础工具的轻微变动也许就会带来交易者的大盈大亏。

(3)联动性

金融衍生品的价值与基础产品或基础变量紧密联系。通常金融衍生品与基础变量相联系的支付特征由衍生工具合约规定,其联动关系既可以是简单的线性关系,也可以表达为非线性函数或分段函数。

(4)高风险性

金融衍生品交易的后果取决于交易者对基础工具未来价格的预测和判断的准确程度。基础工具价格的变幻莫测决定了金融衍生品交易盈亏的不稳定性。

二、金融衍生品市场的交易机制

金融衍生品市场的交易机制根据交易目的的不同,交易主体分三类:套期保值者、投机者和经纪人。其中,套期保值者又称风险对冲者,从事衍生品交易是为了减少未来的不确定性,降低甚至消除风险。投机者是利用不同市场上的定价差异,同时在两个或两个以上的市场中进行交易,以获取利润的投资者。套利者利用不同市场的价格差异,同时在两个及以上市场进行衍生品交易,以获取无风险收益。经纪人是交易中介,以促成交易、收取佣金为目的。

(一)远期

1.远期的含义

远期是指交易双方约定在未来某一确定时间,按照事先商定的价格以预先确定的方式买卖一定数量的某种资产的合约。

2. 远期合约的特点

远期合约是现金交易,买方和卖方达成协议在未来的某一特定日期交割一定质量和数量的商品,价格可以预先确定或在交割时确定。远期合约是非标准化合约,一般在场外交易,没有固定的交易场所,不易流动,且买卖双方易发生违约问题,从合约签订到交割期间不能直接看出履约情况,风险较大。在远期合约签订之时没有价值,支付只在合约规定的未来某一日进行,在合约到期之前并无现金流,但合约到期必须交割,不可实行反向对冲操作来平仓。

3. 远期合约的优缺点

远期合约是非标准化合约,因此它不在交易所交易,而是在金融机构之间或金融机构与客户之间通过谈判后签署远期合约。在签署远期合约之前,双方可以就交割地点、交割时间、交割价格、合约规模、标的物的品质等细节进行谈判,以便尽量满足双方的需要。因此,远期合约灵活性较大。

由于远期合约没有固定的、集中的交易场所,不利于信息交流和传递,不利于形成统一的市场价格,市场效率较低。且每份远期合约千差万别,流通不便,因此远期合约的流动性较差。此外,远期合约的履约没有保证,违约风险较高。

4. 远期合约交易双方损益

一般地,远期合约购买方称为多头,出售方称为空头。如果用 K 来代表远期合约中规定的特定交割价格,用 S 来代表同样标的的现货市场上的即时价格,用 S_T 来代表远期合约交割时的现货价格,那么,远期合约的损益可以表示如下:

多头方(图12-2):收益 $= S_T - K$

空头方(图12-3):收益 $= K - S_T$

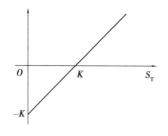 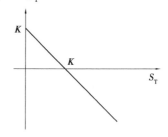

图12-2 远期合约多方损益　　　　　图12-3 远期合约空方损益

(二)期货

1. 期货的含义

期货合约就是协议双方同意在未来某一约定日期,按约定的条件买入或卖出一定标准数量的标的物的标准化协议。

2. 期货的功能

(1)发现价格

参与期货交易者众多,都按照各自认为最合适的价格成交,因此期货价格可以综合反映出供求双方对未来某个时间的供求关系和价格走势的预期。这种价格信息增加了市场的透明度,有助于提高资源配置的效率。国内的上海期货交易所的铜、大连期货交易所的大豆的价格都是国内外的行业指导价格。

（2）规避风险

在实际的生产经营过程中，为避免商品价格的千变万化导致成本上升或利润下降，可利用期货交易进行套期保值，即在期货市场上买进或卖出与现货市场上数量相等但交易方向相反的期货合约，使期货市场交易的损益相互抵补。锁定了企业的生产成本或商品销售价格，保住了既定利润，回避了价格风险。如某油脂厂 3 月份计划两个月后购进 100 吨大豆，当时的现货价格为 2 900 元/吨，5 月份期货价格为 3 000 元/吨。该厂担心价格上涨，于是买入 100 吨大豆期货。到了 5 月份，现货价格果然上涨至 3 100 元/吨，而期货价格为 3 200 元/吨，该厂于是买入现货，每吨亏损 200 元/吨；同时卖出期货，每吨盈利 200 元/吨。两个市场盈亏相抵，有效地锁定了成本。

3. 期货与远期的区别

综合来看，期货交易相对于远期交易整体更为规范，即从某种程度上来看，远期交易虽然是期货交易的雏形，但还是有着本质上的区别。具体如下：

（1）交易对象不同

期货的交易对象是交易所统一制订的标准化的合约；远期交易的对象是非标准化的合约，合约的具体内容（交易品种、数量、价格、地点等）由双方协商。

（2）功能作用不同

期货交易能够用来规避风险，发现价格。远期交易流动性不足，限制了价格的权威性和风险的分散作用。

（3）履约方式不同

期货交易可以选择到期实物交割，也可以在约定期限内对冲平仓，而远期交易履约方式为实物交割。

（4）信用风险不同

期货信用风险低，远期交易信用风险高。

（5）保证金制度不同

按照规定，进行期货交易的双方要依据规定缴纳一定的保证金（通常情况下是 5% ~ 15%），保证金金额放在专门的账户里。而远期交易的保证金没有具体的规定，缴纳数额由交易双方商议。

（6）目的不同

期货交易是生产经营者为了转移风险，场内交易者追求风险收益。远期交易是为了在未来某一时间获取或转让标的物，通常是以保值和维护利润为主要目的。

（三）期权

1. 期权的含义

期权是指合约买方向卖方支付一定费用（称为期权费），在约定日期内享有按事先确定的价格向合约卖方买卖某种标的资产的权利的契约。

2. 期权的分类

按照买方权利的不同，期权合约可分为看涨期权和看跌期权两种类型。看涨期权的买方有权在某一确定的时间或确定的时间之内，以确定的价格购买相关资产。看跌期权的买方则有权在某一确定时间或确定的时间之内，以确定的价格出售相关资产。当市场价格高于执行价格时,看涨期权买方行使期权;当市场价格低于执行价格时,看涨期权买方放弃合约。相反地,当市场价格高于执行价格时,看跌期权买方放弃合约;当市场价格低于执行价格时,看跌期权买方行使期权。无论是看涨期权还是看跌期权,期权合约买方实现有限的损失(期权费)和无限的收益,期权合约卖方则是有限的收益(期权费)和无限的损失。

用 P 表示额外费用,用 K 表示合约规定的交割价格,用 S_T 表示合约到期时现货市场上的即时价格,那么两种合约的多头方和空头方的损益如图12-4至图12-7所示。

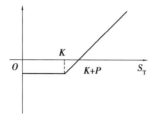

图12-4　看涨期权多头损益

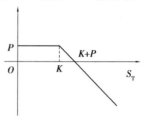

图12-5　看涨期权空头损益

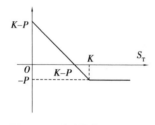

图12-6　看跌期权多头损益

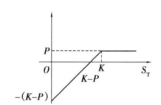

图12-7　看跌期权空头损益

比如,1月1日,标的物是铜期货,它的期权执行价格为1 850美元/吨。A买入这个权利,付出5美元;B卖出这个权利,收入5美元。2月1日,铜期货价上涨至1 905美元/吨,看涨期权的价格涨至55美元。

A可采取两个策略:①行使权利——A有权按1 850美元/吨的价格从B手中买入铜期货;B在A提出这个行使期权的要求后,必须予以满足,即便B手中没有铜,也只能以1 905美元/吨的市价在期货市场上买入而以1 850美元/吨的执行价卖给A,而A可以1 905美元/吨的市价在期货市场上抛出,获利50美元/吨(1 905-1 850-5)。B则损失50美元/吨(1 850-1 905+5)。②售出权利——A可以55美元的价格售出看涨期权,A获利50美元/吨(55-5)。如果铜价下跌,即铜期货市价低于敲定价格1 850美元/吨,A就会放弃这个权利,只损失5美元权利金,B则净赚5美元。

此外,期权的另一种分类方法是按照交割日分为欧式、美式期权。欧式期权必须在到期日选择是否交割,而美式期权则可以在到期之前的任何一天选择是否交割。

3. 期权与期货合约的区别

①买卖双方的权利和义务不同。期权是单向合约,买卖双方的权利与义务不对等,买方有以合约规定的价格买入或卖出标的资产的权利,而卖方则被动履行义务。期货合约是双向的,双方都要承担期货合约到期交割的义务。

②履约保证不同。在期权交易中,买方最大的亏损为已经支付的权利金,因此不需要支

付履约保证金。而卖方面临较大风险,可能亏损无限,因此必须缴纳保证金作为担保履行义务。而在期货交易中,期货合约的买卖双方都要缴纳一定比例的保证金。

③保证金的计算方式不同。由于期权是非线性产品,因此保证金非比例调整。对于期货合约,由于是线性的,保证金按比例收取。

④清算交割方式不同。当期权合约被持有至行权日,期权买方可以选择行权或者放弃权利,期权的卖方则只能被行权。而在期货合约的到期日,标的物自动交割。

⑤合约价值不同。期权合约本身有价值,即权利金。而期货合约本身无价值,只是跟踪标的价格。

⑥盈亏特点不同。期权合约的买方收益随市场价格的变化而波动,但其最大亏损只为购买期权的权利金。卖方的收益只是出售期权的权利金,亏损则是不固定的。在期货交易中,买卖双方都面临着无限的盈利与亏损。

(四)金融互换

1. 互换的含义及类型

金融互换是两个或两个以上的交易者按事先商定的条件,在约定的时间内交换一系列现金流的交易形式。金融互换分为货币互换、利率互换和交叉互换三种类型。利率互换是交易双方同意交换利息支付的协议。如假定 A、B 公司都想借入 5 年期的 1 000 万美元的借款,A 想借入与 6 个月期相关的浮动利率借款,B 想借入固定利率借款。但两家公司信用等级不同,故市场向它们提供的利率也不同,见表 12-1。

表 12-1 两公司面临的市场利率

公司	固定利率	浮动利率
A 公司	10%	6 个月 LIBOR+0.3%
B 公司	11.2%	6 个月 LIBOR+1%

A 在固定利率市场上有比较优势,而 B 在浮动利率市场上有比较优势。这样,双方就可利用各自的比较优势为对方借款,然后互换,从而达到共同降低筹资成本的目的。即 A 以 10% 的固定利率借入 1 000 万美元,而 B 以 LIBOR+1% 的浮动利率借入 1 000 万美元。由于本金相同,故双方不必交换本金,而只交换利息的现金流。即 A 向 B 支付浮动利息,B 向 A 支付固定利息。互换以后双方总的筹资成本降低了 0.5%(即 11.20% +6 个月期 LIBOR+0.30% −10.00% −6 个月期 LIBOR −1.00%),这就是互换利益。假定双方各分享一半互换利益,则双方都将使筹资成本降低 0.25%,即双方最终实际筹资成本分别为:A 支付 LIBOR +0.05% 浮动利率,B 支付 10.95% 的固定利率,如图 12-8 所示。

图 12-8 A、B 双方互换过程

货币互换是一种以约定的价格将一种货币定期兑换为另一种货币的协议,本质上代表一系列远期合约。如假定英镑和美元汇率为 1 英镑=1.5 美元。A 想借入 5 年期的 1 000 万英镑借款,B 想借入 5 年期的 1 500 万美元借款。但由于 A 的信用等级高于 B,两国金融市场对 A、

B 两公司的熟悉状况不同,因此市场向它们提供的固定利率也不同,见表 12-2。

表 12-2　A、B 两公司面临的市场利率

公司	美元利率	英镑利率
A 公司	8%	11.6%
B 公司	10%	12%

A 在两个市场都具有绝对优势,但绝对优势大小不同。A 在美元市场上的绝对优势为 2%,在英镑市场上只有 0.4%。这就是说,A 在美元市场上有比较优势,而 B 在英镑市场上有比较优势。这样,双方就可利用各自的比较优势借款,然后通过互换得到自己想要的资金,并通过分享互换收益(1.6%)降低筹资成本。于是,A 以 8% 的利率借入 5 年期的 1 500 万美元借款,B 以 12% 的利率借入 5 年期的 1 000 万英镑借款。然后,双方先进行本金的交换,即 A 向 B 支付 1 500 万美元,B 向 A 支付 1 000 万英镑。假定 A、B 公司商定双方平分互换收益,则 A、B 公司都将使筹资成本降低 0.8%,即双方最终实际筹资成本分别为:A 支付 10.8% 的英镑利率,而 B 支付 9.2% 的美元利率。A 向 B 支付 10.8% 的英镑借款的利息计 108 万英镑,B 向 A 支付 8% 的美元借款的利息计 120 万美元。互换后 A 的最终实际筹资成本降为 10.8% 英镑借款利息,而 B 的最终实际筹资成本变为 8% 美元借款利息加 1.2% 英镑借款利息。若汇率水平不变的话,B 最终实际筹资成本相当于 9.2% 美元借款利息,如图 12-9 所示。

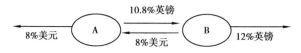

图 12-9　A、B 双方互换过程

交叉互换是利率互换和货币互换的结合,在一笔交易中既有不同货币支付的互换,又有不同种类利率的互换。

2. 互换的功能

①降低融资成本。交易双方利用各自融资的比较优势进行套利,有利于降低双方的融资成本。

②规避利率风险。使用利率互换,可以固定利率支付浮动利率,也可以浮动利率支付固定利率。因此利用对市场利率的不同预期,通过不同方向的利率互换就能规避利率风险。

③规避汇率风险。通过货币互换,也能避免汇率波动带来的风险。

④进行资产负债管理。当要改变资产或负债类型的组合,以配合投资组合管理或对利率的未来动向进行锁定时,可以利用互换交易进行调整,而无须卖出资产或偿还债务。

(五)信用衍生品

信用衍生品是以贷款或债券的信用作为基础资产的金融衍生工具,其实质是一种双边金融合约安排。它分为单一产品、组合产品和其他产品。单一产品是指参考实体为单一经济实体的信用衍生产品,一般而言,包括单一名称信用违约互换(CDS)、总收益互换(TRS)、信用联结票据(CLN)及信用价差期权(CSO)等。组合产品是指参考实体为一系列经济实体组合的信用衍生产品,包括 CDS 指数、担保债务凭证(CDO)、互换期权和分层级指数交易等。其他产品主要是指信用固定比例投资组合保险债券（CPPI）、信用固定比例债务债券（CPDO）等与资产证券化紧密结合的信用衍生产品。

信用违约互换（CDS）是最常用的一种信用衍生产品，它规定信用风险保护买方向信用风险保护卖方定期支付固定的费用或一次性支付保险费，当信用事件发生时，卖方向买方赔偿因信用事件所导致的基础资产面值的损失部分。

项目总结

金融市场是金融领域各种市场的总称，具备聚敛、配置、调节、反映等功能，按融资交易期限不同可划分为融资期限长、流动性相对较差、风险大而收益相对较高的资本市场和期限较短、流动性强、交易量大的货币市场。货币市场包括同业拆借市场、回购市场、票据市场、大额可转让定期存单市场、短期政府债券市场等，资本市场包括股票市场、债券市场、证券投资基金市场等。除了股票、债券、基金等基础金融产品外，金融市场还有远期、期货、期权、互换等金融衍生品。近年来金融衍生品市场发展迅速，被越来越多的投资者所关注。

项目十三

商业银行

【案例导入】

　　商业银行(Commercial Bank)，是银行的一种类型，职责是通过存款、贷款、汇兑、储蓄等业务，承担信用中介责任的金融机构。主要的业务范围是吸收公众存款、发放贷款以及办理票据贴现等。一般的商业银行没有货币的发行权，商业银行的传统业务主要集中在经营存款和贷款业务。

　　商业银行是我们普通人打交道最多的金融中介机构，当我们想要贷款买房、买车的时候，我们通常会从当地的银行得到贷款。大部分的美国人都将他们很大一部分的财产以支票账户、储蓄账户或者其他的银行存款的方式保存在银行中。正因为银行是我们经济体中最大的金融中介机构，所以我们应该对之进行仔细的研究。本项目中我们将重点讨论商业银行如何产生发展，在经济运行中如何发挥作用，如何获得资金以及如何管理它们的资产和负债、赚取收入，以及商业银行的未来将走向哪里等问题。

任务一　商业银行概述

一、商业银行的产生与发展

　　银行作为经济中最重要的金融机构之一，有着非常悠久的发展历史。

　　西方银行业的原始状态可追溯至公元前的古巴比伦以及其他文明古国时期。《大英百科全书》记载，早在公元前6世纪，在古巴比伦已有一家"里吉比"银行。此外，据考古学家在阿拉伯大沙漠发现的石碑证明，在公元前2000年以前，古巴比伦的寺院已在对外放款，而且"放款是采用由债务人开具类似本票的文书，交由寺院收执，且此项文书可以转让"。公元前4世纪，希腊的寺院、公共团体、私人商号已开始从事各种金融活动，但只限于货币兑换业务，还没办理放款业务。罗马在公元前200年也出现了类似希腊的银行业，但较希腊银行业又有进步，它不仅经营货币兑换业务，还经营贷款、信托等业务；同时，罗马对银行的管理与监督也有明确的法律条文。虽然罗马银行业所经营的业务不属于信用贷款，但已具有近代银行业务的雏形。

　　近代银行业起源于文艺复兴时期的意大利。当时的意大利处于欧洲各国国际贸易的中心地位，在威尼斯和其他几个城市出现了从事存贷、汇兑业务的机构，它们经营贷款业务，但主要面向政府，并具有高利贷的性质。商人很难获得低利息的贷款。英文中的银行"Bank"一词就起源于意大利语"Banca"，意为"长凳"。最初的银行家均为祖居在意大利北部伦巴第的犹太人，他们为躲避战乱，迁移到英伦三岛，以兑换、保管贵重物品及汇兑等为业，在市场上人各一凳，据以经营货币兑换业务。倘若有人遇到周转不灵、无力偿付债务，就会招致债主们群起捣碎其长凳，该兑换商的信用就此宣告破碎，所以英文"破产"为"Bankruptcy"也源于此。1580年建立的威尼斯银行是最早的近代银行，也是第一个采用"银行"为名称。威尼斯银行成立不久，在意大利的其他城市也相继成立了银行，1609年荷兰的阿姆斯特丹、1621年德国的纽伦堡等也相继建立了银行。然而，近代银行经营的那种高利息、以政府为主要对象的贷款业务无法满足日益发展的资本主义工商业的需要，客观上要求建立能够服务于资本主义生产的银行业。这一变化首先出现在英国。

　　现代商业银行的最初形式——资本主义商业银行的产生。英国的银行是从替顾客保管金银首饰的金匠店发展而来的。当时的货币完全是金币和银币。伦敦的金匠和金商，经常应顾客的委托，代为保管金银，并签发保管收据。起初，这些收据只作收据本身的用途，但久而久之，它们进入流通，成为变相的支付手段，成为银行钞票的前身。此外，金匠也可以遵照顾客的书面指示，将其保管的金银移交给第三方，这种书面指示即是银行支票的前身。在长期的经营中，金匠们发现，所有顾客在同一时间来要求兑现的可能性很小，因此并不需要保持十足的贵金属准备，这又成为现代银行存款部分准备金制度的起源。早期银行的贷款同样大部分面向政府，并具有高利贷的性质。1694年，在英国政府的支持下由私人创办的英格兰银行是最早出现的股份银行，它的正式贴现率一开始就规定为4.5%～6%，大大低于早期银行业的贷款利率。英格兰银行的成立标志着现代银行制度的产生。其他主要资本主义国家也于18世纪末至19世纪初建立起规模巨大的股份银行。

　　我国的银行产生较晚，较早记载是在南北朝时的寺庙典当业。到了唐代出现了类似汇票的"飞钱"，这是我国最早的汇兑业务。在北宋真宗时，由四川富商发行的交子成为我国早期的纸币。到了明清以后，当铺是主要的信用机构。明末，一些较大的经营银钱兑换业务的钱铺发展为银庄。钱庄、银号、票号等从事汇兑、放债业务，但由于封建社会的漫长，未能实现向现代银行业的转化。

　　经过20多年的改革开放，我国形成了以中国人民银行为领导、国有独资商业银行为主体，多种金融机构并存、分工协作的金融中介机构体系格局。随着改革开放的深入发展，这一格局将持续向现代化的方向演进。具体构成有中央银行、政策性银行、国有独资商业银行、其他商业银行、投资银行、农村和城市信用合作社、其他非银行金融机构、保险公司、在华外资金融机构等。

二、商业银行的性质与职能

（一）商业银行的性质

商业银行是经营货币商品的特殊企业。它与一般企业具有共同的特点，即经营的目标为追求利润的最大化。但商业银行作为特殊企业,与一般企业又有区别:第一,商业银行经营范围局限于货币和与货币有关的信用活动领域,经营对象是货币;第二,商业银行自有资本很少,主要靠吸收存款等借入资本从事经营;第三,银行的利润并非由银行从业人员直接创造出来,而是从那些从事工农业生产劳动的工人、农民创造出来的剩余价值中分得的一部分,属于价值的再分配;第四,商业银行对整个社会经济的影响和受整个社会经济的影响特殊,社会经济的繁荣最初表现为商业银行贷款增多、利润增加,而社会经济的衰退最先表现为商业银行贷款和存款的骤降。

(二)商业银行的职能

1.信用中介

信用中介是商业银行最基本、最能反映其经营活动特征的职能。商业银行通过负债业务,把社会上的各种闲散资金集中到银行,通过资产业务,把它投向需要资金的各个部门,充当有闲置资金者和资金短缺者之间的中介人,实现资金的融通。

2.支付中介

支付中介是商业银行的传统功能。商业银行利用活期存款账户,为客户办理各种货币结算、货币收付、货币兑换和转移存款等业务活动,成为工商业团体和个人的货币保管人、出纳和支付代理人。

3.信用创造

商业银行的信用创造职能,是建立在信用中介职能和支付中介职能的基础上的。商业银行的信用创造职能包括两方面的含义:第一,商业银行利用其可以吸收活期存款的有利条件,通过发放贷款和从事投资等业务派生出大量存款(派生存款),从而扩大社会货币资金供应量;第二,商业银行在办理结算和支付业务活动中能创造支票、本票和汇票等信用工具。这些信用工具的广泛使用既节约了现金的流通和使用,又规范了信用行为,同时满足了社会经济发展对流通手段和支付手段的需要。

4.金融服务

商业银行利用其在国民经济活动中的特殊地位及其在提供信用中介和支付中介过程中所获得的大量信息,运用电子计算机等先进技术手段和工具,为客户提供的其他服务。

5.调节经济

商业银行通过其信用中介活动,调剂社会各部门的资金余缺,同时在货币政策的指引下,在国家其他宏观政策的影响下,实现调节经济结构、调节投资与消费比例关系,引导资金流向,实现产业结构调整,发挥消费对生产的引导作用。

三、商业银行的组织形式

(一)单一银行制

单一银行制也称单元银行制,是不设任何分支机构的银行制度。单一银行制银行由各个独立的银行本部经营,该银行既不受其他商业银行控制,本身也不得控制其他商业银行。

单一银行制在美国较为典型,是由美国特殊的历史背景和政治制度所决定的。美国是一个各州具有较高独立性的联邦制国家,早期由于东西部经济发展不平衡,为了使经济平衡发展,保护地方中小企业与小银行,一些比较落后的州政府就通过颁布州银行法,禁止或者限制其他地区的银行到本州设立分行,以达到阻止金融渗透、反对金融权力集中、防止银行吞并的目的。尽管 1994 年美国国会通过《瑞格-尼尔跨州银行与分支机构有效性法案》,取消了限制跨州设立分支行的规定,但出于历史的原因,美国至今仍有大量单一制商业银行。

(二)总分支行制

目前世界上大多数国家的商业银行都采用这种制度。在这种制度下,在大城市设立总行,在国内各地及国外普遍设立分支行。各分支行的业务经营和内部事务管理统一按照总行的要求进行。分支行制的优点是银行规模可以按业务发展而扩充,实现规模经济效益;在现金运用方面,各分支行之间能相互调度资金,提高资金使用效率;由于贷款和投资分散于各地,符合风险分散的原则,银行安全性大大提高。

(三)持股公司制

持股公司制又称集团银行制,是指由一个企业集团成立控股公司,再由该公司控制或收购若干银行而建立的一种银行制度。在法律形式上,被控股的银行仍然保持各自独立的地位,但其业务经营均由同一股权公司所控制。持股公司对银行的有效控制权是指能控制一家银行 25% 以上的投票权。这种持股公司在集团内部可以实行单一银行制,也可以实行总分行制,因而可以成为回避禁设分支机构规定的一种策略。这种银行制度既不损害单一银行制的总格局,又能行总分行制之实。

持股公司制有两种类型,即非银行性持股公司和银行性持股公司。前者指由非银行的其他企业通过控制银行的大部分股权而组织起来的公司,后者是指大银行通过控制小银行的大部分股权而组织起来的公司。例如花旗银行就是银行性持股公司,它控制着 300 多家银行。一般把控制一家银行的持股公司称为单一银行持股公司;把控制两家以上银行的持股公司称为多银行持股公司,也可称为"集团银行"。

(四)代理行制

银行相互间签有代理协议,委托对方银行代办指定业务,双方互为代理行。在国际上,代理关系非常普遍。在一国国内,银行之间也存在着代理关系,美国在实行单元制时,银行常以此解决由于不准设立分支机构而带来的业务经营方面的困难。

(五)连锁银行

表面上不存在控股公司,而事实上由某个人或集团购买这些银行的股份,控制这些银行的经营决策。法律上,这些银行保持独立,然而经营上实际由某个人或集团控制。

(六)网络银行

20 世纪末,互联网的出现给人类生活带来了质的飞跃,也给金融业特别是银行业带来了前所未有的革新。1995 年 10 月,世界上第一家网络银行——安全第一网络银行(Security First Network Bank,SFNB)在美国开业。此后,网络银行在各国快速发展。网络银行(Internet

Bank），也称网上银行、在线银行，是指通过互联网或其他电子传送渠道，提供各种金融服务的新型银行。网络银行以先进的网络技术为支撑，以看不见的无形银行经营模式，打破了传统的经营理念，给商业银行的组织形式带来了创新。

网络银行的业务主要有以下四个方面。

①发布静态信息。银行发布关于银行的简介，如分支机构情况、银行的主要业务介绍等。

②发布动态信息。银行发布客户所关心的利率、汇率等实时更新的信息。另外，客户还可以通过电子邮件进行相关信息的查询，及时了解相关信息的变动情况。

③在线查询账户信息。客户可以通过互联网查询本人账户的余额或交易记录。

④在线交易。银行通过互联网向客户提供存款、贷款、支付、转账等在线业务。

作为 21 世纪世界金融业的重要组织形式，网络银行正在以其不受时空限制以及成本低廉的优势而越来越受到人们的广泛重视。

任务二　商业银行业务

一、商业银行的资产负债表

为了解商业银行的经营活动，首先我们来看一下商业银行的资产负债表。以中国工商银行为例（表 13-1）。

表 13-1　中国工商银行资产负债表

2020 年 12 月 31 日　　　　　　　　　　　　　　　单位：万元

资产		负债和所有者权益	
货币资金	353 779 500	向中央银行借款	5 497 400
拆出资金	55 898 400	吸收存款及同业存放	2 745 036 900
交易性金融资产	78 448 300	拆入资金	46 861 600
衍生金融资产	13 415 500	交易性金融负债	8 793 800
买入返售金融资产	73 928 800	衍生金融负债	14 097 300
发放贷款及垫款	1 813 632 800	卖出回购金融资产款	29 343 400
长期股权投资	4 120 600	应付职工薪酬	3 246 000
固定资产原值	41 736 700	应交税费	10 538 000
累计折旧	15 861 100	递延所得税负债	288 100
固定资产净值	25 875 600	其他非流动负债	66 471 500
固定资产减值准备	968 900	……	
固定资产	24 906 700	负债合计	3 043 554 300

续表

资产		负债和所有者权益	
在建工程	3 517 300	实收资本（或股本）	35 640 700
递延所得税资产	6 771 300	资本公积	14 853 400
其他非流动资产	45 359 200	盈余公积	32 291 100
…		一般风险准备	33 970 100
		未分配利润	151 055 800
		归属于母公司股东权益合计	289 350 200
		少数股东权益	1 601 300
		所有者权益（或股东权益）合计	290 951 500
资产总计	3 334 505 800	负债和所有者权益（或股东权益）总计	3 334 505 800

（数据来源：网易财经，表中数字不全）

商业银行的负债体现其资金的来源，商业银行的资产体现其资金的运用。银行的资产业务的收益率应高于负债业务的成本，两者的差额构成银行的利润来源。我们可以通过考察商业银行的资产负债表的各个项目来分析商业银行的业务。

另外，并非所有的银行业务都能在资产负债表中得到反映，这部分称为中间业务，后文将进行分析。

二、资产业务

商业银行的资产业务是其主要的利润来源，主要包括现金、证券投资、贷款和其他资产四项。

（一）现金

现金项目虽然盈利性很低，但它是银行资产流动性的重要保证，也称银行的"一线准备"。随着银行管理水平的提高，现金项目在资产业务中所占的比例不断缩小。现金项目包括准备金、应收现金和存放同业等。

1. 准备金

准备金包括法定准备和超额准备两种。法定准备是按照中央银行的要求，依照一定的比例在各类存款中保留的准备金，这部分准备存放在中央银行。同时，银行还主动多保留一部分现金，包括存放在央行的超额准备部分，用以进行同业之间的资金结算；此外，还有一部分自留超额准备，用以应付日常顾客的提款和结算要求。

2. 应收现金

这是指应收而尚未收到的现金项目，例如在途资金，这是在支票清算过程中，已记入商业银行的负债，但实际上商业银行还未收到的那部分资金。通常在短时间内就可以收到，因此属于现金项目。

3. 存放同业

银行相互之间存放资金,目的是用于相互间的结算、转账、代理服务等,成为银行的资金往来。

(二)证券投资

证券投资是银行重要的收入来源之一。除德国、瑞士、奥地利等少数实行全能商业银行制的国家之外,多数国家都明文禁止商业银行购买工商企业的股票,因此商业银行证券投资的对象主要是各种债券,包括政府债券、政府机构债券、地方政府债券和公司债券、金融债券等。商业银行投资于证券有三方面的好处。

1. 灵活运用闲置资金,获取投资收益

证券投资的收益包括证券的利息和资本利得两个方面。

2. 加强流动性

保持资产的流动性是商业银行追求的目标之一。由于有价证券大多有发达的二级市场,当银行面临现金不足时,可随时将它们出售。特别是短期政府债券,安全性和流动性都非常高,它通常被当作商业银行的二级储备。

3. 降低风险

通过选择多样化的证券组合,商业银行可以有效地分散风险。此外,证券投资还可能带来其他一些好处,例如通过购买地方政府发行的债券,商业银行可以密切同地方政府的合作关系。出于这些原因,证券投资在商业银行资产业务中的比重在过去几十年中有明显的上升。

(三)贷款

贷款业务至今为止仍然是商业银行最为重要的资产业务,贷款的利息收入占商业银行总收入的一半以上。同时,通过向客户发放贷款,商业银行可以建立和加强与顾客的关系,从而有利于商业银行其他业务的拓展。

根据不同的标准,贷款可以分为不同种类。按照贷款期限,可以分为短期(1 年以内,含 1 年)、中期(1 年至 5 年,含 5 年)和长期贷款(5 年以上)。按照贷款有无担保,可以分为抵押贷款(含抵押贷款、质押贷款和保证贷款)、信用贷款和票据贴现贷款。按照贷款的定价,可以分为固定利率贷款和浮动利率贷款。按照贷款质量,可以把它分为正常贷款、关注贷款、次级贷款、可疑贷款和损失贷款(后三类即所谓的不良贷款)。按照贷款对象,可以分为工商业贷款、农业贷款、消费者贷款、同业贷款和其他贷款。其中工商业贷款是银行为工商企业的生产或销售需要而发放的贷款。发放这类贷款是商业银行的传统业务,所以它在这方面具有较大的优势。不动产贷款是以企业或个人的住宅、土地、厂房、设备等不动产为抵押而发放的贷款,其期限一般较长。消费者贷款是发放给消费者个人,主要用于购买汽车、活动房屋等耐用消费品的贷款,它一般以消费者所购买的耐用消费品为抵押,采取分期付款的方式偿还。信用卡贷款也是消费者贷款的一种形式,当持卡人的支出金额超过他在发卡银行的支票存款余额(即信用卡透支)时,其差额就自动成为银行对他的贷款。同业贷款则是银行之间为调剂资金余缺而相互发放的贷款。

(四)其他资产

其他资产包括商业银行拥有的实物资产(如建筑、设备)等。

三、负债业务

商业银行的全部资金来源包括自有资金和负债两部分。与一般工商企业不同的是,商业银行的自有资金在其全部资金来源中只占很小的比例。负债的规模大体决定了商业银行开展资产业务获得利润的能力,因此是商业银行最基本、最主要的业务。商业银行的负债包括存款性负债和非存款负债两类。

(一)存款负债

吸收存款负债的业务是银行接受客户存入的货币款项,存款人可随时或按约定时间支取款项的一种信用业务。传统的分类方法将存款分为活期存款、定期存款和储蓄存款三大类。它们占银行资金来源的70%~80%,为银行提供了绝大部分资金来源,并为实现银行各职能活动提供了基础。这是银行的传统业务,在负债业务中占有最主要的地位。

1.活期存款

活期存款指那些可以由存户随时存取的存款,主要是用于交易和支付用途的款项。企业、个人、政府机关、金融机构都能在银行开立活期存款账户。商业银行彼此之间也可开立这种性质的账户,称为往来账户。

这种存款,支用时需使用银行规定的支票,因而又有支票存款之称。支票存款在许多国家允许超过存款金额签发支票——透支。开立这种存款账户的目的是通过银行进行各种支付结算。由于支付频繁,银行提供服务要付出较高费用,所以一般不对存户支付利息。虽然活期存款时存时取,流动性很强,但存取错综交替之中总会在银行形成一笔相对稳定、数量可观的余额,这是银行用于发放贷款的重要资金来源。

20世纪70年代,美国创新了几种新的存款项目,包括可转让支付命令账户(Negotiable Order of Withdrawal Account, NOW)、自动转账服务账户(Automatic Transfer Service Account, ATS)、股金提款单账户(Share Draft Account, SDA)、货币市场存款账户(Money Market Deposit Accounts, MMDAs)等,这些账户可开支票,有利息收入。

2.定期存款

定期存款是指存户与银行事先商定存款期限,并获取一定银行利息的存款。存款期限为30天、60天、90天、180天、1年乃至5年、10年不等,期限越长,利率越高,原则上不准提前支取或提前支取时利息受损。定期存款存入时,银行一般是向存户出具存单,也有采用存折形式的。由于定期存款相对稳定,因此可作为中长期信贷活动的资金来源。

商业银行为了吸收存款,同样创新出一些新的存款形式。

①定期存款开放账户,即必须事先以书面通知才能提取的存款。这些存款的特点是可以开放——继续存入存款。并且,这些开放账户通常是自动展期的,除非双方中的任何一方提出终止的通知;利率取决于存款的期限和美元总金额。

②可转让定期存单(Negotiable Certificates of Deposit, CDs),特点是存单面额固定

(10 万～100 万美元),不记名,利率有固定也有浮动,存期为 3 个月、6 个月、9 个月、12 个月不等,存单能够流通转让,具有较活跃的二级市场,能够满足流动性和盈利性的双重要求。CDs 的最初发行对象是公司、企业,目的是规避政府对利率的管制以争取顾客而推出的。由于大面额可转让 CDs 没有联邦存款保险公司(Federal Deposit Insurance Corporation,FDIC)或联邦储蓄贷款保险公司(Federal Savings and Loan Insurance Corporation,FSLIC)保险,因此发行银行的财务状况、安全性及清偿能力、信誉在发行方面起重要作用。

③消费者存单(Consumer Certificates of Deposit)。发行对象为普通消费者,面额通常低于 1 000 美元,甚至可以为 100 美元,利率通常固定,期限越长利率越高,期限通常高于大面额 CDs,在到期之前提取必须按规定支付罚金。

④货币市场存单(Money Market Certificate of Deposit, MMCD)。1978 年中期,金融当局鉴于高市场利率对存款机构的不良影响,批准存款机构开办 6 月期和 2.5 年期的货币市场存单业务,最低面额为 1 万美元且不可转让,利率随市场利率调整。

3. 储蓄存款

储蓄存款主要为个人积蓄货币并取得利息收入而开办,是一种非交易用的存款,一般使用存折,不能签发支票。利息被定期加到存款余额上。储户必须凭存折到银行提取现金。理论上而言,储蓄存款并不能随时支取,储户若支取必须事先通知银行,但实际上储户和银行都把它当作可以随时支取。随着计算机、电子网络技术的发展,银行为了方便储户,一方面推出通存通兑服务,另一方面推出了储蓄卡,储户可以在各地的"自动出纳机(ATM)"上自助存取款项。

(二)非存款负债

商业银行尽管可以主动争取存款资金来源,然而存款水平毕竟不能直接控制,仍然会有波动。因此,商业银行还必须开展非存款性负债业务,通过借入资金以应付提款的需要、弥补法定准备金的暂时不足,或是作为永久性的资金来源。具体包括以下六种类型。

1. 银行同业拆借

这是银行之间的短期借贷行为。按银行法规定,各商业银行必须向中央银行交纳一定比例的存款准备金,同时保持一定量的库存现金以应付提款要求。如果某家银行在中央银行的存款超过了法定准备金的要求,而另一家银行在中央银行的存款降到法定准备金以下,此时法定准备金不足的银行就会向法定准备金盈余的银行借款,以达到法定准备金的要求。这种借款通过中央银行进行,拆出银行通知央行将相应的款项从自己的账户转到拆入银行的账户,央行据此借记拆出行账户,贷记拆入行账户。

由于同业拆借主要用于解决银行本身临时性资金周转的需要,因此一般是短期拆借,大多数为隔夜拆借。同业拆借的利率由市场供求决定,一般较低,它影响货币市场上的利率水平。在美国,同业拆借又称为联邦基金,它的供给者主要是小银行,它们的放款市场比较狭窄,剩余资金较多;而大银行则成为主要的需求者。

2. 向中央银行借款

中央银行作为金融机构的最后贷款人,在商业银行出现资金困难时,可以向商业银行发放贷款。向央行借款有两种形式:一种是直接借款,即商业银行使用自有的适当的证券、票据作为抵押向中央银行取得贷款;另一种是贴现(或再贴现),由商业银行把自己向客户办理贴现业务所买进的而尚未到期的票据向央行申请再贴现。

在西方,无论对于商业银行还是对中央银行而言,向中央银行借款都只占一个很小的比重。但在我国,出于历史体制的原因,向央行借款一直是国有商业银行一项比较重要的资金来源。

3.回购协议

回购协议就是通过出售金融资产取得可用资金,但出售时双方规定出售方在某一期限后按预定的价格向对方再次购回这项金融资产。回购协议的期限从一天到数月不等,期限为一天的又称隔夜回购。商业银行与证券交易商是回购协议的主要资金需求者,公司和政府机构则是最大的资金供应者。

回购协议可以被用来增加收益。例如某银行持长期证券,但由于利率上升,使出售证券换取资金将遭受相当的本金损失。为了提高对这种长期证券投资的收益,可以将其作为回购协议的担保。这样就可以增加该银行的净利息收入。

4.向国际金融市场借款

近二三十年来,各国商业银行在国际货币市场上通过吸收存款、发行 CDs、发行商业票据、发行银行债券等方式广泛地获取资金。

5.发行金融债券

通过发行债券筹措资金也是商业银行的负债业务之一。

6.银行持股公司发行的商业票据

商业票据是短期的、以自身信誉为担保的资金来源,在美国,由于商业银行自身不能发行商业票据,因此商业票据要通过银行持股公司来发行。商业银行从其持股公司取得这笔资金时也要支付利息,因此,这也相当于银行持股公司给商业银行的贷款。

四、中间业务

商业银行的中间业务是银行不需动用自己的资金,而利用银行设置的机构网点、技术手段和信息网络,代理客户承办收付和委托事项,收取手续费的业务。中国人民银行从商业银行开展业务的功能和形式的角度将中间业务分为以下九大类。

(一)支付结算类

支付结算业务是商业银行存款业务的自然延伸。所谓支付结算,是指由商业银行为客户办理因债权债务关系引起的与货币支付、资金划拨有关的收费业务。交易双方的货币收付,除少量以现金方式进行外,大部分是通过双方支票存款账户上的资金划拨来完成的,因此商业银行在其间扮演着重要角色。一般而言,银行从接受款项到支付款项之间存在时间差,这对于银行来说相当于一笔无息资金来源。

1.结算工具

日常结算的工具有汇票、支票和本票。汇票是一方签发的无条件支付命令,要求第三方在某个确定的时间付款给持票人。实际上资金是从出票人流入第三方,再流入持票人的,第三方只是充当了付款中介的作用。本票和支票是特殊的汇票,本票没有第三方,出票人就是直接付款人。支票则专指以银行为第三方（即付款人）的汇票。

2.结算方式

结算方式主要包括同城结算方式和异地结算方式。

①汇款(Remittance)，是由付款人委托银行将款项汇给外地某收款人的一种结算业务。具体有电汇、信汇和票汇三种做法。

在汇款方式中，银行只是充当付款代理，因此仍然是一种商业信用。由于无论是货到付款还是款到发货，都是交易的一方负担全部的资金占用和风险，因此汇款在国际结算中最少使用，除非业务双方相互了解信任。

②托收(Collection)，是指债权人或售货人为向外地债务人或购货人收取款项而向其开出汇票，并委托银行代为收取的一种结算方式。

相对汇款而言，托收的风险较小，然而这仍是一种商业信用。银行在此只是代理收款，不承担风险。卖方在发货之后还要经过一段时间才能收到货款，因此资金占用的压力较大。并且，仍然存在买方违约的可能，虽然货物可以运回或委托代收行就地处理，但也造成卖方的损失。

③信用证(Letter of Credit,L/C)，是由银行根据申请人的要求和指示，向收益人开立的载有一定金额，在一定期限内凭规定的单据在指定地点付款的书面保证文件。信用证的具体操作是：进口商凭贸易合同向本地银行申请开立信用证，审核之后，开证行开立信用证并把信用证发给出口商所在地的指定银行；对方银行通知出口商凭信用证出货。出口商凭发票、提单等信用证要求的所有单据交银行议付，银行审单无误后，一般预先议付给出口商，并寄单给开证行。开证行审单无误后，付款给对方银行，同时通知进口商付款赎单。

信用证结算是以银行信用为担保的，只要信用证上列明的付款条件得到满足，即使购货方拒绝支付货款，开证银行也必须向销货方付款。因为银行信用一般比商业信用更为可靠，所以在交易双方互不了解的时候，销货方一般均要求用信用证方式付款。因此，在国际贸易中，信用证的使用最为广泛。

（二）银行卡业务

银行卡是由经授权的金融机构（主要指商业银行）向社会发行的具有消费信用、转账结算、存取现金等全部或部分功能的信用支付工具。银行卡业务的分类方式一般包括以下七类：

①依据清偿方式，银行卡业务可分为信用卡业务、准贷记卡业务和借记卡业务。借记卡可进一步分为转账卡、专用卡和储值卡。

②依据结算的币种不同，银行卡可分为人民币卡业务和外币卡业务。

③按使用对象不同，银行卡可以分为单位卡和个人卡。

④按载体材料的不同，银行卡可以分为磁性卡和智能卡（IC卡）。

⑤按使用对象的信誉等级不同，银行卡可分为金卡和普通卡。

⑥按流通范围，银行卡还可分为国际卡和地区卡。

⑦其他分类方式，包括商业银行与营利性机构/非营利性机构合作发行联名卡/认同卡。

（三）代理类

代理类中间业务指商业银行接受客户委托、代为办理客户指定的经济事务、提供金融服务并收取一定费用的业务;包括代理政策性银行业务、代理中国人民银行业务、代理商业银行业务、代收代付业务、代理证券业务、代理保险业务、代理其他银行银行卡收单业务等。

(四)担保承诺类

担保类中间业务指商业银行为客户债务清偿能力提供担保,承担客户违约风险的业务。主要包括银行承兑汇票、备用信用证、各类保函业务等。

①银行承兑汇票,是由收款人或付款人(或承兑申请人)签发,并由承兑申请人向开户银行申请,经银行审查同意承兑的商业汇票。

②备用信用证,是开证行应借款人要求,以放款人作为信用证的收益人而开具的一种特殊信用证,以保证在借款人破产或不能及时履行义务的情况下,由开证行向收益人及时支付本利。

③各类保函业务,包括投标保函、承包保函、还款担保函、借款保函等。

④其他担保业务。

承诺类中间业务是指商业银行在未来某一日期按照事前约定的条件向客户提供约定信用的业务,主要指贷款承诺,包括可撤销承诺和不可撤销承诺两种。

可撤销承诺附有客户在取得贷款前必须履行的特定条款,在银行承诺期内,客户如没有履行条款,则银行可撤销该项承诺。可撤销承诺包括透支额度等。

不可撤销承诺是银行不经客户允许不得随意取消的贷款承诺,具有法律约束力,包括备用信用额度、回购协议、票据发行便利等。

(五)交易类

交易类中间业务指商业银行为满足客户保值或自身风险管理等方面的需要,利用各种金融工具进行的资金交易活动,主要包括金融衍生业务。

①远期合约,是指交易双方约定在未来某个特定时间以约定价格买卖约定数量的资产,包括远期利率合约和远期外汇合约。

②金融期货,是指以金融工具或金融指标为标的的期货合约。

③互换,是指交易双方基于自己的比较利益,对各自的现金流量进行交换,一般分为利率互换和货币互换。

④期权,是指期权的买方支付给卖方一笔权利金,获得一种权利,可于期权的存续期内或到期日当天,以执行价格与期权卖方进行约定数量的特定标的的交易。按交易标的分,期权可分为股票指数期权、外汇期权、利率期权、期货期权、债券期权等。

(六)基金托管业务

基金托管业务是指有托管资格的商业银行接受基金管理公司委托,安全保管所托管的基金的全部资产,为所托管的基金办理基金资金清算款项划拨、会计核算、基金估值,监督管理人投资运作。包括封闭式证券投资基金托管业务、开放式证券投资基金托管业务和其他基金的托管业务。

（七）投资银行业务

投资银行业务主要包括证券发行、承销、交易、企业重组、兼并与收购、投资分析、风险投资、项目融资等业务。

（八）咨询顾问类

咨询顾问类业务指商业银行依靠自身在信息、人才、信誉等方面的优势，收集和整理有关信息，并通过对这些信息以及银行和客户资金运动的记录和分析，形成系统的资料和方案，提供给客户，以满足其业务经营管理或发展的需要的服务活动。

①企业信息咨询业务，包括项目评估、企业信用等级评估、验证企业注册资金、资信证明、企业管理咨询等。

②资产管理顾问业务，指为机构投资者或个人投资者提供全面的资产管理服务，包括投资组合建议、投资分析、税务服务、信息提供、风险控制等。

③财务顾问业务，包括大型建设项目财务顾问业务和企业并购顾问业务。大型建设项目财务顾问业务指商业银行为大型建设项目的融资结构、融资安排提出专业性方案。企业并购顾问业务指商业银行为企业的兼并和收购双方提供的财务顾问业务，银行不仅参与企业兼并与收购的过程，而且作为企业的持续发展顾问，参与公司结构调整、资本充实和重新核定、破产和困境公司的重组等策划和操作过程。

④现金管理业务，指商业银行协助企业，科学合理地管理现金账户头寸及活期存款余额，以达到提高资金流动性和使用效益的目的。

（九）信托等其他类

信托等其他类业务指接受他人委托与信任，代为管理、营运、处理有关钱财的业务活动。信托不同于代理，在信托关系中，托管财产的财产权从委托人转移到受托人，而代理则不涉及财产权的转移。

商业银行办理信托业务具有得天独厚的条件，商业银行资金力量雄厚，信誉良好，拥有各种专门人才、丰富的经营经验和广泛的信息资源，还有遍布各地的分支机构和代理机构，通过这些机构可以广泛接触各种信托委托人，为社会不同阶层提供信托服务，开拓信托市场。银行信托业务的收益主要是相关的手续费，托管财产获得的收益则归委托人。同时，办理信托业务又给银行带来一笔资金占用来源。

银行的信托业务主要有以下三种。

①个人信托，指为客户管理财产、办理证券投资等。

②法人信托，办理公司股票发行、登记注册、过户、公司债券发行和还本付息业务；企业职工福利基金管理；为经济法人存款、贷款等。

③保管业务，银行设立保险箱，供客户用以保藏贵重物品、重要文件等。

任务三　商业银行的经营与管理

一、商业银行管理的一般原则

商业银行在经营管理上有三个基本经营方针,即盈利性、安全性、流动性,也称银行经营业务的"三性"方针。

(一)盈利性

盈利性是商业银行的基本方针,能否盈利直接关系到银行的生存和发展,是银行从事各种活动的动因。充足的盈利可以扩充银行资本,扩大经营,增强银行信誉,提高银行的竞争实力。如果银行无法盈利,投资者将丧失信心,银行的信誉将下降,可能引发银行的信用危机,导致客户挤兑,危及银行的生存。

银行的盈利是放款利息收入、投资收入以及各种服务收入,扣除付给存款人的利息、银行自身的运营成本和费用所得的差额。对银行利润影响最大的因素包括存贷款利差、其他业务手续费收入和管理费用。

(二)安全性

安全性指银行的资产、收入、信誉以及所有经营生存发展条件免遭损失的可靠性程度。其相反的含义,称为风险性。银行的特点在于极其依赖于从外部借入资金经营,因此安全性对于银行非常重要。它既体现在全部资产负债的总体经营上,也体现在每项个别业务上。安全性不仅关系到银行的盈利,而且关系到银行的存亡。银行倒闭往往不是因为盈利不足,而是因为其安全性遭到破坏。

在银行经营中,往往面临以下六种风险。

①信用风险,又称违约风险。这是对银行的存亡至关重要的风险。主要源于两种情况:一是存款者挤兑而银行没有足够的现金可以支付;另一种是贷款逾期不能归还,出现呆账、坏账,导致银行资产损失。

②市场风险,又称利率风险。这是一种因市场利率变化引起资产价格变动或银行业务使用的利率跟不上市场利率变化所带来的风险。当市场利率上升时,银行持有现金的机会成本上升,原长期贷款由于利率相对下降蒙受损失,同时存款资金的成本也会上升;如果不提高存款利率,将面临存款流失。

③外汇风险,也称汇率风险。这是因汇率变动而出现的风险。主要又分为四种:一是买卖风险,源于外汇敞口头寸在汇率变化时出现损失的可能性;二是交易结算风险,源于已定的外币交易在实际交割之前所面临的风险;三是评价风险,是会计处理中汇率变动带来的损益不确定性;四是存货风险,指以外币计价的库存资产因汇率变动可能贬值。

④购买力风险,又称通货风险。这是因通货膨胀引起的货币贬值而带来的风险。银行具有借款者和放款者的双重身份,通胀带来的损益可以相互抵销,但不会完全抵销,因为存

货不会完全相等。同时,通胀导致实际利率下降,可能影响银行的资金来源。

⑤内部风险,又称管理风险。主要有战略决策失误风险,新产品开发风险,营业差错风险,贪污盗窃风险。它们主要与经营管理不当有关。

⑥政策风险,也称国家风险。国家政府的更替、政策的变更都可能导致银行经营大环境的变化,直接影响到银行的效益。

在以上六种风险中,信用风险是时常发生的;市场风险在经济波动时较明显;外汇风险对于浮动汇率下有大量外汇业务的银行的影响尤其大;购买力风险体现在高通胀时期;管理水平低下的银行面临较大的内部风险;而政局动荡下的政治风险影响最为重大。

(三)流动性

银行的流动性指的是一种在不损失价值情况下的变现能力,一种足以应付各种支付的、充分的资金可用能力。银行的流动性体现在资产和负债两个方面。资产的流动性指银行持有的资产能够随时得以偿付或在不贬值的条件下确有销路。负债的流动性指银行能够轻易地以较低成本随时获得所需要的资金。

在银行经营实践中,通常以下列指标来粗略衡量流动性。

①贷款/存款。一般比率越高,流动性越低。然而这一比率和银行的大小、经营管理水平的高低都有关,并且它未能反映存贷的期限、质量,未能说明贷款之外的其他资产的性质。

②流动性资产/全部负债。它忽略了负债方面的流动性因素。

③超额准备金。局限在于超额准备金不能全面对流动性加以体现。

④流动资产减易变性负债。它在理论上比较恰当,但在项目划分和定量测算上存在一些问题。

⑤存款增长额(率)减贷款增长额(率)。这是一种趋势性的指标,但是没有考虑具体存款、贷款在结构和性能上的差异。

(四)三性的对立统一

盈利性、安全性和流动性之间是既相互矛盾又相互统一的。

盈利性目标和安全性、流动性目标在一定意义上是统一的。只有在保持较高盈利水平的条件下,银行才有可能增加自有资本的积累,增强抵抗风险和履行付款责任的能力;同时也只有在安全性、流动性有保证的前提下,银行才可能获得较高的盈利水平。假定银行的贷款在安全性方面出了问题,最终被迫确认为无法收回,银行就只能把它算作一笔经营损失。这必然要影响到银行的盈利水平。又如银行发放了许多利率很高的长期贷款,但是在缺乏足够的流动性时却不得不将它们折价出售,这自然也会影响到银行的盈利水平(乃至其生存)。

但是在实际经营活动中,银行管理者碰到更多的却是盈利性目标和安全性、流动性目标相互冲突的情形。因为一般说来,一种资产的流动性、安全性越高,其盈利性往往就越低。例如,贷款的利率通常高于证券,长期贷款(或证券)的利率又高于短期贷款(或证券)。但是就安全性、流动性而言。上述顺序又正好相反。更极端的,库存现金具有充分的安全性和流动性,但是其收益率却为零。因此,银行必须在安全性、流动性和盈利性这三者之间找到最佳的平衡。

二、资产管理

资产管理涉及商业银行如何将其资产在现金、证券、贷款等各种资产持有形式之间进行合理分配的问题,这是每个银行都必须面对的问题。显然,资产管理必须符合前面说到的安全性、流动性和盈利性三大原则,根据这些原则,商业银行在资产管理中应尽可能做到以下四点。

1. 在满足流动性要求的前提下,力图使多余的现金资产减少到最低限度

流动性原则要求银行保留足够的现金准备,而盈利性原则又要求尽可能少持有多余的现金,因为它不能为银行带来收益。但是何为足够,何为多余,显然是一个很难掌握的问题,需要有大量的经验作为指导。在现实中,商业银行往往要花费大量的精力来对未来的现金流入和流出作出尽可能准确的预测,以决定自己的最佳现金持有量。同时,一个非常普遍的做法是建立分层次的现金准备,也就是在保留一定现金资产作为一级储备的同时,还要持有一定量的高品位债券(主要是短期国债)作为二级储备,从而既可以获得债券利息收入,避免资金的闲置,又可以在需要的时候,较容易地将它们变现,而不发生太大的损失。

2. 尽可能购买收益高、风险低的证券

一般说来,长期证券的收益率要高于短期证券,但是其风险也较大。由于长期证券价格受利率的影响比短期证券大,因此,从安全性角度看,银行应多投资于短期证券,但是盈利性原则又要求银行多购买长期证券。如何在这两者之间取得平衡是证券期限管理的重要内容。一种较为保守的办法是,银行把债券到期日从最短到最长分成大致相等的间隔期,并在每个间隔期中都保持数量基本相同的证券,这种方法称为阶梯法。它的优点是能够给银行提供较为稳定的收入,而且操作起来也比较简单。另一种更为积极进取的方法是杠铃法,也就是银行只需简单地持有短期和长期两种证券类型,而不必购买中期证券,银行的资金分配如同杠铃一般,集中在两头。至于短期证券和长期证券的比例,则依管理者的偏好而定。这种安排也能避免一些市场波动带来的收益波动。例如当利率上升时,长期证券的价格会下跌,其预期报酬率将下降,但短期证券已到期,银行可以用收回的资金来购买收益较高的证券资产;相反,当利率下降时,长期证券的价格上升可以弥补短期证券收益的下降。

3. 尽可能选择信誉良好而又愿意支付较高利率的借款者

显然这也是一对矛盾,因为信誉好的借款人往往可以较低的利率获得贷款。但是如果他们面临的投资非常诱人,则他们也可能愿意支付较高的利率,因此关键在于银行如何对借款人进行筛选。在现实生活中,银行通常根据"6C"标准来评价各贷款项目。

①品德(Character),指借款人的作风、观念以及责任心等,借款人过去的还款记录是银行判断借款人品德的主要依据。

②能力(Capacity),指借款者归还贷款的能力,包括借款企业的经营状况、投资项目的前景,以及企业负责人的才干和个人背景等。

③资本(Capital),指借款者的自有资本,它是影响借款者偿债能力的重要因素。

④担保(Collateral),指借款者提供的还贷抵押品。银行必须考察抵押品的价值、保管难易程度及变现能力等。

⑤经营环境(Condition),指借款者所处的经营环境及其稳定性,包括竞争状况、劳资关

系、行业前景,以及宏观经济和政治形势等。

⑥连续性(Continuity),指借款人经营前景的长短。

4.在不损失专业化优势的前提下,尽可能通过资产的多样化来降低风险

中国有句成语,叫作"失之东隅,收之桑榆"。资产多样化的好处就在于银行在一种资产上的损失可以从另一种资产的收益中获得补偿,从而使总收益保持相对稳定;反之若"把鸡蛋都放在一个篮子里",固然可能获得较大的收益,但担当的风险也是相当大的。

多样化降低风险的道理很容易用数学方法来加以证明。假定你有一笔钱,你把它全部投资于某一项目,该项目的预期收益为 $E(X)$,收益的方差为 $D(X)$(它代表项目的风险,方差越大,表明收益波动的幅度越大,即风险越大)。如果现在你把这笔钱平均分成 N 份,分别投资于 N 个这样的项目。假定各项目之间是互不影响的,即它们的收益是独立分布的,则每个项目的预期收益为 $\frac{1}{N}E(X)$,方差为 $\frac{1}{N^2}D(X)$,N 个项目的预期总收益为 $E(X)$,方差为 $\frac{1}{N}D(X)$。由此可以看出,实行多样化之后,预期收益没有变化,方差却只有原来的 $\frac{1}{N}$,风险被降低了。

三、负债管理

第二次世界大战以后,随着西方各国经济的稳定增长,金融体系迅速发展,形形色色的非银行金融机构苗壮成长,证券市场迅速成熟。银行的资金来源,无论在渠道上还是数量上,都遭到越来越大的竞争威胁。尤其至 20 世纪 60 年代,通货膨胀开始成为困扰各国经济的难题,普遍受到政府利率管制的商业银行,都深感吸收资金能力的衰弱。寻求资金、扩大负债,已成为当时银行界渴求的第一需要,由此诱发负债管理理论的兴起。

负债管理理论认为,银行可以主动管理负债,即通过积极的竞争去争取活期存款、定期存款和储蓄存款以及向欧洲美元、联邦资金借款来获取资金来源。这种理论一改过去的方针,主动调整负债结构,强调借入资金来满足存款的提取和增加放款的需要,保持资金清偿能力和流动性,并获取最大利润。在负债管理理论的支配下,商业银行致力于开拓各种负债渠道,主要有发行可转让大额定期存单、发行债券、扩大非存款性资金来源,即所谓"买进"资金,通过银行控股公司出售商业票据,从中获得资金供银行使用。

负债管理理论盛行的一二十年,一方面商业银行的活力大大增加,充实了银行的资金来源,扩大了经营规模;但另一方面银行业的竞争也大大加剧了,提高了银行吸收资金的成本,到 20 世纪 70 年代中,利率首次达到自大萧条以来的两位数,利率的波动也显著增加了,银行利差被压缩,银行盈利状况日益恶化。同时,更多的通货转化为存款,使货币乘数增大,加剧了通货膨胀,商业银行在资金运用上更冒险,风险因而增加。在金融创新和争夺存款的竞争中,大银行明显具有优势,而小银行处于劣势,这加剧了银行的倒闭兼并。这种情况又导致银行经营管理理论逐渐出现新的转变。

四、资产负债联合管理

20 世纪 70 年代末,银行经营管理理论又一次出现重大转变,资产负债联合管理理论产生。该理论的基本思想是从资产和负债两方面综合考虑,对应地进行分析,根据银行经营环境的变化,协调各种不同的资产和负债在利率、期限、风险和流动性等方面的搭配,作出最优化的资产负债组合,以满足盈利性、安全性和流动性的要求。

资产负债联合管理的核心内容在于分析资产、负债两方面之间的"缺口",并围绕缺口探索解决途径。

(一)利率敏感性缺口

利率敏感性缺口指的是浮动利率资产与浮动利率负债之间的差额。具体情况如图 13-1 所示。

图 13-1 利率敏感性缺口

如果是零缺口或账面收支相抵,那么,计划内收益变动最小,浮动利率资产和浮动利率负债在同一时间内重定利率可以消除变动的市场利率对净收益的影响。也就是说,在一家银行应用账面收支相抵战略时,净利息收益在整个利率周期内是固定不变的。

在浮动利率资产金额大于浮动利率负债金额时,银行有正的资金缺口。这种策略的预期收益较零缺口高,但利率风险也较大。当市场利率上升时,由于按较高收益重新制定利率的浮动利率资产金额超过浮动利率负债金额,盈利能力将提高。利率下降则对净收益有相反的作用。

资金负缺口状况的预期收益和变动性也大于收支相抵状况,只是其净利息收益按市场利率水平的变动而反向变动。

(二)流动性缺口

与上文缺口分析的实质一样,只是这里分析的是流动性问题。具体内容在前文商业银行"三性"方针的"流动性"一节中已有阐述。

(三)期限匹配和利差

如果资产负债的期限是匹配的,则只要用到期资产来偿付到期负债,资产、负债之间的利差就是收益。如果期限不匹配(现实中多为这种情况),则银行必须预测利率的变化趋势,调整利率敏感性不同的资产负债的搭配。例如预计利率上升时吸收固定利率负债投入浮动利率资产,就能增加将来的收益。另外,一定的长期利率和短期利率,固定利率和浮动利率的组合,能够对市场变化作出有利于保持或扩大利差的反应。

(四)金融衍生品交易

在利率频繁波动的时期,使用金融期货进行套期交易可以帮助银行对某一项资产或负债进行管理,但不能解决整个资产负债管理问题。当预计利率将下降时,银行可通过多头套期来抵销资产收益的下降。银行购入合约,进行多头套期,在利率下降时,合约价格会上涨。这样,银行出售这份合约所获得的收益就可以抵销资产收益的下降。

在预计利率将上涨时,银行可通过空头套期来抵销借入成本的增加。银行出售一份合约,比如 90 天的国库券,此后如果利率上涨,则合约价格下降,这时银行再以较低的价格买进,通过在期货市场的交易,银行获得的利润就可以抵销借款成本的上升。如果与预期的相反,利率下降了,那么银行在期货市场上的损失则可以通过借款成本的下降弥补。这样,银行在很大程度上锁定了借款成本,并避免因利率上升或下降带来的风险。

同样,金融衍生品交易也可以消除汇率波动带来的风险。总的来说,银行进行套期保值的一般做法是在期货市场上做一笔与现货市场金额相同但方向相反的交易,这样就可以锁定成本,减小损失,但也同时失去了获得更多利润的机会。

五、中间业务管理理论

时至今日,商业银行主流管理思想仍是资产负债联合管理。20 世纪 80 年代初,金融外部环境趋向于放松管制,银行业的竞争空前激烈,同时货币政策相对偏紧,通胀率下降,这些都抑制了银行利率的提高和银行经营规模的扩大,迫使商业银行寻找新的经营思路以摆脱困境。在这种情况下,兴起了资产负债表外业务管理理论,即中间业务管理理论。

该理论认为,银行是生产金融产品、提供金融服务的机构,同时也从事提供信息服务的经营活动,因而一切同信息服务有关的领域,银行都应当介入,除了资产负债表内所反映的业务外,银行还应开展表外记录的业务,开拓银行业务新的经营领域。

传统的中间性业务已有信托、保管、代理保险、汇兑结算、兑换等。而新开拓的以信息处理为核心的表外业务日益显示其重要性,这些业务如投资咨询与信托(包括筹资和投资方面),为客户进行调查、谋划、定价、承购承销、项目可行性分析和评估等。表外业务管理思想着力于新业务领域的开拓,甚至将原属表内的业务转为表外业务,如商业性贷款转让,即银行在一笔贷款签约后,立即把贷款全部或部分地"出售"给第三者,这样,银行虽然要负责首笔贷款的资信调查、本息收付和监督最终债务人履行合同,但不需为这笔贷款提供全部或部分资金。银行可以从最终债务人所支付的较高利息和银行付给贷款买进者的相对较低的利息之间赚取一笔利差。总之,银行利用其借贷能力和信息优势来获取利润,这反映了银行经营的新动向。

任务四 商业银行存款货币的创造

一、原始存款与派生存款

所谓原始存款(Primary Deposit),是指能够增加商业银行存款准备金的存款,它包括银行吸收的现金存款或中央银行对商业银行贷款所形成的存款。

所谓派生存款(Derivative Deposit),是相对于原始存款而言的,是指由商业银行以原始存款为基础发放贷款而引申出的超过原始存款的那一部分存款。

原始存款与派生存款之间存在以下密切的关系。

(一)派生存款必须以一定量的原始存款为基础

在存款货币创造的过程中,任何一笔派生存款都要有一定量的原始存款给予保证。在一定时期内,如果存款派生倍数不变,原始存款数量越大,银行创造派生存款的能力就越大;反之,创造派生存款的能力就越小。

(二)原始存款与派生存款存在相互转化的关系

二者的相互转化必须以贷款为条件,由于贷款的发放,原始存款转化为派生存款,作为下一步贷款的基础,派生存款又转化为原始存款。这样,一方面,不断促使原始存款向派生存款转化而扩大资金运用;另一方面,不断促使派生存款向原始存款转化而扩大资金来源。正是由于这种转化,才使银行在存款不断派生的基础上不断扩大信贷规模。

二、派生存款的过程

(一)派生存款的前提条件

1. 实行部分准备金制度

如果法律规定商业银行对存款保持全额准备金,银行体系内的存款量是不会增加的。例如,某一客户到商业银行存入现金 10 000 元,并且按照法律规定保存 100% 的准备金 10 000 元,不考虑其他因素的情况下,银行新增的 10 000 元存款刚好用作 10 000 元现金准备,这时的存款数量并没有增加。因此,商业银行在全额准备金制度下是不能创造派生存款的,只有实行部分准备金制度,商业银行才有派生存款的可能。

2. 实行非现金结算制度

在发达的信用制度下,由于非现金结算的普遍开展和票据的广泛使用,银行发放贷款一般不需要以现金形式支付给借款企业,而是把贷款转入借款企业的存款账户,而后由企业签发票据支付款项,收款单位将其收入存入银行,银行又以这笔存款发放新的贷款,这样无限循环下去,银行的存款总量就可以增加。但是,如果银行以现金放款,或者借款者将获得的贷款全部以现金取出,银行的存款总量就不可能增加。仍以上例说明,假设银行在保留了 2 000 元准备金后,其余的 8 000 元用于贷款或投资且全部以现金放款,银行系统存款总量没有增加。因此银行只有在实行非现金结算制度下才有派生存款的可能。

派生存款的两个条件必须同时具备,缺一不可。

(二)派生存款的过程

为了进一步说明商业银行派生存款的过程,必须先做几条假定:每家银行只保留法定存款准备金,其余部分全部贷出,超额准备金等于零;客户收入的一切款项均存入银行,而不提取现金;法定存款准备金率为 20% 。

现假设 A 企业将 10 000 元存入第一家银行,该行增加原始存款 10 000 元,按 20% 提留 2 000 元法定存款准备金后,将超额准备金 8 000 元全部贷给 B 企业,B 企业用来支付 C 企业货款,C 企业将款项存入第二家银行,使其准备金和存款同额增加 8 000 元,该行提留 1 600 元法定存款准备金后,又将超额准备金 6 400 元贷给 D 企业,D 企业又用来向 E 企业支付货款,E 企业将款项存入第三家银行,该行又继续贷款,如此循环下去,见表 13-2。

由表 13-2 可知,在部分准备金制度下,10 000 元的原始存款,可使银行共发放贷款 40 000 元,并可使活期存款总额增至 50 000 元。活期存款总额超过原始存款的数额,便是该笔原始存款所产生的派生存款总额。银行这种扩张信用的能力取决于两个因素:原始存款数额的大小和法定存款准备金率的高低。派生存款总量与原始存款成正比,与法定存款准备金率成反比。这种关系可用公式表示为:

$$D = A \times \frac{1}{r_d} = A \times K$$

式中,D 表示经过派生的存款总额;A 为原始存款;r_d 为法定存款准备金率;而 K 被称为存款扩张倍数,该倍数是 r_d 的倒数。法定存款准备金率越高,存款扩张倍数就越小;法定存款准备金率越低,则扩张倍数就越大。如上例:

$$D = A \times \frac{1}{r_d} = A \times K = 10\ 000 \times \frac{1}{20\%} = 50\ 000(元)$$

此例中的存款派生倍数为 1/(20%) = 5,即包括原始存款在内的存款总额为原始存款的 5 倍。

派生存款额 = 存款总额 − 原始存款 = 50 000 − 10 000 = 40 000(元)

表 13-2 派生存款的创造过程

单位:元

银行名称	存款增加数	提留法定准备金(20%)	放款增加数
第一家银行	10 000.00	2 000.00	8 000.00
第二家银行	8 000.00	1 600.00	6 400.00
第三家银行	6 400.00	1 280.00	5 120.00
第四家银行	5 120.00	1 024.00	4 096.00
第五家银行	4 096.00	819.20	3 276.80
第六家银行	3 276.80	655.36	2 621.44
第七家银行	2 621.44	524.29	2 097.15
第八家银行	2 097.15	419.43	1 677.72
第九家银行	1 677.72	335.54	1 342.18
第十家银行	1 342.18	268.44	1 073.74
其他银行合计	5 368.71	1 073.74	4 294.97
总计	50 000.00	10 000.00	40 000.00

三、存款扩张倍数及其修正

(一)存款扩张倍数

如前所述,商业银行派生存款的能力,取决于原始存款和存款扩张倍数,而存款扩张倍数是法定存款准备金率的倒数。法定存款准备金是国家用法律的形式规定商业银行将吸收的存款按照一定的比率缴存到中央银行,其目的在于保护存款者的利益和控制商业银行创造存款的能力。法定存款准备金率越高,商业银行缴存的存款准备金越多,能够用于贷款和投资的货币数量越少,创造派生存款的能力就越小;相反,存款准备金率越低,创造派生存款的能力就越强。存款扩张倍数与法定存款准备金率的关系用公式可以表示为:

$$K=\frac{1}{r_{d}}$$

(二)存款扩张倍数的修正

在实际经济活动中,存款扩张倍数还会受种种因素的影响而大大缩减,因此必须对其做进一步的修正。

1. 现金漏损的修正

假设公众将所有货币收入都存入银行而不得提取现金,事实上是不现实的,尤其对于银行制度不发达的国家来说,人们总会将部分收入以现金形式保留在手中。这样就出现了现金漏损,即银行在扩张信用及创造派生存款的过程中,难免有部分现金会流出银行体系,保留在人们的手中而不再流回。由于现金外流,银行可用于放款部分的资金减少,因而削弱了银行体系创造存款货币的能力。在一定时期内,流通于银行体系之外的现金数量与活期存款的数量存在一定的比率关系,我们把这种比率关系称为现金漏损率,也称为提现率。现金漏损率对于银行扩张信用的限制与法定存款准备金率具有同等的影响,设现金漏损率为 c,因而当把现金漏损问题考虑进去后,银行体系创造存款的扩张乘数公式应修正为:

$$K=\frac{1}{r_{d}+c}$$

2. 超额存款准备金率的修正

前面假设商业银行不得保有超额准备金,而在实际经营中为了保持流动性,银行实际持有的准备金总是大于法定准备金,这种差额称为超额准备金。不过,为了实现利润最大化,其持有的超额准备金通常较少。银行的超额准备金同活期存款在数量上也保持着某种关系,可用超额准备金率来表示。同法定准备金率及现金漏损率一样,超额准备金率的变化在存款创造中起着同样的作用,超额准备金率越大,则银行信用扩张的能力就越小;超额准备金率越低,则银行信用扩张的能力就越大。若考虑超额准备金,令 e 为超额准备金率,银行体系创造派生存款的扩张倍数公式就应修正为:

$$K=\frac{1}{r_{d}+c+e}$$

3. 定期存款准备金的修正

由于经济行为主体既会持有活期存款,也会持有定期存款,当活期存款被转入定期存时,尽管不致使原持有的准备金额有所下降,但这种变动会对存款扩张倍数 K 产生影响。因为法律规定,银行对定期存款(D_t)也要按一定的法定准备金率(r_t)提留准备金,通常 $r_t \neq r_d$。定期存款(D_t)同活期存款总额(D_d)之间也会保有一定的比例关系,当令 $t = D_t/D_d$ 时,则 $(r_t D_t)/D_d = t \times r_t$。也就是说,每一个货币单位的活期存款中就会有 $t \times r_t$ 作为法定准备金漏出(假定对个人定期存款不保持超额准备),考虑到定期存款对存款扩张倍数的影响,存款扩张倍数公式可进一步扩展为:

$$K = \frac{1}{r_d + c + e + t \times r_t}$$

根据以上分析,影响存款扩张倍数 K 的因素是多方面的,包括 r、c、e、$t \times r_t$ 等因素的影响。其中 r_d 和 r_t 的决定权在中央银行,c 和 t 的决定权在于社会公众,e 的大小取决于商业银行。

项目总结

1.商业银行是以经营工商业存款、贷款和结算为主要业务,以营利为主要经营目标的金融企业。它是经营货币商品的特殊企业,具有信用中介、支付中介、信用创造和金融服务四大职能。

2.商业银行的组织制度包括单一银行制、总分行制、持股公司制、连锁银行制和网络银行等。

3.商业银行的主要业务包括负债业务、资产业务和中间业务。负债业务主要由存款负债和其他负债业务构成。资产业务主要包括现金资产、信贷资产、证券投资三大类。未在资产负债表中反映出来的中间业务也是商业银行的重要收入来源。

4.派生存款是商业银行的一项重要职能。存款扩张倍数受到法定存款准备金率、超额存款准备金率、现金漏损率和定期存款法定准备金等因素的影响。

5.商业银行的经营管理必须遵循安全性、流动性和盈利性三大原则。这三项原则实际上可以说是利润最大化目标的进一步具体化。为了使三个原则协调配合,在银行经营管理上发展了资产管理、负债管理、资产负债综合管理和中间业务管理等一系列经营管理理论。

项目十四

中央银行

【案例导入】

联邦储备体系创立者的政治天才

虽然中央银行也被称作"银行",但它并非一般意义上的银行,而是一个政府管理机构。它的目标不是利润的最大化,而是维护整个国民经济的稳定和发展。

美国历史上有公众敌视银行特别是中央银行的阶段。创立联邦储备体系的政治家如何能够设计出这样一个体系,使其成为美国最有威望的机构之一呢?

答案是创立者认识到,如果权力过分集中于华盛顿或纽约这两个美国人通常不喜欢的城市,那么美国中央银行可能无法获得足够的公众支持而实现有效运转。于是,他们决定设立一个在全国拥有 12 家联邦储备银行的分散体系,以确保在货币政策决策中,全国各地的意见都能被考虑。另外,联邦储备银行是具有半私有性质的机构,受来自该地区私有部门、代表着所在地区意见董事的监督,这些董事和联邦储备银行的行长保持着密切联系。联邦储备体系的特殊结构促进了美联储对地区事务的关注,联邦储备银行的出版物就是证明。没有这种特殊结构,联邦储备体系可能没有这么受公众欢迎,机构也不可能这么有效率。

任务一 中央银行的产生和发展

一、中央银行产生的历史必然性

中央银行制度是商品信用经济发展到一定阶段的产物。中央银行是在商业银行的基础上发展演变而来的。从商业银行发展为中央银行,经历了一个较长的历史演变过程,是经济发展的客观要求和必然结果。具体说来,它的产生适应了以下五个方面的需要。

(一)满足政府融资的需要

从 19 世纪末之前各国最初建立中央银行的目的来看,几乎都是为了解决政府融资问题。随着生产力水平的不断提高和社会的进步,国家职能逐步扩大,政府需要大量的资金强化国家机器,尤其是长期以来战争频发,国家财政入不敷出,为了弥补财政赤字,政府急需大量资金。但是,由于小型银行规模有限,而且利息较高,客观上要求建立受政府控制并能满足其融资需求和其他金融服务的大银行。在这样的背景下,政府授权那些拥有大量资金和有威信的大银行作为政府的银行以满足政府融资的需要。

(二)银行券统一发行的需要

在银行业发展初期,没有专门发行银行券的银行,许多商业银行除了经营一般的存放款业务以外,都从事银行券的发行。随着资本主义经济的发展,这种情况已不适应经济发展的需要,因为许多小的商业银行都能发行银行券的办法有很大缺点:小的商业银行信用能力不强,它们分散地发行银行券,如果爆发经济危机或银行经营不善,从而引起银行券不能兑现,无法保证银行券的信誉及其流通的稳定引致信用危机;同时,许多小的商业银行信用活动的领域受到限制,它们发行的银行券只能在国内有限的地区流通,这就给生产和流通造成了很多困难,与商品经济的发展和统一市场的形成产生了尖锐的矛盾。因此,在客观上要求有一个资力雄厚并在全国范围内具有权威的集中货币发行的银行。

(三)统一票据交换和清算的需要

随着信用经济的发展,银行业务不断扩大,银行每天收受票据的数量日益增多,各银行之间的债权债务关系复杂化了,由各个银行自行轧差进行当日结清已发生困难。这样,不仅异地结算矛盾很大,即使是同城结算也有问题。因此,在客观上要求建立一个全社会统一而又权威、公正的清算中心,这只能由中央银行来办理。

(四)充当最后贷款人的需要

随着资本主义生产的发展和流通的扩大,对贷款的要求不仅数量增多,而且期限延长了。商业银行如果仅用自己吸收的存款来提供放款,就远远不能满足社会经济发展的需要,如果将吸收的存款过多地提供贷款,又会削弱银行的清偿能力,有使银行发生挤兑和破产的可能。于是就有必要适当集中各家商业银行的一部分现金准备,在有的商业银行发生支付困难时,给予必要的支持。这在客观上要求有一个银行的"后台",能够在商业银行资金发生困难时,给予贷款支持,这个"后台"非中央银行莫属。

(五)金融监管的需要

客观经济发展,统一市场的逐步形成和扩大,又要求政府对金融业和统一市场进行规范管理和调节,从而形成全国性的全能调节的有效机制。中央银行制度的产生已是社会经济发展的必然。

二、中央银行在中国的发展

中央银行在中国的萌芽是 20 世纪初清政府建立的户部银行。当时主要是为了解决因战争赔款所带来的财政困难,统一币制,推行纸币。户部银行于 1905 年 8 月正式成立,是清政府的官办银行,除办理一般业务外,还享有国家授予的铸造货币、代理国库、发行纸币的特权。

　　最早以立法形式成立的中央银行是 1928 年成立的国民政府中央银行。1928 年 10 月,当时的国民政府颁布了《中央银行条例》和《中央银行章程》。1928 年 11 月 1 日,中央银行正式成立,总部设在上海。《中央银行条例》规定,中央银行为国家银行,享有经理国库、发行兑换券、铸发国币、经理国债等特权。中央银行成立之初,尚未完全独占货币发行权,当时能同时充当法偿货币的,还有中国银行、交通银行和中国农民银行等几家银行发行的银行券。到 1942 年 7 月 1 日,根据"钞票统一发行办法",将中国银行、交通银行和中国农民银行三家发行的钞票及准备金全部移交给中央银行,由中央银行独占货币发行权,同时由中央银行统一管理国家外汇。1945 年 3 月,当时的财政部授权中央银行检查和管理全国的金融机构,其管理职能得到了强化。1949 年,国民政府的中央银行体系在大陆崩溃了。

　　中国人民银行作为新中国的中央银行,是 1948 年 12 月 1 日在原华北银行的基础上经过合并改组建立起来的,同时开始发行全国统一的人民币。1949 年 2 月将总行设在北京。在 1978 年党的十一届三中全会以前,中国人民银行既是行使货币发行和金融管理职能的国家机关,又是从事信贷、储蓄、结算、外汇等业务经营活动的专业银行,可以说是"一身二任"的银行机构,这是适应于新中国成立初期制止通货膨胀的历史需要,也同后来高度集中的经济管理体制相适应。1979 年以后,经济体制改革展开,银行体制也进行了改革。1983 年 9 月,国务院决定中国人民银行专门行使中央银行的职能,不再对企业、个人直接办理存贷业务,中国人民银行成为负责"管理全国金融事业的国家机关",其三项根本任务是:"集中力量研究和做好全国金融的宏观决策,加强信贷资金管理,保持货币稳定。"

　　中国人民银行行使中央银行的职能,标志着我国现代中央银行制度的确立。

任务二　中央银行的性质和职能

一、中央银行的性质

　　中央银行虽然是从商业银行发展演变而来,但一旦当其取得中央银行的资格,其性质就随之而改变。商业银行是经营货币的特殊企业,以获取利润为经营目的。而中央银行是不以营利为目的,统管全国金融机构的半官方组织。中央银行作为国家的银行,它是一国金融体系的核心和最高管理机关,负责制定和执行国家的货币金融政策,享有国家法律所赋予的发行货币的权力和其他种种特权。中央银行根据政府经济政策的要求,对商业银行和非银行金融机构进行业务上的管理和调节,以确保信用规模和货币供应适应经济发展的需要。中央银行作为国家管理金融的机构不直接对企事业单位和个人办理日常的存贷款业务,而是面向商业银行和非银行金融机构,通过制定全国的金融宏观决策、货币政策和信贷政策,运用各种经济手段管理和监督商业银行和非银行金融机构的业务活动,使之适应国家经济政策的要求。

　　中央银行的宗旨主要有以下四点。

　　①向社会提供可靠的、良好的信用流通工具,为广大社会公众创造灵活方便的支付手段,满足生产和流通的客观需要。

②制定和推行货币政策,通过对货币供给的总量调节,保持本国货币价值的基本稳定,防止通货膨胀或通货匮乏,使社会总需求与总供给保持大体均衡,促进经济稳定发展。

③履行国家管理全国金融的职责,对整个金融业和金融市场实行有效的监督管理,提高金融效率,维护金融信誉。

④作为政府的银行和一国金融体系的代表,调节国际金融关系,管理对外金融活动。

二、中央银行的职能

中央银行的性质和宗旨决定了其有三项职能:货币发行的银行、银行的银行和政府的银行。

(一)货币发行的银行

在现代银行制度中,中央银行首先是货币发行的银行。垄断货币发行特权,成为全国唯一的货币发行机构,是中央银行不同于商业银行及其他金融机构的独特之处。

中央银行独占货币发行权,是中央银行发挥其职能作用的基础。中央银行通过掌握货币发行,可以直接地影响整个社会的信贷规模和货币供给总量,通过货币供给量的变动,作用于经济过程,从而实现中央银行对经济的控制。一部中央银行史,就是一部从独占货币发行到控制货币供应量的发展史。在当代,控制货币供应量成为各国中央银行的基本职能。货币有如经济中的"血液",中央银行掌握货币发行权,控制着货币供应量,也就掌握着经济"血液"的输入和输出,从而成为经济体系运行的心脏。

货币发行相关内容将在任务四中详细介绍。

(二)银行的银行

中央银行一般不同工商企业和个人发生业务往来,只与商业银行和其他金融机构直接发生业务关系,在业务上和政策上对所有金融机构进行指导、管理和监督,同时也为金融机构提供各种服务,主要表现在以下三个方面。

1. 保管商业银行的存款准备金

为了保证存款人的存款安全,利用信用杠杆调节经济,中央银行规定商业银行吸收的存款必须按一定比例向中央银行交存准备金,这使中央银行能够通过各种手段影响商业银行的现金准备数量,从而控制全国信贷规模和货币供应量。

2. 对商业银行提供信贷

商业银行需要补充资金时,可将其持有的票据向中央银行请求再贴现,或以有价证券抵押申请贷款。中央银行对商业银行的贷款,其资金主要来源于国库存款和商业银行交存的准备金,如果中央银行资金不足,则可发行货币。中央银行成为商业银行的"最后贷款者",这是中央银行极为重要的职能。通过对商业银行提供信用,中央银行加强了对它们的监督和管理。

3. 办理商业银行之间的清算业务

商业银行在中央银行开立账户,并在中央银行拥有存款。这样,它们收付的票据则可通过其在中央银行的存款账户划拨款项,办理结算,从而清算彼此间的债权债务关系。这一方面节约了资金的使用,减少了清算费用,解决了单个银行资金清算所面临的困难;另一方面,也有利于中央银行通过清算系统,对商业银行体系的业务经营进行全面及时的了解、监督和控制,强化了中央银行对整个银行体系的监管职能。时至今日,大多数国家的中央银行都已成为全国清算中心。

(三)政府的银行

政府的银行是指中央银行既作为政府管理金融的工具,又为政府提供金融服务。其具体内容如下。

1.代理国库

中央银行经办政府的财政收支,保管国库的存款,兑付国库签发的支票,代理收缴税款,经办政府公债的发行、还本付息以及其他有关国库的事务,充当国库的出纳。

2.对政府提供信贷

中央银行作为政府的银行,负有对政府融通资金、解决政府临时资金需要的义务。但中央银行仅向政府提供短期贷款,用以弥补财政收支的临时性差额,这种信贷对货币流通总的影响一般不大。在财政赤字长期化的时候,政府如果利用中央银行的信用弥补自己的支出,就会破坏货币发行的独立性,从而使这部分政府的贷款成为威胁货币稳定的因素。所以许多国家为了稳定货币流通,对中央银行向财政贷款的数量及期限都有法令加以规定,限制财政向中央银行的无限制借款。

3.管理金融活动,调节国民经济

作为政府的银行,中央银行不以营利为目的,不受某个经济利益集团的控制,处于一个比较超脱的地位,这样就可以较好地保证一国的各种金融货币政策的制定和实施符合国家的最高利益,为国家的经济发展长远目标服务。中央银行除了是国家货币政策的制定和执行者之外,还是管理金融机构和金融市场的最高当局,负责监督和管理各金融机构和境内金融市场的业务活动。此外,在金融立法方面,一般除国会之外,中央银行作为代表政府管理全国金融的机构,是全国唯一具有金融立法权的机构。

4.代表政府参加国际金融活动,进行国际金融事务的协调、磋商等

在国际金融事务中,各国政府往往授权中央银行作为本国的代表,参加国际金融组织,参与国际金融重大决策,积极促进国际金融领域里的合作与发展。

任务三　中央银行制度的类型与中央银行的结构

一、中央银行制度的类型

中央银行制度随各国具体国情的不同而存在较大差异。根据中央银行组织形式和组织结构的不同,可以将中央银行制度大致分为四种类型。

（一）单一中央银行制度

单一中央银行制度是指在一国国内单独设立中央银行，由中央银行作为发行的银行、银行的银行、政府的银行，全权行使中央银行的职能。根据中央与地方权力划分的不同，单一中央银行制度又可分为一元中央银行制和二元中央银行制。

①一元中央银行制，即一国只设立独家中央银行和众多分支机构来行使其职能，是总分行高度集中的中央银行制度。世界上大多数国家的中央银行制度皆属于此类，如英国、法国、日本、瑞士等国家的中央银行制度都属于一元中央银行制。我国自1984年开始也使用这种制度。

②二元中央银行制，即一国设立中央和地方两级中央银行机构，中央级机构是最高权力机构，地方级机构也有相应的独立权力，两级机构分别行使各自的职权。这是一种联邦式的、具有相对独立性的两级中央银行制度。美国、德国等国家属于此类中央银行制度。

（二）复合中央银行制度

复合中央银行制度是指在一国之内，不设立专门的中央银行，而是由一家大银行来扮演中央银行和商业银行两个角色，即"一身兼两任"。复合中央银行制度主要存在于苏联和东欧国家。我国在1984年以前也实行这种中央银行制度。

（三）准中央银行制度

准中央银行制度是指某些国家或地区没有建立通常意义的中央银行，而只设立类似中央银行的机构，或由政府授权某个或某几个商业银行部分行使中央银行职能的制度。例如，在新加坡，有两个类似于中央银行的机构——金融管理局和货币委员会，由它们配合行使中央银行的职能。中国香港实行的也是准中央银行制度，金融管理局（1993年4月1日由香港外汇管理基金和银行监督处合并而成）是香港的金融监督机构，但不拥有发钞权，发钞权掌握在汇丰银行、渣打银行以及中国银行手中。

（四）跨国中央银行制度

跨国中央银行制度是指两个或两个以上的国家设立共同的中央银行，通常是由参加某一货币联盟的国家共同设立。跨国中央银行的主要职责是发行货币，为成员国政府服务，执行共同的货币政策及其有关成员国政府一致决定授权的事项。其特点是跨越国界行使中央银行职能。在全球影响最为深远的是1998年7月成立的欧洲中央银行，这是一家由欧洲经济货币联盟的成员国共同设立的中央银行，框架结构采用德国中央银行的二元制模式，其主要职能是发行统一的货币——欧元，并制定和实施欧元区的货币制度。

二、中央银行的结构

中央银行的结构是指作为中央银行运行基础的资本金的构成形式，实际上是指中央银行资本的所有制形式。但从中央银行的性质来看，无论其资本的构成形式如何，中央银行的权力机构均由政府指派，并非由股东大会选举产生；它不以营利为目的，利润大部分上缴国库，因此，中央银行的资本结构对其性质和业务活动没有实质性的影响。

概括来看,世界各国中央银行的资本构成主要有以下五种形式。

(一)国家所有制形式

目前大多数国家中央银行的资本金为国家所有,但这些资本并不是一开始就属于国家,它主要是通过两种途径实现国有化的:一是通过政府出资购买中央银行资本中原属于私人的股份而拥有中央银行的全部股权;二是在中央银行成立时,政府就拨付了全部资本金。一般来说,历史较悠久的中央银行大多为私营银行或股份银行演变而来,它们最初的资本金大多为私人投资或股份合作。为使中央银行能够更好地行使自己的职能,许多国家都通过购买私人股份的办法逐渐实现了中央银行的国有化,如加拿大银行于 1938 年、法兰西银行于 1945 年、英格兰银行于 1946 年分别被本国政府通过股权收购将其全部股本收归国有。第二次世界大战以后,一批新独立的国家在筹建中央银行时正赶上欧洲中央银行的国有化浪潮,不少国家都由政府拨款直接建立了自己的中央银行。目前,世界上绝大部分国家的中央银行均实现了资本的国有化。我国的中央银行——中国人民银行的资本全部为国家所有。

(二)公私混合所有制形式

公私混合所有制形式是指中央银行的资本由政府和民间各占有一定比例混合所有。属于这种类型的国家有日本、瑞士、奥地利、比利时、巴基斯坦、土耳其、墨西哥、委内瑞拉、厄瓜多尔等。在这种资本构成类型中,国家的资本大多在 50% 以上,民间资本(包括企业和个人)一般低于 50%。如日本银行,政府持有 55% 的股份,民间持股为 45%;墨西哥中央银行的资本中,国家资本占 53%,民间资本占 47%;巴基斯坦中央银行的股份中,政府持有 51%,民间持有 49%。也有一些国家如比利时、委内瑞拉和厄瓜多尔的中央银行,其政府资本与民间资本各占 50%。瑞士国家银行的资本构成较为特殊,它虽属于公私混合所有制,但瑞士联邦政府并不持股,而由各州政府和州银行持股,约占资本的 58%,其余约 42% 的股份由私人持有。

(三)全部资本非国家所有形式

全部资本非国家所有形式的中央银行的全部资本都非国家所有,其全部股份都由银行等金融机构所持有。属于这种情况的主要有美国、意大利等少数国家。美国各联邦储备银行的股本全部为储备区的会员银行集体所有,会员银行必须按实收资本和公积金的 6% 认购所参加的联邦储备银行的股份,加入时先缴付所认购股份的一半,另一半等待通知随时支付。会员银行按其实缴资本可以享受 6% 的股息。意大利银行的资本构成也属于这种类型。意大利银行的股份最初是由私人持有,1936 年《意大利银行法》规定意大利银行为公法银行,其 30 亿里拉的资本金分为 30 万股,分别由储蓄银行、公营信贷银行、国民利益银行和社会保险机构集体持有,股份转让也只能在上述机构之间进行,并需得到意大利银行董事会的许可。

(四)无资本金形式

无资本金形式是指中央银行建立之初根本没有资本,而由国家授权行使中央银行的职能,中央银行运用的资金主要是各金融机构的存款和流通中的货币,自有资金只占很小的比例。目前世界上只有韩国的中央银行——韩国银行是唯一没有资本金的中央银行。1950 年韩国银行成立时,原定注册资本为 15 亿韩元,全部由政府出资。但 1962 年《韩国银行法》的修改使韩国银行成为"无资本的特殊法人"。该银行每年的净利润按规定留存准备金之后,全部汇入政府的"总收入账户"。会计年度中如发生亏损,首先用提存的准备金弥补,不足部分由政府的支出账户划拨。

(五)多国所有制形式

多国所有制形式是指跨国中央银行的资本不为某一国家所独有,而是由跨国中央银行的成员国所共有。跨国中央银行的资本金是由各成员国按商定的比例认缴的。如西非货币联盟、中非货币联盟、东加勒比海货币管理局等属于这一类型。1998 年 7 月 1 日,在德国法兰克福设立的欧洲中央银行,是一家典型的跨国中央银行,其资本金为 50 亿欧元,只有其成员国的中央银行才能认购和持有其股份。欧洲中央银行资本认购的数量依据各成员国的国内生产总值(GDP)和人口分别占欧盟的比例为基础来确定,各成员国缴纳资本金的数量不得超过其份额,其认购份额每 5 年调整一次。

任务四　中央银行的主要业务

中央银行的业务是中央银行职能的表现,其性质与商业银行截然不同。中央银行虽然也办理存款、贷款、贴现、买卖有价证券等业务,但其经营活动的目的并不是追求利润,而是实现对金融活动的调节与控制,从而达到使国民经济稳定、健康发展的目的。

一、负债业务

中央银行的负债业务主要包括货币发行业务、集中存款准备金业务、财政性存款业务、其他负债业务等。

(一)货币发行业务

当今世界各国中央银行均享有垄断货币发行的特权,货币发行业务是中央银行独有的负债业务。

中央银行的货币是通过再贴现、贷款、购买证券、收购金银与外汇等方式投入市场,形成流通中的货币,以满足国民经济发展对流通手段和支付手段的需要,促进商品生产的发展和商品流通的扩大。但是投入市场的每张货币都是中央银行对社会公众的负债,而现代中央银行对所发行的货币并不承担兑现义务,因此,这种负债在一般情况下,事实上成为长期无须清偿的债务。

我国人民币的具体发行是由中国人民银行设置的发行基金保管库(简称发行库)来办理的。所谓发行基金是中国人民银行保管的已印好而尚未进入流通的人民币票券。发行库在中国人民银行总行设总库,下设分库、支库。各商业银行对外营业的基层行处设立业务库。业务库保存的人民币,是作为商业银行办理日常收付业务的备用金。为避免业务库过多存放现金,通常由上级银行和同级中国人民银行为业务库核定库存限额。

人民币发行的具体操作程序是：当商业银行基层行处现金不足以支付时，可以开出支票，到当地中国人民银行在其存款账户余额内提取现金。于是，人民币从发行库转移到商业银行基层行处的业务库，意味着这部分人民币进入流通领域。当商业银行基层行处收入的现金超过其业务库库存限额时，超过的部分应主动送交中国人民银行，该部分人民币进入发行库，意味着退出流通领域，中国人民银行人民币（钞票）发行程序如图14-1所示。

图14-1 人民币发行程序

（二）集中存款准备金业务

集中存款准备金是中央银行制度形成的重要原因之一。存款准备金本来是各商业银行和其他金融机构为了应付客户随时提现，在其所吸收的存款中按照一定的比例提取的现款。这部分现款一开始是由各商业银行和其他金融机构分散保存的。在正常情况下，每家金融机构所保存的这些现款，数量显得较多，出现了资金的闲置，这与其追求最大盈利的初衷是相悖的。但在非正常的情况下，例如客户集中提现，保存再多的现款也显得不足。这样一来，由中央银行把各商业银行和其他金融机构分散保存的准备金集中起来就显得很有必要，这既可以在一定程度上节省准备金的数量，又可以在特殊的情况下满足客户挤提存款的需要，从而保证了银行业的清偿能力和金融业的稳定。

当然从现实意义上来讲，中央银行集中存款准备金，更为重要的一个目的是通过提高或降低存款准备比率，调节商业银行放款的能力，以实现对整个国民经济货币供给的调节。目前，存款准备金制度已经发展成为中央银行执行货币政策的一种重要手段。

（三）财政性存款业务

中央银行作为政府的银行，一般都由政府赋予代理国库的职责，国家财政的收入与支出都由中央银行代理。由于财政支出一般总要集中到一定的数量再拨付使用，且一般使用单位也是逐渐使用的，因此，收支之间总存在一定的时间差，收大于支的数量形成了一个可观的余额。同时那些依靠国家拨给行政经费的行政事业单位的存款，也都由中央银行办理。这样，金库存款、行政事业单位的存款就构成了财政性存款。财政性存款本质上是国家预算资金或与国家预算直接有关的资金，其数额仅次于商业银行缴存中央银行的存款准备金。

（四）其他负债业务

中央银行还可以吸收其他存款，如非银行金融机构存款、外国政府和外国金融机构存款。非银行金融机构在中央银行的存款，同商业银行在中央银行的存款在性质和范围上大致相同。外国政府或外国金融机构在中央银行的存款，构成这些国家政府或金融机构的外汇，这些外汇随时可以用于贸易结算和债务清偿。此外，中央银行还可以通过发行中央银行债券、对外负债和筹措资本等方式获得资金。

二、资产业务

资产业务即中央银行运用其货币资金的业务。中央银行的资产业务主要包括贷款业务、再贴现业务、证券买卖业务、储备资产业务等。

(一)贷款业务

中央银行的贷款主要是指对商业银行和其他金融机构发放的贷款。其发放贷款的目的是解决金融机构短期资金周转的困难。一般这种贷款的利率较为优惠,为了抑制金融机构过多地从中央银行借款,各国的中央银行都对金融机构,特别是商业银行的贷款数量制定了最高限额。中央银行对金融机构发放贷款要考虑资产的流动性和安全性,注意贷款期限的长短,以保证资金的灵活周转。

此外,中央银行依照法规向财政提供贷款与透支。不过,对中央银行的这一业务各国中央银行法都有较为严格的规定。我国的银行法明确规定,中国人民银行不得对政府财政透支。同时还规定中国人民银行不得向地方政府、各级政府部门提供贷款。

(二)再贴现业务

再贴现是商业银行由于业务上的需要,将其由贴现所取得的票据,请求中央银行予以贴现的一种经济行为。再贴现业务也叫重贴现业务,即买进商业银行已贴现的票据。中央银行办理再贴现时,要了解市场资金需求的真实情况,弄清是否有真实的生产与流通的需要,要保证票据的内容、款式与有关手续符合法律规定,确保资金到期回收,以保持中央银行资金的流动性。

再贴现业务是中央银行调节资金供应,实现对国民经济宏观调控的一项重要业务。

(三)证券买卖业务

所谓证券买卖,就是中央银行在金融市场上买卖有价证券的行为。中央银行在公开市场上买卖的有价证券主要是国家债券,包括国库券与公债券,其中尤以国库券为主。当然,偶尔中央银行也以其他类型的有价证券作为自己的买卖对象,但这些有价证券仅仅局限于信誉比较高的公司债券、公司股票和商业票据。我国的银行法规定,中国人民银行可以在公开市场上买卖国债和其他政府债券。

中央银行买卖有价证券的目的不在于营利,而是为了调剂资金供求,实现银根的松紧适度,确保国民经济的健康发展。一般来说,当银根需要紧缩,减少市场货币供给时,央行卖出证券;反之,当需要放松银根,增加市场货币供给时,央行则买进证券。

(四)储备资产业务

各国中央银行从国家利益考虑,从稳定货币流通出发,从扩大国际交往着想,都要保留一定数量的黄金、白银与外汇储备。从货币发展史来看,黄金、白银与外汇始终是稳定纸币、应付银行券兑现的重要储备,同时也是用于国际支付的国际储备。

三、中间业务

中央银行的中间业务，主要是指中央银行为商业银行和其他金融机构办理资金的划拨清算和资金转移。中央银行的这一业务与其集中存款准备金的业务是紧密相连的。既然中央银行集中了金融机构的存款准备金，则金融机构彼此之间由于交换各种支付凭证所产生的应收应付账款，就可以通过其在中央银行的存款账户进行划拨，从而使中央银行成为全国的资金清算中心。

各国的中央银行都设立专门的票据清算机构来进行票据的清算。参加中央银行票据交换的金融机构，一要遵守票据交换的有关规定，二要在中央银行开立有关账户，三要分摊一定的管理费。

中央银行不仅为金融机构办理票据交换与清算，而且还要在全国范围内办理异地资金的转移。至于异地资金的转移，各国的清算办法差异比较大。一般有两种类型：一是先由各金融机构内部自成联行系统，最后各金融机构的总行通过中央银行的总行办理转账结算；二是将异地票据统一集中传送到中央银行总行办理轧差转账。

任务五　中央银行的货币政策

所谓货币政策，是中央银行为实现其特定的经济目标而采用的各种控制和调节货币供应量或信贷规模的方针和措施的总称。它是一个包括货币政策目标、货币政策工具、货币政策的中介指标、货币政策的效果等一系列内容在内的广泛概念。货币政策是国家经济政策的重要组成部分，是为经济政策服务的。货币政策是中央银行实现其职能的核心所在。

一、货币政策的目标

中央银行的货币政策目标有四个，即稳定物价、充分就业、促进经济增长和平衡国际收支。

（一）稳定物价

所谓稳定物价，就是指在某一时期，设法使一般物价水平保持大体稳定。也即在某一时期，平均的价格是相对不变的，但这并不意味着个别商品的价格是绝对稳定的。在动态经济中，整个价格的稳定与个别市场的价格变动并不矛盾。在实际生活中，整个社会物价稳定的同时，会出现某种商品价格上涨或下跌的情形。因为当社会对某种商品的需求增加时，该商品的价格就会上涨，促使这种商品的产量增加，以满足对这种商品需求的增加，价格机制自动发挥了作用。这种价格变动，往往会促使全社会资源得以有效地分配，提高整个社会的经济效益。所以货币政策目标不是简单地抑制物价水平的上升，而是维持物价总水平的基本稳定。物价上涨与通货膨胀并不是同义词，但稳定物价的实质是控制通货膨胀，防止物价总水平普遍、持续、大幅度地上涨。物价"稳定"应到什么程度呢？具体指标视各国不同情况而有异。但是,任何国家都想把物价上涨控制在最小的幅度内。1970 年后,西方各国通货膨胀日益严重,成为经济上的普遍问题,因而各国都把反通货膨胀、稳定物价当作主要目标。

(二)充分就业

充分就业并不意味着每个人都有工作,或每个劳动力在现行工资率下都能有一个职位。实际上,充分就业是同某种数量的失业同时存在的。在动态经济中,社会总存在某种最低限度的失业。失业有两种情况:一是摩擦性失业,即出于经济制度的动态结构调整、技术、季节等原因造成的短期内劳动力供求失调而形成的失业;二是自愿失业,即劳动者不愿意接受现行的工资水平或嫌工作条件不好而造成的失业。这两种失业在任何社会经济制度下都是难以避免的。所以,充分就业并不意味着失业率等于零。

除了自愿失业和摩擦性失业之外,任何社会都还存在一个可承受的非自愿失业幅度,即劳动者愿意接受现行的工资水平和工资条件,但是仍然找不到工作,也就是对劳动力需求不足而造成的失业。通常以失业率,即失业人数与愿意就业的劳动力的比率来表示就业状况。那么,失业率为多少就可称为充分就业呢? 或者说一国的可容忍失业程度为多大呢? 有的经济学家认为,3% 的失业率就是充分就业;也有的认为,失业率长期维持在 4% ~5% 算充分就业;在美国,大多数经济学家则认为,失业率在 5% 左右就是充分就业。因此,究竟失业率为多少才是充分就业只能根据各国不同的经济发展状况来判断。要想制定一个精确的指标作为合理的失业水平,是很难办到的。

(三)经济增长

经济增长是指一国人力和物质资源的增长。经济增长的目的是增强国家实力,提高人民生活水平。经济增长常常带来一些社会问题,如环境污染。靠破坏生态平衡、污染环境带来的经济增长,不能算是真正的经济增长;价格上涨常常会引起国内生产总值的增加,这也并不表示经济增长。衡量经济增长状况最常用的数据是剔除价格因素后的国内生产总值增长率。

(四)国际收支平衡

国际收支状况是一个国家同世界其他国家之间的经济关系,反映一国在一定时期对外经济往来的综合情况。一国国际收支会出现三种情况:国际收支逆差、国际收支顺差或国际收支平衡。一般情况下,很难实现绝对国际收支均衡,短期的逆差或顺差却很常见。在一定条件下,逆差不一定是坏事,它意味着得到了所需要的外国商品、服务或必要的援助,有利于吸收国内市场偏多的货币,增加商品供应。在国际经济交往中,要想所有国家的国际收支都保持顺差是不可能的,这意味着经济关系无法维持下去。因此,各国中央银行货币政策中的国际收支平衡目标,就是要努力实现本国对外经济往来中的全部货币收入和货币支出大体平衡或略有顺差、略有逆差,避免长期出现大量的顺差或逆差。因此,各国在决定货币政策时,不能单纯考虑通货膨胀、失业和经济增长等国内经济目标,国际收支均衡也必须是货币政策的主要目标之一。

二、货币政策工具

中央银行对货币和信用的调节政策有两大类:一是从收缩和放松两个方向调整银行体系的准备金和货币乘数,从而改变货币供应量,这就是一般性货币信用管理,它影响货币信用的总量,属宏观性措施;另一类是用各种方式干预信贷市场的资金配置,有目的地调整某些经济部门的货币信贷供应量,从而引起货币结构变化,这就是选择性信贷管理,属微观性措施。因此,中央银行的货币政策工具可分为一般性政策工具和选择性政策工具。

(一)一般性政策工具

一般性货币政策工具即传统的三大货币政策工具,也就是我们通常所说的"三大法宝":再贴现政策、存款准备金政策和公开市场政策。一般性政策工具的特点是:对金融活动的影响是普遍的、总体的,没有特殊的针对性和选择性。一般性货币政策工具的实施对象,是整体经济,而非个别部门或个别企业。

1.再贴现政策

再贴现政策是中央银行传统的货币政策工具。所谓再贴现政策,是指中央银行通过直接调整或制订对合格票据的贴现利率,来干预和影响市场利率以及货币市场的供给和需求,从而调节市场货币供应量的一种货币政策。

当商业银行急需资金时,可以以其对工商企业贴现的票据向中央银行进行再贴现。贴现率实质上就是中央银行向商业银行的放款利率。中央银行提高贴现率,就是不鼓励商业银行向中央银行借款,限制商业银行的借款愿望,这就影响到商业银行的资金成本和超额准备金的持有量,从而影响商业银行的融资决策。同时,商业银行就会因融资成本上升而提高对企业放款的利率,从而减少社会对借款的需求,达到收缩信贷规模和货币供给量的目的。反之,中央银行降低贴现率,则会出现相反的效果。

调整贴现率还有一种所谓的"告示性效应",即贴现率的变动,可以作为向银行和公众宣布中央银行政策意向的有效办法。近年来,贴现政策在某种程度上已演变成为心理上的宣传工具,表明中央银行货币政策的信号与方向,从而达到心理宣传效果。

但再贴现政策有一定的局限性。一方面,中央银行处于被动地位,往往不能达到预期的效果。因为尽管中央银行可以通过变动贴现率,使商业银行的融资成本发生变化,并影响其准备金数量,但不能强迫或阻止商业银行向中央银行申请再贴现,商业银行还可以通过其他渠道获得资金;并且通过对借款成本和放款收益之间的比较以及对流动性资产需求的机会成本高低等因素的综合考虑,商业银行未必会增加或减少向中央银行的借款量。另一方面,由于货币市场的发展和效率提高,商业银行对中央银行贴现窗口的依赖性大大降低,再贴现政策只能影响到前来贴现的银行,对其他银行只是间接地发生作用。另外,再贴现政策缺乏弹性,中央银行若经常调整再贴现率,会引起市场利率的经常性波动,使企业或商业银行无所适从。

2.存款准备金政策

存款准备金政策是指中央银行在法律所赋予的权力范围内,通过调整商业银行缴存中央银行的存款准备金比率,以改变货币乘数,控制商业银行的信用创造能力,间接地控制社会货币供应量的活动。目前凡是实行中央银行制度的国家,一般都实行存款准备金制度。

存款准备金政策是威力较大的政策工具,法定准备金的调整一般会产生很大的影响:一是对货币乘数的影响。根据信用创造原理,准备率越高,银行存款创造信用的规模就越小,存款准备金所能支持的派生存款数量就越小。二是对超额准备金的影响,表现为决定超额准备的多少,影响商业银行创造信用的基础。调整准备率,若基础货币和准备金总额不变,则超额准备金发生变化,货币乘数扩张或缩小。假定商业银行吸收存款 100 万元,如果法定准备率为 12%,则商业银行应缴存中央银行 12 万元作为法定准备金,其余 88 万元才可以发放贷款。若中央银行要抽紧银根,将法定准备率提高到 13%,货币乘数变小,这就迫使商业银行削减它们的放款和投资量 1 万元。反之,若中央银行放松银根,可将法定准备率降至11%,货币乘数变大,商业银行就可提供 89 万元贷款,比原来可多发放 1 万元贷款。由于货币乘数的效应,商业银行可以派生发放相当于初始存款金额的若干倍的贷款,并维持相当于初始存款金额若干倍的存款。因此,降低法定准备率,导致货币乘数提高,就能放松银根,扩张经济;而提高法定准备,货币乘数缩小,就可紧缩银根,收缩经济。这一工具操作简单,对于信用制度不很发达的发展中国家来说,比采用其他两种政策工具要简便得多。

但是这一政策工具也会产生较大的负面影响。一方面,中央银行难以确定调整准备金率的时机和调整幅度;另一方面,许多商业银行也难以迅速调整准备金以符合变动了的法定限额。由于商业银行一般只保留少量超额准备金,因此,即使法定准备金率略有提高,也会使超额准备金一笔勾销,从而使若干资金周转不足的商业银行,或被迫在市价疲软的情况下大量抛售有价证券,或处于资金严重周转不灵的困境。由于法定准备金变动可产生的强大冲击力,因此这一政策工具一般只在少数场合下使用,它只能作为信用调节“武器库”中一件威力巨大而不能经常使用的“武器”。

3. 公开市场政策

所谓公开市场政策是指中央银行在证券市场上公开买卖各种政府证券以控制货币供给量及影响利率水平的行为。公开市场政策主要是通过影响商业银行体系的实有准备金来进一步影响商业银行信贷量的扩大和收缩,进而影响货币供应量的变动。同时,通过影响证券市场价格的变动,来影响市场利率水平。公开市场政策的基本操作过程是中央银行根据经济形势的变化,当需要收缩银根时,就卖出证券;反之,则买进证券。

中央银行在出售证券时,购买者无论是商业银行还是社会其他部门或个人,经过票据交换和清算后,必然会导致银行体系的准备金减少,通过货币乘数的作用,使商业银行的放款规模缩小,银根紧缩,货币供给量减少,抑制过度的需求。同时,中央银行大量出售证券,会使证券价格下跌,市场利率提高,提高借入资金的成本,减少社会投资,抑制国民经济发展过程中投资过热和消费过热的势头。反之,中央银行购进证券,就会出现与上面相反的经济过程,表现为信贷规模扩张,货币供给量增加,市场利率下降,刺激投资和消费的扩张,刺激经济的扩展。

公开市场政策也可用来调节长期证券市场和短期证券市场的利率结构和水平。例如,中央银行在抛售短期证券的同时,购进长期证券,则可压低短期市场利率,提高长期利率,从而影响投资结构。如果购进长期证券和售出短期证券在数量上相等,那么在长短期利率发生变化的同时,货币供给量则保持稳定。这种活动亦称为调期业务。

公开市场政策作为中央银行最重要的货币政策工具之一,其优点在于:第一,通过公开市场业务可以左右整个银行体系的基础货币量,使它符合政策目标的需要;第二,中央银行的公开市场政策具有"主动权",可以根据不同情况和需要,随时"主动出击",而不是"被动等待",这就比贴现政策优越;第三,公开市场政策可以适时适量地进行调节,中央银行既可大量买卖有价证券,又可以在很小程度上买进卖出,这就比威力较大的法定准备金政策灵活;第四,中央银行可以根据金融市场的信息不断调整其业务,万一经济形势发生改变,能迅速作反方向操作,还可以及时纠正在货币政策执行过程中可能发生的错误,因而能产生一种连续性的效果,这种效果使社会对货币政策不易作出激烈反应。

(二)选择性政策工具

选择性货币政策工具是中央银行针对个别部门、企业或特殊用途的信贷而采用的政策工具,这些政策工具可以影响商业银行体系的资金运用方向以及不同信用方式的资金利率。中央银行的选择性政策工具主要有以下三类。

1.间接信用控制工具

这类工具的主要特点是:作用过程是间接的,要通过市场供求关系或资产组合的调整途径才能实现。这类工具主要有以下五种。

①优惠利率。中央银行对国家重点发展的经济部门,如出口工业、重工业、农业等,制订较低的贴现率或放款利率,作为鼓励这些部门增加投资、扩大生产的措施。优惠利率多在发展中国家采用。

②证券保证金比率。中央银行通过对购买证券的贷款规定法定保证金比率,以控制对证券市场的信贷量。规定法定保证金比率,实际上也就是间接地规定最高放款额。通过调整这个比率,就能影响这类放款的规模。

③消费信用管制。中央银行根据需求状况和货币流通状况,对消费者信贷量进行控制,以达到抑制过度消费需求或刺激消费量增长的目的。这种控制手段主要包括规定最低的首期付现的比率和最高偿还期限。提高法定的首期付现比率,实际上就降低了最高放款额,从而抑制对此种用途的贷款需求;反之,则可提高这种需求。调整偿还期限,就会改变贷款者每次分期付款所需的支付额,相应调整对这类放款的需求。

④预缴进口保证金制度。为抑制进口过分增长,中央银行要求进口商预缴进口商品总值的一定比率的外汇存于中央银行,以减少外汇流失。比率越高,进口换汇成本越高,其抑制作用就越大;反之,则越小。这一措施主要是在国际收支经常处于逆差状态的国家使用。

⑤房地产信贷管制。为了阻止房地产投机,中央银行限制银行或金融机构对房地产的放款。主要内容包括规定最低付现额和最高偿还期两方面。

2.直接信用管制手段

直接信用管制是指中央银行以行政命令的方式,直接对银行放款或接受存款的数量进行控制。最普遍的工具是银行贷款量的最高限额和银行存款利率的最高限额。

①贷款量的最高限额。这种管制方法一般较少采用,中央银行只有在战争、严重的经济危机等情况下,才使用这种行政控制手段。其控制对象主要是商业银行的贷款额。控制的方式有两种:一种是控制贷款总量的最高额度;另一种是对贷款进行边际控制,即控制贷款增长的最高比率或幅度。这两种方法都可以达到直接控制信贷规模的目的。

②存款利率的最高限额。这种手段的目的是通过对存款利率上限进行限定,抑制金融

机构滥用高利率作为谋取资金来源的竞争手段。因为用高利率争夺资金,会诱使银行业从事于高风险的、不健全的贷款;同时,银行为争夺资金来源而进行价格竞争,也大大增加了银行业的营业费用。

规定最高贷款限额和最高利率限额是一种直接的行政管理方式。西方经济学家大都认为这种直接干预方式,只能在特殊情况下采用,如果在平时长期采用这些工具,会使金融体系的效率受到损害,迫使受到干预的银行和金融机构千方百计地寻找各种手段来阻碍或回避这些行政管制,从而降低金融体系动员和分配资源的效率。因此,一般来说,中央银行应尽量避免采用直接行政干预。

3.道义劝导

所谓道义劝导是指中央银行利用其地位和权威,对商业银行和其他金融机构以发出书面通告、指示或口头通知,甚至与金融机构负责人面谈等形式向商业银行通报经济形势,劝其遵守金融法规,自动采取相应措施,配合中央银行货币政策的实施。例如,在通货膨胀恶化时,中央银行劝导银行和其他金融机构自动约束贷款或提高利率;在地产与股票市场投机风气盛行时,劝谕各金融机构缩减这类信贷;在国际收支出现赤字的情况下,劝告金融机构提高利率或减少海外贷款等。

道义劝导工具的优点是较为灵活方便,无须花费行政费用。其缺点是无法律约束力,故其效果如何,要视各金融机构是否与中央银行精诚合作而定。但由于中央银行地位特殊,特别是作为商业银行的最后贷款者和经营活动的监督者,总是能够促使商业银行与其合作的。

三、货币政策的传导

货币政策的作用过程,是指货币政策的各种措施的实施,通过经济机制内的各种经济变量,影响到整个社会经济活动。这是一个非常复杂的过程,它包括货币政策的实施、货币政策的工具、货币政策中间目标的选择和控制、货币政策的传导机制。

(一)货币政策的中间目标

货币政策的中间目标往往不止一个,而是由几个金融变量组成中间目标体系。在该体系中,中间目标可分为两类:一类是操作目标,它在货币政策实施过程中,为中央银行提供直接的和连续的反馈信息,借以衡量货币政策的初步影响,也称近期目标;另一类是效果指标,在货币政策实施的后期为中央银行提供进一步的反馈信息,衡量货币政策达到最终目标的效果,也称远期目标。

1.操作目标:超额准备金和基础货币

超额准备金可以反映银行体系扩大放款和投资的能力,也是预测未来货币供应量和利率运行效果的良好预测器,中央银行的货币政策工具一般通过调节银行系统的超额准备金而实现对货币信贷的调控。但是,对超额准备金的调控往往受制于商业银行体系的放贷意愿和财务状况。

基础货币是流通中的现金和银行的存款准备金的总和,是中央银行可直接控制的金融变量,也是银行体系的存款扩张和货币创造的基础,与货币政策目标有密切关系,其数额的变化会影响货币供应量的增减。所以,中央银行可以通过操纵基础货币影响货币供应量,影响整个社会的经济活动。因此,将基础货币作为货币政策操作目标,具有重要意义。

2.效果指标:利率和货币供应量

利率是影响货币供应量和银行信贷规模、实现货币政策的重要指标。利率随中央银行直接控制再贴现率的升降而升降。在任何时候,中央银行都可以观察和掌握到市场利率水平及其结构方面的资料,并根据货币政策的需要,通过调整再贴现率或公开市场操作,调节市场利率,影响消费和投资,进而调节总供求,达到宏观调控的目的。

不过,利率作为中间目标也存在一定的问题,因为利率同时也是经济内生变量。当经济繁荣时,利率会因为资金需求增加而上升;如果货币当局为了抑制过热的需求,采用紧缩政策,结果利率的确上升了,但这种上升究竟是经济过程本身推动的还是外部政策造成的,则难以区分。此时中央银行就不易判断政策操作是否达到了预期的目的。

货币供应量作为货币政策中间目标是比较合适的。货币供应量按流动性标准可划分为 M_0、M_1、M_2 和 M_3 等若干层次。只要中央银行控制住这几个货币供应量指标,就能控制社会的货币供应总量。因为这几项指标都反映在中央银行、商业银行及其他金融机构的资产负债表内,容易获取资料进行预测分析。是中央银行直接发行的,由中央银行掌握,只要中央银行控制住基础货币的投放,就基本能控制 M_1、M_2 和 M_3 的供应量。这几项指标也代表了一定时期的社会购买力。因此,中央银行将这几项指标控制住,就大致控制了社会总需求,有利于达到货币政策的最终目标。货币政策传导过程如图 14-2 所示。

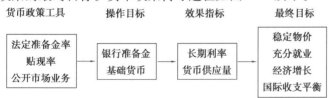

图 14-2　货币政策传导过程

(二)货币政策的传导机制

货币政策的传导机制就是货币政策工具的运用引起中间目标的变动,从而实现中央银行货币政策的最终目标这样一个过程。对货币政策传导机制的分析,在西方,主要有凯恩斯学派的传导机制理论与货币学派的货币政策传导机制理论。

1.凯恩斯学派的传导机制理论

社会经济单位总以货币、债券、股票和实物资产等形式持有资产,货币只是资产的一种形式。每一种资产都有收益率,各经济单位通过比较各种资产的收益而随时调整其资产结构,这个调整必将影响到整个经济活动。对此,凯恩斯学派认为,当货币政策变动时,例如中央银行通过公开市场购买债券,货币供给量增加,导致货币资产收益率下降;经济单位以货币买进债券,导致债券价格上涨,市场利率下降,投资者则增加投资,引致总需求增加,导致产出增加。这个传递过程可表示为:

货币政策工具→M(货币供应)↑→r(利率)↓→I(投资)↑→E(总支出)↑→Y(收入)↑

货币政策的作用过程,先是通过货币供应量的变动影响利率水平,再经利率水平的变动改变投资活动水平,最后导致收入水平的变动。货币政策对收入水平影响的大小取决于:货币政策对货币供应量的影响,这取决于基础货币和货币乘数;货币供应量的变化对利率影响;利率变化对投资水平的影响;投资水平对收入水平的影响,这取决于投资乘数的大小。这一传递过程中各个环节是一环扣一环的,如果其中任一环节出现阻塞或障碍,都可能导致货币政策效果的减弱或无效。在这个传导机制发挥作用的过程中,主要环节是利率。凯恩斯学派的传导机制理论的特点,就是对利率这一环节特别重视。

2. 货币学派的货币政策传导机制理论

与凯恩斯学派不同,货币学派认为利率在货币传导机制中不起重要作用,而更强调货币供应量在整个传导机制中的直接效果。货币学派认为,增加货币供应量在开始时会降低利率,银行增加贷款,货币收入增加和物价上升,从而导致消费支出和投资支出增加,引致产出提高,直到物价的上涨将多余的货币量完全吸收掉为止。因此,货币政策的传导机制主要不是通过利率间接地影响投资和收入,而是通过货币实际余额的变动直接影响支出和收入,可用符号表示为:

$$货币政策工具 \rightarrow M \rightarrow E \rightarrow Y$$

四、货币政策的效果

(一)影响货币政策效果的因素

1. 货币政策的时滞

货币政策从制定到最终目标的实现,必须经过一段时间,这段时间称为货币政策的时滞(Time Lag)。时滞是影响货币政策效果的重要因素。通常货币政策的时滞大致有三种:第一种为认识时滞(Recognition Lag),即从需要采取货币政策行动的经济形势出现到中央银行认识到必须采取行动所需要的时间。第二种为决策时滞(Decision Lag),即从央行认识到必须采取行动到实际采取行动所需的时间。上述两种统称为货币政策的内在时滞(Inside Lag)。第三种为货币政策的外在时滞(Outside Lag),即从央行采取货币政策措施到对经济活动发生影响取得效果的时间。内部时滞的长短取决于货币当局对经济形势发展的预见能力、制定对策的效率和行动的决心等因素,一般比较短促,也易于解决。只要中央银行对经济活动的动态能随时、准确地掌握,并对今后一段时期的发展趋势作出正确的预测,中央银行对经济形势的变化,就能迅速作出反应,并采取相应的措施,从而可以减少内部时滞。而外部时滞所需时间较长,货币当局采取货币政策行动后,不会立即引起最终目标的变化,它需由影响中间目标变量的变化,通过货币政策传导机制,影响到社会各经济单位的行为,从而影响到货币政策最终目标,这个过程需要时间。但究竟这种时滞有多长时间,以及对货币政策效果的影响力度如何,西方国家的学者有不同看法,一派认为这一时滞相当长,约为2年,而且变幻无常;另一派学者则认为时滞不过为6~9个月而已。

2. 合理预期因素的影响

合理预期对货币政策效果的影响,是指社会经济单位和个人根据货币政策工具的变化对未来经济形势进行预测,并对经济形势的变化作出反应。这可能会使货币政策归于无效。例如,政府拟采取长期的扩张政策,只要公众通过各种途径获得一切必要信息,他们将意识到货币供应量会大幅度增加,社会总需求会增加,物价会上涨,公众将认为这是发生通货膨胀的信号。在这种情况下,工人会通过工会与雇主谈判提高工资,企业预期工资成本增加而不愿扩展经营,或人们为了使自己在未来的通货膨胀中免受损失而提前抢购商品。最后的结果是只有物价的上涨而没有产出的增长。显然,公众对金融当局采取政策的预期以及所采取的预防性措施,使货币政策的效果大打折扣。

3. 其他因素的影响

除以上因素外,货币政策的效果也受到其他外来因素或体制因素的影响,例如客观经济条件的变化等。一项既定的货币政策出台后总要持续一段时期,在这一时期内,如果经济条件发生某些始料不及的变化,而货币政策又难以作出相应的调整时,就可能出现货币政策效果下降甚至失效的情况。政治因素对货币政策效果的影响也是巨大的。当政治压力足够大时,就会迫使中央银行对其货币政策进行调整。

(二)货币政策的执行原则

货币政策的时滞等因素给政策的实施带来困难,并产生不良后果,这就在如何执行货币政策的问题上引发了争端。

货币学派主张,应制定"单一规则"来代替"相机抉择",即中央银行应长期一贯地维持一个固定的或稳定的货币量增长率,而不应运用各种权力和工具企图操纵或管制各种经济变量。货币主义相信市场机制的稳定力量,认为在经济繁荣、需求过旺时,固定货币增长率低于货币需求增长率,因此,具有自动收缩经济过度膨胀的能力;而在经济不景气、需求不足时,固定货币增长率高于货币需求增长率,因而又具有自动刺激经济恢复的能力。同时,由于时滞的存在和人为判断失误等因素,"相机抉择"货币政策往往不能稳定经济,反而成为经济不稳定的制造者。

与此相反,凯恩斯学派则赞成中央银行采取"相机抉择"政策,认为市场经济并无自动调节或稳定的趋向,而且货币政策的时滞是短暂的,中央银行应会同财政部门依照具体经济情况的变动,运用不同工具和采取相应措施来稳定金融和经济。中央银行一旦认定目标,就要迅速采取行动。在情况发生变化或原有预测与所采取的行动有错误时,要及时作出反应,纠正错误,采取新的对策权衡处理。

(三)货币政策和财政政策的配合

中央银行的货币政策若想获得最大效果,则必须与政府其他部门特别是财政部进行充分合作和协调。货币政策和财政政策的共同点在于通过影响总需求来影响产出。货币政策是通过调节利率或货币供应量来调节货币需求,进而影响总需求;财政政策是政府通过对其支出和税收进行控制而影响总需求。在调控经济活动时,为了避免相互抵消作用,增强调控力度,这就需要货币政策与财政政策相互协调配合。

1. 松的财政政策和松的货币政策配合

这种配套产生的政策效应是财政和银行都向社会注入货币,使社会的总需求在短时间内迅速得到扩展,对经济活动具有强烈的刺激作用。但是,这种配合只有在经济中存在大量尚未被利用的资源时才可采用,如果没有足够的闲置资源,则会导致通货膨胀的后果。

2. 紧的财政政策和紧的货币政策配合

在这种政策配套下,货币当局加强回收贷款,压缩新贷款,紧缩银根,压缩社会总需求;财政部则压缩财政支出,增加其在中央银行的存款,减少社会货币量。这种双重压缩,会使社会上的货币供应量明显减少,社会总需求得以迅速收缩。这种政策能有效刹住恶性通货膨胀,但要付出经济萎缩的代价。

3. 紧的财政政策和松的货币政策配合

这种配套中,财政收支严加控制,年度收支保持平衡,甚至有盈余;银行则根据经济发展需要,采取适当放松的货币政策。这种政策配套适合在财政赤字较大,而经济处于萎缩的状态时采用。

4. 松的财政政策和紧的货币政策配合

在这种配合中,银行严格控制货币供应量,同时国家可动用历年结余,也可用赤字办法来适当扩大支出。这种配套适合于在经济比较繁荣,而投资支出不足时采用。

西方国家往往将货币政策与财政政策配合运用,以达到政策的最佳效果。如何配合,采取哪种模式,应视经济情况需要而灵活运用。不管如何,只有通过财政政策与货币政策的合理搭配才能达到最佳的政策效果,这已为许多国家的实践所证实。

项目总结

1. 中央银行制度是商品信用经济发展到一定阶段的产物。中央银行是在商业银行的基础上发展演变而来的。从商业银行发展为中央银行,经历了一个较长的历史演变过程,大体可分为三个阶段。

2. 中央银行是不以营利为目的,统管全国金融机构的半官方组织,是一国金融体系的核心和最高管理机关。西方主要国家的中央银行有四项宗旨:提供良好的信用流通工具、制定和推行货币政策、管理全国金融和调节国际金融关系。中央银行的性质和宗旨决定了其货币发行的银行、银行的银行和政府的银行这三项职能。

3. 由于西方各国的社会制度、政治体制、经济发展水平、金融业发展程度以及各国国情等千差万别,因此各国中央银行,以西方几个主要国家为例,在所有制形式、组织结构、与政府的关系以及管理体制方面各有差异。

4. 中央银行的性质,决定了其区别于商业银行和其他金融机构的业务。中央银行业务操作情况集中反映在一定时期的资产负债表上。中央银行可以通过调整自身资产负债结构,影响存款机构准备金数额,间接调节金融机构的信贷规模,实现对金融的宏观调控。

5. 货币政策是中央银行为实现其特定的经济目标而采用的各种控制和调节货币供应量或信贷规模的方针和措施的总称。中央银行货币政策的目标是稳定物价、充分就业、促进经济增长及平衡国际收支。中间目标的选择和控制是实现货币政策目标的前提条件。货币政策工具的运用引起中间目标的变动,从而实现最终目标,即为货币政策的传导机制。货币政策实施效果,受诸多因素制约,引起货币执行原则的争论以及财政政策与货币政策的协调。中央银行的一般性政策工具为再贴现政策、存款准备金政策和公开市场政策,选择性政策工具为间接信用控制工具、直接信用管制工具和道义劝导。

项目十五

货币理论

【案例导入】

世界上第一个"撕开货币面纱"的经济学家

凯恩斯是宏观经济学的创始人,然而,世界上第一个向"货币面纱论"提出挑战的经济学家不是凯恩斯,而是瑞典的经济学家维克塞尔(Wicksell,1851—1926年)。

维克塞尔在《价值、资本和地租》(1893年)和《利息与物价》(1898年)两本书中明确指出:货币不是面纱,货币对经济起着十分主动的作用。他说:"经济学者们往往不顾货币在现实中所起的作用,如媒介交换、投资与资本转移等,而主观地将货币抽去后所演绎出来的经济规律直接应用于货币起着这些作用时的现实情况。货币的使用事实上对实物交换和资本交易产生了强烈的影响。因为货币,例如政府纸币的发行,将可能破坏巨额的实物资本,将可能使整个经济生活陷入绝望的混乱,并且,这一类事情在实际上已不知发生过多少次了。"建立在上述认识的基础之上,维克塞尔对利率与物价的关系进行了更深层的研究,提出了著名的累积过程理论。

维克塞尔的累积过程理论认为,利率可以分成两种:一是货币利率,即现实金融市场上存在的市场利率;二是自然利率,即借贷资本之需求与储蓄的供给恰恰相一致时的利率,从而大致相当于新形成的资本之预期收益率的利率。

(资料来源:魏克塞尔.利息与价格[M].蔡受百,程伯撝,译.北京:商务印书馆,1959.)

任务一　为什么研究货币供求

一、萨伊定律

古典经济学家萨伊曾提出:供给自动创造需求! 即只要能生产,就一定会有与之对应的需求,这被称为"萨伊定律"。萨伊定律认为:商品是各种生产要素共同作用的结果,商品中的每一份价值都会被瓜分给各种生产要素,或作为工资支付给工人,或作为利息支付给借贷资本家,或作为税收支付给政府,或作为利润支付给职能资本家,没有一个价值分子能游离在明确的所属之外。如果假定社会上不存在储蓄,即获得商品所属权的所有主体都将其获得的那一部分全部用于消费,那么无论社会上生产多少商品都会被购买、被消费,确实是供给自动创造需求,不会存在商品卖不出去的情况。

一个社会的最终产出不仅依赖其拥有的生产能力,还取决于对生产出来的商品的需求状况。萨伊定律认为:供给能自动创造需求,通过利率机制经济能自动调节储蓄和投资,使它们相等,总供给即是总需求。当然,以上所述是简单的两部门模型,如果是四部门模型,则总供给将分为消费(C)、储蓄(S)和税收(T),总需求分为消费(C)、投资(I)、政府支出(G)和净出口($X-M$),国民收入均衡的条件为:

$$C+S+T=C+I+G+(X-M)$$

二、凯恩斯需求决定理论

在凯恩斯1936年发表著名的《就业、利息和货币通论》之前,绝大多数经济学家对萨伊定律的有效性并不怀疑。然而,1933年的世界性经济大危机,使凯恩斯开始重新思考古典经济学家笃信不疑的萨伊信条,最终凯恩斯从理论上推翻了供给自动创造需求的神话,形成了一场经济学上的凯恩斯革命。

古典经济学家认为储蓄是利率的函数,凯恩斯首先对这一假定进行了攻击。凯恩斯认为:利率对储蓄是有一定的影响,但影响不大。决定储蓄的主要因素不是利率,而是收入,即$S=S(Y)$,而不是$S=S(i)$。

凯恩斯认为:当企业家对未来的经济前景看淡时,即使降低利率也难以启动投资,投资对利率的弹性很小,更何况还有"流动性陷阱"。因为储蓄不再是利率的函数,所以利率的降低不会减少储蓄,这样投资不足就难以吸收全部储蓄,原有的平衡机制被破坏,社会生产出来的商品就不能全部销售出去了。既然生产的商品难以销售,企业自然将压缩生产,Y变小,经济出现萎缩,S也将随之下降,最终迫使$S=I$。$S=I,C+S=C+I$,总供给=总需求,经济是达到均衡了,但这时的总产出低于原有的总产出,即低于充分就业下的总产出,经济在非充分就业下均衡运行。通过这样的逻辑推理,凯恩斯推翻了萨伊定律,解释了经济危机的产生机理,得出非充分就业是常态而充分就业是特例的结论,无怪乎他会将其著作命名为"通论"。

三、研究货币供求的必要性

在古典经济理论中,总产出水平(国民收入)、就业率(实际上是充分就业)、利率等重要宏观经济变量与货币无关。货币只影响物价水平或者说只影响经济变量的名义水平,而不影响其实际水平,货币是披在实物经济上的面纱。因此,古典经济学不重视货币供求理论的研究,除剑桥方程外,甚至没有明确、完整的货币供求理论,其研究的范围也局限于货币对物价的影响。在凯恩斯理论中,整个社会的实际总产出水平不仅取决于这个社会的生产能力,还取决于这个社会的总需求水平,而总需求水平取决于消费水平和投资水平(简单模型),投资水平又取决于利率水平。在古典经济学中,利率是由投资和储蓄来决定的,即$S(i)=I(i)$,在凯恩斯理论中,凯恩斯将上述方程改成了$S(Y)=I(i)$,已无法计算出利率水平。因此,凯恩斯必须在其理论体系中重新建立一种利率理论。

任务二　货币的需求理论

一、货币需求概述

货币需求是指在一定的社会经济条件下,整个经济系统对货币总量的要求。货币需求是能力与愿望的统一体,货币需求以收入或财富的存在为前提,而不是人们无条件地"想要"多少货币的问题。经济学家在分析货币需求时往往从不同的角度展开。

第一,宏观视角与微观视角。宏观货币需求探讨在一定国民收入或者商品流通规模下需要多少货币与其对应;微观视角侧重市场主体的持币动机,往往通过理论或数理模型对其持币决策进行更深入的分析。现实中,宏微观紧密联系,宏观货币需求的研究如果缺乏对微观经济主体持币动机的探讨,便缺乏相应的微观基础,理论研究也难以深入。另外,从微观个体角度出发的研究最终必须回到宏观上来。因为货币供给是宏观指标,与此对应,货币需求也必须汇总成宏观指标才能与货币供给配合起来研究。

第二,名义货币需求和实际货币需求。两者的区别在于是否剔除了物价变动的影响。实际货币需求等于名义货币需求除以物价水平,以 M/P 表示。从微观角度分析,个体看重的是货币实际购买力的高低,即实际货币需求;从宏观角度出发的分析往往更关注名义货币需求规模,以期央行的货币供给量能与之匹配。

二、马克思的货币必要量公式

马克思货币必要量公式的基础是劳动价值论。马克思认为:商品是用来交换的劳动产品,商品的价格取决于其内含的价值,即其内含的社会必要劳动时间;货币是固定地充当一般等价物的特殊商品,货币的本质是有价值的商品。因此,由于单位货币本身包含一定的价值,根据等价交换的原则,一切商品的价值就可以通过其交换到的货币的数量的多少表达出来。由于供求力量的作用,单个商品的价格和价值可能出现偏差,但就整体商品而言,商品的总价值等于商品的总价格。假定某一时期全社会的商品价格总额为 PT,其中 P 为价格水平,T 为待交易的商品实物量,这时需要多少货币 M 来执行货币流通手段的职能,从而保证商品间的交换得以正常实现呢? 通常情况下,每单位货币可以被重复多次使用,假定在这一时期每单位货币平均被重复使用的次数为 V(有时也称流通速度),这时就有下列关系式:

$$M = \frac{PT}{V}$$

这就是马克思的货币必要量公式,也称为货币流通规律。

马克思的货币必要量公式在当时的社会经济条件下可以说达到了相当完美的境界。确实,当时的货币是贵金属货币,货币本身是有价值的劳动产品,因此货币必要量公式提出的有关结论是能够成立的。但是,今天的货币与马克思时代的货币已有很大的不同,贵金属货币已基本退出历史舞台,取而代之的是本身无价值的信用货币,这时货币必要量公式是否能成立,仍需进一步讨论。

三、传统的货币数量说

传统的货币数量说在 20 世纪 30 年代发展至巅峰,并引入了数学作为研究工具,由于货币数量学者对于货币数量与物价、货币价值之间关系的解释方法和侧重点不同,形成了不同的学派,其最为人熟悉的有两种:现金交易数量说和现金余额数量说。

(一)费雪方程

美国经济学家费雪(Irving Fisher)在 1911 年出版的《货币的购买力》一书,是现金交易数量说的代表作。在书中,费雪提出了著名的交易方程式:

$$MV = PT$$

式中,M 表示一定时期内流通中的货币平均量;V 代表货币的流通速度;P 为交易中各类商品的平均价格;T 为各种商品的交易量。

费雪认为,在货币经济条件下人们持有货币是为了与商品交换,因此,货币在一定时期内的支付总额与商品的交易总额一定相等。交易方程式中右方为交易总值,左方为货币总值,双方必然相等。我们无法分别度量平均价格 P 和交易量 T 的绝对水平,只能用加权平均的方法大致估算出它的变化率。

应该指出,费雪并不认为 V 和 T 是固定不变的常数,在长期内,它们都倾向于上升,但它们是整个经济体系的特征反映,变化甚慢,且与货币量无关。

(二)剑桥方程

现金余额数量说是马歇尔(Alfred Marshall)、庇古(Arthur Cecil Pigou)等剑桥经济学家创立的,他们在考察货币的作用时,采取了和现金交易数量说不同的角度。剑桥学派则强调了人们对货币的主观需求因素。剑桥方程式有许多形式,最常用的是:

$$M = K \times P \times R$$

式中,M 为货币数量,也就是所谓的现金余额;P 为一般物价水平;K 是 R 中以货币形式持有的比例;R 为"真实资源",在不同的形式中有不同的含义,有时代表财富存量,有时代表收入流量,也可以表示实际收入、实际交易额或其他参数。设 R 代表实际总产量,货币供求随时趋向均衡,根据古典学派的假定,产量在短期内不变,如果 K 也不变,则当货币供应相对于需求而增加时,唯一能使货币供求相等的途径就是物价 P 相应上升;反之亦然。这一结论与交易方程式的结论相一致。

剑桥方程式与费雪交易方程式有明显的相似之处。如果设剑桥方程式中的 R 代表费雪交易方程式中的交易量 T,那么,不管人们保留货币是为了方便交易或是作为一种财富持有方式,货币持有量总可以表示成交易量 PT 的某个份额。这时 $M = KPT$,同时 $MV = PT$,所以有 $K = \dfrac{1}{V}$。剑桥方程式中的 K 不过是费雪式子中 V 的倒数,即人们所保持的现金占整个交易量的比例。现金余额增加,货币流通速度就减慢;现金余额减少,货币流通速度就加快。决定系数 K 的因素与决定 V 的因素也有许多相同的地方,特别是支付习惯。其他因素还有其他资产的报酬率、工业一体化程度、货币替代品的状况,以及"消费者和生产者制订计划时的确定性和信心"等。

将 R 与 T 等同起来有很大的随意性。T 是一段时间内的总交易额,包括金融交易、旧商品的交易、中间产品的交易。因此,PT 是最终产品交易额的某个倍数,V 是货币流通的交易流通速度,表示货币量 M 与总交易额之间的关系。R 赋予不同的意义,K 值随之变化,但没有一个合理的 R 值与 T 的含义完全相当,因而 K 与 V 也不是简单的倒数关系。

四、凯恩斯货币需求理论与发展

(一)凯恩斯货币需求理论

早期的凯恩斯曾经是现金余额说的信徒和重要代表,随着他的《货币论》在 1930 年出版,出现了货币理论上的分水岭。1936 年《就业、利息和货币通论》的出版标志着他从价格分析转变到面向就业与产出的更为一般性的货币理论研究。

在《就业、利息和货币通论》第十五章"流动性偏好的动机"标题下,凯恩斯分析了货币需求的各种动机。凯恩斯提出了构成货币需求的三种动机:交易动机、预防动机和投机动机。

①交易动机。交易动机又可以再分为所得动机和业务动机。交易动机指的是为了日常交易而产生的持有货币的愿望。

②预防动机。预防动机也称为谨慎动机,是指为应对紧急情况而产生的持有货币的愿望。

③投机动机。它是指人们根据对市场利率变化的预测,需要持有货币以便从中获利的动机。

交易动机和预防动机的强度,部分取决于需要现款时,临时借款的可靠性和代价,也取决于持有现金的相对成本,但除非持有现金的成本有很大的改变,否则这个因素的影响是次要的。

在正常的情况下,为满足交易动机和预防动机所需要的货币量,主要取决于经济形势和货币收入水平,基本上不受其他因素的影响。用于满足投机动机的货币需求,随利率的变化而变化。

凯恩斯以 M_1 代表为满足交易动机和预防动机而持有的现金额;M_2 为满足投机动机而持有的现金额。与这两部分现金额相对应的,是两个流动性偏好函数 L_1 和 L_2。L_1 主要取决于收入水平,L_2 主要取决于当前利率水平与当前预期状况的关系。从总体上,就是

$$M = M_1 + M_2 = L_1(Y) + L_2(r)$$

式中,L_1 代表收入 Y 与 M_1 之间的函数关系,L_2 代表利率与 M_2 之间的函数关系。

(二)凯恩斯货币理论的发展

对于凯恩斯的货币理论,虽然没有出现像其本人对古典理论那样革命性的突破,但经过经济学家的深入研究,也不断得到丰富和发展。其中比较有影响的是:鲍莫尔(W. J. Baumol)等人对于凯恩斯关于交易性货币需求理论的发展;惠伦(E. L. Whalen)等人对预防性货币需求理论的发展;托宾(J. Tobin)等人对投机性货币需求理论的发展。

1. 平方根定律

早在 20 世纪 40 年代, 汉森就对凯恩斯关于交易性货币需求与利率基本无关的观点提出质疑, 他指出, 当利率上升到相当高度时, 货币的交易性余额也会具有利率弹性。但首先将交易性货币需求与利率和规模经济的关系以数学公式形式表达的学者, 是鲍莫尔和托宾, 因此这一模型又称为"鲍莫尔-托宾模型"。

鲍莫尔认为, 如果企业或个人的经济行为都以收益最大化为目标, 则在货币收入的取得和支出之间的时间间隔内, 没有必要让所有用于交易的货币都以现金形式持有, 因为现金不会给持有者带来收益。应将暂时不用的现金转化为生息资产的形式, 到用时再变现。只要利息收入超过变现的手续费就有利可图。并且利率越高, 收益越大, 生息资产的吸引力也越强, 人们就会把现金持有额压到更低的限度。如果利率不够高, 实现成本大于利息收入, 人们将全部持有现金。因此, 交易性货币需求与利率有关, 凯恩斯贬低利率对现金的交易需求的影响可能是错误的。

在具体分析时, 鲍莫尔作了如下假定:

①人们有规律地每隔一段时间取得一定收入 y, 支出则是连续和均匀的。

②生息资产一律采取短期政府债券的形式, 因为这种形式最安全。

③每次出售债券与前一次出售的时间间隔及每次的出售量 k 都相等。

鲍莫尔认为:"一个企业的现金余额通常可以看作一种存货——一种货币存货, 这种存货被其持有者随时用来交换劳动、原料等。这种存货同鞋子制造商随时用以交换现金的鞋子存货并没有本质区别。"保存任何存货都有成本。现金存货的成本有两项:一是将债券变现时所必须支付的手续费 b。因为设每次变现额为 k, 而支出总额为 y, 故在一个支出期间内, 全部手续费为 yb/k。二是持有现金而牺牲的利息(机会成本)。在支出期间的平均交易余额为 $k/2$, 设利率为 r, 从而利息成本为 $rk/2$。

若保持较多的交易余额, 则所需变现次数少, 手续费降低, 但牺牲的利息多;反之, 持有较少的交易余额, 利息成本低, 但手续费增加。所以必须选择适当的交易余额, 使总成本最小。若以 C 代表现金存货的总成本, 则有:

$$C = b \cdot \frac{y}{k} + r \cdot \frac{k}{2}$$

根据数学上的原理, C 的最小值在其一阶导数为零处取得:

$$\frac{\mathrm{d}c}{\mathrm{d}k} = -\frac{by}{k^2} + \frac{r}{2} = 0$$

得到

$$k = \sqrt{\frac{2by}{r}}$$

即每次变现量为 $\sqrt{\dfrac{2by}{r}}$, 平均手持现金余额为 $\dfrac{1}{2}\sqrt{\dfrac{2by}{r}}$, 若将物价因素考虑在内, 实际平均交易余额为:

$$\frac{M}{P} = \frac{1}{2}\sqrt{\frac{2by}{r}}$$

上式就是著名的"平方根公式"。它表明:在交易量或手续费增加时, 最适度现金存货余额将增加;而当利率上升时, 这一余额会下降, 从而将利率与交易性余额联结起来。从上式中还可以看出,最适度现金存货与交易量、手续费以及利率的变化不是成比例的关系,对其弹性分别为 0.5、0.5 和-0.5。由于现金余额与交易量的平方根成比例,因此在最适度现金余额的决定中,存在着规模经济作用。

2. 立方根定律

在考虑了收入和支出在时间上的不确定性以后,1966 年惠伦及米勒和奥尔先后发表文章,论证了预防动机的货币需求也同样为利率的减函数。比较有代表性的是惠伦模型。

惠伦认为影响预防性货币需求的因素有三个:非流动性成本,持有预防性现金余额的机会成本,收入和支出的平均和变化情况。非流动性的成本是指因低估在某一支付期内现金需要而造成的严重后果。当人们因缺乏现金而无法应对付款义务时,就有三种可能:陷于经济困境甚至破产,此时,非流动性成本是非常高的;如果能够及时得到银行贷款,则非流动性成本就是银行贷款成本;如果人们持有易转换成现金的资产,则非流动性成本等于将非现金资产转换成现金的手续费。企业为免于破产,同时也不能保证随时得到贷款,因此第三种情况应作为理论分析的一般情况。持有预防性现金余额的机会成本则是指持有这些现金而须放弃的一定的利息收益。

在建模思想上,惠伦模型与鲍莫尔模型基本相同。如果人们为预防不测持有较多货币,就减少了预期的非流动性成本,但同时却增加了持有预防性现金余额的机会成本;反之,如果他持有较少的预防性现金余额,减少了机会成本,但却提高了非流动性成本。因此,追求利润极大化的企业,必然选择适当的预防性现金余额,以使这两种成本之和下降到最低限度。

模型的假设如下:如果一定时期内净支出(即支出减去收入)N 大于预防性现金持有量 M,公司就要将其他资产变现,费用为 b,净支出的概率分布以零为中心(由于长期内收入等于支出,净支出为 0),净支出大于预防性现金持有量($N>M$)的概率为 p,那么持有预防性现金余额的机会成本为 $r \times M$,预期的非流动性成本为 $b \times p$。预期总成本为:

$$C = r \times M + b \times p$$

对非流动性概率 p 作不同假设,可以得出不同的结论。惠伦假设企业和家庭都是风险回避者,所以在估计净支出超过预防性现金金额的可能性时,作最保守的估计,取 $p = \dfrac{Q^2}{M^2}$,其中 Q 为净支出的标准差。代入上式得:

$$C = r \cdot M + b \cdot p = r \cdot M + b \cdot \frac{Q^2}{M^2}$$

根据数学上的原理,C 的最小值在其一阶导数为 0 处取得:

$$\frac{\partial C}{\partial M} = r - \frac{2bQ^2}{M^3} = 0$$

得到 $M = \sqrt[3]{\dfrac{2Q^2 b}{r}}$ 或写作 $M = aQ^{\frac{2}{3}} b^{\frac{1}{3}} r^{-\frac{1}{3}}$,其中 $a = \sqrt[3]{2}$。

上述表明,最适度的预防性现金余额同净支出方差 Q^2、非流动性成本 b 正相关,与利率 r 负相关,结论同鲍莫尔模型基本一致;不同的是惠伦模型中预防性现金余额对手续费用、利率的弹性分别为 $1/3$、$-1/3$,而鲍莫尔模型中分别为 $1/2$ 和 $-1/2$。

有人要问,收入在惠伦模型中是否也起作用? 答案是肯定的,因为收入和支出的数额和次数都影响净支出方差 Q^2。假设净支出服从正态分布,如果每笔收入的价值不变,但收入和支出的次数增加,则有 $Q^2 = K_1 Y$,其中 K_1 为常数,Y 表示总交易量(收入)。如果每笔收入的价值增加,但交易次数不变,则有 $Q^2 = K_2 Y^2$,其中 K_2 也为常数。代入惠伦模型,就得到预防性现金余额的收入弹性在 1/3(次数增加)和 2/3(价值增加)之间变动。

但是,惠伦模型对货币持有者的行为指导是模糊的。似乎只要当期的净支出 N 绝对值大于平均货币持有额 M,就要实行其他生息资产与货币之间的转换。实际货币持有额本身是一个随机变量,很可能出现的尴尬情况是:当期净支出 N 大于平均最适度货币持有额 M,而实际货币持有额却大于 N;相反,当期净支出 N 小于平均最适度货币持有额 M,而实际货币持有额却小于 N。

米勒-奥尔模型与惠伦模型十分相似,但它给出了一个确定的行为准则。其结论如下:

当货币余额降为 0(或银行要求的最低补偿性余额 Z)或达到上限 H 时,人们通过货币与其他生息资产之间的转换,使货币余额重新回到 M。

$$H = 3M$$

$$M = \sqrt[3]{\frac{3bQ^2}{4r}} \text{ 或 } M = a \cdot Q^{\frac{2}{3}} b^{\frac{1}{3}} r^{-\frac{1}{3}}$$

其中,$a = \sqrt[3]{\dfrac{3}{4}}$。

结论几乎与惠伦模型完全相同。在鲍莫尔模型、惠伦模型、米勒-奥尔模型中现金余额的变化情况如图 15-1 所示。

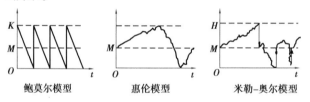

图 15-1　现金余额在三个模型中的变化

这些模型论证了即使是纯粹作为交易工具的货币,也对利率相当敏感,并且随着收入提高,其具有"规模经济"的特点。根据这些模型,凯恩斯的货币需求函数应修正为:

$$M = M_1 + M_2 = L_1(Y, r) + L_2(r)$$

3. 资产组合与货币需求

凯恩斯学派货币理论的另一重大发展,是将凯恩斯的流动性偏好论,扩大和修正为资产偏好或资产组合论。

凯恩斯关于投机动机的货币需求,实际上隐含着这样一个假定:投资者对所谓"正常预期利率",有一个比较明确的定位,因此只在两种资产中,即货币和债券(以政府公债为代表)中间任选一种,而不能两者兼有。而实际情况中,投资者对自己的预计往往并不完全有把握,一般人都是既持有货币,同时又持有债券。托宾将前人的资产选择理论和货币需求理论结合起来,用投资者避免风险的行为动机来解释对闲置货币余额的需求。

托宾模型中,资产的保存形式有两种:货币和债券。持有债券可以得到利息,但也要承担由于债券价格下跌而受损失的风险,因此债券是风险资产;持有货币虽然没有收益,但也没有风险,所以称作安全性资产。将资产按不同比例投资于债券和货币,其预期收益率 μ_R 与风险 θ_R 存在线性关系 $\mu_R = \theta_R$。其中,k 为债券预期收益率与其收益率标准差的比值。债券预期收益率 R 越大,k 值越大。

托宾认为典型的投资者都是风险回避者,当投资风险增加时,其相对的预期收益率必须相应增加,作为补偿,两者的关系可以用投资者的无差异曲线表示。将收益与风险之间的线性关系与投资者的无差异曲线两者结合起来,就可以得出投资决策:资产中债券比例为多少,货币比例为多少。在图 15-2 中,上半部纵轴表示预期收益率 μ_R,横轴表示风险 θ_R,θ_R 的最大值为 θ_g。下半部左纵轴表示风险资产的构成比例。右纵轴则表示无风险资产现金的比例。根据定义,$a+b=1$,I_1、I_2、I_3 为投资者的无差异曲线。$OC_1(r_1)$、$OC_2(r_2)$、$OC_3(r_3)$ 为对应于不同预期收益率的投资机会线 $\mu_R = k \cdot \theta_R$,O_x 是风险和资产构成率的关系轨迹 $\theta_R = a \cdot \theta_g$。

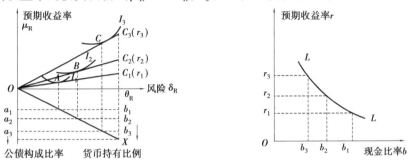

图 15-2 托宾模型和托宾曲线

当债券预期收益率为 r_1 时,无差异曲线 I_1 与 C_1 相切于 A 点。投资者资产中现金比率为 b_1。当债券预期收益上升为 r_2 时,无差异曲线 I_2 与 C_2 相切于 B 点,投资者资产现金比率下降为 b_2。这样就得到了一个债券预期收益率与现金持有比率之间的对应关系,将其画在右图,得到一个向右下方倾斜的曲线,有些学者称之为"托宾曲线",该曲线证明了利率与货币投机需求之间的反向关系。

和凯恩斯流动性偏好曲线不同的是,托宾曲线明确肯定了不确定性对货币需求的重要作用,而且也能解释现金与其他风险资产同时持有,即资产分散的现象。托宾模型对投机性货币需求的解释虽然比凯恩斯的流动性偏好理论有进步,但也存在不足。

①托宾模型只包括两种资产,即货币及公债,而不包括其他金融资产。

②由于信息及其他交易费用的存在,分散化投资策略事实上只能由一些庞大的投资基金或少数富人采取,普通投资者难以运用。

③托宾模型忽略价格波动因素。从名义价值看,货币是无风险资产,但用实物价值衡量。货币价值随物价波动而升降。

在金融体系高度发达,存在无风险收益资产的社会中,无论凯恩斯的投机动机或托宾的避免风险的动机,都不能对货币的需求作出充分的解释。交易成本才是货币需求的必要条件。此外,市场缺陷也是另一重大因素。如投资者信息不全,达不到规定的投资规模等,使经济单位只能以货币形式持有资产。

五、弗里德曼的货币理论

20 世纪 30—50 年代,是凯恩斯学派的新兴时期。但 50 年代开始,经济形势发生了变化,大规模经济萧条现象已不是世界经济的主要问题,通胀成为经济中的头号难题,到 70 年代,简单的通胀又为更复杂的"滞胀"问题所代替。这种经济环境和背景的转变,在经济理论上反映为货币数量说的复兴。但是这种学说采用了理论分析与实证研究相结合的方式,与古典学派大不相同,所以称为"新货币数量说"或"货币主义"。这一理论主要是由美国芝加哥大学经济学教授米尔顿·弗里德曼和他的同事们发展起来的。

弗里德曼的货币需求理论是他的新货币数量论的重要组成部分,在 1956 年发表的名作《货币数量论的重新表述》一书中,他说:数量学说首先是货币需求的学说,而不是产出学说,也不是货币收入学说或价格水平学说。解释这些变量需要将数量说与货币供应和其他变量状况的设定结合起来。但他同时又承认,货币需求方程在决定诸如名义收入水平、价格水平等变量上,起着举足轻重的作用。

与传统货币数量学说不同,弗里德曼将货币看成是一种资产,认为它仅是保持财富的一种方式。因此,货币需求理论成了资本理论中的一个特殊论题,它基本是由总财富、各种不同形式财富的报酬这两类因素决定的函数。但是,弗里德曼在强调预算的制约因素是财富而不是收入时,拒绝把当前收入作为财富的代表,而采用他在消费理论中提出的"恒久收入"的概念来代替。

在弗里德曼的财富概念中,除了货币、金融资产等财富形式外,还有"人力财富",即人们的赚钱能力。但是,人力财富向非人力财富的转化,会由于制度方面的约束而受到很大限制。

不同形式财富的报酬是持有货币的机会成本,弗里德曼以债券、股票作非人力财富的代表。通货膨胀率是影响机会成本的一个因素。

价格水平也是一个影响货币需求的主要变量,这是因为,弗里德曼所讨论的货币需求,是对支配商品和劳务的实际余额的需求,而不是对名义余额的需求。弗里德曼认为,这是新、旧货币数量说的基本特征。

因此,弗里德曼的货币需求函数可以表示为:

$$M = F\left(p, r_b, r_e, \frac{1}{p} \cdot \frac{\mathrm{d}p}{\mathrm{d}t}; W, Y, u\right)$$

式中,p 代表价格水平;r_b、r_e 分别表示债券、股票的预期名义收益率;$\frac{1}{p} \cdot \frac{\mathrm{d}p}{\mathrm{d}t}$ 为通胀率;W 为非人力财富对人力财富的比例;Y 为恒久收入;u 代表影响货币需求偏好的其他因素。

不论采取哪一种名义来表示 p 和 Y,都不会改变上式中的关系,所以如果表示物价和货币收入的单位发生变化,货币需求量也应作同比例变化。在数学上,这意味着货币需求 M 是 p 和 Y 的一阶齐次式,即:

$$\delta M = F\left(\delta p, r_b, r_e, \frac{1}{p} \cdot \frac{\mathrm{d}p}{\mathrm{d}t}; W, \delta Y, u\right)$$

取 $\delta = \frac{1}{p}$,有

$$\frac{M}{p} = F\left(r_b, r_e, \frac{1}{p} \cdot \frac{\mathrm{d}p}{\mathrm{d}t}; W, \frac{Y}{p}, u\right)$$

表示对实际余额的需求是实际变量的函数,它不受名义价值变化的影响。

取 $\delta = \frac{1}{p}$,有

$$\frac{M}{Y} = F\left(\frac{p}{Y}, r_b, r_e, \frac{1}{p} \cdot \frac{\mathrm{d}p}{\mathrm{d}t}; W, u\right) = \frac{1}{r\left(r_b, r_e, \frac{1}{p} \cdot \frac{\mathrm{d}p}{\mathrm{d}t}; W, \frac{Y}{p}, u\right)}$$

在形式上,这与传统的数量说非常相似,但有两点根本不同:一是在弗里德曼的方程式里,Y 代表恒久收入,是作为财富水平的代表,而在交易方程式中,Y 代表当前交易水平;二是弗里德曼不像传统数量说那样,假设 u 是固定不变的,而是认为货币需求是高度稳定的。

弗里德曼进一步指出:"数量论者不仅把货币需求函数看作是稳定的,他还认为这一函数在决定诸如货币收入水平和物价水平等对整个经济分析极为重要的变数中起着举足轻重的作用。正因为如此,他才特别重视货币需求……数量论者还认为,影响货币供给的若干重要变量并不影响货币需求……只是为了探究货币供给变化所产生的影响,稳定的货币需求函数才是有用的。"

任务三 货币供给理论

在现代信用货币制度下,货币供给过程一般涉及中央银行、商业银行、存款人和借款者四个行为主体,其中居于核心地位的是由中央银行和商业银行构成的二级银行体系。中央银行提供基础货币,商业银行扩张并创造存款货币。

一、基础货币与存款创造货币

(一)中央银行与基础货币

1.基础货币及其构成

基础货币(Base Money,通常用 B 表示),又称高能货币或储备货币,是整个银行体系存款扩张、货币创造的基础,其数额大小对货币供应总量具有决定性的作用。基础货币等于流通中现金(C)加上银行准备金(R)。

$$B=C+R$$

流通中的现金(C)即通货包括纸币和硬币,是指存款货币银行体系以外的现金,也就是公众手中的现金。银行准备金(R)包含法定准备金和超额准备金,一般以银行在中央银行的准备金存款和银行库存现金两种形式存在,其中,商业银行在中央银行的准备金存款可分为两部分:一部分是根据法定存款准备金率的要求计提的法定存款准备金;另一部分是商业银行根据自身经营决策和运营需要存入中央银行的超额准备金。

2.基础货币的决定

由于流通中现金是中央银行对社会公众的负债,而准备金是中央银行对商业银行的负债,因此,基础货币直接表现为中央银行的负债。中央银行可以通过调整资产负债表规模和结构来控制基础货币。

3.央行收放基础货币的渠道和方式

央行通过公开市场业务与再贴现窗口等货币政策工具,对基础货币实施控制。

(1)证券资产与基础货币

央行持有的证券资产主要指政府债券,而买卖政府债券是中央银行在本国货币市场上开展公开市场业务的重要内容。商业银行等金融机构是央行的主要交易对手。央行买入政府债券会使基础货币等额增加。

在买卖政府债券等常规操作之外,为了应对2007年次贷危机,美联储实施以量化宽松为代表的非常规货币政策,购买了大量抵押贷款支持证券。2020年年初,在新冠疫情下,美联储更是绕过商业银行直接购买企业发行的商业票据。这些货币政策工具的创新丰富了央行持有的证券类型和调控基础货币的渠道。

(2)对金融机构债权与基础货币

中央银行对商业银行等金融机构债权的变化主要通过办理再贴现、再贷款等资产业务来实现。央行发放再贴现贷款会导致基础货币等额增加。

(3)国际储备与基础货币

中央银行持有的国际储备包括外汇储备、黄金和国际货币基金组织的特别提款权等。其中特别提款权和黄金较为稳定,而外汇储备变化较大。买卖外汇,是央行公开市场操作的重要组成部分,对基础货币的影响与买卖政府债券类似。

央行收购外汇而投放基础货币,被称为外汇占款。如果中央银行为了维持汇率稳定而被动地买卖外汇,则会使外汇占款的收放比较被动,难以适应国内经济形势需要。

(4)央行票据与基础货币

央行的其他负债业务包括发行债券或者中央银行票据,也是央行公开市场操作的重要内容。在资产规模不变的情况下,央行的其他负债与基础货币反向变化。

4.影响基础货币的其他因素

(1)存款与现金的转换

存款转换为现金会影响银行体系的准备金,从而影响基础货币的结构,但不会影响基础货币规模。假设公众将1万元支票存款提取为现金,此时,商业银行损失了1万元存款,准备金相应减少1万元,但对于央行而言,公众持有的流通中现金增加1万元,银行体系的准备金减少1万元,从而基础货币总量不变。总之,公众对现金的偏好可能引起准备金的随机波动,相比之下,基础货币总量更加稳定,也更容易被央行控制。

(2)财政存款

财政存款作为央行资产负债表上基础货币之外的其他负债,与基础货币反方向变化,但却无法由央行完全控制。如果财政存款从商业银行转移到央行账户上,会导致央行负债方的财政存款增加,银行体系的存款和准备金减少,基础货币随之减少。

(二)商业银行与存款货币创造

在整个金融体系中,商业银行与其他金融机构的显著区别在于只有商业银行才能经营活期存款业务,并具有创造派生存款的能力。金融管制放松后,一些其他的金融机构也被允许经营活期存款业务,但从规模和影响来看远不及商业银行,因此,商业银行仍然是存款创造最重要的主体。

商业银行派生存款产生的过程,就是商业银行不断吸收存款、发放贷款、形成新的存款,最终导致整个银行体系存款总量增加的过程。

1.存款货币的多倍创造过程

存款货币创造原理涉及的内容十分重要,它关系到能否正确理解货币供给的实质,能否正确理解各种行为主体和各种经济因素对货币供给的影响。因此,我们将对存款货币的创造过程进行详尽的描述。

假定央行通过公开市场操作向商业银行 A 购买价值 1 万元的政府债券,从而导致银行准备金增加 1 万元,这 1 万元即为原始存款。此时,由于银行吸收的公众存款没有增加,无须缴纳法定准备金,因而这增加的 1 万元准备金全部为超额准备金。假设 A 银行不希望持有超额准备金,将其全部用于发放贷款。贷款发放后,借款人通过转账结算的方式(如签发支票)进行产品或服务采购,使这笔资金存入其供应商在银行 B 的活期支票账户。

此时,已经有 1 万元(活期)存款货币因为 A 银行的贷款派生出来,出现在 B 银行的账户上。接下来,假设活期支票存款的法定准备金率为 10%,B 银行该笔支票存款缴存 1 000 元法定准备金,其余 9 000 元则为超额准备金,全部用于发放贷款。同理,在借款人将这 9 000 元支付出去之后,导致银行 C 的支票存款增加 9 000 元。

此时派生存款的总金额增至 1.9 万元。如果所有的银行都不持有超额准备金,只持有 10% 的法定准备金,且所有的交易都通过转账支付进行,整个银行体系的活期支票存款还会进一步增加。

计算可得,各银行的支票存款金额构成了一个无穷递减的等比数列(10 000+9 000+8 100+……),根据无穷等比数列的求和公式,可得出整个银行体系增加的存款总额为 10 万元。这表明,在 10% 的法定存款准备金率下,央行投放的 1 万元准备金(原始存款),经银行系统的资产业务放大了 10 倍,刚好是法定存款准备金率的倒数。

如果银行将超额准备金用于购买证券而非发放贷款,结果是相同的。证券出售方获得资金后存入其开户银行的活期支票账户,仍然会引起存款货币的多倍扩张。

2. 存款乘数及其影响因素

由原始存款增加所引起的银行体系存款增加的倍数,称为存款乘数,用 K 表示。假设银行只针对活期存款缴存法定准备金的情况下,根据上文的推导:

$$存款乘数 = \frac{存款总额}{原始存款} = \frac{1}{法定存款准备金率}$$

$$K = \frac{1}{法定存款准备金率}$$

存款乘数表明,商业银行存款货币创造的能力与法定存款准备金率成反比。中央银行可通过调节法定存款准备金率来调控货币供应量。

二、货币乘数与货币供应量

从前文阐述可知,来自基础货币的原始存款经过银行体系创造出多倍的存款货币,这是货币供给的核心内容。

(一)货币乘数及其推导

货币供给量对基础货币的倍数关系称为货币乘数,即基础货币(B)每增加或减少一个单位所引起的货币供给量(M)增加或减少的倍数,用 m 表示货币乘数,则有:

$$m = \frac{M}{B}$$

不同口径的货币供应量有各自不同的货币乘数,狭义货币与基础货币的倍数关系用狭义货币乘数 m_1 表示,广义货币与基础货币的倍数关系用广义货币乘数 m_2 表示。

$$m_1 = \frac{M_1}{B}, m_2 = \frac{M_2}{B}$$

以狭义货币乘数 m_1 为例,通过数理方法对其进行推导:分子上,狭义货币由流通中的现金(C)和活期支票存款(D)构成;分母上,基础货币包含流通中的现金(C)和银行准备金(R),银行准备金又可以划分为法定准备金[活期存款法定准备金(R_d)、定期存款法定准备金(R_t)]和超额准备金(R_e)。分子分母拆分后同时除以活期存款(D),得到狭义货币乘数的表达式如下:

$$m_1 = \frac{M_1}{B} = \frac{C+D}{C+R} = \frac{C+D}{C+R_d+R_t+R_e}$$

按照同样原理,还可推导出广义货币乘数表达式:

$$m_2 = \frac{M_2}{B} = \frac{C+D+T}{C+R_d+R_t+R_e} = \frac{C/D+D/D+T/D}{C/D+R_d/D+R_t/D+R_e/D} = \frac{c+1+t}{c+r_d+r_t \times t+e}$$

(二)货币乘数的影响因素

基于前面的分析,影响货币乘数的五个因素中,法定准备金率 r_d、r_t 由中央银行决定,超额准备金率 e 取决于银行的行为,流通中现金 c 和非交易存款比率 t 则取决于非银行公众的行为。因此,要想对整个货币供给过程有一个较全面的了解,就必须对这些主体的行为加以分析。

1. 央行与法定准备金率

假定其他条件不变,如果央行提高法定准备金率,就需要商业银行提取更多的准备金,可用于发放贷款的资金减少了,存款扩张能力下降,从而货币乘数值下降。如果基础货币没有变化,那么货币供应总量就会减少。相反,如果中央银行降低法定准备金率,将使货币乘数上升。

2. 商业银行与超额准备金率

商业银行持有的准备金一部分为现金(保存在柜台、自动柜员机中或者银行的金库中),部分为在中央银行的活期存款。银行通常持有超过法定比率要求的准备金,并在需要时从其他银行或者中央银行借入准备金。

在确定条件下,银行把准备金当作资产组合中的一种资产,就像持有证券或贷款一样。银行持有超额准备金的机会成本是放贷或者持有证券所能获得的利息收入;持有超额准备金的收益是避免因流动性不足而造成的额外损失,如借入同业资金或向央行申请再贴现而支付的利息。或者以不利的价格变现所持证券。另外,银行对超额准备金的需求还取决于其存款数量的不确定性。银行存款波动程度与其体系结构、规模、储户分布情况密切相关。

3. 非银行公众对现金、支票存款和非交易存款的选择

非银行公众对流通中现金、支票存款和非交易存款的选择决定了影响货币乘数的另外两个参数——流通中现金与支票存款的比率 c、非交易存款与支票存款的比率 t。其影响因素包括以下内容。

第一,财富总额。随着财富和收入的增长,人们持有的现金、活期存款、定期存款都会增

加,但幅度不同。人们持有现金主要用于小额交易支付,其收入弹性较低;大额支付使用支票更加快捷安全;剩余部分则作为财富以非交易存款的方式保管,这部分收入弹性最高。因此,随着收入增长,现金漏损率下降,非交易存款比例上升。

第二,各种资产的相对收益率。一方面,如果支票存款、非交易存款的收益率提高或能享受更多银行服务,那么其在人们资产组合中的比重将提升,现金漏损率下降;另一方面,如果房地产、有价证券等其他资产的收益率提高,人们更可能动用存款,尤其是非交易存款购置,就会导致现金漏损率提高,而非交易存款比重下降。

第三,金融风险的大小。如果银行倒闭,储户的存款将遭受损失。金融风险加大,会导致人们持有现金增加,持有存款减少,从而使现金漏损率变大。

第四,非法经济活动的多少。非法经济活动为逃避金融监督,一般倾向于现金交易。因此,非法经济规模越大,现金漏损率越高。同样,税率越高,人们逃税的可能性就越大,因而就越倾向于使用不易检查的现金交易,也会使现金漏损率上升。

此外,近年来银行卡、移动支付技术快速发展。这些电子支付方式比现金更方便,而且不怕盗窃和抢劫,增加了银行存款对公众的吸引力,使人们对现金的需求大幅下降。

任务四　货币均衡理论

由前文描述可知,一个社会的实际产出水平、国民收入与社会总需求水平有关,社会总需求水平与投资水平有关,投资水平与利率水平有关,利率水平由货币的供求来决定,即货币市场的均衡决定社会的均衡利率水平。由此我们已经对货币的供求有了一个初步的了解,下面我们将进一步对货币供求的均衡展开讨论。

通常情况下认为,货币供给是由中央银行给定的,是一种可人为操纵的变量,体现了中央银行货币政策的取向,即是一种外生变量。所以,货币供给表现为不是任何变量的函数,与国民收入、利率和物价等宏观经济变量无关,是外生变量。用图形来表示即是:货币供给线是条垂直于横轴的直线,与利率水平无关,货币供给量始终是 M_{S_0},如图 15-3 所示。

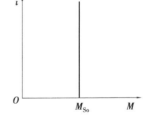

图 15-3　货币供给线

对普通商品而言,当商品的供给等于需求时,商品的数量和价格处于稳定状态,或者说是均衡状态。对货币而言也一样,只有当货币供给等于需求时才是一种稳定状态,其他状态都是不稳定的,其将在货币供给和需求不平衡的压力下逐步走向平衡。如图 15-4 所示,货币供给是常量,使货币需求等于货币供给,即货币市场处于均衡状态,对应 Y_0 为均衡收入,I_0 为均衡利率。换言之,当 $Y=Y_0$,$i=i_0$ 时,货币市场达到稳定状态。当然,如果不假定收入水平不变,当货币供求不平衡时,收入 Y 和利率 i 都可能出现变化,但无论如何,Y 和 i 的配合变动最终会使货币供给等于货币需求。由上述讨论可知,当 $Y=Y_0$ 时,可找到一个唯一的 $i=i_0$,使货币供给等于货币需求。那么,当 $Y=Y_1$ 时,同样的道理,也可以唯一地找到一个 $i=i_1$,使货币供给等于货币需求。这样的推理可以无限制地进行下去,那么就可以找到无数对 (Y,i) 使货币供给等于货币需求。换句话说,使货币市场均衡的 (Y,i) 不是唯一的,它是一组数。那么,这组数究竟是什么呢?让我们看一下货币供求相等时的方程：

$$M = L(Y) + L(i)$$

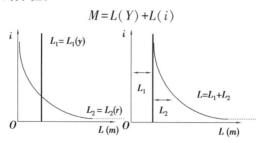

图 15-4 货币需求曲线

由货币供求均衡的方程可知,当收入水平 Y 提高时,货币的交易需求量上升,由于货币供给量 M_{S_0} 不变,这时货币的投机需求量就必须减少,否则货币供求就不可能平衡。因为货币的投机需求是利率的减函数,所以货币投机需求量的减少要求利率水平上升。因此,只有当收入水平 Y 和利率水平 i 同时上升时,货币市场的均衡才有可能实现。反之,如果收入水平 Y 下降,要保持货币供求的均衡,利率 i 也必须下降。换言之,能使货币市场达到均衡的 (Y,i) 组合是一条向上倾斜的直线,斜率为正,用图 15-5 来表示即是:LM 曲线上的任意一点 (Y,i) 都使货币市场达到均衡;不在 LM 曲线上的任意一点,都不能使货币市场实现均衡。

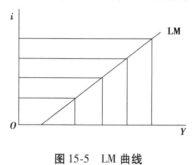

图 15-5 LM 曲线

任务五 通货膨胀与通货紧缩

一、相关概述

(一)通货膨胀与通货紧缩的含义

1.通货膨胀的含义

通货膨胀是在纸币流通条件下,流通中的货币量超过实际需要所引起的货币贬值、物价上涨的经济现象。经济学家们谈到通货膨胀时,通常将通货膨胀(Inflation)定义为在一定时间内一般物价水平持续的和较明显的上涨。通货膨胀至少有以下三方面的含义。

(1)通货膨胀是"一般物价水平"的上涨

"一般物价水平"是指全社会所有商品和劳务的平均价格水平。通货膨胀是指一般物价水平的上涨,局部或个别的商品和劳务的价格上涨不能被视为通货膨胀。

(2)通货膨胀是商品和劳务"货币价格"的变化

"货币价格",即每单位商品、劳务用货币数量标出的价格。通货膨胀是以商品和劳务的价格为考察对象,关注商品和劳务的价格水平的变化趋势,其目的是将商品和劳务的价格与股票、债券和其他金融资产的价格区别开来。

(3)通货膨胀是一般物价水平的"持续上涨"

关于"持续上涨",是强调通货膨胀并非偶然的价格跳动,季节性、暂时性或偶然性的物价上涨并不能被视为通货膨胀,只有持续的价格水平上涨才能被称为通货膨胀。通货膨胀是价格的变动过程,在这个过程中价格具有上涨的基本趋势,并将持续一定的时间。因此,一般以年度为时间单位来考察通货膨胀,用年通货膨胀率来表示通货膨胀的程度。

2. 通货紧缩的含义

通货紧缩(Deflation)是与通货膨胀相反的货币经济现象。它们都是一种货币失衡的现象。按照通俗的观点,通货紧缩是指由于货币供给量相对于经济增长和劳动生产率增长而减少所引起的社会有效需求严重不足、一般物价水平持续下跌、货币供应量持续下降和经济衰退等现象。早在20世纪二三十年代经济萧条时期,通货紧缩就是经济学的重要研究对象。长期以来对于通货紧缩概念的表述众说纷纭,但是对于通货紧缩的表现形式还是比较公认的,一般认为通货紧缩主要表现为以下五个方面。

(1)物价水平持续下降

一般物价水平的持续下降,无疑是通货紧缩的一个重要表现。当然,物价水平下降到什么程度才能算通货紧缩,理论上观点不统一。一般认为,物价水平长时期的负增长就能称为通货紧缩。而且负增长的幅度不同,通货紧缩的程度也就不同。

(2)货币供应量的持续减少

与通货膨胀相对应,一定时期内货币供应量的持续下降是通货紧缩的另一表现形式。每个国家一般都会根据本国的具体情况,在货币供应量与物价水平经济增长率和就业率之间确定一个能够实现充分就业的货币供应增长的"合理"区间,并以此作为标准来判断是否出现通货紧缩。

(3)市场有效需求不足

通货紧缩往往发生在通货膨胀得到抑制之后。由于在通货膨胀期间十分旺盛的市场需求刺激下,企业的投资和生产都达到了相当大的规模;在通货膨胀得到抑制后,绝大多数已经扩大了的商品供给与萎缩了的有效需求发生矛盾,大量商品不能在合适的价格水平下顺利销售出去,以货币计量的商品总需求连续降低。

(4)社会失业率上升

通货紧缩期间,由于货币供应量没有达到充分就业水平,企业商品积压,市场投资不足又无法提供新的就业机会,因此失业人数大幅度增加,人们的收入水平下降,这种状况反过来成为商品有效需求不足的原因,从而加重了通货紧缩的程度。

(5)经济持续下行

通货紧缩本质上是一种实体经济现象。它通常与经济衰退相伴,主要表现为投资的边际收益下降和投资机会相对减少,银行信贷增长乏力,整个社会消费需求和投资需求都减少,企业普遍开工不足,非自愿失业人数不断增加,居民收入增加速度持续放慢,各个市场普遍低迷,经济持续下行。

(二)通货膨胀与通货紧缩的分类

1.通货膨胀的类型

根据不同标准,可以对通货膨胀进行分类。

①按市场机制作用分为公开型通货膨胀与隐蔽型通货膨胀。

②按物价上涨的速度分为爬行式通货膨胀、温和式通货膨胀和恶性通货膨胀。

③按人们对通货膨胀的预期分为预期型通货膨胀和非预期型通货膨胀。

④按通货膨胀的成因分为需求拉上型通货膨胀、成本推动型通货膨胀、供求混合型通货膨胀、结构失调型通货膨胀和输入型通货膨胀。

2.通货紧缩的类型

根据不同的标准,对通货紧缩同样也可以进行分类。

①按通货紧缩的程度可以分为一般程度的通货紧缩和严重程度的通货紧缩。

②按人们对通货紧缩的预期可以分为预期型通货紧缩和非预期型通货紧缩。

③按通货紧缩形成的原因可以分为费雪的"债务-通货紧缩"理论、凯恩斯的通货紧缩理论、奥地利学派的通货紧缩理论、货币学派的通货紧缩理论和克鲁格曼的通货紧缩理论。

(三)通货膨胀与通货紧缩的度量

1.通货膨胀的度量

通货膨胀程度通常以物价上涨幅度来表示,而物价上涨幅度通常是通过物价指数(Price Index)反映的。物价指数是报告期物价水平对基期物价水平的比率,它反映了物价的涨跌幅度。通常人们将基期的物价指数设定为100(%),如果当期物价指数大于100,则表示当期物价水平相对于基期物价水平来说上涨了;反之,如果当期物价指数水平小于10,则表示当期物价水平相对于基期物价水平来说下降了。以物价指数变动所表示的通货膨胀程度的一般计算公式为:

$$\pi_t = \frac{P_t - P_{t-1}}{P_{t-1}}$$

式中,π_t 为 t 时期的通货膨胀率;P_t 和 P_{t-1} 分别为 t 时期和 $t-1$ 时期的物价指数。

度量通货膨胀通常采用的物价指数主要有以下三类。

(1)消费物价指数

消费物价指数(Consumer Price Index,CPI),又称零售物价指数,是综合反映一定时期内居民生活消费品和服务项目价格变动趋势和程度的价格指数。它是根据居民所消费的食品、衣物、居住、交通、医疗保健、教育、娱乐等消费品和劳务的价格指数加权平均计算出来的。它与社会公众生活密切相关,因而在许多国家都深受关注,并被广泛使用。该指标的优点是资料比较容易收集,便于及时公布,能够较迅速地反映公众生活费用的变化。但是,它所包括的范围较窄,消费品仅仅是社会最终产品中的一部分,因而不能反映用于生产的资本品以及进出口商品和劳务的价格变动趋势。所以,仅用消费价格指数来度量通货膨胀具有一定的局限性,需结合其他指标一起使用。中国编制消费物价指数的商品和服务项目,目前共包括食品、烟酒及饮品、衣着、家庭设备用品及服务、医疗保健及个人用品、交通和通信、娱乐教育文化用品及服务、居住八大类。

（2）批发物价指数

批发物价指数（Wholesale Price Index，WPI），又称生产者价格指数，是反映全国大宗生产资料和消费资料批发价格变动程度和趋势的价格指数。以批发物价指数衡量通货膨胀，其优点是反映了出厂价格或收购价格的变化对零售价格有决定性影响，可以预先判断其对零售商品价格变动可能带来的影响。但由于该指数没有反映劳务价格的变化，不包括第三产业的价格，反映面窄，有可能导致信号失真因而不能用以反映整个物价的变动情况。

（3）国民生产总值或国内生产总值平减指数

国民生产总值或国内生产总值平减指数（GNP Deflator，GDP Deflator）是一个能综合反映物价水平变动情况的指标。它是将国民生产总值或国内生产总值的名义值转化为实际值所使用的价格指数。它是按当年价格计算的国民生产总值（名义 GNP）与按基期价格计算的国民生产总值（实际 GNP）的比率。例如，某国某年按当年价格计算的国民生产总值为 10 000 万亿元，按上年价格计算的国民生产总值为 400 万亿元，则当年 GNP 平减指数为 250%（＝1 000/400×100%），说明与上年相比，当年的物价水平上涨了 150%（＝250%－100%）。该指数的优点在于其涵盖的范围广，包括消费品和劳务、资本品以及进出口商品等，较全面地反映了一般物价水平的变动趋势。但是编制该指数所需资料的收集比较困难，一般一年只统计一次国民生产总值价格平减指数，因而不能迅速地反映通货膨胀的程度和趋势。

2．通货紧缩的度量

通货紧缩的度量指标与通货膨胀的度量指标一样，都是采用价格指数来衡量，通常是以消费品（包括服务）的价格指数来判断。例如当消费物价指数（CPI）是 110% 时，宏观经济发生了通货膨胀，通货膨胀率是 10%（＝110%－100%）；当消费物价指数为 95% 时，就说明发生了通货紧缩，通货紧缩 5%（＝100%－95%），或者说通货膨胀率为－5%。有时我们也用国民（内）生产总值平减指数来分析年度数据，在判断分析通货紧缩迹象或者可能性方面，也可使用一些相关的先行指标，如批发物价指数、固定资产价格指数和生产资料价格指数等。

二、社会经济效应

（一）通货膨胀的社会经济效应

由于社会各阶层的收入来源不同，物价水平上涨对收入水平的影响也不同：有些人的收入水平会下降，有些人的收入水平反而会上升。这种由于物价上涨造成的收入再分配，就是通货膨胀的收入分配效应。

1．固定收入者实际收入下降

在通货膨胀期间，通常固定收入者的收入调整滞后于物价水平，实际收入会因通货膨胀而减少；非固定收入者能够及时调整其收入从而可能从物价上涨中获益。例如，依靠工资收入的工薪阶层，工资调整总是落后于物价上涨，所以该阶层是通货膨胀的受害者。再如，依赖退休金生活的退休人员，退休金不易随通货膨胀的发生而增长；或者即使增长也增长滞后，所以退休人员也会深受通货膨胀之苦，是通货膨胀的受害者。

2. 企业利润先升后降

对于非固定收入的企业家而言,在通货膨胀初期企业会因产品价格上涨,企业利润增加而获利。但当通货膨胀持续发生时,随着工资和原材料价格的调整,企业利润的相对收益就会消失。

3. 政府是通货膨胀的最大受益者

在累进所得税制度下,名义收入的增长使纳税人所适用的边际税率提高,应纳税额的增长高于名义收入增长。而且,政府往往是一个巨大的债务人,向社会公众发行了巨额的国家债券,物价水平的上涨使政府还本付息的负担相对减轻。从这个角度,通货膨胀的最大受益者是政府。所以有人说"政府具有诱发通货膨胀的利益动机"。

(二)通货膨胀的资产配置效应

通货膨胀的资产配置效应也称财富分配效应。当通货膨胀发生时,社会财富的一部分会从债权人手中转移到债务人手中,即通货膨胀使债权人的部分财富流失,反而使债务人的财富相应增加,从而形成了财富的再分配效应。这是因为通货膨胀使货币的实际购买力下降,而债权人未来收回的本息之和名义价值不变,所以其实际收入下降,财富流失。同时债务人所偿还本息的名义价值不变,其实际负担减小,财富反而增加。

在现实生活中,人们的财富并不仅仅由货币资产构成,还包括实物资产和负债,其资产净值为资产价值与债务价值之差。在通货膨胀环境下,实物资产的货币价值会随通货膨胀率的变动而相应升降,金融资产的价值变化则比较复杂。在通货膨胀中股票的行市可能上升,但影响股票价格变动的因素是多样化的,所以股票并不是抵御通货膨胀的理想保值资产形式。至于以货币表示的债权债务,其共同特征是有确定的货币金额,其名义货币金额不会随着通货膨胀的存在与否而变化,物价上涨会使货币的实际余额减少。同时,我们根据经济主体资产负债余额不同,将货币资产大于货币负债的经济主体称为"净货币债权人",将货币负债大于货币资产的经济主体称为"净货币债务人"。通货膨胀会产生怎样的资产配置效应呢?一般来说,通货膨胀会增加净货币债务人的财富,而使净货币债权人的部分财富流失。

(三)通货膨胀的强制储蓄效应

通货膨胀的强制储蓄效应是指政府以铸币税的形式取得的一笔本应属于公众的消费资金。强制储蓄主要有两层含义:一是强制储蓄是由消费的非自愿减少或强制性减少造成的;二是强制储蓄的形成伴随收入在不同主体之间的转移。这里的储蓄,是指用于投资的货币积累。作为投资的储蓄积累主要来源于三部分:一是家庭;二是企业;三是政府。在正常情况下,这三部分的储蓄有各自的形成规律:家庭储蓄来源于收入减去消费后的部分;企业储蓄来源于其用于扩大再生产的净利润和折旧基金;政府的投资如果是用税收的办法从家庭和企业中取得的,那么,这部分储蓄是从其他两部门的储蓄中挤出来的,全社会的储蓄总量并没有增加。如果政府通过向中央银行借款解决投资资金,则直接或间接导致增发货币,这种筹集建设资金的办法强制增加了全社会的储蓄总量,结果必然是物价全面上涨。在公众名义收入不变的条件下,如果他们仍按原来的模式和数量进行消费和储蓄,则两者的实际额均随着物价上涨而相应减少,其减少的部分大体相当于政府运用通货膨胀实现的强制储蓄部分。这就是通常所说的通货膨胀的强制储蓄效应,这种强制储蓄效应带来的后果是物价水平的全面、持续上涨。

促进论者认为,通货膨胀的强制储蓄效应是动员资金的有效途径之一。它会引起国民收入在政府与公众之间再分配,从而使整个社会储蓄投资流量增加,使公共投资增加。投资的增加通过乘数效应使实际产出得到倍增。促进论者坚持通货膨胀能优化资源配置,因为政府通过通货膨胀增加的资金主要用于投资基础设施和基础产业,创造很大的外部经济和社会效益,从而对资源配置产生影响。当然,上面的分析是基于充分就业的假定条件。如果一国没有达到充分就业水平,实际 GDP 低于潜在 GDP,整个社会生产要素大量闲置,此时,如果中央政府通过扩大货币发行来扩大社会有效需求,虽然也是一种强制储蓄,但并不会引起持续的物价水平上涨。

(四)通货膨胀的产出效应

通货膨胀的产出效应本质上就是通货膨胀与经济发展的关系问题。恶性通货膨胀对经济的危害性极大,但幸好它只在特定环境下才会出现。那么,温和的通货膨胀对经济发展究竟会产生什么影响? 这是一个重大而有争议的问题。在温和的通货膨胀和经济发展的关系方面,经济学界大致形成了三种观点:一是通货膨胀可以促进经济发展的促进论;二是通货膨胀会损害经济发展的促退论;三是通货膨胀不影响经济发展的中性论。

1.促进论

促进论的基本理论依据是凯恩斯的有效需求不足理论。该理论认为当现实经济中的实际产出水平低于充分就业产出水平时,政府可以运用增加预算、扩大投资支出和增加货币供给等手段刺激有效需求,促进经济发展。其理由如下:

(1)通货膨胀可以弥补投资资金不足

资金缺乏、投资不足是造成国家产出水平不高的主要原因,而采用增加税收的方式来提高产出则会产生"挤出效应"。因此,政府通过赤字财政政策保持适当的通货膨胀率将能有效地弥补投资资金的不足,以促进经济增长。更主要的是通过通货膨胀政策,通过增加货币供给相应地增加有效需求,能使那些受到有效需求不足限制造成的限制资源得到有效利用,增加就业和产出。

(2)利用铸币税的正效应,增加政府投资

铸币税是指由于国家对货币供给的垄断地位而流入国家的所有收入。因此,铸币税并非通常意义上的税,它是一个特定的经济概念,不同的文献在确认哪些收入属于铸币税收入时可能是不同的。如有些经济学家把中央银行上交给中央财政的收益看作政府的铸币税收入;有的经济学家认为中央银行大部分货币的创造是通过购买有价证券产生的,但中央银行由此增发的基础货币——通货和准备金存款,通常是无息的或是只支付很低的利息,其低于国家在资本市场上举债时必须支付的利息部分就是国家的铸币税收入,因此,他们把铸币税定义为政府发行无息负债而不是带息债券所节约的利息支付。铸币税通常被称为通货膨胀税,其税率为通货膨胀率。政府以铸币税的形式得到了一部分资金,政府可将这部分资金用于增加投资,如果居民的消费不变或消费的下降小于投资的增加,产出仍能通过乘数效应上升。

(3)提高储蓄率,使社会资金向利润所得者倾斜

通货膨胀通过收入再分配效应,使工人的实际工资减少,从而使企业的利润增加。通货

膨胀对国民收入进行了有利于利润所得者而不利于工资所得者的再分配。由于工人的边际储蓄倾向往往较低,而企业的较高,从而有利于其储蓄率的提高,而企业可以利用这部分储蓄资金来增加社会投资支出,从而促进经济增长。

(4)货币幻觉的正效应,促进经济发展

在通货膨胀初期,全社会都存在货币幻觉。对于企业而言,由于公众对通货膨胀预期的调整存在时滞,此时物价上涨了,而名义工资不会发生变化,企业利润会相应提高,通货膨胀使企业家更加乐意进行投资。对于工人而言,他们通常将名义价格、名义工资、名义收入的上涨看成实际的上涨。于是,劳动者愿意提供更多的劳动,企业家愿意扩大投资,增雇工人,从而扩大再生产。

2. 促退论

促退论认为通货膨胀会降低经济运行效率,阻碍经济增长。他们认为通货膨胀会降低借款成本,从而诱发过度的资金需求,这将迫使金融机构加强信贷管理,从而削弱金融体系的运营效率;会增加生产性投资的风险和经营成本,资金流向非生产性部门的比重增加;会损害业务伙伴间的长期合作关系;会增加人们在储蓄、消费分配中的失误。此外,政府在通货膨胀压力之下可能采取全面价格管制的办法来治理通货膨胀,从而削弱整个经济的活力。

(1)价格信号失真,资源配置失调

通货膨胀会造成价格信号失真,导致资源配置失调,经济效率降低,使经济处于不稳定状态,而且,在高通货膨胀率下,持有现金的成本大大上升,需要花费大量的时间管理现金,造成社会资源的浪费。我们知道,现金的名义收益率为零,如果通货膨胀率为20%,则意味着现金的实际收益率将下降20%。此时,公众会觉得"现金烫手",他们将不遗余力地将现金转化为实物资产或名义收益率随通货膨胀上升的存款和债券。企业也会花费大量的精力进行"现金管理",尽可能地避免在自己的账户上保留过多的现金余额。西方经济学家将人们因此而花费的大量时间和精力形象地称为"皮鞋成本"(Shoe Leather Cost),因为人们一遍又一遍地去银行存取钱,很容易把鞋底磨破。

(2)借款成本降低,诱发过度需求

通货膨胀使银行的实际利率低于名义利率,企业投资成本降低,因而极易诱发过度的资金需求,而过度的资金需求往往会迫使货币管理当局加强信贷管理,从而削弱金融体系的运营效率。

(3)投资成本增大,经营风险加大

从长期来看,通货膨胀最终会引起名义工资上升和银行利率上调,生产性投资成本和风险加大,泡沫经济升温。在市场经济中,价格是商品生产的调节器,价格机制发挥着引导资源流动分配社会资源的作用,使社会各种生产要素最有效地发挥其功能。但是,当发生通货膨胀时,特别是在非预期通货膨胀的情况下,各种生产要素、商品、劳务的相对价格随之发生不稳定的变化,致使资源分配被扭曲,因而也增大了生产性投资的风险。

(4)储蓄倾向降低,即期消费增加

通货膨胀意味着货币购买力下降,人们的实际收入水平降低。实际收入水平下降会引起人们的边际储蓄倾向降低,社会储蓄率下降,从而使投资率和经济增长率下降。在高通货膨胀率下,实际利率往往会下降,甚至出现负利率,引起储蓄减少,从而使投资者无法获得足够的资金。尽管根据"费雪效应",名义利率会根据预期通货膨胀率进行调整,但事实上这种调整往往是不充分的,而且许多国家都不同程度地存在对利率的管制,利率上升受到很多因素的限制。因此,在通货膨胀较为严重时,实际利率往往会下降,甚至会出现"负利率"。在"负利率"情况下,人们会增加当前消费,减少储蓄,致使投资者无法得到足够的投资资金。

(5)助长过度投机,提高交易成本

通货膨胀发生时,人们不愿持有货币,不愿从事生产活动,而是纷纷抢购实物资产。囤积货物,抢购黄金、外汇和其他奢侈品,甚至从事房地产等投机活动,结果严重阻碍了整个经济的发展。当发生严重通货膨胀时,人们会放弃货币,改用实物作为交易媒介,使交易成本大大提高,经济效率严重受损。

3. 中性论

中性论认为通货膨胀与经济发展不相关。在长期内,公众会形成通货膨胀预期,会对物价上涨做出合理的行为调整,事先提高各种商品的价格,做出相应的储蓄和投资决策,从而抵销通货膨胀的各种效应。所以,从长期来看,通货膨胀对产出和经济发展没有影响。

(五)恶性通货膨胀下的危机效应

恶性通货膨胀会引发一系列严重的社会经济问题,容易导致社会经济危机。在物价飞涨时,产品销售收入往往不足以抵销必要的原材料成本。同时,不同产业之间、不同区域之间上涨幅度也极不均衡,这会破坏正常的经济联系和流通秩序,难以进行正常的生产经营;债务的实际价值下降,正常信用关系将遭到破坏;人们普遍对持有货币缺乏信心,甚至拒绝使用和接受货币,实物交易盛行,货币流通和支付将难以正常进行;还会引起商品抢购和挤兑银行的突发风潮,尤其对依靠固定收入的人伤害最甚;最终往往引发社会和政治动荡。过去几十年里,许多经济体都经历过恶性通货膨胀,第二次世界大战后德国发生的恶性通货膨胀和货币崩溃,20世纪40年代末中国的恶性通货膨胀,以及2007—2008年国际金融危机中津巴布韦"传奇"的恶性通货膨胀都是经典案例。

其中,21世纪津巴布韦的恶性通货膨胀是世界历史上最极端的情况。2000年,津巴布韦政府支出大幅超过税收收入。由于政府太软弱,本来可以通过增加税收的方式来弥补政府支出,但政府考虑到经济已经进入了衰退状态,通过这种方式增加收入不仅很难做到,而且在政治上政府不受欢迎。此外,中央政府本来可以通过市场向社会公众融资,但由于公众不信任政府,这种选择也很难实现。因此,中央政府只有印钞这一条路可走。当时津巴布韦政府直接增发货币(增加货币供给)支付给个人和企业,货币供给迅速增长。货币供给提升带来了物价快速上涨。2007年3月,通货膨胀率超过1 500%,创下了历史纪录。到2008年7月,津巴布韦官方公布的通货膨胀率已经超过200 000%(非官方机构统计的通货膨胀率已经超过了1 000 000%)。2008年7月,津巴布韦中央银行发行了新的面值为1 000亿元的银行券,稍后不久又发行了面值为100万亿元的钞票,面值之高也创下了历史纪录。虽然持有一张这样的钞票就能让人变成亿万富豪,但一张钞票还买不了一罐啤酒。

(六)通货紧缩的社会经济效应

通货紧缩的社会经济正效应主要表现为持续的物价下跌和低利率使人们的实际货币购买力提高,在短期内会给消费者带来一定好处,有助于提高社会购买力。与通货紧缩的正效应相比,通货紧缩一旦发生,对社会经济的负面影响要大得多,危害性更强,从长远来看,会给国民经济带来一系列负面影响。

1. 经济衰退效应

通货紧缩导致的经济衰退效应主要表现在三方面:一是物价的持续普遍下跌使企业产品价格下降,导致企业利润减少甚至亏损,这将严重打击企业的积极性,迫使企业减少生产甚至停产,结果经济增长受到抑制;二是物价的持续、普遍下跌使实际利率上升,这将有利于债权人而损害债务人的利益,而社会上的债务人大多是生产者和投资者,债务负担的加重无疑会影响他们的生产与投资活动,从而对经济增长带来负面影响;三是物价下跌引起企业利润减少和生产积极性降低,将使社会失业率上升,实际就业率低于充分就业率,实际经济增长低于自然增长。

2. 财富缩水效应

通货紧缩发生时,全社会总体物价水平下降,企业的产品价格自然也随之下降,企业利润随之减少,而且企业为了维持生产周转不得不增加负债。资产负债率提高进一步使企业资产价格下降,企业资产价格下降意味着企业资产净值下降,财富减少。在通货紧缩的条件下,供给的相对过剩必然会使众多劳动者失业,此时劳动力市场供过于求的状况将使工人的工资降低,个人财富减少。即使工资不降低,失业人数的增多也使社会居民总体的收入减少,导致社会经济个体的财富缩水。因此,通货紧缩会产生微观经济主体的财富缩小效应。从消费需求角度看,通货紧缩有两种效应:一是价格效应,物价的下跌使消费者可以用较低的价格得到同等数量和质量的商品或服务,而预期未来价格还会下降将促使人们推迟即期消费,更多地进行储蓄;二是收入效应,通货紧缩带来的经济衰退使人们的收入减少,金融资产价格下跌,消费者会紧缩开支,再加上对价格不断下跌的预期,即期消费会大幅度下降。

3. 信用失衡效应

在通货紧缩背景下,由于名义利率的下降幅度小于物价的下降幅度,实际利率水平提高。在这种情况下,债务人实际偿还的金额增多,债务人的还款负担加重。同时,为了保持生产或生活的流动性,债务人不得不借入新债务,由此陷入债务泥潭。正如欧文·费雪所说,在通货紧缩的条件下,"负债人越是还债,他们的债就越多",这种现象导致社会财富从债务人向债权人转移的财富分配效应。严重的通货紧缩也将破坏社会信用关系,影响正常的经济运行秩序。虽然名义利率很低,但实际利率会比通货膨胀时期高出许多。较高的实际利率有利于债权人,不利于债务人。债权人与债务人之间的权利义务会失去平衡,信用量将萎缩,正常的信用关系也会遭到破坏。特别是对于商业银行来说,一方面由于贷款客户经营困难,偿债成本增加,难以及时足额地收回债权,不良贷款率可能提升;另一方面是新的客户信用需求减少给商业银行正常经营带来困难。

4. 工人失业效应

通货紧缩通常与经济衰退相伴随,因而常常被称为经济衰退的加速器。通货紧缩使实际利率有所提高,投资的实际成本随之增加,投资的预期收益下降,使企业减少投资。企业利润下降,股价下跌,证券市场市值缩小,使企业筹资困难。这些都将迫使企业下调工资或者减少工人。失业率增加以及名义工资下降的压力使公众降低消费支出,经济进一步衰退。因此,通货紧缩导致失业率上升是显而易见的。一方面,通货紧缩意味着投资机会减少,整个社会可容纳的就业机会减少;另一方面,通货膨胀抑制了企业的生产积极性,企业减产甚至停产,工人失业人员自然会增加。

三、成因

通货膨胀是一种复杂的经济现象,它的产生依赖于各种条件,有着各种各样的原因。尽管所有的通货膨胀都表现为社会总需求大于社会总供给,但在这个表象下却有着不同的原始动因和运行过程。

(一)西方通货膨胀的成因理论

1. 需求拉上型通货膨胀

需求拉上型通货膨胀(Demand-pull Inflation),是指由货币供给过度增加导致的过度需求所引起的通货膨胀,即过多的货币追逐过少的商品,表现为消费需求和投资需求过度增长,而商品和劳务供给的增加速度却受到限制,由此导致一般物价水平上升。根据凯恩斯的观点,如果社会未达到充分就业,资源未被充分利用,货币供给量增加会使社会总需求增加,从而促进社会生产发展和资源更有效利用,而不会引起通货膨胀。只有当社会已达到充分就业,资源已被充分利用,总供给无法再增加时,货币供给量增加才会引起物价上涨,导致通货膨胀。要特别注意的是,即使在未达到充分就业的情况下,如果总需求增加的速度过快,超过总供给可能的增加速度,也会引起通货膨胀。

2. 成本推动型通货膨胀

成本推动型通货膨胀(Cost-push Inflation)是指在社会总需求不变的情况下,由生产要素价格上涨引起生产成本上升所导致的物价总水平持续上涨的情况。前面所分析的需求拉上型通货膨胀一般发生在充分就业已经达到之后,当经济中存在大量闲置资源时,抱怨需求过大显然是不合理的。但在现实经济生活中却发生了这样的现象:许多国家在失业率居高不下的情况下还出现了很高的通货膨胀。尤其是进入 20 世纪 70 年代后,西方发达国家普遍经历着高失业和高通货膨胀并存的"滞胀"局面。在这种情况下,"需求拉上说"显然不能解释通货膨胀形成的原因。因此,许多经济学家转向供给方面去寻找通货膨胀的根源,提出了成本推动型通货膨胀理论,认为通货膨胀形成的动因在于成本上升引起了总供给曲线的上移。成本推动型通货膨胀的类型如下。

(1)工资推动型通货膨胀

工资推动型通货膨胀是由过度的工资上涨导致生产成本上升,从而推动总供给曲线上移而形成的通货膨胀。在现代经济生活中,当强大的工会组织迫使企业提高工资,使工资的增长快于劳动生产率的增长时,生产成本就会提高,导致产品价格上升;物价上涨又会使工会再一次要求提高工资,又一次对物价上涨形成压力。这样,工资的增长和价格的上涨形成了螺旋式的上升运动。许多经济学家将欧洲大多数国家在 20 世纪 60 年代末 70 年代初经历的通货膨胀认定为工资推动型通货膨胀,因为这一时期出现了工人工时报酬的急剧增加。例如,联邦德国工时报酬的年增长率从 1968 年的 7.5% 增加到 1970 年的 17.5%,在同一时期,美国的工人工时报酬年增长率也由 7% 上升到 15.5%。

(2)利润推动型通货膨胀

利润推动型通货膨胀是指垄断企业凭借其垄断地位,通过提高商品价格导致一般物价水平上涨而引发的通货膨胀。在 1973—1974 年,石油输出国组织(OPEC)历史性地将石油价格提高了 4 倍,到 1979 年石油价格被再一次提高。这两次石油提价对西方发达国家的经济产生了强烈的影响。利润推动型通货膨胀是以行业垄断的存在为前提,如果没有行业垄断,不存在大型的可以操纵市场价格的垄断企业,就不可能产生利润推动型通货膨胀。

需求拉上型通货膨胀与成本推动型通货膨胀都是在供求的交替作用下产生的,且都与较高的货币增长率相联系。因此,虽然我们在理论上可以将它们进行区分,但事实上这两者是很难区分的。需求拉上型通货膨胀一般发生在经济达到充分就业水平之后,成本推动型通货膨胀则通常是整个经济尚未达到充分就业条件下的物价上涨。

3. 供求混合型通货膨胀

在现实经济生活中,往往是需求拉上和成本推动同时存在,两者共同作用导致了通货膨胀,例如,在总需求增加引起的通货膨胀中,价格上涨又导致了生产成本提高,从而引起了成本推动型通货膨胀。在成本推动型通货膨胀中,工资提高使货币收入和社会需求增加,又导致了需求拉上型通货膨胀。因此,人们把由总需求增加和总成本上升共同作用的通货膨胀称为供求混合型通货膨胀(Hybrid Inflation)。

从供求混合型通货膨胀运行过程所表现出的动态特征来看,供求混合型通货膨胀有两种类型:一种"螺旋式";另一种是"直线式"。

(1)螺旋式混合型通货膨胀

在螺旋式混合型通货膨胀中,首先是成本上升促使物价水平持续上升,即成本推动型通货膨胀,从而导致社会总产量下降,社会失业率上升,这是政府不愿接受的事实。因此,政府会实行扩张性财政政策,增加社会支出从而降低失业率。而政府支出增加将导致社会总需求曲线向右移动,物价进一步上升,由此形成了物价水平呈螺旋式上升的通货膨胀。因此螺旋式混合型通货膨胀的特点可归纳为:第一,起因于成本推动;第二,社会总需求随之不断扩大;第三,一般情况下实际产量不会下降;第四,价格水平呈螺旋式上升。

(2)直线式混合型通货膨胀

直线式混合型通货膨胀开始于流通领域,起因于需求拉上型通货膨胀。当需求拉动物价持续上升时,工会可能要求增加工资以避免财富流失,而工资增加会导致成本增加,推动总成本曲线向左上方移动,成本推动型通货膨胀由此产生。在这一过程中,价格水平呈直线式上升。因此,直线式混合型通货膨胀的特点可归纳为四点:第一,起因于需求的过度扩张;第二,价格上升引起成本不断上升,第三,一般情况下产量不会下降;第四,价格呈直线式上升。

4. 结构失调型通货膨胀

结构失调型通货膨胀(Structure Dislocated Inflation)是指在总需求和总供给大体均衡的状态下,由于需求的组成结构发生变化而导致的物价总水平上涨。结构失调型通货膨胀主要有以下两种情况。

(1)需求结构转移型通货膨胀

在总需求不变的情况下,需求结构会不断发生变化,它会从一个部门迅速转移到另一个部门,而劳动力及其他生产要素的转移则需要时间。当需求从某些部门转移到其他部门,例如从衰退部门转移到新兴部门时,原先处于均衡状态的经济结构可能因需求的转移而出现新的失衡。对于需求增加的部门,产品价格和工人工资将上涨;对于需求减少的部门,由于价格和工资的刚性存在,产品价格和工人工资却未必会下降,结果需求的转移导致物价总水平上升。

（2）部门差异型通货膨胀

在一国的经济生活中,总有一些部门的劳动生产率增长快于另一些部门,但它们的工资增长率却相同,由此所导致的整体物价水平的持续上升就称为部门差异型通货膨胀。为方便起见,我们将生产率增长较快的部门称为先进部门,将生产率增长较慢的部门称为落后部门。当先进部门的工资由于劳动生产率提高而上升时,落后部门的工资和成本也会相应上升,进而推动物价总水平持续上升,形成了部门差异型通货膨胀。

5.输入型通货膨胀

输入型通货膨胀(Imported Inflation)又称斯堪的纳维亚小国型通货膨胀,是指由于国外商品或生产要素价格上涨,引起国内物价持续上涨的现象。它是部门差异型通货膨胀的一种,但在经济全球化背景下,由于其典型性和特殊性,一般将其划为一种独立的通货膨胀类型。这种通货膨胀主要发生在"小国",这里的"小国"是国际市场上价格的接受者,然后,将"小国"的经济部门划分为两大部门:一是开放经济部门,它生产出在世界市场上参加竞争的可交换商品,其产品价格由世界市场决定,这些部门有较高的货币工资增长率和劳动生产率;二是非开放经济部门,它生产出的商品不在国际上进行交换,其产品价格完全由本国的需求情况和产品成本决定,货币工资增长率和劳动生产率较低。但是由于工资向上的刚性,两部门的货币工资增长率趋于一致。因此,在国际化的今天,当发生世界性通货膨胀时,小国开放部门的成本和价格将会上升。在货币工资增长率的刚性作用下,非开放部门的工资和价格也会上升,结果该国的整体物价水平上升,引起输入型通货膨胀。

（二）西方通货紧缩的成因理论

1.费雪的"债务-通货紧缩"理论

美国经济学家欧文·费雪在1933年大萧条时提出了"债务-通货紧缩"理论。他认为经济主体的过度负债会引发通货紧缩效应,同时通货紧缩也加重了企业的债务负担,这两个因素相互作用、相互增强,从而导致经济衰退,甚至引起严重萧条。

费雪认为在经济处于繁荣阶段企业和金融机构都受到繁荣前景的鼓励,企业更容易从金融机构获得大量贷款来进行投资,这种借贷行为将一直持续下去,直至企业过度负债的状态出现,即相对于国民财富、国民收入而言,到期债务过多,以致企业没有足够的流动资产来清偿到期债务。这时"债务-通货紧缩"的效应就发生了,债务人对企业的过度负债使债权人发生恐慌,债权人开始了债务清算,进而可能引起以下连锁反应:为了清偿债务,债务人被迫低价出售商品和资产;借款人归还银行贷款引起存款货币收缩,货币流通速度下降;存款货币增长速度和整个货币流通速度下滑,引致物价总水平下降;物价下跌降低了企业的资产净值和利润率;资产净值和企业利润率的降低意味着企业资信水平降低,从而导致金融机构贷款规模收缩,货币流通速度和物价总水平又因此而下降,使通货紧缩越来越严重;在名义利率不变的情况下,通货紧缩会提高债务的真实利率,真实利率上升则意味着企业真实负债扩大;上述逻辑过程又再次重现。从上述描述中可以看出金融市场对宏观经济波动的影响以及通货紧缩所具有的自我循环和自我加速的特点。

费雪指出,在名义利率不变的情况下,通货紧缩会提高债务的真实利率。这样,债务清算虽然会减少债务人所欠的名义债务数量,但债务的真实价值却会上升,债务清算的过程将永远赶不上债务增长的步伐,即"债务越还越多"。企业的过度负债只能通过大规模的破产方式来消除,经济便会转入衰退。要遏制这种局面的出现,政府必须采取积极有效的经济政策实行"人工呼吸"。费雪主张的最简单有效的"人工呼吸"就是人为实行通货膨胀,使价格水平达到一定水平。在这个价格水平上债务增长停止并开始收缩。

费雪的通货紧缩理论指出了银行信用在通货紧缩中所起的作用,为大萧条提供了一个较合理的解释。但出于罗斯福新政的原因和人们对非古典理论的逆反,凯恩斯的观点流行于市,费雪的这一思想没有受到应有的重视。

2. 凯恩斯的通货紧缩理论

凯恩斯的通货紧缩理论认为通货紧缩源于"有效需求不足"。有效需求不足就会导致物价水平下跌,经济收缩形成通货紧缩。有效需求不足表现为消费需求不足和投资需求不足。消费需求不足是因为边际消费倾向递减,而投资需求不足则是因为资本边际效率递减和流动性偏好在标准的总需求和总供给模型中,总需求曲线和总供给曲线的交点决定了均衡的物价总水平和均衡的产出总水平。如果经济遇到需求萎缩的冲击,总需求曲线就会向左移动导致均衡产出和物价总水平下降,即通货紧缩。

凯恩斯在《就业、利息和货币通论》中更多地使用了"就业不足均衡"和"有效需求不足"这样的术语来研究通货紧缩,把就业不足均衡产生的原因归结为有效需求不足。由有效需求不足引起的物价下降被称为通货紧缩缺口(Deflationary Gap)。通货紧缩缺口是指充分就业条件下,社会实际投资低于社会储蓄的空缺,亦即社会总供给超过社会总需求的差额。它表现为社会对商品和劳务需求的价值低于在充分就业条件下能够生产的价值。例如,在充分就业的情况下,国内生产总值为220万亿美元,而此时社会总需求,即总投资,加上总消费为218万亿美元,这意味着留下2万亿美元的通货紧缩缺口。根据乘数原理,它会导致收入更大幅度下降。

我们知道,总供给等于总需求(或储蓄等于投资)时的国民收入,就是均衡的国民收入,但这均衡的国民收入未必就是充分就业的国民收入。所谓充分就业的国民收入,就是一国的所有资源(包括人力和物力)都得到充分利用时的国民收入,即潜在的国民收入。在一定时期内,充分就业时的国民收入水平是既定不变的,而均衡的国民收入水平却依有效需求(总需求等于供给时的总需求)而定,它可能小于、大于或等于充分就业时的国民收入水平。

凯恩斯"有效需求不足"通货紧缩理论的政策含义是:当经济衰退时,企业投资低落可以通过增加政府支出来稳定有效需求;同时,在经济严重衰退时,企业家的利润预期非常低,几乎接近于零,因而通过货币政策放松银根降低利率来抑制经济衰退往往效果是不明显的,此时通常需要财政政策发挥作用。

3. 奥地利学派的通货紧缩理论

以哈耶克为代表的奥地利学派认为通货紧缩是一种派生的过程。他们认为,通货紧缩并不是独立形成的而是由促成经济萧条的生产结构失调所引起的,没有投资过度而出现生产结构失衡通货紧缩就绝对不会发生。因此,奥地利学派关于通货紧缩的观点是与其经济周期理论,即资本供给不足或投资过度危机论结合在一起的。

奥地利学派经济周期理论借用了瑞典经济学家魏克塞尔关于自然利率和货币利率的区别理论。自然利率是使经济体系保持均衡的利率,货币利率是指在银行政策和其他货币因素影响下的市场均衡利率,即当货款资本正好与储蓄供给均等时的利率。

在充分就业的假设条件下哈耶克认为银行系统派生的信贷资金增加将促使市场货币利率下降,使之低于自然利率,企业家会受这个错误信号的引导而重新配置资源:从消费品生产转向投资品生产。短期内消费品生产不会受太大影响,经过一段时间后,由于消费品供给相对于需求发生短缺,相对于投资品而言,消费品价格上升。为使经济体系重新恢复均衡则需要提高货币利率,这就造成那些在低利率时有利可图的投资变得无利可图,危机随之出现。显然,假如银行信贷能够无止境地发展下去,危机就可能避免,但问题是随着银行信贷的扩张,货币资金大量投资市场形成过度投资,而过度投资使投资部门无法实现其预期收益,因而银行的贷款质量相应恶化,银行体系为防范自身的风险而被迫收缩信贷,从而导致通货紧缩发生。既然通货紧缩是市场机制自发作用下经济过度繁荣必须付出的代价,那么,政府对待通货紧缩就应当是听其自然发展,采取不干预的政策。

4.货币学派的通货紧缩理论

凯恩斯通货紧缩理论对实体经济因素影响的重视和对货币作用的轻视,在20世纪50年代末受到货币主义理论的挑战。货币学派的代表人物弗里德曼从货币金融的角度分析了通货紧缩的定义、成因及其治理对策。

弗里德曼在其论文《货币数量论———一种重新表述》中说过:通货膨胀无论何时何地都是一种货币现象,那么,作为通货膨胀的对立面,通货紧缩也应当是一种货币现象。

关于通货紧缩的成因,货币学派用货币供给收缩理论来解释。对于货币供给量与通货紧缩的关系,弗里德曼指出:过低的货币供给增长率,更不用说货币供给的绝对减少,不可避免地意味着通货紧缩。反之,若没有货币供给如此之低的负增长率,大规模的、持续的通货紧缩绝不会发生。

因此,货币学派认为,为了同时避免大规模的通货膨胀和通货紧缩,应当实行使货币供给增长率保持适当水平的货币政策,也就是所谓的弗里德曼"单一规则"货币政策。

5.克鲁格曼的通货紧缩理论

20世纪通货紧缩在全世界蔓延,著名美国经济学家保罗·克鲁格曼进行了大量的研究,逐步形成了一套较完整的理论框架,在发展凯恩斯主义流动性陷阱理论的基础上,提出了向传统的货币理论与政策挑战的"激进的货币政策"主张。

(1)通货紧缩起源于总需求不足

克鲁格曼认为,由于全球化进程加快、技术进步和高投资率等带来的全球生产能力极大增加,固然造成了全球性生产过剩、通货膨胀率降低或商品价格水平下降,但同时,以上因素也应该能刺激经济增长。这表明:不能从供给方面解释通货紧缩的价格下降和经济增长持续下降,且难以通过增加基础货币及扩大财政支出等手段刺激总需求来维持价格稳定的现象,因此通货紧缩起源于总需求的不足。

克鲁格曼用跨期分析的方法阐述了消费需求与物价水平之间的关系,从而说明当期总需求不足的原因。根据经济学基本原理,经济主体在消费与储蓄之间的选择实际上就是在当期消费与未来消费之间进行决策。在持久性收入不发生重大变化的情况下,这一决策取决于当期物价水平 P 与按市场利率 i 贴现后的预期未来物价水平 $\frac{P_e}{1+e}$ 之间的对比。如果 $P=\frac{P_e}{1+e}$,则经济主体在当前和未来消费之间无差异;若 $P>\frac{P_e}{1+e}$,则理性的经济主体会减少当前的消费支出,尽可能多地储蓄以满足未来的消费需要,从而实现效用最大化,而这一行为本身又会引起当期物价水平 P 的下降,使经济恢复跨期均衡 $\left(P = \dfrac{P_e}{1+e}\right)$。据此,克鲁格曼认为,在低通货膨胀的环境中,当期物价水平下跌并非当期物价水平过高,而是因为预期物价水平太低或名义利率太高,要阻止通货紧缩就必须提高预期通货膨胀率或降低名义利率;如果预期通货膨胀率和名义利率存在某种刚性,则传统的经济政策就难以生效。

(2)流动性陷阱是通货紧缩的必要前提

克鲁格曼认为,在信用货币条件下之所以会发生通货紧缩且传统的货币政策对此无能为力,必然是因为经济处于流动性陷阱状态。此时相对于当期而言,公众更加偏好未来,即使短期名义利率水平很低甚至为零,公众的储蓄意愿仍然大于社会自主投资,经济处于不均衡状态。因此,他认为有两条途径可以消除储蓄与投资之间的缺口:一是降低当前物价水平,增加当期消费,减少储蓄;二是降低名义利率增加投资支出。前者只能使经济在低水平上获得均衡,这是政策当局所不愿看到的。同时,当经济处于流动性陷阱时,利率对经济活动的调节作用完全丧失,即后者也失效。因此,政府必须用通货膨胀治理通货紧缩。

(3)用通货膨胀治理通货紧缩

根据克鲁格曼的观点,发生通货紧缩的原因在于当前的经济中存在着各种造成需求不足的因素,使 $P > \dfrac{P_i}{1+i}$,市场机制的作用会使 P 下跌以重建新的均衡。因此,他强调只要中央银行创造一个适当的通货膨胀预期,就可以增加公众的当期消费偏好,使储蓄与投资重新达到均衡。他甚至认为,中央银行应允许和鼓励一定的通货膨胀,规定一个合理的长期通货膨胀率并在公开市场上买入长期国债以保证治理的有效性。

综上所述,尽管以上各种通货紧缩理论都存在着一定的缺陷,但我们可以看到这些理论在越来越真实地描述客观现实经济的发展。我们应充分认识到费雪理论指出的通货紧缩具有越来越严重的自我加速的恶性循环特征,从而对通货紧缩给予高度重视和及时有效的治理。

四、治理对策

(一)通货膨胀的治理对策

由于国情以及面临的背景不同,治理通货膨胀的手段也不同。德国在第二次世界大战后恢复经济发展、抑制通货膨胀运用的是市场手段,效果较好;而新中国在成立时财政赤字、物价飞涨,迅速恢复经济、抑制通货膨胀的手段是行政手段,非常适合当时中国的情况。由于经济学家对通货膨胀的成因存在着不同的看法,因此他们提出的治理通货膨胀的措施也各不相同。下面主要介绍几种比较常见的治理通货膨胀的对策。

1. 宏观紧缩政策

(1)紧缩性货币政策

经济学家们普遍认为通货膨胀是一种货币现象,货币供应量的无限扩张引起了通货膨胀,因此治理通货膨胀首先必须采用紧缩性货币政策来减少社会需求,促使社会总需求与总供给趋向一致。紧缩性货币政策主要有以下措施：

第一，中央银行提高法定存款准备金率。中央银行提高法定存款准备金率降低商业银行创造存款货币的能力，从而达到紧缩整个社会信贷规模、削减投资支出、减少货币供应量的目的。

第二，中央银行提高再贴现率。中央银行提高再贴现率可以抑制商业银行对中央银行的资金需求，同时还可以增加商业银行的借款成本，迫使商业银行提高贷款利率和企业贴现率，结果企业因贷款成本增加而减少投资，货币供给量也随之减少。中央银行提高再贴现率还可以影响公众对中央银行货币政策的预期，鼓励社会公众增加储蓄从而缓解通货膨胀的压力。

第三，中央银行运用公开市场卖出有价证券。公开市场业务是中央银行在公开市场买卖有价证券以调节货币供给量和利率的一种货币政策工具。在通货膨胀时期，中央银行一般会在公开市场向商业银行等金融机构出售有价证券，从而达到紧缩信用、减少货币供给量的目的。

第四，中央银行直接提高利率。利率提高会增加信贷资金的使用成本，降低借贷规模，减少整个社会货币供给量。同时，利率提高还可以吸收更多的储蓄存款，减轻通货膨胀压力。

（2）紧缩性财政政策

通货膨胀的根本原因在于社会总需求超过了社会总供给，因此中央政府可以采取紧缩总需求的政策来治理通货膨胀。紧缩总需求的政策包括紧缩性货币政策和紧缩性财政政策。紧缩性财政政策可以直接从限制财政支出、减少社会需求等方面来减轻通货膨胀压力。紧缩性财政政策主要有以下措施：

第一，减少中央政府支出。减少中央政府支出主要包括两个方面：一是减少购买性支出，包括政府投资费等；二是减少转移性支出，包括各种福利支出、政府补贴等。减少中央政府支出可以尽量消除中央财政赤字，控制社会总需求的膨胀，消除通货膨胀的隐患。

第二，增加国家税收。增加国家税收可以直接减少企业和个人的收入，降低投资支出和消费支出，抑制社会总需求。同时增加国家税收还可以增加中央政府收入，减少因财政赤字引起的货币发行。

第三，发行国家债券。中央政府发行国家债券后，可以利用"挤出效应"减少民间部门的投资和消费，抑制社会总需求。

2. 物价与所得政策

物价与所得政策也被称为"工资-价格政策"。物价与所得政策主要针对成本推动型通货膨胀，通过对工资和物价上涨进行直接干预来降低通货膨胀。从发达国家的经历来看，物价与所得政策主要采取以下三种措施：

（1）工资-物价指导线

政府根据长期劳动生产率的平均增长率来确定工资和物价的增长标准，并要求各部门将工资物价的增长控制在这一标准之内。工资-物价指导线是政府估计的货币收入的最大增长限度，每个部门的工资增长率均不得超过这个指导线，只有这样才能维持整个经济中每单位产量的劳动成本的稳定，因而预定的货币收入增长就会使物价总水平保持不变。20世纪60年代，美国的肯尼迪政府和约翰逊政府都相继实行过这种政策，但是由于工资-物价指导线政策以自愿性为原则,不能以法律强制实行,因此其实际效果并不理想。

（2）以税收为基础的收入政策

政府规定一个恰当的物价和工资增长率,然后运用税收的方式来惩罚物价和工资超过恰当增长率的企业和个人,如果工资和物价的增长保持在政府规定的幅度内,政府就以减少个人所得税和企业所得税作为奖励。这种形式的收入政策仅仅以最一般的形式被尝试。例如,1977—1978年英国的工党政府曾经许诺如果全国的工资适度增长,政府将降低所得税,澳大利亚也在1967—1968年实行过这一政策。

（3）工资-价格管制政策

政府颁布法令强行规定工资物价的上涨幅度,甚至在某些时候暂时将工资和物价加以冻结,这种严厉的管制措施一般在战争时期较为常见,但是和平时期的政府面临非常严重的通货膨胀时也会求助于它。例如美国在1971—1974年就曾实行过工资-价格管制,特别是在1971年,尼克松政府还实行过三个月的工资-价格冻结。

实践证明,利用紧缩性物价与所得政策对付通货膨胀的效果并不理想,它有以下三个方面的局限:一是温和的收入政策,如工资-物价指导线,往往收效甚微;二是严格的工资-价格管制将严重削弱价格机制在资源配置中的作用;三是严格的工资-价格管制若没有紧缩性财政、货币政策的配合,也不可能长期奏效。人们会想出种种办法来变相地规避管制、变相地提高价格和工资,所以紧缩性物价与所得政策必须有紧缩性财政、货币政策的配合才能发挥作用。而且,一旦管制造成经济失衡引起公众的强烈反对,使工资-价格管制难以为继,并最终被迫放弃时,因管制而压制的价格上涨就可能爆发性地释放出来。因此,紧缩性物价与所得政策并不是治理通货膨胀的灵丹妙药,充其量它只能作为紧缩性货币政策、紧缩性财政政策的一种补充。

3. 收入指数化政策

由于通货膨胀现象的普遍性,而遏制通货膨胀又是如此困难,弗里德曼等许多经济学家提出了一种旨在与通货膨胀"和平共处"的适应性政策——收入指数化政策。收入指数化政策是指将工资、利息等各种名义收入部分地或全部地与物价指数相联系使其自动随物价指数升降而升降,从而避免通货膨胀所带来的损失,并减弱由通货膨胀带来的分配不均问题。显然,收入指数化政策只能减轻通货膨胀给收入带来的损失,但不能消除通货膨胀本身。20世纪70年代以来,除联邦德国等少数国家外,多数发达国家都较普遍地采用了收入指数化政策,尤其是工资指数化政策。实行这种政策的好处在于:一是收入指数化政策可以缓解通货膨胀造成的收入再分配不公平的现象,从而消除许多不必要的扭曲;二是收入指数化条款加重了作为净债务人的政府的还本付息负担,从而减少了政府从通货膨胀中获得的好处,由此可见,政府实行收入指数化政策的动机并不强烈;三是当政府的紧缩性政策使实际通货膨胀率低于签订劳动合同时的预期通货膨胀率时,收入指数化条款会使名义工资相应地下降,从而避免因实际工资上升而造成的失业增加。同时我们应该看到,收入指数化政策的上述功能并不能充分发挥作用,收入指数化政策强化了工资和物价交替上升的机制,其结果往往是加剧了物价的不稳定性,而不是降低了通货膨胀率。

4. 治理通货膨胀的其他对策

通货膨胀普遍表现为物价上涨,也就是与货币购买力相比的商品供给严重不足。因此,治理通货膨胀政策不仅要注意需求方面,同样要注意供给方面,必须运用刺激生产力的方法

来同时解决通货膨胀问题,因此治理通货膨胀时应考虑供求两个方面。在供应方面抑制通货膨胀的主要措施如下:

(1)降低边际税率

边际税率是指增加的收入中必须向政府纳税的部分所占的百分比。降低边际税率,一方面提高了人们工作的积极性,增加了劳动供给;另一方面,它提高了人们储蓄和投资的积极性,增加了资本存量。因而,减税可同时降低失业率和增加产量,从而彻底降低和消除由供给小于需求所造成的通货膨胀。

(2)削减社会福利开支

削减社会福利开支是为了激发人们的竞争性和个人独创性,以促进生产的发展,增加有效供给。

(3)适当增加货币供给

适当增加货币供给会产生积极的供给效应。增加货币供给会降低利率,从而增加投资,增加产量,导致总供给曲线向右移动,使价格水平下降,从而抑制通货膨胀。

(4)改革市场结构

改革市场结构就是给企业等微观经济主体松绑,减少政府对企业活动的限制,让企业在市场经济原则下更好地扩大商品供给。结构性通货膨胀的发生同样要以货币扩张为条件,因为在货币供给总量不变的条件下,这些结构性因素也只能导致相对价格的变化,而不是整体价格上涨。对结构性通货膨胀的治理,应推进经济结构调整,改善资源配置。

不过,我们必须看到通货膨胀始终是一种货币现象,其根源在于货币发行过多,其治本之道应是控制住货币的超经济发行。刺激供给固然重要,但与抑制需求相比它还受到了生产力发展水平和供给弹性的限制。

(二)通货紧缩的治理对策

治理通货紧缩就是要采用各种政策措施使过低的物价恢复到正常的物价水平。治理对策主要包括以下四种。

1.推行稳健的货币政策

在通货紧缩时期,稳健的货币政策主要是通过降低法定存款准备金率、贴现率、贷款利率和在公开市场上买进有价证券,增加货币供应量,以刺激经济发展。但在通货紧缩时期,由于货币流动性下降,削弱了货币供给对产出的拉动作用,增加货币供给的扩张功能下降。另外,货币供给的内生性使中央银行扩张性货币政策效果并不明显。因为中央银行无法强迫商业银行扩大贷款,也不能主动改变货币的流动性,货币政策只能起指导性作用。因此,在通货紧缩时期,稳健的货币政策对经济增长的拉动作用下降,其作用应主要体现在稳定宏观经济环境方面。

2020年新冠疫情对全球经济活动和金融市场带来了巨大冲击。在灾难面前中国政府反应迅速,思路清晰,行动果断,决策英明。2020年3月27日,中国政府召开了中央政治局会议,提出了为实体经济发展提供精准金融服务等一系列要求。精准金融服务主要包括以下措施:一是在科学评判的基础上,商业银行通过贷款展期、贷款延期、利率优惠或减免贷款重组等手段减轻受疫情影响企业的还贷压力,缓解企业流动性困难,帮助企业渡过难关;二是积极承担社会责任,在有效控制风险的前提下通过利率优惠和适度放宽信贷条件,积极支持防疫物资的生产和加强疫情防控过程中的国际合作;三是加强金融监管,精准扶持,防止社会资金流入金融市场空转;四是稳健的货币政策更加灵活适度,通过对货币政策工具的灵活使用,使货币供应和社会融资规模保持合理适度的水平,既能满足经济合理增长的需要,又不会引发明显的通货膨胀,进一步缓解企业融资难问题;五是充分发挥中国人民银行再贷款和再贴现以及 MLF 等货币政策工具的作用,引导市场利率下行,降低企业融资成本;六是加快推进落实与刺激消费和推动"新基建"有关的各项金融支持政策,在金融层面努力拓宽消费和投资对经济增长的基础作用和关键作用。

2. 实行积极的财政政策

积极的财政政策主要包括扩大财政支出、增加赤字规模,以及降低投资和消费方面的税收,刺激投资和消费需求的增长等。而且,从理论上讲,财政政策产生效应的时滞小于货币政策的时滞,能较快地克服和消除经济中的紧缩现象。但是运用积极的财政政策面临着两个问题:一是债务负担问题。因为减税会使财政收入减少,而积极的财政政策又会使财政支出增加。解决这一问题的主要办法是发行国债,但当国债积累到一定规模时,就会加大政府偿债负担,甚至引起债务危机。二是财政支出的"挤出效应"。"挤出效应"是指政府开支的增加如果没有货币供应量相应增长,那么,在支出增加和货币供应量不变的情况下,必然导致利率上升,由此引起私人投资和消费缩减。因此,在对付通货紧缩时,要注意财政政策和货币政策相互配合。

3. 扩大社会有效需求

有效需求不足是通货紧缩的主要原因之一,因此,努力扩大社会有效需求就成为治理通货紧缩的一项直接而有效的措施。总需求包括投资需求、消费需求和出口需求。首先要判断分析导致有效需求不足的主要方面,然后采取具体措施,实现扩张需求的目的。投资需求的增加有两条主要途径:一是增加政府投资需求,主要手段是发行国债、增加政府直接投资和公共支出,目的是在政府扩大投资的同时带动民间投资增加;二是启动民间投资需求,主要手段是改变民间资本的利润预期、改善投资和金融环境、降低利率等。消费支出更多地取决于对未来收入的预期,因此,解决问题的办法应集中于改善人们对未来收入的预期,具体包括:通过加强税收征管来缩小收入差距;通过提高就业水平和增加失业补助标准刺激低收入阶层的消费需求;通过调整政府投资结构和支出方向改善需求结构;通过进一步完善社会保障制度来消除人们在增加消费时的后顾之忧,利用股市的财富效应刺激消费。

4. 调整和改善供给

调整和改善供给结构与扩大有效需求双管齐下,形成有效供给扩张和有效需求增大相互促进的良性循环。在一般情况下,一国政府多采取提高企业技术创新能力、反垄断、鼓励竞争和放松管制、扶持小企业或民营企业发展、降低税负、建立和完善各层次社会保障体系等措施。面对不同的国家和不同的经济条件,具体方法则要因时因地而异。

项目总结

1. 传统的货币数量说有现金交易说和现金余额说。共同点在于认为货币对经济没有实质性影响,货币数量变化的影响全部反映在物价水平上。但余额说采取了需求函数的形式,具有更大的解释力。

2.凯恩斯将人们持有货币的动机分为交易动机、预防动机、投机动机三种。其中投机动机是他的独创,他认为该动机在传播货币数量改变所产生的各种影响这一点上特别重要。

3.鲍莫尔模型将存货控制技术运用于货币需求的分析,提出交易性货币需求也与利率负相关的数学模型,又称"平方根公式"。

4.惠伦等经济学家论证了预防性货币需求同样也为利率的减函数。

5.托宾将凯恩斯的流动性偏好理论延伸为资产组合论,投资者根据预期收益与风险之间的权衡,决定现金在总资产中的比例。但如果在该模型中引入无风险收益资产,则会产生现金需求为零的矛盾。只有交易需求才是货币需求的必要条件。

6.以弗里德曼为代表的新货币数量说放弃了传统货币数量说中将货币需求看成是常数的做法,认为它是由许多变量决定的函数,但又认为货币需求函数是相对稳定的。国民收入的变化来自货币供给,从而认为货币供给是最重要的政策变量。

7.影响中国货币需求的主要因素有规模变量和机会成本变量,前者主要指收入和财富,后者包括利率、物价变动水平、交易成本以及预期短期外国利率和利率变动。中国经济运行中各微观主体的货币需求各有不同,有其特殊性。

项目十六

金融创新

【案例导入】

2021年,央行先后制定《推动绿色金融改革创新试验区金融机构环境信息披露工作方案》《银行业金融机构环境信息披露操作手册(试行)》《金融机构碳核算技术指南(试行)》《银行业金融机构绿色金融评价方案》,发布国内首批绿色金融标准《金融机构环境信息披露指南》和《环境权益融资工具》,对绿色金融基础制度体系进行补充完善。同时,央行还创设推出碳减排支持工具,设立2 000亿元支持煤炭清洁高效利用专项再贷款,与发改委、证监会联合发布绿色债券支持项目目录等,进一步丰富绿色金融工具供给。绿色金融是可持续发展理念在金融领域的创新应用,当前我国正以"双碳"目标为约束条件,加快完善绿色金融顶层设计,推进绿色金融标准化制度化建设,确保绿色金融工具创新"有章可循",以助推实体经济高质量发展。

在世界金融发展史上,创新始终是金融发展的主要动力源,金融发展进程中的每一次高潮都是由创新所发动的。每一次上层次、升级性的金融发展都是在金融创新的推动下实现的。当旧的金融体制不能适应社会经济发展的新要求时,便会产生新的矛盾和冲突,这些矛盾和冲突就会阻碍经济发展、制约社会进步。当单纯凭借原有层次上数量的扩张不能解决发展中的矛盾时,就只有通过金融创新使之发生质的变化,冲破旧制度的束缚,满足社会经济发展中新的需求,金融业也由此获得了一次大发展的机会和空间。

金融创新的过程从20世纪60年代后期开始,至70年代各项创新活动日益活跃,到80年代已形成全球性的大趋势,其内容包括:突破金融业多年来传统的经营局面,在金融工具、金融方式、金融技术、金融机构和金融市场等方面都进行了明显的变革。金融创新的兴起和迅猛发展,给各国的金融体制、金融宏观调节和国民经济发展都带来了深远影响。

任务一 金融创新的概念及理论

一、金融创新的概念

广义的金融创新既有历史上各种货币和信用形式的创新以及所导致的货币信用制度、宏观管理制度的创新,又有金融机构组织和经营管理上的创新以及金融业结构的历次创新,也有金融工具、交易方式、操作技术、服务种类以及金融市场等业务上的各种创新,还有当代以电子化为龙头的大规模全方位金融创新等。狭义的金融创新指的是金融业务创新。

二、金融创新的动因

从根源上讲,金融创新反映的是商品经济发展的客观要求。当今的世界经济处于日新月异的发展变化之中,特别是层出不穷的技术进步,使商品经济的发展不断突破时间、空间和社会传统的界限,涌现出更多、更新的为人类文明生存与发展所需要的行业、部门、模式和手段,经济生活中各种因素相互联系的格局及社会运行机制迅速演进。在这种情况下,当然就会从不同角度、不同层次对于为之服务的金融行业再次提出新的要求,而原有的金融机构、金融工具、金融业务方式、金融市场组织形式和融资技巧等,已很难适应并满足商品经济发展的客观需要。客观需要与现实情况的矛盾终究会导致突破原有限制的金融创新,而且由于经济发展的客观要求是强劲和持久的,因此金融创新的浪潮也将不断地推进。如果要探究金融创新的直接原因,大致可以归纳为以下四点。

(一)应对竞争

第二次世界大战后,金融业的国际化有了飞速发展。第一,发展动力来自生产和资本的国际化,随着跨国公司的全球性扩张,客观上要求金融业也实现国际化和现代化,从而在更广泛的范围内满足跨国生产和销售对金融服务的要求;第二,西方发达国家的生产资本不断集中,促进了银行资本也趋向集中和垄断,一些国际性大银行面对日趋激烈的市场竞争,主观上也需要进一步扩展业务范围,获取超额利润,而金融手段和技术的创新无疑是占领市场的有力武器。

(二)规避管制

逃避金融管制是金融工具不断创新的一个推动力。西方很多创新工具都是由美国金融机构创造的,其原因是美国金融业受政府管制较严。因此可以说,金融管制越严,金融创新的推动力就越大,金融工具创新也越活跃。

(三)技术革新

随着信息技术革命的开展并在经济领域中运用,金融全球化得到进一步发展。科学技术特别是电子计算机的不断进步与广泛运用,金融业有可能向客户提供各种质优价廉的金融工具与金融服务。1990 年,芝加哥金属交易所和路透社控股公司联合开办了全球交易体系,它把全球计算机终端联结起来,使加入该系统的会员能在全球进行期货、期权交易。全球交易体系可以说是当今科学技术在金融界运用的结果。

(四)减少风险

20 世纪 70 年代以后,由于西方国家通货膨胀的加剧及浮动汇率的实施,企业及个人面临了巨大的利率风险和汇率风险,金融期货、期权及互换业务等新型的金融衍生工具的产生都是为了满足客户减少利率与汇率风险,以达到保值或盈利的要求。在各种创新的金融工具中,为减少利率与汇率风险而创新的工具占有相当大的比重。

三、金融创新理论

当代西方金融创新理论的各种学术流派,在 20 世纪 70 年代以前是零散和不系统的。从理论上明确而系统地探索金融创新的动因,则是 70 年代以后的事。国外金融创新理论流派繁多,主要集中在分析金融创新的促成因素,探讨金融创新的动因方面,具有代表性的有技术推进理论、货币促成理论、财富增长理论、约束诱导理论、制度改革理论、规避管制理论和交易成本理论等。下面对国内外金融创新理论的流派进行简要的介绍。

(一)技术推进理论

这种理论认为新技术革命的兴起,特别是现代电子通信技术和设备在金融业的广泛应用是促成金融创新的主要原因。高科技在金融业的广泛应用出现了金融业务的电子计算机化和通信设备现代化,为金融创新提供了物质和技术上的保证,如将信息处理和通信技术的新成果应用于金融业后,大大缩短了时间和空间的距离,加快了资金调拨的速度,降低了资金调拨的成本,使全球金融市场一体化、24 小时的全球性金融交易成为现实;又如自动提款机和终端机极大地方便了客户,拓展了金融服务的时间和空间。这种把新技术特别是计算机和电信设备工业日新月异的新发明应用于金融业作为促成金融创新的重大因素的理论得到了大多数学者的赞同。技术推进理论的代表人物是经济学家韩农和麦道威,他们通过实证研究发现,20 世纪 70 年代美国银行业新技术的采用和扩散与市场结构的变化密切相关,从而认为新技术的采用是导致金融创新的主要因素。但他们的研究对象过于集中,仅限于自动提款机对计算机与电信设备方面的技术革新与金融业创新的相关性研究,未能取得充分证据,因而他们对金融创新的研究是局部和不系统的。此外,促进金融创新的因素是多方面的,技术推进理论无法解释许多因竞争和政府放宽管制而出现的金融创新活动。

(二)货币促成理论

这种理论认为,20 世纪 70 年代的通货膨胀和汇率、利率反复无常的波动是金融创新的重要成因。金融创新是作为抵御通货膨胀和利率波动的产物而出现的,因此金融创新主要是由于货币方面因素的变化促成的。例如 20 世纪 70 年代出现的可转让支付命令账户(1970 年)、浮动利息票据(1974 年)、浮动利息债券(1974 年)、与物价指数挂钩的公债(20 世纪 70 年代中期)、外汇期货(1972 年)等对通货膨胀率、利率和汇率具有高度敏感性的金融创新工具的产生便是为了抵御通货膨胀、利率和汇率波动造成的冲击,使人们在不安定因素干扰的环境下获得相对稳定收益的金融创新的产物。货币促成理论的代表人物是货币学派经济学家弗里德曼。弗里德曼认为20世纪60年代美国通货膨胀的加剧导致了1971年布雷顿森林体系的崩溃,割断了美元与黄金的联系,使世界上所有货币都直接或间接地建立在不兑换纸币的基础上,这样就加剧了20世纪70年代的通货膨胀及其在世界各地的传播,频繁的利率变化引起经济的不稳定,促使人们进行金融创新。货币促成理论可以解释20世纪70年代布雷顿森林体系解体后出现的多种转嫁汇率、利率、通胀风险的创新工具和业务,但是对20世纪70年代以前规避管制的金融创新及20世纪80年代创造信用和股权的金融创新却无法解释。

(三)财富增长理论

这种理论认为经济的高速发展所带来的财富迅速增长是金融创新的主要原因,其理由是财富的增长加大了人们对金融资产和金融交易的需求,促发了金融创新活动,以满足日益增长的金融交易需求。财富增长理论的代表人物是格林包姆和海沃德,这两位经济学家在研究美国金融业的发展历史时得出结论,财富的增长是决定对金融资产和金融创新活动需求的主要因素。财富增长理论是从金融需求角度探讨金融创新的成因,所以有其局限性。单纯从金融资产需求的角度来分析金融创新的成因,需要以金融管制的放松为前提条件,而当政府和金融管理当局出于稳定的目的对金融业施加严格管理,特别是在经济困难时期实施严厉管制时,则会抑制因需求产生的创新动机。另外,该理论强调财富效应对金融创新的影响,而忽视了替代效应,即高利率和汇率变动对金融创新的影响,因此这种理论对20世纪70年代以后转嫁利率汇率和通货膨胀各种风险的金融创新则缺乏解释力。

(四)约束诱导理论

这种理论认为金融机构之所以发明种种新的金融工具、交易方式、服务种类和管理方法,其目的在于摆脱或规避其面临的种种内部和外部制约因素的影响。内部制约指的是金融机构内部传统的管理指标,外部制约指的是政府和金融管理当局的种种管制和约束以及金融市场上的一些法律法规约束。当经济形势的变化使这些内外制约因素严重阻碍了金融机构实现其利润最大化的终极目标时,势必迫使他们探索新的金融工具、服务品种和管理方法,寻求最大程度的金融创新。约束诱导理论的代表人物是西尔柏,他从金融机构的金融业务和工具创新中来分析金融创新的成因,特别是着眼于从供给方面,从微观金融企业的角度探讨金融创新具有一定的创见性。另外,相对于前述几种理论而言,约束诱导理论是探讨金融创新成因的一般性理论,因而系统性更强。但是西尔柏的约束诱导理论也有其局限性,第一,虽然西尔柏从本质上指出了金融企业创新就是为了使利润最大化并且强调了逆境创新,但这样的成因解释同样适用于普通企业的创新,不能充分体现金融创新的特征和个性,因此该理论关于金融创新成因的探讨太过于一般化;第二,该理论过分强调逆境创新,即强调金融企业主要是为了寻求利润最大化而摆脱限制和约束,在此过程中产生创新,这种过分强调逆境创新的理论使金融创新的内涵过窄,如20世纪70年代的转嫁风险的创新和20世纪七八十年代产生的信用创新就无法归纳进去;第三,该理论过分强调了金融企业在金融创新中的作用,而未涉及对与金融企业相关联的市场创新及宏观经济环境引发的金融创新,事实上金融创新并非金融企业的孤立行为,它是金融领域各种要素的重新组合,因此该理论不能全面完美地解释形式多样的金融创新活动。

(五)制度改革理论

这种理论认为,金融创新是一种与社会经济制度紧密相关、相互影响、互为因果的制度改革,金融体系的任何因制度改革而引起的变动都可以视为金融创新,政府为稳定金融体制和防止收入不均而采取的一些措施,如存款保险制度也是金融创新。该理论认为,金融创新的成因是降低成本以增加收入或稳定金融体系以防止收入不均的恶化。制度改革理论的主要代表人物是制度学派的诺斯、戴维斯、塞拉等,他们认为全方位的金融创新活动只能在受管制的市场经济中出现,当政府的干预和管理阻碍了金融活动时,市场上就会出现各种相应的回避或摆脱管制的金融创新活动,当这些金融创新对货币政策目标构成威胁时,政府又会采取新的管制和干预措施,于是又引发出一些有针对性的金融创新活动。这种自由市场势力和官方干预势力的较量和对抗,形成管制、创新、再管制、再创新的螺旋式发展过程。该学派将政府行为也视为金融创新的成因,实际上将金融创新的内涵扩大到包括金融业务创新与制度创新两个方面,较之其他理论,该理论对金融创新研究的范围更广。但该学派的观点亦容易引起争议,将制度创新与金融创新紧密相联并视为金融创新的一个组成部分,特别是将带有金融管制色彩的规章制度也视为金融创新,这令人难以接受,因为金融管制本身就是金融创新的阻力和障碍,作为金融管制象征的规章制度应是金融革命的对象。

(六)规避管制理论

这种理论认为,金融创新主要是由于金融机构为了获取利润而回避政府的管制所引起的。该理论认为,许多形式的政府管制与控制,实质上等于隐含的税收,阻碍了金融机构从事已有的营利性活动和获取利润的机会,因此金融机构会通过创新来逃避政府的管制。而当金融创新可能危及金融稳定与货币政策时,金融当局又会加强管制,新管制又会导致新的创新,两者不断交替形成一个相互推动的过程。该理论的代表人物是凯恩斯,规避管制理论在某种程度上是西尔柏的约束诱导理论和制度改革理论的折中,该理论一方面同意西尔柏的观点,即强加于金融企业的种种限制和管制实际上等于隐含的税收,因而金融企业进行金融产品服务和管理方面的创新来规避外来制约;另一方面,该理论也赞同制度改革理论的说法,认为政府当局在金融创新足以阻碍货币政策或危害金融稳定时也会做出反应加强金融管制,这种市场力量和政治势力的对抗构成金融创新活动的辩证发展过程。但是规避管制理论与西尔柏的约束诱导理论及诺斯等人的制度改革创新理论之间有很大的区别:第一,约束诱导理论主张从内外制约两方面探讨金融管制对金融创新的影响,至于金融企业创新对金融管制的反作用力未曾谈及。而规避管制理论强调金融创新主要源自外部环境约束的影响,并且强调外部约束与金融企业规避这种约束的相互作用,即外部约束与企业规避间的作用力与反作用力。第二,规避管制理论与制度改革理论的主要区别在于对金融管制的定位不同,前者将金融管制视为金融创新的外部压力,是金融创新的动因,后者则将金融管制视为规避创新的一个组成部分,在分析规避创新的同时也强调技术创新的重要性。

(七)交易成本理论

这种理论认为金融创新的支配因素是降低交易成本,即交易成本的变化,主要是交易成本的降低是金融创新的主要动因。其理由是交易成本是作用于货币需求的重要因素,降低交易成本是金融创新的首要动机。交易成本的高低决定了金融业务和金融工具的创新是否具有实际价值,金融创新实质上是对科技进步导致交易成本降低的反应,因此不断地降低交易成本就会刺激金融创新,改善金融服务。该理论把金融创新的动因归结为交易成本的降低,并侧重从微观经济结构的变化来研究金融创新,从另一个角度说明了金融创新的根本原因在于微观金融机构的逐利动机——降低成本的最终目的是增加收益,有一定的合理性。但该理论把金融创新的源泉完全归因于金融微观经济结构变化引起的交易成本下降,有一定的局限性。因为科技进步并非交易成本下降的唯一决定因素,竞争也会使交易成本下降,促使新创新工具产生。

以上西方金融创新理论的主要流派对金融创新动因的解释各不相同,但不同流派的金融创新理论内容又有相似之处,这表现在这些理论都指出了金融创新进程中科技进步不可磨灭的特殊贡献及金融管制与金融创新的相互促进作用。

但是,西方金融创新理论对金融创新的研究主要侧重于金融创新的生成机制,对金融创新的效应及后果很少涉及,因而其研究不够系统。在金融创新成因的分析中,各种理论多从某一个方面,如科技进步、规避管制、降低成本等来分析金融创新,缺乏将宏观、微观层面以及供给、需求因素结合起来的综合研究。此外,除了约束诱导理论外,其他理论都忽视了金融机构的趋利动机是金融创新的根本原因这个核心。如果缺乏盈利动机,即使拥有先进的科学技术,金融机构也不会有金融创新的积极性,不会有规避管制增加收益的欲望。在计划经济体制下的苏联和中国,金融体系的金融创新几乎处于空白,就是最好的例证。

需要指出的是,制度改革理论对中国金融创新有很大的借鉴意义。该理论认为金融创新的最佳环境是有管制的市场经济,因此可以说社会主义市场经济有利于金融创新。当前中国的金融创新面临两个问题:一是使金融机构成为真正的自主经营、自负盈亏的经济实体,其具有的盈利动机将成为促进中国金融创新的内在动力;二是将金融创新与破坏金融程序区分开来,鼓励提高金融运作效率的有序创新,这是中国金融创新的外部条件。

任务二　金融创新的内容

一、金融战略的更新

面对国际经济的飞速发展和金融业的激烈竞争,金融行业的最高决策者们已渐渐从传统的经营思想中解放出来。他们不再视金融业务为被动地输送资金的过程,而是一项主动开拓业务领域,扩充自身实力的活动。为了在激烈的竞争中保持并扩大自己的市场份额,银行家们制定了不同的经营战略。

(一)征服策略

在自身占有竞争优势的市场中,进一步加强积极进取的态势,以雄厚的资金实力和广泛的分支机构赢得更多的市场份额,打败其他竞争对手甚至采取主动兼并方式不断扩充自己的力量。

（二）变革策略

这是指在势均力敌的市场竞争中加强银行内部的资产负债管理,改进已有的金融服务,增加新的债权债务工具,以吸引更多的服务对象,争取竞争中的主动地位。

（三）合并策略

在自身不占优势的市场中,寻找可以合作的对象,通过兼并、合资或者合营方式进行联合重组,依靠合力竞争。

在上述这些战略思想的指导下,西方各国的金融机构在近四五十年中有了长足的发展:以 1973—1988 年为例,世界 300 家大银行的资产就从 22 230 亿美元增加到 154 310 亿美元,头 10 家大银行的金融活动占世界前 100 家银行的比率也从 1974 年的 23% 上升到 1988 年的 26% 。

二、金融工具的创新

金融工具是银行赖以开拓业务,吸引客户的手段,自 20 世纪 70 年代金融创新的潮流兴起到今日,金融工具的创新可说是层出不穷,主要有以下三种类型。

（一）规避利率风险的创新

我们很熟悉的大额可转让存款单(CDs)就是 20 世纪 60 年代的此类创新工具,它使大额定期存款也具有了流动性,能够满足储蓄者将定期存款短期变现的需要。但是,近年来市场利率的频繁波动使长期储蓄的收益率变幻不定,仅靠 CDs 等工具已不能满足储蓄者的保值和增值需要。于是在 20 世纪 70 年代末一种更新的金融工具"货币市场共同基金(MMMF)"又应运而生。这是一种开放式的共同基金,主要从事短期证券投资。它为中小投资者提供了一个进入以往只有大投资者才能进入的市场的机会:人们购买了 MMMF 的股票,便成为基金的股东,基金将这些股本汇集起来,形成一股巨大资本,交由其下属的投资机构负责操作,投资的主要对象包括本国 CDs、欧元、美元、商业票据和财政票据等。投资者可以按出资的多少来领取投资收益,也可随时将所持股份卖给基金以换取本金。投资者在购入或卖出时不需支付买卖费用——这笔费用已从基金的每日收入中扣减。另外,基金还允许持股人开立限度为 500 美元的支票。"货币市场共同基金"近年来的飞速发展充分说明了金融工具创新的生命力。第一,创新带来了规模效益,基金集中了许多投资者的资金,大大降低了分散管理和经营的成本,同时又由具备专业知识和丰富经验的人员来操作,无疑能获得更高更可靠的投资收益。第二,创新增强了投资的流动性和可分性,基金可在任何一个交易日内进行买卖,使投资者收益不会因短期市场利率变化而遭受很大损失。另外,在满足了最初的投资限额之后,增购和提现都可以较小的金额进行,投资者还可以开立支票,这都大大增加了创新工具的吸引力。

（二）运用高新技术的创新

20 世纪 70 年代以来,以电子计算机为核心的信息技术的高度发展和广泛运用,给银行业务开辟了一片广阔的天地。资金转移的电子化和信息交换的自动化使金融服务在深度和广度上都更进了一步,人们因此享受到了更多的便捷和利润。

其中银行卡就是一种新型的金融工具。它是由银行发行的、供客户办理存取款和转账支付的服务工具的总称,包括信用卡、支票卡、记账卡和智能卡等,它的出现使银行业务有了一个崭新的面貌。

信用卡,是代替现金和支票使用的支付工具,发卡人可以是银行、公司或商店。银行作为发卡人的操作程序是:与商店约定,接受持卡人凭卡购货,然后商店向银行收款,银行于月底汇总向顾客收款,因此它具有先消费、后付款的特点,而且发卡行往往还为持卡人规定一个透支限额,向他提供延期支付的便利。目前,信用卡是银行卡中数量最多的一种,并正向国际化、安全性、多用途方向发展,例如,世界驰名的 VISA、MASTER 信用卡系统已经通过先进的电子通信网络在全球范围内开展服务。

智能卡,又称智慧卡,其中主要的一种叫灵光卡或记忆卡。卡上带有微型的集成电路处理器,具有自动计算、数据处理和存储功能,卡片上可以记忆客户每笔收支和存款的余额,使用时将卡插入自动记录器即可办理各种支付。由于它具有存储记忆功能,在没有与银行计算机联机的终端机上也可以使用。还有一种是激光卡,它是运用激光技术的全息摄像卡,它把全息影像和磁性记录结合起来,在其磁性记录中存储着持卡人的安全照片,在用作支付方面与灵光卡类似,但它的优点是保密性更强,使用安全。

除了银行卡之外,旅行支票服务、可转让大额存单服务、支付利息服务、索取账单和支票簿服务、外币兑换服务等都广泛借助计算机来进行,而且随着电子等技术的日益完善,金融服务的触角正伸向社会的每一个角落。例如,自动提款机(ATM)的出现,使资金的流动更为便利,它可接受现金和支票存款,显示即期支付的金额,还可将资金从一个账户转移到另一个账户上。一台小小的机器就可提供一家银行的大部分日常服务,使客户的需求随时随地都能得到满足。如果以 ATM 为基础,加上先进的影像技术,人们就能进入一个"可视信息与现金流"的家庭金融服务时代,电子和声像系统将许多家庭直接同银行连接起来,并且还可与旅行社、航空公司及百货商店联网,允许资金在网络间转移。它提供的服务包括:显示客户银行账款余款,订购支票簿,查询市场利率和信用限额,向第三方转移资金以及进行一定数量的投资。人们足不出户,就可从计算机屏幕上了解所需的信息,并通过计算机完成资金的调拨。

(三)规避金融管制的创新

为了减少金融管制给储蓄存款带来的收益损失,从 20 世纪 70 年代起,西方银行纷纷利用法规的漏洞,推出一些灵活的储蓄工具来吸引客户。以美国为例,针对联邦法律"不允许对活期存款付息"的规定,银行发明了"自动转账制度"(Automatic Transfer System),允许客户在银行开设两个账户:一个储蓄账户,一个活期存款账户。当客户开出支票后,银行即自动地将必要的资金从储蓄账户转到活期存款账户上进行支付;而在平时,活期存款账户上的余额只保持 1 美元,这就保证了客户的存款既能生息,又能用于支付。针对"不准储蓄账户使用支票"的规定,银行又推出了"可转让支付命令账户",是一种储蓄账户,可以付息,同时又可开出有支票作用却无支票名称的"可转让支付命令",这也使储蓄存款具备了较高的流动性。

为了避开美联储对银行法定存款准备金的要求,增加资金的使用效益,许多银行力图通过"吸存"以外的途径来扩大负债规模。例如,进行"回购协议"交易,即卖出联邦政府或其他政府机构的债券,换回现金,等到债券到期时再购回债券。因为回购协议是市场交易而非存款,所以银行不需交纳准备金,这样一来,银行就可将过多的、不生息的现金准备转化成回购协议,在一买一卖中,利用债券的差价获利。

三、金融业务的创新

金融业务的创新包括两方面:一是间接金融创新;二是直接金融创新。

(一)间接金融创新

传统的间接金融包括短期银行信贷、中长期银行信贷和抵押贷款等,利率同还款期固定,借贷同实物一般没有关系。但从 20 世纪 50 年代开始,银行贷款便逐渐同实物联系起来,出现了分期付款和租赁融资方式;60 年代出现了同出口货物紧密联系的出口信贷融资方式;70 年代随着欧洲货币市场的兴起,又出现了"循环信贷"和银行辛迪加贷款;到 80 年代又出现了"票据发行融资",银行不直接向借款人提供贷款,而是以承购或备用信贷的方式,来支持借款人发行 3 ~ 6 个月的短期商业票据,如票据不能全部卖出,则由银行买下所剩票据或提供贷款。显然,这是一种兼具银行贷款与证券筹资的融资方式。

(二)直接金融创新

在传统的直接金融方式下,债券与股票、短期债务与长期债务、固定利率与浮动利率之间存在着明显区别,但新型的直接金融方式却突破了这些界限。

1. 证券到期日的创新

这是指证券到期日的多样化。例如,在短期证券融资方面,出现了 7 天至 1 年内灵活到期的欧洲商业票据。

2. 利率定价模式的创新

传统的利率定价模式是固定利率和浮动利率,但近来在固定利率债券市场上却出现了一种按面值并打很大折扣的"零息债券",其特点是:第一,它的收益由债券的息票价格与到期日决定,并在计算过程中始终假定债券利息可按当期获得并进行再投资,而固定利率债券是不能这样做的;第二,它的收益完全由未来到期日的资本升值决定,因而,预期的市场收益水平对零息债券价格影响很大;第三,在资本升值不作为收入而作为资本收益的税收制度下,投资者能享受低税率的好处。另外,在国际债券市场上,还出现了"可拆开证券",即息票与本金可分开单独交易的证券,它能把特定的固定利率债券转换为一系列零息债券。

在浮动利率定价模式上,也出现了"顶盖式定息"等创新,即规定利率波动的界限,允许债券利率在一定幅度内变化。

3. 偿债选择权的创新

主要有分期购买债券和多档债券。在分期购买债券的发行方式下,投资者可以先支付部分款项,其余部分则按公布的日程表在一定期限内分期付款。按多档债券的发行方式,借款者可先发行债券总额的一部分(通常为 1/3 ~ 1/2),其余各档债券可由借款者在一定期限内自主选择发行。此外,还有固定利率和浮动利率债券之间的转换,货币转换(借款者在数种货币之间的转移选择权),双重货币债券(以一种货币标明面值和支付利息,以另一种货币偿还本金）。

4.互换交易

分为债务互换和资产互换两种。前者指各借款人从自己享有比较优势的资金市场,按较有利的条件筹措资金,再转换到自己所偏好的市场,并在此过程中对全部风险进行套期保值。

四、金融机构的创新

①金融机构正在从传统的单一结构向集团化方向发展。银行持股公司是银行集团化的重要形式之一。所谓银行持股公司是指一家公司控制了一定比例的银行股票,从而有权决定该银行的重要人事、营业政策和往来关系等事宜。目前,银行持股公司已成为现代银行的主要组织形式。

②"金融联合体"的出现,它是一种能向顾客提供几乎任何金融服务的"金融超级市场"——欧共体国家试图建立的统一的金融市场就在此列。

③金融业正在从提供单一金融服务向综合性金融服务方向发展,例如,商业银行已涉足信托和抵押、保险以及公司股票债券的承销业务。

任务三 金融创新的影响

金融创新包括金融业务、金融市场、金融制度等宏微观方面多层次、多领域的创新,相应地金融创新的影响是广泛而深远的,利弊俱存。金融创新不仅对货币政策、货币供求造成重大影响,而且对整个金融业乃至整个经济机制的运行都形成一定程度的影响。

一、金融创新的经济效应

（一）金融创新的正面经济效应

1.金融创新促进了金融机构运作效率的提高,增加了经营效益

一方面,金融业务的创新,促使金融业务多元化和金融机构的日趋同质化。传统的业务分工和机构分工的界限被打破,金融机构的业务除了传统的存贷款结算外,还向证券、租赁、房地产、信托等方面拓展,其服务领域大大拓宽。另一方面,金融工具、金融业务及金融交易方式的创新使金融机构的渗透力大大增加。金融市场的系统性风险、浮动利率和浮动汇率、跨国融资的利率和汇率风险以及全球范围内的资金调拨与转移等,在金融创新出现以前都是金融业面临的难题。通过金融创新,如期货期权交易、互换交易、全球清算系统等,金融机构过去无法解决的这些问题都迎刃而解,同时,金融创新使消费者对金融机构提供服务的全面性和便捷性的满意程度提高,金融创新使金融机构提供的金融商品和服务不断增加,多元化的金融机构及金融业务满足了不同类型的消费者不同层次的消费需求,并且突破时空的

限制。此外,在金融创新进程中,金融机构资产的增长速度和盈利水平也不断提高。

2. 金融创新丰富了金融市场的交易品种,促进了金融市场一体化

金融创新特别是金融工具的创新使金融市场的交易品种增加,投资者的选择余地增大,防范风险的能力增强,交易成本降低。而且金融市场自身的创新,无论是欧洲货币市场的发展,还是金融衍生市场的扩张,都促进了金融市场的一体化趋势。同时,金融监管制度的创新,特别是金融监管的放松,从宏观上为金融市场一体化打开了方便之门。金融创新后显现出的全球市场一体化趋势,提高了各国金融市场间信息传递速度和对价格的反应能力,同时也使各国金融运行的关联度大大增加,一国的金融市场波动会在瞬间波及全球,1997年的亚洲金融危机和2000年美国纳斯达克股指暴跌迅速引起全球市场波动即是例证。

3. 金融创新促进了金融改革,推动了经济发展

一方面,金融创新是金融改革的结果;另一方面,金融创新又促进了金融改革。正是由于金融改革才出现金融机构多元化、金融业务全能化及金融工具多样化等方面的金融创新,而这些创新又使传统的金融制度成为金融业进一步发展的障碍,促使金融制度进行相应改革和调整,并鼓励和刺激新一轮的金融创新。金融创新是以金融资产的运作更有效率为前提的,也是以金融资产获取更高利润为目的的,因此金融创新必然会促进经济的发展。

(二)金融创新的负面经济效应

1. 金融创新使金融体系的稳定性下降

金融业务的多元化和金融机构的同质化,使金融机构可以涉及信贷、信托、证券、保险、投资等诸多领域,金融体系的稳定性和安全性受到冲击,最明显的标志是金融机构破产数量急剧上升和金融机构不良资产迅速增加。当代金融创新最为活跃的美国,也是西方国家中银行破产数最多的国家。在日本,自20世纪80年代末以来出现了大量银行倒闭事件和巨额不良资产;英国巴林银行倒闭则完全是由从事投机性的金融创新产品交易(股指期货)失败而导致的。因此,如何使金融创新的活力和金融体系的稳定性形成有机的统一,是当代金融创新中亟待解决的重要问题。

2. 金融创新使金融体系面临的风险加大

金融创新可以降低或转移个别风险,但不能消除或减少整个金融业的系统风险。非但如此,金融创新反而使金融在传统风险的基础上面临新的风险。

①电子风险。一是客观存在的计算机系统运行过程中可能出现故障的风险;二是犯罪分子通过计算机恶意攻击金融计算机网络系统或进行金融犯罪的风险,近年来黑客攻击计算机网络事件时有发生。电子风险具有系统性特征,涉及交易金额巨大,一旦发生这些风险,可能会把金融机构甚至整个金融业都置于不安全的境地。

②伙伴风险。金融创新过程中的金融自由化、金融机构业务多元化及金融机构同质化,使各金融机构间形成了密不可分的伙伴关系,金融机构之间、金融机构与非金融机构之间、国内金融机构与国际金融机构之间的依赖性大大增强,一旦某个环节、某个部门出了差错,很容易形成"多米诺骨牌"效应。

③表外风险。金融创新的一大趋势是创新业务的表外化。表外业务的特点是灵活性和杠杆性强,但透明度差,一般不反映在资产负债表中,因而表外业务的风险具有潜伏性和放

大性的特点,这种风险一旦爆发,就会给金融机构造成巨大损失甚至致命打击。

④国际风险。现代计算机和通信技术使全球金融市场一体化,一国的金融风险会波及多国,从而使金融业的国际风险加大。

3.金融创新使金融监管的有效性被削弱

金融创新模糊了各金融机构间传统的业务界限,而且金融机构同质化加剧了金融机构间的竞争。金融机构为了逃避管制,增强竞争力,大量增加表外业务,使金融监管出现"真空"地带,相对于金融机构的业务和工具创新,金融监管措施的创新显得滞后,传统的存款准备金、再贴现、银行充足资本比例等监管措施的有效性被削弱。

二、金融创新对货币政策的影响

(一)金融创新使部分传统的选择性政策工具失灵

传统的选择性货币政策工具包括利率限制、信用配给、法定保证金等。金融创新,尤其是规避管制的创新,如 NOW、ATS 等,其创新的目的就是要摆脱上述政策工具的约束。这些创新活动的成功与普及,使央行运用选择性政策工具越来越困难。

(二)金融创新弱化了存款准备金制度的作用力度与广度

第一,金融创新弱化了存款准备金制度作用的力度。存款准备金制度发挥作用的基本前提条件是商业银行的超额准备相对稳定,这样才能对央行的存款准备金率的调整作出反应,而金融创新破坏了这一前提条件。商业银行可以通过创新业务和创新工具很容易地通过货币市场调整其超额准备,超额准备弹性加大使存款准备金制度的作用力度减弱。例如,当央行提高存款准备金率时,商业银行可以及时地通过创新工具以货币市场补充其超额准备并维持规模不变,央行紧缩信用的目的便难以达到。第二,金融创新减少了存款准备金制度的作用范围,商业银行通过回购协议、货币市场互助基金等不受存款准备金制约的非存款工具,或通过欧洲货币市场,既能确保其应有的负债规模,又能逃避存款准备金制度的约束。

(三)金融创新使再贴现政策的作用下降

再贴现政策发挥作用的大小取决于商业银行对中央银行再贴现窗口的依赖程度。金融创新使商业银行融资渠道多元化,融资方式更为灵活,而且成本下降。商业银行可以通过出售证券、贷款证券化、同业拆借、发行短期存单、从欧洲货币市场借款等渠道满足自己的流动性需要,对央行再贴现窗口的依赖性下降,再贴现政策的作用力减弱。

(四)金融创新强化了公开市场业务的作用

金融创新所引起的资产证券化趋势及金融市场的全球化趋势,非常有利于央行公开市场业务操作,并且使其影响的广度和深度增加。

①金融创新拓宽了公开市场业务作用的范围,使央行可在公开市场的本外币市场充分发挥作用。例如在本币市场,央行可以运用政府债券、商业票据、承兑汇票等金融工具的买卖调节基础货币;在外汇市场上,央行可以借助远期、掉期、互换创新交易通过公开市场操作

干预和调控市场。

②金融创新深化了央行公开市场业务的作用程度。在金融创新的证券化趋势中,金融机构的总资产中有价证券的比重增加,特别是政府债券成为金融机构举足轻重的二级准备,央行通过公开市场业务对金融机构的影响力增强。此外,随着金融市场和金融工具的创新,有价证券成为社会公众持有的重要资产形式,并且在社会公众的总资产中所占的比重不断增加。这样,央行通过公开市场操作不仅直接影响金融机构的运作,而且间接影响社会公众的行为。

③金融创新还使央行公开市场操作灵活性增强。一方面,金融工具创新为央行公开市场操作提供了大量可供买卖的工具,使央行公开市场操作的手段更为丰富;另一方面,金融交易方式的创新,如回购协议等方式使央行公开市场操作的买卖方式更为灵活。

项目总结

金融的发展离不开金融创新,金融创新既包含金融制度、金融结构的创新,也包含金融工具、金融机构、金融业务等的创新。应对竞争、规避管制、减少风险、技术革新等使金融创新不断深化,促进了金融机构运作效率的提高,丰富了金融市场的交易品种,也促进了金融改革,推动了经济发展。但是也应当警惕金融创新使金融体系的稳定性下降,面临的风险加大,使金融监管的有效性被削弱。此外,金融创新也对货币政策产生了深刻的影响,强化了公开市场业务的作用,但也使部分传统的选择性政策工具失灵,弱化了存款准备金制度的作用力度与广度,使再贴现政策的作用下降。

财政金融理论与实务实训

参考文献

［1］刘邦驰，王国清. 财政与金融［M］. 6 版. 成都：西南财经大学出版社，2016.

［2］李耀东，李钧. 互联网金融框架与实践［M］. 北京：电子工业出版社，2014.

［3］李光. 财政与金融［M］. 北京：清华大学出版社，2011.

［4］倪成伟. 财政与金融［M］. 4 版. 北京：高等教育出版社，2018.

［5］黄达，张杰. 金融学［M］. 4 版. 北京：中国人民大学出版社，2017.

［6］徐文胜，张凤久. 财政与金融［M］. 北京：中国人民大学出版社，2017.

［7］郭福春，吴金旺. 金融基础［M］. 北京：高等教育出版社，2014.

［8］吴晓求. 证券投资学［M］. 5 版. 北京：中国人民大学出版社，2020.

［9］陈共. 财政学［M］. 10 版. 北京：中国人民大学出版社，2020.

［10］朱耀明，宗刚. 财政与金融［M］. 6 版. 北京：高等教育出版社，2015.

［11］倪成伟，王敏. 财政与金融［M］. 5 版. 北京：高等教育出版社，2022.

［12］黄玉娟，王红敏. 财政与金融［M］. 北京：北京大学出版社，2019.